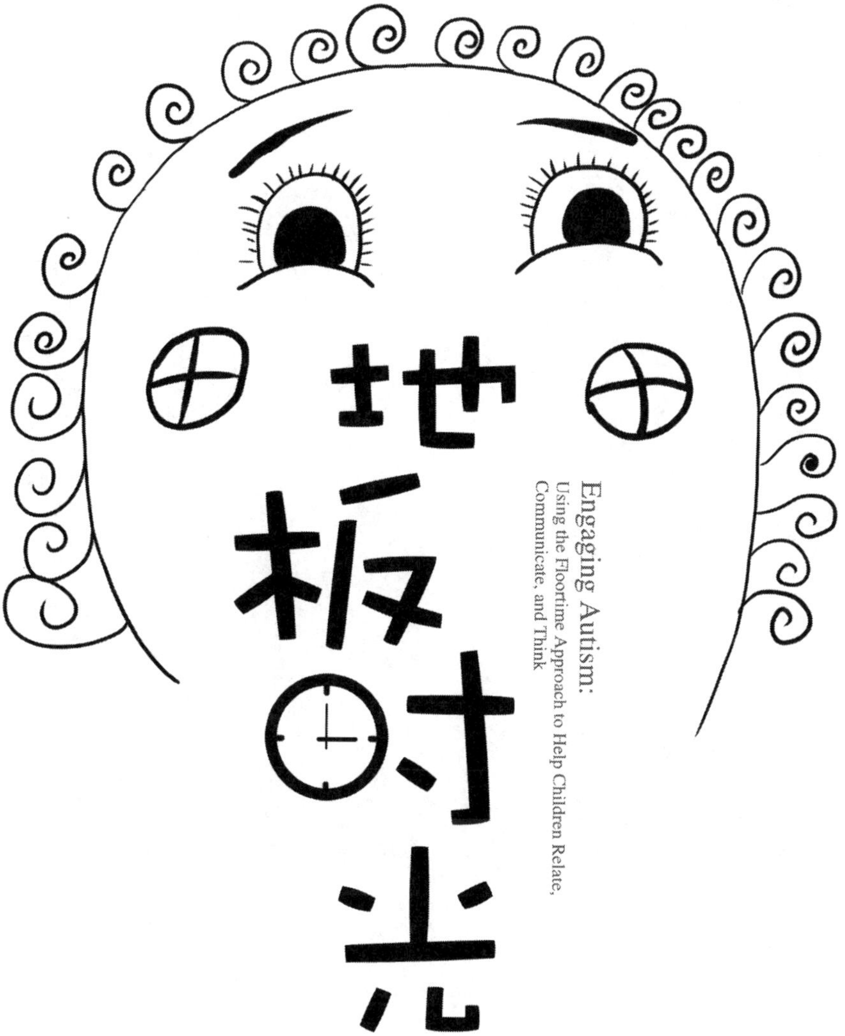

地板时光

Engaging Autism:
Using the Floortime Approach to Help Children Relate,
Communicate, and Think

如何帮助孤独症及相关障碍儿童沟通与思考

[美] 斯坦利·格林斯潘（Stanley I. Greenspan, M.D.）著
塞蕾娜·维尔德（Serena Wieder, Ph.D.）

马凌冬/译
宋 玲 冬 雪/审校

致　谢

感谢戴尔德丽·施维沃（Deirdre Schwieswow）女士，她用她超凡寻常的灵敏度、杰出的智慧和无与伦比的奉献精神，推进了本书的写作和编辑工作。感谢简·滕尼（Jan Tunney）和萨拉·米勒（Sarah Miller）给予的行政支持。特别感谢默洛伊德·劳伦斯（Merloyd Lawrence）为本书建言献策并进行了才华横溢的编辑。

最重要的是要感谢所有让我们参与治疗的家长和孩子们，他们为了克服发展障碍做出了如此多的努力。他们的全心投入和创造力是这本书灵感的来源。

我们可以做得更好 *

当儿科医生告诉玛丽萨她可爱的儿子肖恩是一名孤独症儿童时，玛丽萨的心一下子沉到了海底。经过了一段时间的调整，玛丽萨和她的丈夫约翰才有勇气面对这个诊断，并认识到孤独症对他们深爱的、有明亮眼睛的 2 岁儿子的巨大影响，还有对他们家庭的影响。在查阅有关孤独症和孤独症谱系障碍（ASD）的资料后，他们的心情并没有轻松下来。互联网和各种书籍上的有关孤独症谱系障碍的信息、不同的观点和众多的治疗方法令他们不知所措。对于还沉浸在诊断结果所引发的悲伤情绪中的父母来说，他们很难再学习大量的新名词来了解肖恩的状况。更加令人不安的是，他们不知道针对儿子状况的各种治疗建议是否正确。他们希望有一套治疗方案，可以帮助儿子取得最大可能的进步，希望儿子以后能够建立友谊，正常入学，参加生日派对，上大学，拥有事业并且建立自己的家庭。

玛丽萨和约翰咨询的第一位专家告诉他们，肖恩可能永远都不能与别人相处，也不会具备创造性思维。对肖恩的最高期望是，通过针对他症状及行为的治疗，他可以学会为社会所接受的行为方式。比如，肖恩可以通过背诵脚本短句来跟别的孩子交谈，父母可以用奖励食物的方式鼓励儿子与他们进行眼神接触。事实上，这些建议只能让这对夫妇感到既无望又无助。他们相信儿子的潜能远不止这些，也希望儿子能发自内心地想要和他们沟通并且能够独立思考。

很多被诊断为孤独症谱系障碍的儿童的家长都像玛丽萨和约翰一样，希望治疗方案可以把他们的孩子看成是独立的个体，提供个性化的治疗，激发儿童建立有意义的沟通关系的能力。这些家长也希望能参与孩子的治疗方案，有所作为，更重要的是他们对孩子一直充满希望。本书的写作过程由始至终都考虑了这些家长及其他的儿童照顾者的感受和需要。书中提出的一套方法从根本上

---

* 原注：每个章节开篇的个案简介是根据接受过我们的治疗或咨询的儿童的资料加工而成。

改变有关孤独症和孤独症谱系障碍的假设，并在很大程度上改善了此类儿童的发展前景。

在过去60年中，孤独症谱系障碍的治疗一直是针对病情的表面症状，而不是潜在的根本性问题。于是，给儿童设立的目标常常局限于行为的改变，而且对他们的长期预后效果也一直持悲观态度。目前流行广泛的、关于孤独症本质的假设限制了人们对此类儿童所能取得的进步的种类及他们的未来所抱有的期望。

据估算孤独症谱系障碍在儿童中的发病率高达1/166，现在，这些儿童有机会拥有更美好的未来了。就像我们在后面章节中提到的，经过以健康发展为基石的、既综合又个性化的评估和治疗，很多孤独症谱系障碍儿童所取得的进步远远超越了传统意义上描述的"高功能"。这种新治疗方法的正式名称就是基于发展、个体差异和人际关系（developmental,individual-difference,relationship-based）的模式，简称DIR模式，也经常被称为"地板时光"。其实地板时光是DIR模式的一种基本策略。本书将为孤独症谱系障碍儿童的父母、其他照顾者和专业人员详细介绍DIR方法的内涵。

DIR/地板时光治疗模式的目的在于建立健康发展的基础，而不是在表面行为和症状方面下功夫。在这种方法下，孩子们学习掌握缺失了的或是偏离了发展轨迹的关键能力，也就是与别人融洽相处的能力，有目的、有意义地沟通的能力（先用手势，然后用语言），还有不同程度的逻辑和创造思维能力。经过这种方法的治疗，众多孩子取得了新的进展，与家人和朋友建立了温暖、亲密的关系，并发展出高级的语言能力。他们不但掌握了学习方面的能力，智力也有所提高，比如，自发思考、进行推理和与他人共情。

我们的病人中有一个叫乔什的孩子曾受益于DIR的治疗方法。乔什被诊断为有孤独症后，他的父母决定不接受悲观的预测，而是开始根据DIR模式给3岁的儿子实施全面的治疗措施。现在乔什已经17岁了，他就读于一所要求严格的普通私立高中，正在准备大学申请。他有很多朋友，刚刚开始谈恋爱。他能表达自己的感觉，并凭借直觉（或许是天赋）解读他人的感受。乔什可以讨论并且根据各种主题写出合乎逻辑、有条有理的文章。他父母说老师和同龄人根本不知道他有孤独症的历史，大家觉得他是一位既友好又聪明的年轻人。

我们再来看一位名叫大卫的孩子。大卫在2岁6个月的时候自我沉迷

（self-absorbed）得很厉害，与父母或同龄人在一起时没有眼神接触，也没有明显的高兴的表情。在评估过程中，大卫很多时候都表现出反复的自我刺激行为，比如，以固定顺序背诵数字，转圈或者无目的地到处跑，把玩具和小车排成一条线，嘴里发出咕哝声。许多治疗方案认为治疗具有这种症状的儿童，效果会非常有限，这些治疗方案的目标就是如何停止这些行为。

但是我们注意到大卫的长项：在非常有动力的情况下，他能够表达需要，能够通过拥抱传达爱意，能够模仿动作、声音和语言，并且认识图片和形状。我们根据他独特的发展特点设计了一套综合治疗方案。由于大卫对声音和触摸过分敏感，我们在跟他接触时就尽量使用轻柔和缓的声音。大卫的记忆力很好，喜欢重复字母，我们由此引导他参加游戏。比如，听他说完"A-B-C"以后，我们故意重复成"C-A-B"，他马上摇头并且很快学会说"不对"。通过这些游戏，大卫变得积极参与并逐步发展出有目的、有创造性的语言。几年以后，他开始上普通学校，并且在阅读、语文和数学等科目中都表现优异。他有好几个朋友，有幽默感并能了解他人的感受。大卫所面对的余下的挑战，比如精细动作的困难、在竞争的环境下容易变得焦虑、爱争辩等，也变得相对次要了。

由于缺乏针对有代表性的群体的研究，我们不知道DIR/地板时光模式究竟帮助了多大数量的孤独症谱系障碍儿童获得如前所述的思考和社交技能水平。在我们治疗的儿童当中，有相当大一部分可以做到（请参考附录A）。我们还发现取得最快进步的小组能带动进步缓慢的儿童，让他们变得更友好、积极参与和沟通，达到高于预期效果的思考水平。

哈罗德是一个患有神经系统功能障碍的4岁6个月的男孩，他进步缓慢，只会模仿一些声音和词语。虽然一直有一个全面的计划在帮助他训练口腔动作，他也只能在生气或者特别想要某些东西的时候，自发地说出一两个词。多数时候哈罗德惜字如金，在被迫讲话时才会开口。他每次发出声音都很困难，有些时候会盯着照顾者的嘴巴看，试图模仿别人的口型。哈罗德虽然喜欢绕着学校的操场和游泳池与别的孩子一起追跑打闹，但是严重的运动障碍（肌张力低）影响了他参与想象游戏和有创意地玩玩具。

在接受治疗的第二年，哈罗德开始表达需求，比如把爸爸拉到冰箱旁，让他找热狗。在这样的情况下，他还会使用"热狗"和"薯条"等词语。随着时间的推移，哈罗德越来越能注意到周围发生的事，他会使用手势和简单的词语，并且在学习字母和数字方面也取得了一些进步。哈罗德很好动，现在可以通过情感表达和手势动作来要求在爸爸背上"骑马"或者跟爸爸玩"坐飞机"的游戏，而不是像以前那样漫无目的地到处逛。我们给哈罗德做治疗的时候，尽管他还是会局限在自己的想象世界中，但已经变得友好、互动并具有目的性。我们希望他一直持续稳定地进步。对于哈罗德这类儿童，即使他们有神经系统障碍，也可以取得进步，关键在于他们可以学会如何用快乐、友好的方式与人融洽相处，学会掌握最重要的、有意义的沟通和解决问题的技巧。

那些只针对症状的治疗方案和认定了这些孩子的未来发展极其有限的治疗方案，都不可能获得如此大的成就。许多治疗方案之所以把绝大部分精力都集中在症状或者行为的改善上，是因为它们建立在一个错误假设的基础上——它们认为许多孤独症谱系障碍儿童不可能与人建立真正的亲密关系，无法获得共情和创造性的问题解决的能力。

相比之下，本书描述的发展模式针对的是导致出现孤独症症状的潜在障碍而不是症状本身。在克服这些障碍的同时，循着发展进程，儿童会喜欢上与别人建立关系并参与有意义的沟通。

一般的观点是，多年之后这些症状在 80% 被诊断为孤独症谱系障碍的儿童身上持续存在。密歇根大学的凯茜·洛德（Kathy Lord）推翻了这个旧的认识。我们的初步研究表明，孤独症谱系障碍者的预后一定要考虑干预方式的影响（附录 A 详细阐述了一些最新的研究）。

目前 DIR 从业者的区域网络已经遍布美国大多数州和城市，甚至延伸到国外很多城市。DIR/地板时光模式在美国国家科学院（NAS）的题为《教育孤独症儿童》的报告中，被引用为目前研究所支持的最主要全面干预模式之一。美国教育科学院也承认现代治疗方案正在逐渐抛弃塑造特定具体行为的做法，转而将关注的焦点越来越多地放到了自然（或偶发）学习和培育健康发展的基石之上。

此外，美国心理学协会在开发新版的《婴幼儿贝利量表》时，曾对 DIR/地板时光的情绪指标做了大量研究，并得出结论——这些指标能够区分有发展及情绪障碍的儿童和发展正常的儿童（贝利量表是世界上使用最为广泛的评估婴幼儿发展的测量工具）。研究结果还验证了 DIR 模式预测的精通这些情绪能力的年龄，并且证明了确如 DIR 模式所假设的那样，掌握情绪互动的早期阶段与语言和思考能力之间存在联系。这些结果如此振奋人心，以至于美国心理学协会以《格林斯潘社交情绪发展表》（Greenspan Social-Emotional Growth Chart）的形式正式出版了 DIR 情绪功能指标。此表格既可作为一个单独的测量工具使用，又可作为新版贝利量表中的评估工具之一进行使用。

在随后各章节中，我们将描述何为 DIR/地板时光方法、如何进入孩子的世界，并把他们带入一个与人相处、沟通和思考的共享世界。本书第一部分阐述了一种更精确地定义孤独症和孤独症谱系障碍的新方法，以及怎样观察儿童的早期症状，并在 DIR 构架中为孤独症和其他有特殊需要的儿童制订目标。第二部分展示了家庭如何能够带动儿童达成预期目标。第三部分我们主要介绍 DIR 模式中的地板时光技巧，并在各种不同的情境中加以说明。第四部分讲述如何建立一个全面综合的治疗方案，以及学校该怎样改变教学环境来支持儿童的治疗方案。第五部分阐述了如何更深入地应对具体问题。附录 A 到 C 展示了支持 DIR 模式的研究资料。

目　录

第一部　改善孤独症谱系障碍的预后
——猜想、事实、早期症状和新的构架

第一章　重新定义孤独症和应对方式 2
第二章　与孤独症谱系障碍有关的猜想及错误诊断 9
第三章　孤独症谱系障碍早期及后续症状 21
第四章　为孤独症谱系障碍儿童制订新目标 27

第二部　家庭优先
——如何用DIR模式提高儿童与人相处、沟通和思考能力

第五章　从"家庭优先"开始 42
第六章　促进注意力和参与能力 48
第七章　促进双向沟通和社交问题解决 59
第八章　象征符号、想法和语言 70
第九章　逻辑思考和真实世界 81
第十章　更高层次抽象及反省式思考 89
第十一章　独特的生理状态（上） 100
第十二章　独特的生理状态（下） 115

第三部　地板时光

第十三章　家庭取向的地板时光 124
第十四章　地板时光 135
第十五章　无时不在、无处不见的地板时光 142

- 第十六章 地板时光最困难的部分 155
- 第十七章 帮助较大儿童、青少年及成人（上）...... 163
- 第十八章 帮助较大儿童、青少年及成人（下）...... 175

第四部 评估和干预
——DIR 模式

- 第十九章 评估 184
- 第二十章 建立综合性干预方案 192
- 第二十一章 提升思考、沟通和学业能力的教学方法 210

第五部 克服难以应对的症状

- 第二十二章 背诵式语言和仿说 230
- 第二十三章 自我刺激、渴望感觉刺激、过于活跃及逃避行为 237
- 第二十四章 自理和应对新挑战 246
- 第二十五章 行为问题 255
- 第二十六章 应对各种情绪感受 265
- 第二十七章 情绪失控和退化 274
- 第二十八章 培养社交技巧 280

- 附录1 DIR 模式成效研究 287
- 附录2 孤独症如何发展：DIR 理论 301
- 附录3 与人相处和沟通的神经发育障碍 312

第一部 改善孤独症谱系障碍的预后

猜想、事实、早期症状和新的构架

第一章 重新定义孤独症和应对方式

孤独症是一个复杂的发展性障碍，涉及社交互动、语言、情绪、认知、动作和感觉能力的发展迟缓问题。此外，我们发现孤独症谱系障碍儿童有一些特殊的具体行为表现，比如，旋转身体、将玩具排成一条直线，或者无明显目的、无意义地重复一些话语等。稍后我们会说明，这些症状其实源于在与人相处、沟通及思考能力方面所存在的更为根本性的问题。这些问题并非孤独症人士所特有。孤独症或孤独症谱系障碍儿童的语言、思考及社交能力，会因为他或她落在孤独症谱系的不同位置上而有所不同。

对于孤独症谱系障碍的一些基本事实（比如，发病原因或发病率），我们仍然知之甚少。之前曾提过，有些研究估计孤独症谱系障碍的发病率可能高达1/166。许多研究指出，最近剧增的发病率远远超过10年前的估计值。虽然有些研究认为发病率增加是由更严格的鉴定和诊断所导致的，不过多数人还是相信孤独症及孤独症谱系障碍的发病率正逐年增加。

孤独症的路径

发病率增加的原因，就像孤独症的起因一样，仍然是个谜。很多研究支持遗传因素（比如，同卵双胞胎比异卵双胞胎更容易出现同一种障碍）。传统上认为是遗传（或更广泛的说法——生理）因素造成了孤独症及孤独症谱系障碍的一系列症状。此外，免疫、代谢和环境因素也被认为发挥了作用。不过可以肯定的是，这个障碍绝对不只是单一因素造成的。因此我们认为探讨孤独症成因的最理想构架，应该是"累积风险，多重路径"的模式，即承认多重因素相互作用而形成这个障碍。例如，遗传或产前因素可能导致儿童在面临诸如躯体性应激、传染性疾病以及暴露在有毒物质中等挑战时力不从心。这个关于孤独症成因的新思考方式既承认遗传因素的影响，又认识到障碍的形成是分阶段、逐步的过程，障碍有不同的表现形式和不同的严重程度。

普遍性的问题

孤独症及孤独症谱系障碍包括与人相处、建立关系、沟通（通过表情动作、语言或者象征符号）以及思考能力的障碍。这些复杂的发展问题，会以不同的形式表现出来，也会以不同的组合出现。同一个诊断之下的每名儿童并不都具有所有的问题，问题的严重程度也不尽相同。例如，阿斯伯格综合征儿童通常词汇量丰富，而且很小就开始阅读，但却不能以符合情境的方式有意义地使用语言。相反，他们可能只会重复词语或仅仅理解字典上有关这个词语的定义。他们在与别人相处方面也存在问题，无法用表情动作或带有情感的方式与人沟通。

有严重动作计划问题的儿童也体现了这种差异。有些儿童有口腔运动问题，无法顺利运用舌头及口部肌肉，因而出现语言障碍。还有一些儿童既有严重的口腔运动问题，又有一般动作问题，他们看起来有认知障碍并缺乏社交技巧，不过事实上却是因为他们的动作能力有障碍，从而限制了能力和技巧的表现。我们若能通过手势语言或其他的辅助器材（比如，电脑键盘）来帮助有口腔运动问题的儿童进行沟通，常会发现他们的理解能力远超出我们预期的程度。

孤独症谱系障碍核心问题

孤独症及孤独症谱系障碍有三个核心或基本问题。以下问题可以帮助我们观察孩子是否出现这三个核心问题：

1. 儿童是否在与别人建立亲密感及友情方面存在困难？儿童是否会主动寻找让他感到舒适、自在的大人，比如，母亲或主要照顾者？如果他能这样做，那么当他跟这些人在一起时，是否表现出喜欢这种亲密的关系？

2. 儿童是否用手势和情绪表达方式与别人沟通？她是否会使用微笑、皱眉、点头及其他互动手势与别人进行一段持续的、双向情绪信息沟通？

3. 当儿童开始使用词语时，他能有意义地使用它们吗？这些词语或象征符号的使用是否被赋予了情感或愿望，比如，"妈咪，我爱你"或"我要喝果汁"，而不是"这是一张桌子"或"这是一张椅子"？

如果儿童并不能建立亲密关系，也不能持续地交换具有情绪意义的动作以及为使用的词语或象征符号赋予情绪意义，我们就得考虑他是否表现出孤独症谱系障碍的症状。儿童在这三个核心过程（或能力）方面的表现与其实际年龄的差距，就代表（至少在初期阶段）孤独症障碍对这名儿童的影响程度。

次要症状

除了核心症状之外，还有一些次要症状，比如，重复性（如重复地将物品排成一条直线）、拍打双手或自我刺激（例如，盯着电风扇看，不停地擦拭地板上的某个污点等）。这种障碍的次要症状还表现在：以照本宣科的方式重复一些词句，背诵曾经听过的一本书的完整内容或看过的电视节目台词等。由于这些症状也会出现在其他许多不同类别的发展性障碍儿童身上，并非孤独症独有，所以不能作为主要的诊断标准。

有些儿童在感觉信息加工过程方面存在问题，对触觉或听觉刺激过于敏感，但语言和社交技能非常优秀，他们能识别别人的情绪信号并做出适当回应。这些儿童可能会因为过多的刺激负荷而出现自我刺激或重复性行为，他们可能也在尝试进行自我调节。这些次要症状也存在于有严重动作计划问题的儿童身上，有时有语言障碍、严重认知障碍或学习障碍的儿童也会表现出部分这样的症状。

结合观察到的症状并以发展为取向分析这些症状，我们形成了对孤独症谱系障碍的新认识。依据这套新的孤独症谱系障碍定义方式，我们认为次要症状源于核心障碍。例如，有些儿童无法用玩具参与到我们称为"共享式社交问题解决"的过程中，也无法以灵活的方式与父母及同龄人一起玩玩具。他们不会向照顾者展示自己的玩具，露出开心的笑容或以动作做出回应。相反，他们只会将自己的玩具排成一条直线。这些症状其实反映出儿童还无法掌控核心能力（这也是这些症状的成因）。这类儿童的其他症状之一是兴趣范围非常局限。儿童需要通过与别人沟通，才有机会扩大自己的兴趣范围；如果他们无法在持续性的互动过程中使用手势表明自己的愿望和需求，那么他们的兴趣范围就难以扩大。

上述症状勾勒出一个关于孤独症谱系障碍的较宽泛的模式，但这不应作为诊断的唯一依据。能够做出适当诊断并认识到儿童真正的问题，关键在于了解儿童上述三种基本能力的发展程度。许多个案被误诊为孤独症谱系障碍的主要原因之一，在于缺乏充裕时间观察儿童与父母或信任的照顾者之间的互动情形。有许多评估是在儿童与父母分开的状态下进行的，往往在完全没有考虑不同儿童对信息的加工方式不同的情况下，就让他们接受不同的发展测试。因此儿童容易受挫并感到困惑，无法充分表现出自己的实际能力。诊断者要做出正确的诊断，必须有机会观察到儿童最好的能力水平，因此一个正确的诊断必须以儿童的整体能力表现为依据。

不同进展速度

过去几十年来，被诊断为孤独症谱系障碍的儿童获得了不同程度的进步。有些高功能儿童的语言能力非常出色，足以应对阅读、数学等科目的学习（通常在需要记忆的科目中都有优异表现），不过他们的社交方式仍显得呆板，且情绪仍处于孤立状态。还有一些儿童能学习使用表情动作及运用某些词语与人沟通，不过只能达到一般水平的语言能力及学业成就。另外一些儿童的能力进展非常有限，他们一直陷入自我沉迷，缺乏功能性语言，只会依赖重复的行为及自我刺激来应对外在环境。

不过，正如前言中提到的，还有另外一群获得巨大进步的儿童，他们的表现比高功能儿童还要好。在接受基于 DIR 模式的治疗后，他们能够与家人和朋友建立亲密关系，学会灵活且有创造性地运用思维、与人沟通。

基于这些发现，孤独症谱系障碍具有一种动态而非静态的特质。静态特质是固定的，也就是，儿童无论处在哪种环境、氛围或状况中，这种特质都不会改变。例如，儿童的蓝眼珠不可能随着时间或情境的不同而改变，眼珠的颜色是一种非常固定的特质。相反地，动态的特质就与许多因素有关，包括感受与情绪，都是可改变的。前面强调的三个核心能力都属于动态的过程：它们能够也确实在发生着改变，其中某些儿童的改变会多于其他儿童；此外，某些治疗方案所带来的改变，也明显多于其他的治疗方案。

普通儿童和特殊儿童的上述能力会在多大程度上受到正面影响，专业人员对此持有不同的看法。我们的观点是儿童的这些能力有显著改善的可能，并且只有儿童的实际发展水平这一个因素能够决定其预后，当然还有许多其他的因素会影响儿童的发展，比如，家庭环境、治疗方案以及儿童神经系统的成熟度，不过唯一可靠的指标就是儿童在一段时期内的学习曲线，曲线越陡，说明儿童的发展能力越好。

近来，关于人生各个阶段的经验如何改变大脑结构和功能的研究对于接受了 DIR/地板时光治疗的孤独症儿童所发生的变化给予了越来越多的支持。新的脑部成像技术记录了这些变化。这些研究和技术手段正开始提供确凿的证据支持这样一个论断，即特定经验不仅能影响儿童的交往、沟通和思考能力，还能影响他们的脑部结构。

如果儿童的能力没有什么进步（这好像正应验了早期对孤独症及孤独症谱系障碍的假设），常常是因为他在家里、学校或者在治疗师那里，没有接受最佳的治疗干预方案。如果儿童能够获得适当的帮助，他的学习曲线自然就会改善。学习曲线的斜度可能每年都不同，关键是持续、稳定的进步。因此，与其依据一些固定的诊断标准来预测儿童的进步，不如制订一些最佳的方案，然后观察儿童的学习过程并分享他进步的喜悦。

治疗方案的选择

如何选择适合孤独症及孤独症谱系障碍的治疗方案，主要依据几个基本的假设。DIR/地板时光模式所依据的假设认为，即使儿童存在严重障碍，只要能够好好处理他们的情绪或情感，就能对他们与人相处、思考及沟通能力的核心成分产生有效影响。第四章会更详细地介绍这个模式。

许多年来，行为模式一直是唯一的治疗模式，它也确实帮助了一些儿童适应学校及家庭生活。现在，随着我们越来越了解儿童神经系统的发展方式以及他们学习核心能力的方式，越来越有可能为孤独症谱系障碍儿童迈向丰富完整的人生提供更多的机会。专业人员建构出一个健康的发展基础之后，儿童也就更有可能克服自己的障碍。如果情况允许，治疗师也可以将行为模式与 DIR 的基础建构模式结合在一起。DIR 模式不是一种单独的治疗或干预方案，它主要用于了解每个儿童的不同之处，从而设计出一套综合全面的治疗方案。依据儿童的不同需求，治疗方案会有各种不同的特点。

临床工作者在实施某种特定的活动或练习时，可以遵循以下三个原则，纳入更多地以关系为基础的其他方法，形成更广泛的 DIR 模式。这三个原则指的是：依据儿童神经系统的特点采用合适的互动方式，促成自发性互动以及利用儿童的天生兴趣及情绪作为互动的部分内容。许多专业人员，特别是言语语言病理学家、感统和物理治疗师、教师及心理医生等，都曾经探讨过这些动态的互动方式。他们都证实，采用配合儿童独特的神经系统特质的互动方式，可以培养儿童与人相处、思考及沟通的能力。比如，口腔动作练习可以帮助儿童建立前语言发声、手势及模仿能力，从而促进语言的发展。学习如何解码声音有助于"音位的察觉"，而这是阅读能力形成的基础。

不过，尽管加工的方式越来越多样，专业人员仍然只关注症状和很少一部分信息加工方面的潜在差异。即使越来越多的证据支持动态模式，目前大多数孤独症谱系障碍儿童仍然只能接受老式的、静态的方法。这些方法并不能有效地应对每个儿童独特的发展状况和成长潜力。这些方法虽然产生了有限的效果，却一成不变地存在了很多年。

以下我们要列举几种被广泛运用的治疗方法，这些方法并没有充分实践动态发展理念，因此无法充分帮助大部分的孤独症谱系障碍儿童。

* **有限的教学方案，通过重复练习教授单独技能**：比如，形状配对，而非使用基础性的发展导向式积木玩具。这样的练习无助于认知、社交、语言能力或听觉信息加工能力的发展，也无法促进更高层次的思考技能的发展。

* **行为方式**：主要加工表面的行为，却忽略了关系、个人信息加工的差异以及思考能力的组成部分。

* **生物医学方式**：既不是某个完整的治疗方案中的一部分，自身又缺乏一套互补且全面的干预方案，它只是包括了各种不同的诊断程序及药物治疗。一个只注重诊断的医生可能只会告诉父母有关孩子的诊断结果，建议再做一些其他的测验，或者服用某种特殊药物，然后就只是让父母去向当地特教方案的负责人寻求帮助。

许多父母及方案虽会结合一些自然取向的方法（比如 DIR/地板时光）和结构取向的行为或教育方法，却缺乏一套正确的发展路线图来安排、协调整个方案。DIR 模式就提供了这样一个路线图，读者将发现，它告诉大家如何以一种真正综合的方式，运用各种干预方法来促进与人相处、沟通和思考能力的发展（请参考第二十章）。我们在研究中发现，与人相处、沟通及思考能力包括了一些很具体的能力，比如以合乎社会要求的方式使用语言、共同注意（joint attention）（玩玩具并展示给爸爸看）、心理理论（理解别人的感受及想法）、解读复杂的情绪及社会信号并做出推理（创造新的想法）。要掌握这些能力，必须先掌握本书第三章、第四章以及其后章节中介绍的更多基础能力（请参考附录B）。这些能力不仅是健康发展的基础，也正是孤独症儿童缺少的主要能力。这就是我们为什么要发展DIR/地板时光治疗这一全面的模式的原因，DIR/地板时光模式运用了人类发展的知识来整合干预方案中的不同组成部分。本书下一部分将会提到，儿童发展路径上的每一个阶段都可以提供增强核心能力的机会，而不是让这些能力受到更多破坏。如果一名4个月大的儿童无法保持愉悦和快乐的心情，或一名4岁儿童还无法完全学会与人愉快相处，我们会直接认定这是一个问题，而不必再等着看变化了。同样，我们能帮助一名5岁儿童学会有意义地使用语言及有创意地玩游戏。我们也会观察哪些生理或环境因素造成问题。虽然越早处理问题越好，但是如果我们能真正地为发展打下基石，那么永远都不迟。在这方面，我们可以采取主动积极的方式，本书第一部的其他章节会更仔细地讨论与孤独症及孤独症谱系障碍有关的各种猜想，以及由这些猜想导致的错误诊断；接下来，我们会说明如何识别孤独症谱系障碍婴幼儿及儿童的各项症状，以及照顾者如何能在症状出现之前就处理问题；最后，我们会详细介绍用来治疗孤独症谱系障碍的DIR方法。

第二章 与孤独症谱系障碍有关的猜想及错误诊断

在重新界定孤独症和孤独症谱系障碍之前,我们应该先澄清与之有关的各种猜想,因为这些猜想很容易导致错误的诊断。

无法爱人?

最具有影响力的一个猜想,或许就是孤独症谱系障碍儿童缺乏爱别人和建立充满爱的关系的能力。20世纪40年代,当孤独症首次被认定为一种障碍,就被认为具有"自闭孤独感"的特质,即无法与人建立亲密、温暖、富有滋润情感的关系。因最早对孤独症谱系障碍儿童进行系统描述而被誉为"孤独症之父"的利奥·凯纳(Leo Kanner)将上述概念作为自己理论的一部分。从那时开始,"无法建立亲密的情感连接或友好的、充满爱的关系"就一直存在于后来与孤独症有关的所有定义之中。这一点,可在美国精神医学会(American Psychiatric Association)的《精神疾病诊断与统计手册》(DSM)的所有版本(包括目前的最新版本)[①]中得到印证。不过,人们虽然最初认为孤独症谱系障碍儿童具有根本性的自闭孤独感,但是目前则将建立亲密关系的能力视作一种连续状态。至于认为孤独症儿童永远无法像普通儿童一样,发展出完整、丰富及有深度的人际关系的观点则一直存在。

与他人进行亲密的情感接触并体会到愉悦的这个经历,将有助于儿童形成爱别人并且在亲密关系中感到自在的能力。我们设想一名4个月大的婴儿对着妈妈或爸爸露出快乐的笑容,这样的举动反映出一种深入又温暖的参与感,在接下来的几个月,亲子之间会发展出越来越多的爱及亲密感。不过,如果我们看到一名2岁6个月的孤独症谱系障碍儿童惊慌失措地跑进祖母的怀抱里,将

---

① 译注:DSM第五版已于2013年发布。

她抱得紧紧的，难道她展现出爱人、友好或亲密感的迹象就比别人少吗？我们看到一名被诊断为孤独症的4岁儿童，当妈妈给他按摩后背的时候，他会露出开心又温暖的笑容。对他而言，妈妈只是一个物体，还是他已体会到亲密感，并且认为重要的在于是妈妈而不是别人在帮他按摩后背？

我们在与孤独症儿童相处中发现，他们也会有自己的爱的感觉，特别是在面对妈妈、爸爸或其他主要照顾者时，因为别的大人不会带给他们相同的亲密感，或是在他们感到害怕或有需要时让他们感觉到舒适。事实上，在接受治疗后，这些儿童不仅不再表现出孤独感，而且比同龄的普通儿童更懂得爱人。有时父母会埋怨儿童变得过于依赖："他不让我离开！"我常告诉他们："这是很好的事情！"因为如果一个儿童一直都隔绝在自己的世界里，没有什么事情比看到他愿意"过度地"黏着父母和照顾者更让人开心了。等到儿童能够建立与他人的关系后，我们再逐渐帮助他学习独立。

即使儿童表现出重复或自我刺激的行为，也可以使用 DIR/ 地板时光疗法，利用儿童喜欢的事物与他互动。通常发展出来的第一个能力，不是语言或沟通能力，而是一种与别人相连接的感觉。这种感觉来得很快，一般在接受治疗后的三四个月内就会出现。由于这种感觉来得如此迅速，即使以前从未出现过，也不会影响它出现的速度，因此我们推论，其实这种能力早就以某种形式存在于儿童身上了。

在最近的一项研究中，我们将孤独症谱系障碍儿童在某段时间里与人相处的表现分成前后两个部分，然后进行比较，结果发现明显的不同。会谈中，我们指导父母解读儿童的情绪信号，并且配合他的神经系统。比如，如果儿童对触觉及听觉刺激过度敏感，我们就帮助父母学习变得更有抚慰能力。如果儿童表现出某种自我刺激行为，例如一直开门关门，我们就教父母如何进入他的世界，将这个活动转换成两个人共享的互动活动。指导父母改变方式后，我们常常看到原本陷入自我沉迷的儿童神情忽然变得活泼，显得神采奕奕，甚至主动寻求父母的关心或找他们一起玩。

因此，从治疗的第一年开始，随着父母更加清楚地认识儿童的神经系统并逐渐理解他们的世界，儿童和父母之间的亲密感油然而生，而且越来越深。几乎所有的父母都谈到与儿童在家中时所感受到的美好、温暖及亲密时刻，同时盼望能有更多这样的时刻，且期待儿童能够亲口表达出爱和温暖。我们也协助父母帮助儿童更有效地表达出心中的情感，创造出更多这种欢乐时刻。

这样的事实使我们相信孤独症谱系障碍儿童拥有爱人的能力，无论他们能否轻易地将其表达出来。其实有不少研究显示，许多孤独症儿童具有丰富的感情，只不过常常被自己的感受搞得不知所措，所以干脆逃避与人接触，以控制自己的情绪强度。另外一些儿童反应过低，他们无法表达感情是因为没有足够的诱惑使他们感受到人际关系的欢乐和愉快。

之所以对孤独症谱系障碍儿童是否具有爱人和感受强烈情绪的能力存在疑惑，是因为许多这类儿童无法表达自己的情绪。就普通儿童的发展来说，4～10个月大的儿童，已经能够通过声音、肢体动作及面部表情，跟别人进行双向的情绪互动，例如，一个笑容牵动出微笑、一个声音引发出另一个声音。12～16个月大的儿童可以发展到更复杂的阶段：他们会爬到父母身上，伸手去抓他们的手臂，然后咧嘴而笑；他们也能发出引人注意的声音，甚至说出简单的一两个字；他们会呵呵地发出笑声和微笑，淘气地模仿父母动作。在这些过程中，他们表现出许多连续的情绪交换动作。

孤独症谱系障碍儿童要发展这种快速交换情绪信号的能力，会困难得多。我们认为主要原因在于其基本生理障碍，他们因此无法将自己的情绪与动作系统或动作计划能力联结在一起。因为他们无法在自己内在需求的引导下，顺利排列行动的先后步骤。他们虽然想要有亲密的感觉，却无法将内在的欲望转化成实际的行动。就语言而言，即使他们能记住或重复一些词语，却无法将情感融入语言中来表达感情和喜好，说出"我爱你"或"妈妈，抱抱我"。然而，我们认为这种限制并不是永久性的。经过适当的治疗，孤独症谱系障碍儿童不仅能体验"爱"，也能学会如何表达"爱"。

无法有创意地与人沟通或思考？

还存在这样的猜想，即孤独症谱系障碍儿童无法掌握沟通及思考的基本能力，期望他们会改变行为和背诵台词已经是最高目标了。但是如同我们在前一章提到的，孤独症或孤独症谱系障碍儿童绝对可以与别人一起参与问题解决的过程，而且也可以有创造且合乎逻辑地运用各种想法。研究发现（请参照附录A），有很高比例的儿童可以掌握情绪及发展里程碑中的基础能力。

如果照顾者将"孩子缺乏与人相处及沟通的能力"这种观点抛之脑后，转而努力帮助儿童培养这些能力，那么重复行为、攻击行为及情绪不稳定等负面行为就会逐渐减少。

无法抽象思考？

另一个有关的猜想，认为孤独症谱系障碍儿童无法学习抽象思考及推理能力。我们认为这种观点也不正确。虽然不是所有的儿童都能达到抽象思考阶段（因为需要语言及认知能力达到一定程度），但是我们的一项追踪研究表明（请参照附录A），在接受过DIR基础能力和情绪示意及提示能力训练后，取得最大进步的儿童能够学会推论，掌握心理理论且具有同理心。这些发现挑战了以前的观点，并开启了新研究方向的大门。

无法解读情绪？

还有一个猜想，坚持认为孤独症谱系障碍儿童无法解读别的儿童或成人的情绪。早期研究表明，孤独症谱系障碍儿童看到别人面部表情时，脑部用来加工这些信息的部位不同于没有孤独症谱系障碍的普通儿童。这个研究似乎支持了"孤独症谱系障碍儿童的脑部异于常人"的观点。不过，威斯康星大学的莫顿·根斯巴赫（Morton Gernsbacher）及其研究团队重新做了其中某个研究之后，发现原始研究中的被试可能并没有注视过别人的面部。当他们采取鼓励措施让被试注视别人面部时，发现被试和没有孤独症谱系障碍的普通儿童一样，使用相同的大脑部位扫描并加工这些面部影像。这些被试也能够运用与"普通儿童"一样的方式来加工这些面部表情信息。换句话说，早期研究的结果表明：孤独症谱系障碍儿童不太注视面部，而并非显示出不同的脑部生理机能。

根斯巴赫及其研究团队意识到：对感觉刺激反应过度的儿童及成人若太快注视别人的面部，常常会感到紧张。事实上，当被试注视别人的脸孔时，会显得焦虑不安。因此建议在帮助孤独症谱系障碍儿童时，不但要帮助他们克服紧张感，还要让他们能从观察别人面部和情绪表情的过程中得到许多乐趣。

这个研究显示，与孤独症谱系障碍相关的一些问题其实相当复杂且微妙。此外，如果研究者无法提出所有可能的假设，即使一项计划周密的研究也会出现错误的结论。关于孤独症谱系障碍儿童的能力，一个最强有力的事实是：在这些儿童当中，有许多确实发展出了更高层次的思考能力。这些儿童也许从一开始就被误诊了，他们不是孤独症，但这变成了一个循环论证。这些儿童确实一开始符合《精神疾病诊断与统计手册》第四版有关孤独症谱系障碍的诊断标准，而且后来也确实到达了更高层次的抽象及反省式思维阶段。

主要问题还是下游效应？

我们很容易设想或推论，由于一些不可改变的脑部差异，孤独症儿童有长期的、固定的障碍。然而这种推论往往没有充足的数据加以证明。最难回答的问题之一是：儿童表现出来的某种行为、情绪或脑功能异常，到底是一个主要问题还是一个"下游效应（downstream effect）"？例如，根据最近一个有关脑显像的发现，孤独症人士缺乏联结脑部不同部位的能力。我们先前也提到过这样一个看法，认为孤独症谱系障碍人士的主要问题是在将情绪与动作及之后出现的符号进行连接时存在生理障碍。我们的研究发现，情绪联结着不同形态的心理功能；如果这些连接不能在早期阶段顺利形成，那么可能出现许多"下游效应"的结果，包括无法赋予行动或语言适当的目标及意义，或不能在中枢神经系统的不同部位之间建立符合年龄的路径（请参照附录B）。

到目前为止，对在婴儿期及儿童早期阶段就表现出孤独症症状的研究很有限，因此也很难获知某些早期问题的后来结果会如何，以及基本的障碍或困难到底是什么。另外，大部分研究主要是在比较孤独症儿童与普通儿童之间的不同，或孤独症儿童与有认知或语言障碍儿童之间的差异，却几乎没有研究比较孤独症谱系障碍儿童，与其他具有孤独症谱系障碍常出现的动作及感觉信息加工问题、但又不是孤独症谱系障碍的儿童（指的就是可以与人有很多互动、有创造力、善于表达、能够抽象思考却有许多动作及感觉问题的儿童）之间的差异。

最好能在一种动态的构架中讨论孤独症谱系障碍，把一段时间内影响儿童发展的所有因素都考虑进来。我们提倡不要将孤独症谱系障碍（包括阿斯伯格综合征）视为一种固定不变的障碍，而应该视之为一种动态的过程，某些生理或神经缺陷会影响到儿童的发展。儿童神经受损的严重程度决定其取得进步的可能范围；专业人员不应将它认定是一种固定不变的障碍，而应该帮助每名儿童达到他们情绪和智力发展所能够达到的最佳状态。

有关重复练习价值的猜想

"孤独症儿童无法获得智力上的发展"的猜想，引发出针对某些治疗方案效果的猜想。某种治疗方案将重点放在一些重复性活动上，企图教授儿童某些特殊技能，比如形状配对或分类，而临床工作者及父母往往被这样的治疗方案吸引。儿童越是没有明显进步，家长越会受这种治疗方案吸引。不过，越是把重点放在重复行为上，儿童参与别人或与人互动的能力的进步就越慢，甚至可能会退步。

"重复练习"（比如形状配对）的提倡者相信这些活动能够教会儿童分类的能力。不过，我所观察到的接受重复练习训练的儿童，通常进展很慢，而且也没有真正学会分类。尽管他们可能会完成某个特定任务，但通常他们仍无法对出现的新形状或颜色进行归类，或者仍不能理解正方形和圆形之间的差别。此外，同等重要的还有一点：并没有确凿的证据可以证明这些重复练习的活动能够建立堆叠积木的基本认知能力。最初会挑出这些特殊活动作为训练的目标，是因为很多儿童都具有这项能力。因此一些研究者推论，有障碍的儿童学会这项技能应该很有用处。不过，普通儿童之所以可以轻松表现这些技能，其实是因为他们已经掌握了认知、语言及社交能力的基础（请参见附录A和B）。多年的经验让我们认识到：如果儿童进步很慢或几乎没有进步，最好的方法就是加倍努力去建立这些发展目标的根基；若能以更频繁、更有技巧的方式建立这些基础，同时考虑儿童的独特生理特质（请参考第二部内容），即使进步的过程较为缓慢，最终也能帮助儿童稳步地展现最好的进步。

单一成因的猜想

关于孤独症的成因，仍有许多不解之处，特别是现在越来越多的儿童被诊断为孤独症，找出原因的希望就显得更为迫切。有一些人认为更精确的诊断技术、较广泛的诊断类别以及个案早期发现的比例增加导致了发病率的增加，也有一些人认为这是自身免疫反应的结果。环境压力源（比如，铅污染、多氯联苯或二恶英等）明显多于过去，电视、电脑及其他科技产品的辐射在儿童很小的时候就对其产生影响。我们在第一章提过，全世界的相关研究结果都主张多因素模式，即很多因素共同作用产生累积风险。依照这个模式，孤独症谱系障碍的成因有多重路径，每一个个别路径都与累积的风险因素有关。最后我们会发现许多遗传及其他生理障碍都互相影响，导致某种疾病。

同样，我们也应该在一种动态的发展构架中审视成因。孤独症的症状，比如自我沉迷、情绪示意困难及缺乏创造和抽象推理的能力，很像是循着一条路线逐渐发展起来的一连串反应，其实可能来自许多不同的原因，打个比方，就好像发烧或炎症引起的肿胀。我们知道有很多因素会造成发烧或发炎症状，两者都是身体对无限挑战的有限回应。心灵（以及大脑）也是以同样的方式运作，也是以有限范围的反应回应环境中的无限挑战。因此，我们不仅要看到这些"下游效应"的常见结果，也要按照发展的顺序探索影响发展的关键过程及因素。接下来几章会讲到，DIR/地板时光模式为这种探索工作提供了一个动态的发展构架。

错误诊断及不适当评估

围绕孤独症的猜想经常导致误诊。详细地了解某名儿童，是判定这名儿童是否功能正常或是否有孤独症的基本前提。传统的评估过程是采用结构化的标准测验，以及短暂观察儿童与父母或照顾者的互动情况。通常，评估一开始就马上安排儿童与父母分开，让他与陌生人或者与整个评估团队或团队中的主要负责人员互动。因此，团队人员根本看不到儿童的最佳表现，也不了解儿童与别人相处及沟通的真正能力。他们顶多只能观察到儿童如何回应全新的环境，而某些儿童在这种新环境中会非常紧张。

对于感觉刺激反应过度或难以适应过渡阶段和新状况的儿童而言，虽然只是与父母短暂分开，却会让他产生莫大的焦虑感，他可能躲到椅子后面、逃到角落里或拒绝跟任何人说话。同一个儿童，若处在另一种环境中，或许能跟别人交谈得很愉快。某名儿童因在某种情况中完全封闭自己，拒绝说话，而被诊断为孤独症谱系障碍中的一种严重发展障碍。但当天稍后时刻，这名儿童看到妈妈表情难过，竟然主动问她"你为什么伤心？"同时还给妈妈一个大大的拥抱，这时他充分表现出互动及口语表达的能力，甚至口才很好；不过在他接受评估时，因为与妈妈分开令他非常焦虑，儿童无法表现出这些很棒的能力。

有些人可能提出，这个男孩应该可以更好地应对这种状况，但这并不是问题的关键。判定这名儿童是否有孤独症谱系障碍，依据的是他的语言及整体发展状况而不是他是否具有分离恐惧。但现在的主要问题是,临床工作者因他的分离恐惧而无法看到他最好的状态。其实很容易补救这样的问题,只需要安排前45分钟让儿童与妈妈一起玩,让儿童慢慢适应新环境。这段时间里,临床团队只需要站在一旁观察儿童与妈妈的互动情形,他们便可能发现,儿童跟妈妈在一起时,完全可以依照平常的习惯使用许多语言,且很有互动的能力。事实上,这名儿童的发展问题与这些敏感细节有关。

我们查阅了在一流的医学中心、诊所、发展中心及学校接受评估的200个个案,发现90%以上的评估都只安排了不到10分钟的时间观察儿童与照顾者之间的沟通模式。大部分的评估都是由不为儿童所熟悉的成人操作的,只有当儿童参与结构化评估或评估者需要收集发展史资料时,观察儿童与父母的互动情况才会纳入到评估项目中。换句话说,儿童与父母亲的互动情形从来就不是主要焦点,而且观察的时间顶多就是几分钟而已。

父母常常会观察到儿童在诊所的表现与在家时迥然不同,因此,临床团队需要观看儿童在家中互动情形的录像带、安排家访,或是非常仔细地聆听父母的报告。如果父母坚持表示儿童在家的表现不同,临床团队就应该继续观察,直到与父母取得共识。如果两方的观察结果不一致,通常父母的观察结果会比较正确,因为他们与儿童接触的时间要长得多。

双方取得共识很重要,不仅是为了做出正确的评估,也是为了能够制订出治疗方案,因为如果父母和其他照顾者感觉治疗方案并没有解决在家里遇到的问题,就不会愿意配合治疗师的建议,执行治疗计划。唯有父母的口头报告,或临床者亲自观察的儿童与父母的互动情形,才能真正显现出儿童的实际功能表现。当然必须在专家的意见及指导下,这些口头报告或观察内容才具有意义,但如果缺乏准确的第一手资料,也无法得出可靠的结论。父母虽然不具有做出医学诊断的资格,却是最了解儿童的人。父母必须相信自己的直觉,并且找到愿意花时间与他们讨论资料以及取得共识的专业人员。

当儿童表现出令人不安的行为或有明显的发展迟缓,但在发展性测验上的得分总是不错时,父母和专业人员都不知该做出怎样的诊断。我们敦促父母和专业人员都不要只根据结构化测验的结果下结论。虽然长久以来大家都习惯依赖这些测验,但是测验的可靠性不如观察的高。测验可以作为评估的一部分,却不是判断儿童是否有孤独症谱系障碍的唯一标准。现在存在一个常见的错误,认为阿斯伯格综合征的儿童具有正常甚至早熟的语言技能。但依据定义来看，阿斯伯格综合征儿童常常无法解读和回应微妙的情绪及社交提示，也无法在不同的社交情境中以具有创造性且抽象的方式使用语言（即不能掌握语言的语用性）。这个错误的观点之所以一直存在，就是因为大家依据的始终是儿童在结构化、以记忆为主的语言测试任务（比如，将图片与对应的词语进行匹配，解释某些词语的意思，甚至用字词、句子和段落做简单的推理练习）中是如何回答的。这种结构化的任务并不能揭示出儿童在不同的社交情境及不同的情绪之下会如何使用语言，而这些却是正常或典型的语言发展的关键。

因此，关于"符合阿斯伯格综合征诊断的儿童具有正常语言发展"的假设，其实并不准确。相反，我们应该认识到他们在语言上的优势，包括某些以记忆为主的能力及有限的推理能力，并好好利用这些优势，以扩展儿童全面的语言能力（包括语言推理思维和语言的语用性）。阿斯伯格综合征儿童常常缺乏机会练习如何与同龄人及成人进行具有创造性且自发的语言交流。我们会在后面的章节中介绍如何帮助儿童练习语言当中最难掌握的部分。

确认主要的症状

对孤独症及孤独症谱系障碍症状的不同看法产生了与误诊有关的又一个议题。如同在第一章提过，我们常常搞不清楚主要症状与次要症状之间的差别。匹兹堡大学的南希·明舒（Nancy Minshew）和她的研究团队曾做了一个研究，比较孤独症和非孤独症两组儿童。研究者根据语言能力、接受标准化测验的能力和对测验题目的信息加工能力及应答表现等把儿童分组配对，结果发现两组儿童之间最大的差异是：推论能力（抽象思考并提出新的结论或假设），双向的情绪提示（在社交互动中解读及回应别人的信号），展现同理心（了解别人的真正感受），以及信任别人和与别人相处的能力。

虽然不能只依据单一的症状就做出诊断，但是如果儿童缺乏第一章列出的基本能力，我们强烈建议将其诊断为孤独症谱系障碍。如同之前提过的，虽然孤独症谱系障碍儿童普遍存在一些症状，比如反复做相同动作、仿说及自我刺激等行为，但并不能将其作为孤独症谱系障碍的主要症状。因此要诊断孤独症和孤独症谱系障碍，我们必须先区分主要症状与次要症状的不同。从互联网上获得的有关孤独症谱系障碍的信息并不足以区分两者的不同，这是可以理解的，因为确实不容易把两者区分开。不过要做出正确的诊断，绝对需要区分主要症状与次要症状之间的不同。如果某个儿童呈现的唯一症状属于次要症状，那么我们就应该先考虑其他的可能诊断。因此，如果某个儿童非常友好并具有很强的互动性，甚至能有意义地使用一些词语，但对感觉刺激反应过度，眼神有时会空洞呆滞，且出现反复动作，这样的儿童应该是发展障碍，而非孤独症。

我们已经编制了一套由父母填写的问卷，用来评估儿童的功能情绪能力。儿童若具有此能力则代表发展正常，反之则表示儿童可能需要进一步评估其发展性障碍。这套工具称为"格林斯潘社交—情绪成长图表及问卷"（Greenspan Social-Emotional Growth Chart and Questionnaire）。该问卷已经通过了实践检验，具有较高的信度和效度。目前已经出版，并纳入到新版贝利量表（Bayley Scales package）中。

当然，虽然我们要避免因忽略儿童的优势而做出错误诊断，不过还是需要治疗次要症状。在临床评估过程中，一个称职的评估团队应该要指导父母如何依据儿童神经系统的特点与其互动。儿童对哪一种感觉刺激过分敏感或反应迟钝？她顺应外界的方式是以视觉还是以听觉为主？她计划行动的能力如何？她是否能执行三个、四个或五个步骤的行动模式？临床工作者可帮助父母理解儿童独特的神经系统，将他带入最佳的互动当中。只有这样才能了解他参与及交换社会性信号的能力以及他有意义地运用想法的能力，前提是他具备一定的语言能力。

过度诊断

虽然儿童有不错的核心能力（与人相处、相互的社交和情绪示意能力以及创造和抽象思考能力），却因为具有某些孤独症谱系障碍的症状，所以仍然被诊断为属于孤独症谱系障碍，这是最常见的误诊之一。或许这些儿童有严重的社交焦虑感，很容易失调或者崩溃。当信息刺激过度负荷，他就会变得固执或僵化。临床工作者在观察儿童的核心能力时，如果选择儿童在忙碌嘈杂的教室中与同龄人互动，而不是在理想的、具有支持气氛的环境中与可信任的照顾者一起玩，那么过度诊断孤独症谱系障碍的可能性就会增加。儿童如果不能在适合自己年龄的情境中展现能力，往往会表现得缺乏灵活性，遇到具有挑战性的情境时，甚至会逃避或崩溃。因此，若要了解儿童是否具有某种能力，应该选择在最有利的状况下观察儿童的表现。如果儿童在这些情境之下都能展现自己的能力，那么他就确实具有这些能力。虽然他可能有其他问题需要帮助，但是诊断工作必须以儿童所面对的真正的挑战为基础。

观察的重要性

我们通常从观察儿童开始评估，指导父母引导出儿童的最佳表现。每名儿童展现能力的程度不尽相同，诊断必须以儿童的最佳表现为基础。如果某名儿童有时会走路，那么她就应该具有走路的能力。她可能有时会跌倒，但还是会走路。如果某名儿童有时能够与别人一起相处，那么他就具有与人相处的能力，而我们可以进一步帮助他拥有更多与人相处的技能。要想做出正确的诊断，必须了解儿童的最佳能力。

评估时的许多情境，比如房间内的嘈杂声，儿童必须与陌生人相处，各种不同的评估项目等，常常都会让儿童的表现差强人意。这是一个非常重要的信息，它可以帮助评估团队了解儿童的个体差异和独特模式。一旦评估团队能够界定出儿童最好和最差的能力表现，并且观察到儿童即使在安全舒适的状况下，也会表现出我们提到的主要症状，那么他就应该符合孤独症谱系障碍的诊断标准。或者评估团队注意到儿童能够与人相处、沟通，且有创造性和抽象思考能力，不过在嘈杂的环境中却无法表现出这些能力，那么团队可能会评估该儿童有调节障碍，使他在面临压力时，丧失自己原本的能力。这样的诊断最终排除了具有孤独症的可能。

接下来，评估团队通常会继续追踪儿童好几个月时间，观察其在哪些方面能够取得进步。这些个案的进展可能来自治疗的效果，同时也可看到儿童处在一个适当的环境并接受适当的干预方案时，可以进步到什么程度。因此我们宁愿采取保留态度，先做一个暂时的初期诊断，然后观察儿童接受一段时间的干预治疗之后的表现，再得出更进一步的结论。

正确的诊断是挑选出最适当的治疗方案的前提，因为方案是针对儿童的主要症状而设计的。我们会在接下来几章详细说明"你在治疗方案中做了什么，就会得到什么"。如果治疗重点只放在表面行为，那么尽管这些行为会得到改善，但这种改善却无法迁移、发展到更深层的与人相处、沟通及思考的能力上，而这些才是父母迫切希望儿童改善的地方。

临床工作者做诊断时，如果只考虑儿童是否属于孤独症谱系障碍，那就犯下了很大的错误。这样的问题太有局限性了。相反，可以用"1到10"的量表分数来描述正常的发展，而儿童在这个连续体上的位置并不是固定的。如果某个儿童参与得越充分，与父母和照顾者相处时表现出越多的亲密感和友好，越能以连续、双向的互动方式使用表情动作沟通，进行有意义的谈话（不管程度如何），那么这个儿童的能力就会越接近10分这一端。他可能仍然会有语言或动作问题，但是他依然会继续循着正常发展的轨迹前进。

相反，如果儿童越发自我沉迷且活在自己的世界里，越缺乏持续进行双向表情动作互动的能力，语言能力越偏向照本宣科的仿说方式而非有意义地表达需求、想法和感受，那么这个儿童就越偏向孤独症谱系障碍这一端。尽管如此，我们还是要强调这是一个动态的过程：当儿童具有一些参与能力，但又有一些沉迷，他可能会得4分，但他不会永远是这样的表现。一个综合的方案可以适当地帮助儿童转变，变得较有参与能力，可能从4分进步到6分，甚至是9分或10分。

所以，那些正在怀疑自己的孩子到底有没有孤独症谱系障碍的家长们，要切记：事实上并没有"全有或全无"的判断。如果儿童出现发展迟缓的现象，家长需要问"我怎么做，才能让孩子不断地往正常发展的一端移动？"之类有前瞻性的问题，只有这样，才有助于儿童获得促进情绪和智力发展的各种机会。

第三章 孤独症谱系障碍早期及后续症状

——早期发现并帮助高危婴幼儿和儿童

本章所介绍的发展模式的优点之一，是鼓励及早开始干预治疗。照顾者及临床工作者可以在儿童发展的早期阶段就开始注意到他们的困难，而不必等到所有症状都出现后再安排治疗方案。一旦发现儿童学习看、听及移动都遵循着固定的节奏方式，在与照顾者的相处方式、解读及回应情绪信号的方式上等方面有问题，他们可以立即着手治疗。如果能赶在这些高危或显示出孤独症症状的儿童的发展还没落后太多，或症状还没恶化之前，尽早安排他们接受治疗，那么他们最后追赶上正常发展水平的可能性就会更大。

我们的研究和其他同行做的研究都已确认了第一章所描述的孤独症谱系障碍的核心缺陷。通过分别观察正常发展的婴幼儿和发展路径偏向孤独症谱系障碍的婴幼儿两个组群，我们已经能够清楚定义这些缺陷。通过观察这两组儿童的家庭生活录像带，我们可以更完整地分析出正常发展及核心缺陷的必要基础。我们也做了一些研究来探讨高危群体及正常发展群体之间的不同，以便精确调整我们的定义及分析结果。观察后的结果表明：孤独症谱系障碍的核心缺陷从婴儿早期开始，逐步形成，而且一出现就能够被发现。在观察儿童迈向正常指标的进步过程中，我们也能区分出普通儿童、孤独症谱系障碍儿童以及其他发展障碍儿童之间的不同。（"格林斯潘社交—情绪成长图表"已作为工具之一被纳入到新版贝利发展量表中，经过对1500名儿童组成的代表性样本进行测试后证实有效，可以用来判断婴幼儿是否已具备正常发展的基础能力。）

本章将对照正常发展的表现，详细描述孤独症谱系障碍的最早期症状，并概述孤独症谱系障碍在不同年龄阶段的症状表现。即使正式的评估及干预方案还在酝酿中，家人及合作的专业人员也可以根据这些症状反映出的发展问题立

即开始行动。(我们会在第二部逐一说明家长应该如何帮助儿童克服这些困难)

生理方面的障碍经常阻碍孤独症谱系障碍儿童功能性情绪的正常发展。根据生理障碍的不同严重程度,孤独症儿童会在初期发展的四个阶段中的不同阶段出现发展迟缓现象。有些儿童在第四个阶段才出现了障碍的症状;有些儿童则可能在第一个阶段就已出现迟缓。看似能力退步的幼儿(他们本来发展正常,后来却丧失了某些能力),常常会在第四阶段出现明显的问题,本应在早期出现的脆弱性会在后面的阶段出现。表3.1列出了基本的发展阶段,以及孤独症谱系障碍的婴幼儿在每个阶段所出现的最早期症状,此外也列出其他相关的症状。

表3.1 孤独症谱系障碍婴幼儿的早期症状

与人相处、沟通和思考的基础能力	核心缺陷的早期症状	相关症状
共同注意和调节能力(开始于0~3个月) 对于视觉、听觉、触觉、动作及其他感觉体验表现出稳定的兴趣和有目标的回应(比如,目光注视、头部转向声音)	对于不同的视觉及听觉信息,缺乏持续的注意力	漫无目的或自我刺激行为
参与及与人相处(开始于2~5个月) 与别人的亲密感和连接感逐渐增加(比如,开始出现欢快的眼神和笑容,并能持续)	缺乏参与意识,或只有瞬间的愉悦表情,没有持续的、有活力的参与和互动	自我沉迷或退缩
有目标的情绪互动(开始于4~10个月) 出现不少双向互动,且附有情绪表情、声音、手势等,用来传达心中意向	没有互动或只有简短的双向互动,且几乎没有主动性(比如,大部分只是被动回应)	行为无法预测(具有随意性或冲动性)
持续的一连串双向情绪示意和共同解决问题能力(比如,共同注意)(开始于10~18个月) 运用许多连续的社交和情绪互动以解决问题(比如,拿玩具给爸爸看)	无法主动发起并持续许多连续的双向社交互动,或与别人交换情绪信号	重复或固执性行为
产生新的想法(开始于18~30个月) 有意义地使用字词或短句,且能与照顾者或同龄人玩假扮游戏	无法表达,或只是机械地使用词语(比如,大部分只是仿说听到的话)	仿说,或以不同形式重复听到或看到的内容
建立不同想法之间的连接:逻辑思考(开始于30~42个月) 富有逻辑性地将两种想法联系起来("想要去外面,因为我想玩。")	没有语言,或只是记住了台词式的词语,伴随一些随意的想法,而不是有逻辑地运用各种想法	出现非理性行为,无法用符合逻辑或实际的方式运用想法

孤独症谱系障碍在每个阶段的最早期症状

现在,我们再来更仔细地分析一下孤独症谱系障碍婴幼儿在每个阶段出现的症状。

第一阶段

一个发展正常的婴儿能够将自己的情绪与动作及感觉联结起来,比如,他看到妈妈脸上开心的笑容、听到妈妈温和的声音,就会转头去看妈妈。一个孤独症谱系障碍高危婴儿常常无法在情感与感觉能力及动作之间形成完整连接。这种障碍的症状可能会以不同的程度表现出来。第一,他发现自己很难做出有目标的动作,比如转头去看妈妈。第二,他发现自己很难从整体上调节及协调动作。他的动作缺乏条理且看起来随意。第三,他的动作无法与照顾者同步发生。

第二阶段

在这个阶段,那些没有能力将自己的感觉系统与情绪及动作经验相联结的婴儿,无法像普通婴儿一样完全参与别人。他们或许感到愉悦和强烈的亲密感,但却无法用开心的笑容、丰富的面部表情及专注且令人愉悦的注意力来传达这些感受。因此,这样的互动通常比较短暂,而且很少由婴儿主动引发。少了婴儿的笑容及开心笑声的吸引力,更难以激发照顾者很投入地与婴儿一起玩。不过,如果照顾者凭直觉感受到婴儿表达不出的喜悦,他们可能会主动引逗婴儿并维持亲密感。

第三阶段

通常我们在这个阶段看到的一些愉快的无语言对话,包括面部表情及其他一些姿势动作的快速沟通,需要婴儿能够持续将某种感觉与因这个感觉所产生的情绪联结在一起,而后再将这个情绪与某个适当的动作反应相联结。以一个简单的游戏为例。婴儿看到妈妈手上的奶嘴,伸手去拿,盯着奶嘴,当妈妈向她伸出手时婴儿把奶嘴还给了妈妈。要玩这个游戏,婴儿必须将自己看到的奶嘴与愉悦或有兴趣的情绪反应联结在一起,然后用这种喜悦的感觉主动做出伸手去拿的动作反应。

我们经常能够观察到孤独症高危儿童在上述阶段中表现出明显的障碍症状，因为这种连续、双向的使用信号和动作的沟通过程对于那些缺少感觉—情感—动作连接的儿童来说实在是太困难了。孤独症高危婴儿，可能会有瞬间的反应和互动，却很难主动引发或持续这些反应和互动。

第四阶段

孤独症谱系障碍高危儿童总是在社交互动和解决问题方面有很大困难。有些儿童即使具有出色的接受技能，比如，理解词语，甚至能识别字母或数字的幼儿，也都会在持续的情绪和社会沟通中存在明显障碍。他们最多只能维持5~6个互动循环，而无法展现与别人一起解决问题时通常需要的超过30个以上的互动循环。这项基本能力的缺乏会干扰在此阶段发展的所有核心技能，其中包括：辨认模式、形成自我感以及开始建立和运用象征符号。

第五、第六阶段及之后的发展

孤独症谱系障碍高危儿童很少能掌握第四阶段的基本技能，因此他们常常无法发展到有创造性地使用词语和象征符号的阶段。他们只会反复或者以一种机械或照本宣科的方式使用词语。有些高危儿根本不会开口说话，还有些高危儿会利用图片或其他视觉符号。至于更高程度的想象、创造及逻辑思考等能力，要等他们学会交换情绪及社交信号的能力，并会以一种有意义的情绪方式运用想法以后才能学习，否则根本无法掌握。

在接下来的这一章以及本书第二、第三部，我们会提出一些细则，用以鼓励儿童在每个阶段可能的最早时间开始正常学习。如同第二部提到的，如果家长和其他照顾者认为儿童属于高危群体，那么在等待正式评估的期间，其实可以做很多事情。

年龄较大的儿童及青少年

儿童、青少年和成人的孤独症谱系障碍的症状，与以上描述的幼儿症状十分相似。表3.2描述了普通人群在每个发展阶段的典型特质、孤独症谱系障碍的症状以及相关的症状。

对于那些想增强年龄较大儿童及青少年的核心能力的家长和专业人员，我们鼓励他们从第二部提到的各项活动开始，培养他们的核心能力。与儿童的互动应该建立在观察的基础上，了解什么事会带给他或她乐趣，以及他或她回应触觉、听觉、视觉及动作刺激的方式（也可参考第三部，特别是第十五章）。

早期干预

我们对孤独症谱系障碍发展路径的形成方式了解越多，就越有可能尽早识别高危婴幼儿，并且在严重症状和慢性模式形成之前实施治疗方案。以下列出用以尽早发现及尽早治疗的一般性原则。

包括筛查工作在内的早期发现应该涵盖婴儿情绪、社交、智力及相关的动作和感觉功能，这样才能确定其患孤独症谱系障碍及其他发展障碍的风险。这个方法可防止专家们过早将重点放在假设的"神奇窗口"上，也就是说只依据某个特殊行为或生理反应进行诊断。研究人员还没有发现什么是孤独症谱系障碍的神奇窗口。此外，适当的筛查工作（全面检查孤独症谱系障碍中可能涉及的功能）也有利于发现各种影响情绪、社交及智力正常发展的相关危险因子。

早期发现及早期干预方案对婴幼儿具有非常特殊的意义。当及早识别出危险因子或问题时，干预方案具有两个目标——缓解已识别出来的危险因子或问题和促进情绪、社交及智力整体正常的发展。如果早期干预方案只强调特殊行为或症状，却没有鼓励甚至减少照顾者与儿童之间的正常互动以促进整体的适应功能，那么这样的方案可能会带来更多的发展障碍。例如，面对一个反复触摸同一个玩具的 9 个月的婴儿，干预重点不能只强调如何抑制这个特殊的碰触行为模式，还应促进与年龄相当的正常技能的发展，比如交换笑容、声音及其他的姿势动作。另一方面，还要能够将儿童的问题行为转换为自发性互动，比如玩一种交替式的游戏，先让儿童触摸一个玩具，然后你再把它盖起来，这样不只帮助婴儿克服这项问题行为，同时也促进了他的正常发展。

越早发现孤独症谱系障碍的症状，越早开始适当的治疗，就有越多的机会促进儿童发展出与人相处、沟通及思考的能力，换句话说，扭转孤独症核心缺陷的可能性就越大。

表 3.2 大龄儿童、青少年及成年的症状

与人相处、沟通和思考的基础	核心缺陷的早期症状	相关症状
注意力、参与力和情绪互动 积极地注意别人，愉快地与别人相处，并有主动与人互动的能力	以瞬间或时断时续的方式与人互动，或干脆不参与、不与人互动	无目标、难以预测、随意或自我刺激行为，或自我沉迷或退缩
持续进行有目标的社交互动及共享式解决问题能力，包括共同注意 为了找到某样东西，与别人达成共识，跟别人一起玩，或面对某个新挑战，能同时使用表情动作和/或语言，进行持续的社交互动，包括共同注意以及能读懂别人社交和情绪的意图	只能有很少的双向互动，且很少采取主动（例如，大部分时候只是回应），或根本没有互动	冲动性或重复性（固执性）行为
以有创造性且有逻辑的方式使用各种想法 运用想法以了解及表达需求、愿望、意向或感受。这种能力常出现在年龄较大儿童或成人有意义的对话中。这种用逻辑联结各种想法的能力，使得假扮游戏或对话内容都变得有意义	无法运用想法，或只能以片段或零散的方式运用想法（缺乏逻辑连接）	仿说或照本宣科的表达方式，或以其他形式重复听到或看到的内容，或只能以非逻辑的或不切实际的方式运用"想法"
抽象和反省式思考 使用较高层次的思考技能，包括提出多种理由说明某些感受或事件，处理不同程度的感受或想法，反省自己或他人的想法或感受，并进行推论（提出合理的新结论）	思考僵化且具体，缺乏敏锐性或对细微差别的辨别力	夸大的情绪反应，或逃避各种社交及情绪情境（部分原因来自错误的认知或对复杂社交互动的错误解读）

第四章 为孤独症谱系障碍儿童制订新目标
——DIR/地板时光模式

我们已在第二章提到，在指导孤独症谱系障碍的干预方法上存在两种模式。其中一种是行为模式，用以调整表面的行为及症状，比如攻击或不服从的行为。虽然这种模式在刚开始时对于改善症状有帮助，但是近来一些研究指出，依据这种模式，接受治疗的儿童在学习能力上只取得了有限的进步，在社交或情绪方面几乎没有进展。此外，这个模式并没有考虑到每个儿童加工信息及回应感觉刺激的独特方式（即感觉信息加工及动作计划能力）。

另一个模式，则是以每一年龄段普通儿童应具有的能力为目标，来改善孤独症儿童受到限制的认知能力。一般认为，孤独症及其他发展障碍的儿童通过重复才能获得最佳学习效果，所以他们常接受反复训练以记住某些固定流程，比如"这是正方形，这是圆形"。虽然接受这种训练方式的儿童，可以在一种结构化的情况下认出某个形状，却对这个形状及其代表的意义缺乏真正的理解。相反，一个没有发展障碍的儿童常常能将所学的概念类化，将方形或圆形的概念应用到其他许多不同的方形及圆形物品中，并能最终掌握几何学。

我们做的工作早已远远超越了这些早期干预模式。我们深信每个儿童及其家庭都是独特的个体，有各自的长处和挑战。因此我们依据每个儿童的特点，提供相应的训练方法，同时也为儿童的家人参与到训练中提供更多机会。DIR/地板时光模式综合了有关人的心智与大脑发展的最可靠及最新信息，为孤独症谱系障碍及其他发展性障碍儿童的治疗设置了新的标准。基于与婴幼儿、儿童及成人的不同相处经验，我们归纳整理出以下三个基本观点。

1. **通过有意义的情绪交换，儿童可以学习语言、认知、情绪和社交技能**

现在我们了解到，儿童的思想和大脑在幼儿早期通过与照顾者的互动经验非常迅速地成长。如同之前所提到的，这些互动具有多个重要特征，包括温暖和安全感，调节能力，与人相处及参与，双向情绪示意和表情动作，解决问题的能力，以有意义且具功能性的方式来使用各种想法以及思考和推理能力。能够提供亲密感的多种互动活动是心智和大脑发展的最重要条件。如果这种亲密感被剥夺（比如孤儿院的儿童），儿童的语言和认知发展就会落后，更严重的会出现身体发育迟缓的问题。

情绪一直在促进儿童的发展，甚至能使他获得抽象思维这类更高级的能力。儿童要学习"公平"的概念，必须先有被公平及不公平对待的情绪经验。比如，给儿童一块饼干，再给他的兄弟三块饼干，就能很快教会他"不公平"的意思，从这个经验中，儿童可以学会把身边一些事物分为公平和不公平两类。通过具有情绪意义的互动经验及关系，儿童也将学会语言、认知、数学及数量的概念；换句话说，情绪是驱动我们学习的重要力量。教导所有的儿童，尤其是有特殊需求的儿童，需要安排其在家庭及社区的氛围中学习，因为只有在这些氛围当中，关系和情绪的互动才可能发生。

2. 每个儿童加工动作和感觉信息的基本能力都各有不同

过去二十年的研究已经发现了隐藏在儿童行为背后的主要信息加工能力。不同的儿童在回应触觉、听觉及其他感觉刺激的方式，听觉信息加工及语言能力，视觉—空间加工能力，动作计划和顺序排列能力等方面都各不相同。以顺序排列能力为例，某些儿童只能重复做出一个步骤的动作，比如拿着玩具敲打地板，或两个步骤的动作，比如把玩具车放进车库，再把它拿出来。另外一些儿童可以把玩具车从车库拿出来，假装开到祖母家，在那里安排一个茶会，回家的时候再用玩具车把多余的茶带给妈妈，而妈妈正靠着椅子坐在自己的家里（这是一个包含多个步骤的复杂概念）。许多孤独症谱系障碍儿童的重复性行为背后，常隐藏着严重的动作计划及顺序排列问题。

儿童在调节感觉信息上的差异很早就表现出来了。对听觉和触觉刺激反应过度的儿童，听到声音可能会捂住耳朵或推开想挠他痒的人。有些儿童则渴望感觉信息的输入，想要获得更多的触觉刺激或听到更多的声音。也有一些儿童虽然渴望输入更多的感觉信息，却也很容易过度负荷，因而很难一直保持参与的状态。而对触觉及听觉刺激反应过低的儿童，则可能陷入自我沉迷。由于存在这些差异，孤独症的生物因素就不是某些概括性的模式可以解释的，反而必须通过儿童对环境中的各种视觉、听觉、触觉及动作信息做出回应与理解的独特方式以及计划动作的方式来说明。如果能够了解儿童信息加工能力的潜在问题，就可以影响儿童的大部分行为，并帮助他或她掌握很多能力，而不只是发展出一些单独的认知技能或行为。

此外，在了解儿童在日常生活中表现出来的独特信息加工能力状况后，家长及专业人员就可以改变环境来配合儿童的能力状况，让他更好地学习。对声音反应过度的儿童，如果处在一个嘈杂的教室内，情绪容易不稳定；但是如果把他安置在教室的某个安静角落，只跟另外一个儿童共处，他就可能学得很好。同时，家长、感统治疗师及语言治疗师可以继续加强儿童的个人信息加工能力。

3. 每一种能力的进步情形都相互联系

一直以来，儿童早期发展的各项能力都被孤立看待。以动作发展为例，针对坐、站及走路等动作有一套固定的时间表。语言发展时间表则用来预测儿童什么时候会发出第一个声音、第一个词语以及一个完整的句子。至于认知发展，儿童必须到了某个年龄，才能够从别人的手中寻找被藏起来的东西，或以某个方式堆叠积木。按照发展进程表，儿童在社交及情绪发展上的顺序应该是：先会跟别人打招呼，再与同龄人一起玩，然后才开始玩假扮游戏。

现在我们明白这些早期发展的不同路线其实都密切联系在一起。我们应该观察儿童所有能力的综合表现，以及这些个别能力如何以整合的方式运作，而不是单独。

根据过去20年来的研究结果以及第三章列出的六个核心能力发展阶段，我们为语言、认知和情绪技能所组成的"心智小组"开发了一个发展路线图。我们已经确定了用来支撑每个发展阶段的特殊动作、语言及视觉—空间信息的加工技能。依照这个综合的发展蓝图，就可以评估儿童的发展程度。

DIR 模式

在"发展取向、注重个体差异、以关系为基础的工作模式"这个名称中，"发展取向"指的是第三章描述的六个阶段或层次，"个体差异"指的是每个儿童加工信息的独特方式，"以关系为基础"指我们所了解的、能帮助儿童在发展上取得进步的学习关系。

DIR 模式的建立基于上述三个观点，并以儿童能够达到的六个发展层次、个人信息加工能力状况，以及最有助于能力发展的互动关系作为基础，由此发展适当的干预方案。因此 DIR 的分析方法能帮助家长、教师及临床工作者为每一个孤独症谱系障碍儿童提供适合的评估和干预计划。

虽然 DIR 模式常常也被认为就是地板时光模式，但事实上，地板时光模式应该是 DIR 综合干预方案中的一部分。地板时光的重点在于创造有意义的情绪互动体验，从而培养儿童的六项基本发展能力；本书第二部及第三部会更详细地讨论地板时光模式。书中第四部还提到，一个完整的 DIR 方案还必须包括：半结构化的解决问题活动、语言治疗、感统治疗和与同龄人一起游戏的机会等等。DIR 方案帮助许多孤独症谱系障碍儿童学习如何以友好而亲密的态度与成人及同龄人相处，以富含情绪的动作及话语与别人进行有意义的沟通，且学会高层次的抽象推理及共情能力。

这三个健康发展的奠基石，就是我们为孤独症谱系障碍儿童设定的基础目标。熟悉社会情境，学会坐下倾听，认识 26 个字母，都是值得花时间去努力的目标。当然，每一个家长、临床工作者及教师都会希望所有的儿童学会这些能力。不过，这些与情境及特定技能有关的目标，都必须在情绪及认知全面发展的背景下实现。DIR 模式让我们有机会把每个儿童的情绪、社交、智力及教育目标结合在一起。

发展阶段

根据过去 25 年帮助有特殊需要儿童的经验，我们已界定了功能性情绪发展能力的各个阶段（the functional emotional developmental capacities, FEDCs）。表 3.1 及表 3.2 列出了最开始几个阶段的内容。儿童能掌握这些阶段，不仅是正常情绪发展的前提条件，也是认知、高级层次的思维能力及自我感充分发展的前提条件。这些阶段在很多方面都是 DIR 模式的重点：通过评估工作来测量儿童在这些阶段的发展情形，治疗方案则帮助儿童克服有困难的阶段，重新回到正常发展的轨道上，并能依次掌控接下来的每个发展阶段。

儿童的发展主要以六个基本阶段和三个高级阶段为标志，后面的阶段指的是青少年及成人的持续发展。这个模式为我们更充分地了解情绪和智力之间的相互关联性提供了机会。大部分的认知理论并没有说明如何促进最高层次的反省式思考能力,因为它们忽略了情绪的作用。20世纪40到50年代,研究人员及临床工作者才开始更仔细地审视早期情绪经验对学习能力及个性发展的影响。之后有一些研究也遵循这样的方向,研究情绪及社会经验的某些特定部分,比如依恋关系。基于这些早期研究,情感体验在DIR理论框架路线图中占据了最重要的位置,该路线图首次展示了情感是如何引导出象征性思维并进而引导出智力发展的。(请参考格林斯潘医师等撰写的《第一个想法》①一书)

新生婴儿只体验到极为有限的整体性情绪状态,比如镇静及沮丧。通过与照顾者的互动,婴儿开始学习分辨,并使这些状态复杂化,例如,母亲的安抚声使得婴儿感到愉悦。随着不断地与别人进行互动,婴儿逐渐学习将情绪与身体的感觉联想在一起。儿童的每一个经验都同时涉及生理层面及情绪特质。拥抱时的紧绷感属于生理性特质。拥抱,也可能让婴儿觉得安全或害怕,这属于情绪部分。冰凉的物体表面可能会让不同的人感到开心或不自在。一辆色彩鲜艳的汽车会吸引人,但也可能会令人心神不宁。

不同的儿童对感觉的察觉能力也不相同。某种碰触方式或声音,或许能安抚某个儿童,不过却会过度刺激另一个儿童。这些生理上的差异会同时影响到儿童对感觉刺激的生理和情绪反应,而发展正常或有发展障碍的儿童都会有这种差异。

父母或照顾者读懂并回应婴儿的情绪反应时,互动就正式开始,同时也开始促进儿童的发展。儿童正在发展的中枢神经系统可以帮助她形成一定的模式,比如,她发现自己的情绪表达会引起照顾者的反应。照着这个方式,她赋予自己的反应特定目的,并且将这些反应作为问题解决的工具,以观察越来越大(或越来越复杂)的模式,这就是智力形成的开始。就如同我们在《第一个想法》这本书中所提到的,这些沟通越来越复杂,最后引导出象征式思考,并且进展到更高层次的智力。

功能性情绪发展的每个阶段都需要同时掌握情绪及认知两种能力。比如婴儿用交换情绪信号来学习因果关系——"我对你笑,你也回我一笑"。接着,再利用这样的知识来理解"拉一下绳子,铃就响起来"之类的例子。这些早期的经验也都包括情绪和认知两部分。同样,如果想要让爱的感觉变成社会性信号沟通的一部分,如果婴儿想要学习解决问题且看到相应的模式,那么他就必

---

① 译注:原书名为 *The First Idea: How Symbols, Language, and Intelligence Evolved from Our Primate Ancestors to Modern Humans*(2006)。

须参与跟照顾者之间的互动。按照出现的先后顺序，具有情绪意义的想法（"我感到伤心"）早于导致这一情绪的逻辑上的因果关系（"我感到伤心，因为你不跟我玩"）。

有些儿童只部分掌握其中一个情绪的发展阶段。如果是这样的话，情绪发展虽会继续进步，却极为有限。儿童与别人之间的关系，或许只是表面的，缺乏亲密的感觉，而对于别人的同理心也只限于少数几种情绪。针对情绪发展的阶段，接下来将做简短介绍，第二部会更详细地介绍这些阶段以及如何促进各阶段的发展。

阶段一：对周围世界的调节及兴趣

生命开始的最初几个月，婴儿开始学习如何把自己的情绪从内在的感觉转移到外部世界，比如，自己肚子的胀气。要做到这一点，他们必须具有看或听的意愿，并能注意外在的世界。照顾者以温和的触摸动作、安抚的声音、明显的笑容以及会说话的眼睛等这些令婴儿的情绪感到愉快的方式，来诱发儿童的"欲望"。这个过程从儿童出生就开始了，比如才出生几天的婴儿会对感觉刺激表现出情绪，比起别的声音和味道，他会更喜欢听到妈妈的声音，或闻到妈妈的味道。给他甜的液体，他会吸得特别用力。因不同感觉刺激产生的情绪反应促使婴儿学习各种感觉刺激。当婴儿运用所有的感觉感知外部世界并找出模式时，比如学会比较妈妈和爸爸声音的不同，智力就开始发展。

如果早期的感觉令人不舒服，婴儿就从外部世界隔离开。既然每个儿童对不同的视觉、听觉、触觉、味觉及动作刺激，都有各自独特的反应模式，那么只要细心，照顾者就能够找出儿童喜欢哪些感觉刺激。某些婴儿比较敏感，需要温和的抚慰；某些婴儿反应过低，需要比较有活力的引逗；也有一些婴儿需要非常愉快的情绪声音或信号，才能学习去看或听。

这个阶段的重点就在于"共享注意"（shared attention）——要以社会性的方式进行学习与互动，儿童需要具有专注、冷静的态度，并且能从与别人相处的经验中，从自己看到、听到、闻到、接触到及尝到的内容以及自己的动作方式中主动获取信息。

阶段二：参与和与人相处

婴儿得到温暖的照顾，就会逐渐对特定的人感兴趣并且产生感情。其实从出生的第一天起，婴儿就会区分主要照顾者与其他人。2～5个月时，他们会比较喜欢看到愉快的笑容和听到逗弄的声音。当婴儿能够对主要照顾者产生兴趣，并视之为一个会带来愉悦感（以及偶尔的不愉快感觉）的特殊个体时，他的情绪互动就开始多了起来，而且智力也会进展到一个新的层次。他们学会辨别与人互动的快乐与对无生命物体的兴趣之间的不同。婴儿从照顾者处得到的愉悦感使他们能够解读照顾者的声音及表情，获知他们的心情和意向。接着就开始一段学习之旅，学习识别各种模式，并将已察觉的内容进行有意义的分类。

当孤独症谱系障碍或其他各类特殊需要儿童无法参与时，许多家长容易感到受挫。对于这种状况，有时父母会接受专家的建议，强迫儿童与人互动，以条件交换的方式要求儿童"看"或"注意"。我们也常看到父母错误地控制儿童的头要他看着他们，或不断地碰他的脸，提示他要专心看。他们会这么做，通常是因为别人告诉他们这么做；不过，这样的举动其实并不能增强儿童"想要"看的愿望。

我们谈到"参与"及"与人相处"，指的是所有父母都希望儿童能学到一种发自内心的互动方式；也就是说，儿童有"愿望"与别人建立关系。我们后面会提到如何帮助孤独症谱系障碍儿童获得这种"愿望"，而这不仅将巩固儿童"参与"及"与人相处的能力"，同时也能消除与退缩或自我沉迷相关的一些负面症状。

阶段三：意向及双向沟通

婴儿将近6个月大时，开始能将情绪转换成沟通的信号。为了促成这种转换，照顾者必须解读并回应婴儿的信号，同时也要求婴儿去解读并回应他们发出的各种信号。婴儿通过这些交换，开始参与双向的情绪示意或沟通。例如，婴儿对妈妈笑，妈妈回他一个微笑，他又跟着笑了起来，这就是我们所称的沟通循环。他的笑变成有目标的行为——他笑是为了也能得到一个回报的微笑。各种不同的面部表情、发音和姿势动作，都能成为情绪示意的一部分。但对于孤独症谱系障碍儿童而言，这是一个很难实现的里程碑。

一个已经掌握或正在学习这项基本技能的儿童，一开始可能先不用语言，而是以很原始的方式让父母知道他想要的是什么。一个可以通过哭、喊、叫的方式来表达自己需求的儿童，会比那些缺乏这个技巧的儿童少一些挫折感（普遍的攻击及冲动行为——比如未经许可，直接从别的儿童手中抢走玩具——通常是这个儿童尝试满足自身需求的实际方法，而不是借助与他人的沟通）。如果能够掌握有目标的双向沟通技能，儿童出现重复性或固执性行为的可能性要小很多。因为如果儿童可以沟通，就能用持续性、有目标的新行为参与他人。

逻辑性和现实感也开始在这个共享式沟通阶段中形成。大概 8 个月时，一个发展正常的婴儿可以参与许多因果性或逻辑性的互动。渐渐地，婴儿开始用这些新学到的能力去感知外部世界，并计划各项行动。一个玩具响环掉到地上，婴儿的眼睛也会转向掉在地面上的玩具，或注视并碰触爸爸刚才还在玩这个玩具的手。这种因果关系表示儿童已经开始形成现实感，它主要建立在儿童能够将别人的行动与自己的行动进行区分的基础上：有一个"我"对一个"非我"做出一些事情。而当婴儿体会到自己的意愿及目标感时，他的"意识"也开始发展。

阶段四：社会性问题解决、情绪调节以及自我感的建立

婴儿在 9～18 个月之间的发展会有重大的突破。在这个阶段他们学会双向沟通，且利用此能力解决各种问题。他学会牵起妈妈的手，用表情动作告诉妈妈打开通往院子的大门，并且指着秋千让妈妈知道他想玩。同时妈妈也会回应儿童的每一个表情动作或声音，每一次都形成了一个完整的沟通循环。社会性问题的解决能力也在这个阶段出现——儿童会用 3～4 个步骤的动作模式来获得想要的结果。以后会再进一步到把几个词语连在一起，形成句子，或发展到学习科学思维甚至数学的层次。所有的这些进步都以越来越复杂的情绪互动为基础，越来越靠近更高层次的智力。接下来让我们依次介绍每一项新的发展内容。

1. **共享式的社会性问题解决**

一个拉着父母的手去找玩具的儿童，其实已经了解一个模式中具有多个要素。这些要素包括他们自己的情绪需求和欲望，包括拿到玩具所需要的动作模式，视线由地面转移到放玩具的架子所需的视觉—空间能力，发出父母注意的声音（呜咽声或要求东西的咕噜声），以及与父母一起合作以达到目标所包含的社会模式。这种模式识别能力，或看出如何把这些要素联结在一起的能力，甚至早在语言能力快速发展之前，儿童就已学会。学会有技巧地协商或与他人一起玩的能力，让儿童有机会以更完整的模式去体验这个世界。一个退缩或无法与他人互动的儿童，往往不能体验或充分学习这种模式识别的能力。

2. 调节情绪及行为

通过每天与照顾者之间爱的交流或抗争经验，蹒跚学步的儿童学会控制害怕及愤怒等波动较大的情绪。对年幼的婴儿来说，生气具有爆炸性，悲伤具有弥漫性。在第四阶段，儿童将学会用情绪示意或与照顾者的协商来调节各种强烈的情绪。一旦儿童学会与照顾者快速交换情绪信号，就能在情绪变得强烈前，直接表达自己对于某个信号的感受。如果他们对等候食物感到厌烦，就可以用手指着想吃的东西或发出生气的声音。敏感的妈妈很快就能用表情动作做出回应表示理解，让儿童知道她会更快给他食物或他需要再多等一会儿。不管妈妈做出什么回应，儿童都能及时得到情绪信号作为回报。接着他可能用更多的信号跟妈妈协商，并进一步调节内心的感受。从兴奋到悲伤，再到生气的种种不同感受，都可以成为儿童与耐心且细心的成人之间微妙沟通的一部分。

不过，由于种种原因，儿童可能无法获得这个必要的经验。也许因为有动作问题，无法做出适当的表情动作或信号，或者他们无法理解照顾者的话语或面部表情。也许因为他们的照顾者不懂得用信号回应或表现得具有侵犯性。这些因素有时会给微妙沟通互动系统造成缺陷。儿童若无法清楚表达自己的感受且获得回应，或基于某些理由无法得到回应，那么他们可能就会放弃，变得自我沉迷，或者情绪和行为变得激烈，开始咬人或打人。父母面对后面这种状况时，常常会因为儿童的"攻击性"而向外界寻求帮助（有时会使用药物）。不过只要经过一些指导，父母就能学会如何帮助儿童表达自己的需求，如何解读儿童的信号并对这些信号做出前后一致且冷静的回应，通常只要几个月时间，儿童就能具有很好的调节能力。假如儿童少了照顾者的帮助，他就留存了一堆强烈的情绪，甚至变得更有攻击性，更冲动，或相反变得退缩且抑郁。

3. 建立最早的自我感

幼儿从一些单独的意向行为，进步到用于解决问题的多重沟通模式，接着这些沟通会变成自我界定的一部分。儿童不再只是表达一两种感受，然后由照顾者给他一个回应，此时他们已经能表达许多不同的感受和愿望。他们从这些感受或愿望中观察到所谓的模式，也就是他自己的感受和愿望、照顾者的回应、接下来他自己的感受及行动等等。慢慢地，这些不同的模式就界定出一个"我"以及一个"你"。这时一个完整的自我感与另一个完整的他人感开始展开互动。换句话说，此时儿童已能理解快乐的"我"跟生气的"我"其实是同一个人的不同部分，就像"温和的妈妈"以及"生气的妈妈"都是同一个妈妈一样。

这个阶段的儿童也开始学习外部世界如何运作：转一下把手，小丑就会从盒子里蹦出来；按一下按钮，就会发出很大的声音。以"模式"的方式来看这个世界，就更能理解它的运作方式，并能学会对这个世界进行预期及增强相应的掌控感。儿童利用这个能力，就能学会分辨别人情绪表达的模式，分清哪些是安全且令人自在的，哪些是危险的。他们也学会区分赞成和不赞成、接纳和拒绝。利用这种分辨能力，儿童就会以不同的方式回应别人的不同情绪状态。这种解释人际交流和识别情绪暗示的能力是一种超感觉，常常比我们的意识能力要更早出现。其实，这部分能力就是我们往后社交生活的基础。

我们长时间观察孤独症的发展路径，发现这个阶段非常重要。即使拥有较高的智商和优秀的语言技能，孤独症儿童往往还是在推测、同理别人和面对别人的情绪方面存在困难。我们持续观察这些儿童，发现其中大多数（包括那些一开始表现很好，2岁以后却"退化"的儿童）都无法掌握以"模式识别"技能为根基的情绪互动能力。虽然也有一些儿童能够对照顾者表现出一点情绪示意能力，不过他们还是无法完全主导及充分参与共享式问题解决（shared problem-solving）或没有语言的对话，以调节自己的行为及情绪，因此他们也无法发展出完整的更高层次能力。后面我们提到的一项研究认为孤独症儿童因为生理方面的困难，无法将情绪与现有的动作计划和排序能力联结起来（请参照附录B）。如果缺乏"需求"和"愿望"的引导，那么需要多个步骤的复杂互动就无法产生，儿童的行为就会停留在简单的层次或重复出现。幸运的是，我们发现针对有意义的情绪互动的一些特别练习，对儿童确实有帮助。

阶段五：创造出象征符号，运用语言及各种想法

到1岁6个月左右，儿童的动作技能已经发展到可以调节口部肌肉及声带的水平，智力水平也进步到能够运用语言表达自己的意思。

为了理解并且使用语言，儿童必须先能够参与复杂的情绪示意，这样才能将行动与知觉分开，并且将图像保存在脑海中。为了赋予这些图像意义，他们还必须能将这些图像与自己的情绪联结在一起，建立象征符号及想法（《第一个想法》描述了这个过程如何发生）。儿童经历了许多与情绪相关的经验及沟通之后，保存在脑海中的图像被赋予了明确的意义，这时语言能力就开始出现。比如，一个 18 个月大的儿童对妈妈的感情急剧上升。他在早期阶段会给妈妈一个大拥抱，现在开始会利用象征符号说出"我爱你"来表达自己的感情，他也会说出"我很生气"来代替打人或大叫的举动。

通常人们认为通过使用词语和想法实现交谈。不过当儿童说出"车子""桌子""椅子"等词语时，并没有运用我们这里所提到的想法。许多孤独症谱系障碍儿童只是以照本宣科的方式，一遍又一遍地重复着"车子、桌子、椅子、车子、桌子、椅子"。我们所说的"运用想法"，指的是利用言语、图片或象征符号，有意义地沟通一些事情。一般来讲，儿童能够有意义地运用单字互动，绝对比只是仿说整句话或段落要强多了。

儿童在想象游戏中可以有效地运用各种想法及象征符号。在此阶段，儿童利用假扮游戏象征真实或想象出来的事件，比如，开茶会或怪兽发动攻击。此时他们还会利用象征符号操控心中的想法，而不需要真正付诸行动，这种能力使推理、思考及问题解决过程更具灵活性。从这个阶段开始到下一个阶段结束的这段时间，语言及利用象征符号的能力变得越来越复杂，并依照下面顺序发展。

* 同时运用语言和行动来表达想法。
* 用语言表达身体的感觉："我肚子痛。"
* 用语言取代行动，表达意图："打你！"
* 用语言表达具有概括性感受的想法："我恨你。"通常这些感受呈现两极化（不是全好就是全坏）。
* 用语言来表示内心正在面临的多种选择状态："我饿了，我们有什么吃的呢？"
* 用语言来传达一些不一定与行动有关的程度不同的情绪感受，"我有一点点寂寞"或"我感到越来越受挫"。

这种象征式思考方式既促进了语言的发展，也促进了智力在许多领域的发展，如视觉—空间领域以及实现象征式目标所需的计划行动的能力。这就是为什么我们常看到因为生理障碍而无法将需求、情绪与行动和语言联结在一起的儿童，无法顺利循着这些阶段发展。

阶段六：情绪思考、逻辑性和现实感

儿童在 2 岁 6 个月左右，以逻辑方式连接各种象征的能力逐渐提升，从而为思考和反思能力的出现提供了可能性。儿童可能会问"妈妈，车子呢？"或是在父母询问"东西在哪里？"时，回答"在这里！"。当你问他"甜心，为什么你想要这辆玩具车呢？"，儿童若已经能够以逻辑方式连接各种想法，他就会回答"要玩啊！"。此时，儿童已经能将两个想法联结在一起——你的想法"为什么？"加上他自己的想法"玩"。在这个阶段，儿童开始学习一个事件如何引起另一个事件（"起风了，风吹倒了我的硬纸板屋"），各种想法如何随着时间运转（"如果我现在表现好，过一阵子会得到奖励"），以及各种想法如何在不同空间运转（"妈妈不在这里，不过她就在附近"）。"想法"既可以帮助儿童解释情绪（"因为拿到玩具，所以我感到开心"），也可以帮助他们组织关于外部世界的各种知识。

能够将自己的想法跟别人的想法以有逻辑的方式联结在一起，是儿童以新方式体验现实的一个重要基础。此时儿童将内在经验与外在经验联结在一起，并将两者区分为主观及客观经验。儿童在与别人的关系中投入的情绪，可以帮助他们比较自己的内在、幻想与他人想法、实际行为之间的差异。逻辑思考引发新的技能，比如争辩、数学及科学推理；此时儿童能够发明新的游戏或玩有规则的游戏。

沿着典型的发展轨道，儿童通常在四五岁时就能掌握前六项指标，并为之后发展的指标奠定基础。如果儿童有孤独症谱系障碍或其他发展问题，就必须花更多时间才能掌握这些阶段。至于接下来提到的更高的阶段，所有人（即使是正常发展的儿童也不例外）都有各自的发展时间表。

阶段七：多种原因及三角思考

儿童从简单的因果思考发展到能够识别多种原因。比如朋友不想跟他玩，他不再只是断言"他讨厌我"，而可能会想"或许他今天想跟别人一起玩"，或是"他不想跟我玩，也许是因为我老是在玩任天堂，所以他不想跟我玩，假如我们玩些别的，他就会过来一起玩"。分析多种原因之后，儿童就可以进入

"三角思考"。例如，他可以比较两个朋友："我比较喜欢彼得而不太喜欢山姆，因为彼得有很棒的玩具。"在家里如果看到妈妈生气了，儿童会转而寻求爸爸的注意。

儿童要学习多种原因的思考，必须能在不同的情境中投入情感，比如，他必须再将另外一个朋友视作自己的玩伴，而不是一直依赖同一个朋友。在这个阶段，儿童已经能从家庭成员之间的关系来了解家庭动态，而不再只是关心自己的需求是否得到满足。

阶段八：比较程度（gray-area），用情绪来区分的思考

多种原因及三角思考能力使得儿童进步到能了解不同程度的感受、事件或现象，或其他相对影响力（比如"我只是有一点点生气"）的水平。在学校，他们不只审视事件的多重理由，也会衡量这些理由的相对重要性。在与同龄人相处时，当儿童理解并参与到涉及各种不同因素（例如，运动技能、学业能力、受欢迎程度等等）的社会层次中，他们会以一种分等级的方式比较不同的感受，协商游戏规则。儿童在这个阶段已经具有妥协让步的能力，可以用新的方法解决问题，特别是当自己所处的团体中存在多种选择倾向时。

阶段九：逐渐成长的自我感，以及内在标准的反省

到了青春期及成人初期，更复杂的情绪互动经验能帮助儿童进步到思考"内在标准"和逐渐成长的自我感。此时儿童已经能够评价自己的经验，例如，儿童会第一次说出："我比平常更生气。"他们会看看同龄人的行为，说道："他们这么做可能合适，不过我这么做就不对了。"

这个阶段的儿童会进行推理，并能同时在一个以上的参考框架中思考。他们能从现有的想法中创造出新的想法。他们既会考虑未来，也会考虑过去及现在。这种同时从两个角度进行思考的能力，可以将这个年龄层的儿童分出两种类别：一类仍然维持较具体的思考能力，另一类则能发展更高层次的智力及反省能力，后者其实是普通青少年及成熟成年人常有的思维特征。

个人达到这九个功能性情绪发展阶段之后，仍在不断持续发展。青少年及成年人还会经历其他七个阶段的发展。孤独症儿童的父母或照顾者若能看到人生旅程的整个轨道，就能理解人类发展的脚步不会停止，这对于有孤独

症谱系障碍或其他特殊需求或发展正常的个人都是如此,这七个阶段包括:

* 延伸的自我感,比如,家庭和社区关系
* 规划个人未来的能力
* 一个稳定的、分离的自我感(能让年轻的成年人在与核心家庭分开时仍能感到安全)
* 亲密感及承诺(包括长期的承诺,如婚姻、住宅和事业)
* 扮演父母和其他养育角色
* 拓展对于时间、空间、生命周期以及更大世界的观点
* 岁月累积的智慧——对环境和后世子孙的责任感,以及正确认识个人在宏观系统中的定位(因为这个智慧常常是在身体健康及心理能力逐渐衰退的时期建立的,而这种衰退可能造成个人退化而非持续成长,所以这也是成人阶段最具挑战性的部分)

本书第二部分将谈到如何促进孤独症谱系障碍及其他障碍儿童在每一个基本发展阶段取得进步,为进入更高的阶段奠定基础。

第二部 家庭优先

如何用 DIR 模式提高儿童与人相处、沟通和思考能力

第五章 从"家庭优先"开始

父母、家人、儿童的主要照顾者、儿科医生和其他提供健康照料的人，对儿童的发展有最深入的了解。他们通常可以第一时间发现儿童的问题——越早越好，并开始帮助这些高危儿童。"家庭优先"是地板时光基金会（参看参考资料）提出的一个新的尝试，目的在于强调并支持父母在儿童发展过程中所起的最重要的作用。在第一部分中，我们讲述了孤独症谱系障碍的早期症状以及正常发展目标。让父母了解这些症状，不是要让他们自行对儿童进行诊断，而是帮助他对儿童有足够多的了解，以便尽早察觉到孩子的问题。

本章节将阐述父母及其他照顾者发现儿童出现问题时，怎样在第一时间帮助他们。"家庭优先"的方法可以指导家长在等待专业人员进行筛查、全面评估及教育和治疗方案开始初期，甚至在方案实施过程中，帮助儿童学会与别人相处、沟通及思考。即便经过筛查，并没有发现儿童有孤独症谱系障碍或其他的问题，这套方法也可以促进儿童的正常发展。如果儿童确实有发展迟缓问题，而且评估结果建议给儿童设计一套综合治疗方案，那么家长就可以在干预团队的帮助之下，修订并拓展他们自行实施的这些步骤。筛查、评估及规划治疗方案都很耗费时间，"家庭优先"的方法可以让儿童在中枢神经系统成长最快的阶段早早得到帮助。如果儿童需要一套正式的干预方案，父母和专业团队可以密切合作，共同制订出促进儿童发展的方案。

正如我们前面探讨过的，孤独症谱系障碍儿童和有其他特殊需求的儿童当中进步最快的，通常是那些在大部分清醒时刻都能积极地参与到依据其独特的发展需求而设计的学习互动中的儿童。这就是为什么家庭要成为所有干预方案的中心。越来越多的证据支持"家庭优先"的观念，就如第一部分提到的，儿童与照顾者的早期互动既对他们积极的社交、情绪及智力的发展起到关键性的作用，也可以防止发展迟缓的发生或减轻发展迟缓的严重程度，同时还能促进高危婴幼儿或已经出现问题（包括孤独症谱系障碍）的儿童不断取得进步。

"家庭优先"的方法第一步是识别符合儿童年龄的能力或目标（本书第一部分进行了归纳）。因此，家长和其他主要照顾者主要致力于在适当的阶段防止儿童出现特定问题。以下简单列举一些活动，看看照顾者怎样帮助婴幼儿巩固他们健康发展的基础。其中每一个目标都会在第六章到第十章有更详细的讨论。

我们列举的很多活动都是平常父母跟儿童一起做的事情。要达到最好的效果，家长从儿童的兴趣出发，并且诱导他参与活动。关键是要一起玩得开心，家长要不断捕捉儿童快乐的线索，比如一个开心的笑容、高兴的叫声或眼中快乐的光芒。这些活动应该安排在儿童一天中最清醒和最方便的时间，每次最少15~20分钟，一天要安排多次，这样的安排对儿童最有帮助。家长也可以自己设计活动来达到同一个目标。

第一阶段

为了提高**共享注意及调节能力**，要观察婴儿听、看、触、闻和移动的独特模式。例如，注意观察哪种声音（高频率还是低频率、快节奏还是慢节奏）能吸引儿童去看去听，哪一种触摸方式（温和且轻柔、温和且有力）能帮助儿童感到平静、自在且快乐。以一种有趣的方式调动儿童所有的感觉，吸引她参与外部世界。在儿童能够掌握后面更高级的发展指标之后，仍然要继续留意她在婴儿时期感受这个世界的独特方式。（请参考第六章）

* **"看一看、听一听"游戏**：与婴儿面对面，对着他笑，称赞他可爱的小嘴、闪亮的眼睛和小巧的鼻子。将你表情丰富的面孔慢慢移到儿童的右边或左边，试着让他的注意力停留几秒钟。你可以在抱着婴儿时玩这个游戏，或者当婴儿靠在椅子里、躺在别人怀抱里的时候，你也可以在她身边，跟她玩这个游戏。

* **"安抚我"游戏**：在婴儿感到疲倦或烦躁或者你只是想抱抱她时，你可以坐在一张舒服的摇椅上，和她一起享受椅子缓慢且有节奏的摇摆。你可以轻柔地触摸她的头、手臂、腿、腹部、背部、脚和手，用一种缓和的摆动节奏进行放松，再轻触她小小的手指和脚趾，跟她玩"这只小猪"的游戏。帮她换尿布时，也可以触摸她的手臂、腿、手指和脚趾。

第二阶段

　　为了提高**参与和与人相处的能力**，必须观察哪些互动方式能让儿童开心，比如，有趣的声音、亲吻、挠痒或好玩的游戏。"躲猫猫"和"把玩具藏在盒子下面"等视觉游戏，能取悦大多数婴儿；韵律感强的拍手游戏，特别能引起具有听觉优势的婴儿的兴趣。跑来跑去的玩具卡车能让幼儿感到开心；有丰富想象力的故事则带给学龄前儿童很多乐趣。充分利用儿童的"神奇时刻"，因为这个时候儿童处于放松的状态，更容易被亲近。调整到适合婴儿或儿童的节奏，配合他的情绪并利用他的感觉系统和运动方式。遵循他的兴趣，即使只是发出一些滑稽的声音也无所谓，因为你会带给他快乐和亲密感。不要通过跟玩具竞争来争夺儿童的注意力，而要试着成为玩具的一部分，比如你可以把那块儿童最喜欢的积木放在自己的头上，然后做个有趣的鬼脸。（请参考第六章）

　　* **微笑的游戏**：使用一些词和做些有趣的鬼脸来吸引婴儿，让他能更开怀地笑或做出其他开心的面部表情，比如睁大眼睛。

　　* **"跟我一起跳舞"（声音和动作游戏）**：试着让婴儿跟着你的声音和头部动作的节律，发出一些声音或移动自己的手臂、腿和身体。你可以说："你要跟我一起跳舞吗，甜心？哦，我猜你一定会，我知道你会！"同时从她的眼睛中寻找高兴的火花。

第三阶段

　　为了提高**有目标的情绪互动能力**，你与儿童交换面部表情、声音、手势、词语以及玩假扮游戏时，要尽量生动活泼。试着寻找儿童眼睛里闪烁的光芒，让你能确定儿童在注意你，并喜欢这种互动。将儿童的所有行为都看作有特定目的的，即使有些看来很随意。比如看到她在兴奋地拍手，你可以用这个动作作为基础，发起一段互动式"拍手"的跳舞游戏。如果她只是随意推动玩具车前后移动，你可以大声告诉她，你的娃娃有一封特殊的信件，要直接送到她喜欢的某位剧中人物家里。

　　一开始，先帮助儿童设立容易实现的目标。例如，她用手指着某个颜色鲜艳的新皮球表示自己想要时，你可以把那个球挪到离她近些的地方。接下来，你可以通过要求她做些事调动她的积极性，例如晚上将泰迪熊放到床上，或你

们正在打闹时，让她主动爬到你的肩膀上，而不是你举她上去。（请参考第七章）

* **有趣的声音、面部表情和感觉游戏**：留意儿童在表达快乐、生气、惊讶或其他种种感受时自然流露出的声音和不经意间表现出的面部表情，你可以用一种嬉戏的方式，对着他模仿同样的声音及面部表情。看他是否有回应。

* **沟通循环的游戏**：每一次婴儿轻轻拍你的鼻子，你就回以滑稽的尖叫声或抗议声，观察你们之间可以进行多少个双向互动循环；或者你把某个令人好奇的东西藏在手里，看看他有几次要尝试打开你的手。每一次婴儿跟随自己的兴趣，掉进你设的圈套时，他就又完成了一次沟通循环。

第四阶段

为了提高**共享式问题解决能力**，你可以在假扮游戏中多设置几个步骤。举一个例子，你宣布："这辆车不能动啦！我们该怎么办？" 尽量制造出一些阻碍儿童达到目标的有趣的绊脚石和障碍。逐渐锻炼他达到一连串持续进行的沟通循环。许多幼儿在帮助下，可以连贯地进行30、40甚至50个沟通循环。尽量表现得生动活泼，让儿童可以通过你的声音或面部表情传达出的感受，更加明确自己的意图。如果她并不明确地指向某个玩具或者发出含糊的声音，你可以假装糊涂，做出困惑表情，拿起"错"的玩具。这时儿童的手势就会更精细，声音也更激动，她会更努力地让你了解她的愿望。你也可以帮助她增加动作计划的能力，并在不同的场合运用感觉及模仿能力，比如通过捉迷藏及寻找宝藏的游戏。（请参考第七章）

* **一起工作的游戏**：留意儿童喜欢的各种玩具，娃娃、毛绒玩具、玩具卡车、皮球等等，制造出某个问题，这个问题要跟她心爱的玩具有关，而且让她必须在你的帮助下才能解决。

* **模仿游戏**：模仿幼儿的声音和表情动作，看看你是否能引导她也模仿你滑稽的脸部表情、声音、动作和舞步。最后再将词语加入到游戏当中，以一种有目的的方式使用这些词语，帮助她满足某种需求，例如说出"洋娃娃"或"起来"。

第五阶段

　　为了促使儿童**形成各种想法**，要求他们表达自己的需求、愿望或兴趣。创设各种令儿童想要表达感受或意愿的情境。鼓励儿童在玩想象游戏时和现实口语互动中实践各种想法。请记住"语言、行动、情感"（WAA[①]）的指导原则：切记永远将你的语言或想法与你的情感（感受的表达）和行动结合在一起。鼓励儿童实践各种不同的想法，接纳他有兴趣探索的各种情绪或主题。鼓励儿童不仅以语言的形式表达自己的想法，也可以以图片、符号、复杂的空间设计形式将这些想法具体化。（请参考第八章）

　　＊ **让我们一起聊天**：如果儿童已经会说话，以其兴趣为主，运用单字、词组或短句，看看你们可以完成多少个沟通循环。你甚至可以将儿童只有一个字的回应转变成一段较长的谈话。比如，一家人在游乐场里玩，儿童爬到秋千上，说："推！"你可以问她："谁该推你？"她可能会说："妈妈推！"你可以摇摇头说："妈妈现在没有空，还有谁可以推？"这时她可能会转向爸爸，问："爸爸推，好吗？"等等。

　　＊ **让我们一起假扮**：起初，帮助儿童在假扮游戏中表演她所熟悉的互动情节以便激发其想象力。而后诱导她添加曲折的新情节，比如，你可以通过扮成猫、狗、超级英雄或其他角色，加入到他的戏剧中，尽量夸张地表演，看看你们能持续演多久。让他的娃娃或泰迪熊互相喂食、拥抱或亲吻，或者一起烹调，去公园玩。有时你也可以从剧情中的某个角色转换成旁白者或剧情解说员的角色。你的解说会使得情节变得更复杂。你可以时不时地总结剧中的情节，并鼓励儿童继续发展剧情。

第六和第七阶段

　　为了促进**逻辑思考能力**的发展，你必须要求儿童不管在假扮游戏还是在实际生活的对话中，都要能运用想法来完成所有的沟通循环。要求他将不同的想法与剧中的次要情节联系起来。通过这样的方法，你可以帮助他在不同的想法之间架起桥梁。如果他的想法有些零乱或不连贯，你可以表现得很困惑，把他

[①] 译注：语言（Word）、行动（Action）和情感（Affect）三个词对应的英文单词首字母连在一起是"WAA"。

拉回主题："等一下，我以为你正在谈我们的邻居，不过现在你却谈到三明治。我糊涂了！你到底想谈什么呢？"以开放问句的方式提问儿童，帮助他运用逻辑思考的方式重新回到主题。

如果儿童拒绝回答你的开放问句，那就提供多重选择的问题。抛出一些好笑的选择："今天是大象还是鼷蜥参观你们学校了？"鼓励儿童解释自己在假扮游戏或现实讨论情境中所出现的感受，"为什么你这么高兴（或难过或生气）？"并且要求他表达自己的观点，而不是背诵事实。跟儿童争辩及协商，而不只是陈述规则，除非是一些必要的规则，比如，"不准打人"。

要求儿童能在实际生活的对话和假扮游戏中，融入关于过去、现在和将来的时间概念。例如，你可以问一个装扮成牛仔的儿童："牛仔明天打算做些什么？"鼓励儿童理解数字的概念。当他要求多拿一片饼干或一块比萨饼时，跟他进行协商，或算出茶会中如果给每个娃娃一杯茶，总共需要几杯茶。（请参考第九章）

* **导演游戏**：当一起玩假扮游戏时，看看儿童能够主动发起多少情节或新的故事对白。如果茶会变得毫无新意或缺乏方向，你可以大声说："我肚子里装满了茶水！接下来我们可以做些什么呢？"利用这样的方式，巧妙地要求儿童增加故事情节的复杂度。

* **"为什么该是我？"**：当儿童要求你为他做些事时，比如他要你把他的玩具从柜子里拿出来或挑一身新衣服来穿，你可以用一种温和口气逗他："为什么该是我？"看看他能给出多少理由，然后再做出妥协，比如"我们一起做吧！"。

这些初期的阶段可以帮助父母察觉到儿童的任何问题或发展迟缓，并在各种层次上促进儿童发展。当儿童表现出有孤独症谱系障碍的可能性时，这些基础阶段更显重要，需要外界提供更多的练习。有时发现问题时，儿童都已经很大了。接下来，第二部分的其余章节将更全面地探讨家人和其他照顾者如何把DIR方式作为治疗方法的一部分，制造出多种经验来帮助儿童在各个阶段健康成长。第三部分将说明如何通过地板时光来加强这些互动。

第六章 促进注意力和参与能力
——带儿童进入共享世界

罗比有一双棕色的大眼睛，是个生性温和的17个月大的男孩。由于接受性语言①方面的迟缓，他的发展落后了好几个月。此外，他还有反应过低的问题，当处于陌生环境中时，罗比常会反复做出一些无意义的动作，并且难以参与到活动当中。他的父母尽量多与他互动，但是，为了帮助罗比能够更充分地参与所有情境且学会以更清楚的方式与父母沟通自己的想法和感受，他的父母想知道还可以为他提供怎样的支持。

正如第四章提到的，DIR/地板时光模式的核心以及帮助孤独症谱系障碍儿童的首要步骤都在于参与，也就是进入儿童的世界，并帮助她和别人一起进入共享世界（shared world）。由于注意力和参与能力是孤独症的第一个核心缺陷，因此如何在这方面帮助儿童，就成为父母、老师和其他照顾者的第一目标。

第一步是参与

参与（跟随在注意力之后）之所以重要，是因为生命早期的大部分学习都发生在互动中。参与能帮助儿童感受到信任、亲密和温暖，也是社交和情绪发展的开端。正如我们在第四章提到，儿童用表情、声音、手势等向父母示意，等待他们的反应，借此来学习因果关系及逻辑性，即事情为什么及如何发生。儿童必须在参与状态中才有可能获得这种学习经验。早期参与非常重要，甚至影响到儿童的生理发展。如果我们剥夺了婴儿的这种参与机会，儿童就容易变

---

① 编注：接受性语言（receptive language），与"表达性语言"相对，又译为"理解性语言""感受性语言"。

得无精打采，且无法顺利成长。

一个被孤立在自己世界里的儿童，可能看起来安静，自我调节很好，放松并自得其乐。但是很多儿童学会说话后告诉我们，他们在前语言阶段中常感到孤单，只希望能保持平静。他们根本不知道自己可以体验到与别人相处的喜悦。不过一段时间之后，虽然学会了与人相处，却可能因为压力而短暂退化，或因为过度负荷，而更陷入自我沉迷或自我刺激、固执的状态。我们问他们在这样的状态下感觉如何，他们说感觉比以往更加孤立，一点都不开心。有时照顾者认为把儿童拉进共享世界对于儿童来说太具有挑战性了，但是如果以温和、愉悦和信任的方式进行，那么儿童在整个过程中都会觉得有趣。相反，一个孤立、疏离的儿童绝对不会是一个快乐的儿童。

当儿童感受到愉快的关系时，许多基本的能力就会自然产生。与他人之间产生的联系能够刺激儿童去观察和倾听，并留心感受视觉、听觉、嗅觉以及其他在自身范围之外的各种感觉。如果儿童不觉得跟你这个照顾者亲近，她怎么可能转头注意你出声的方向、听你说话甚至想了解你在说什么？如果儿童不对你这个人产生兴趣，她为什么要知道你鼻子上的是什么东西？她为什么要知道你头发摸起来是什么感觉或你的眼珠是什么颜色？

参与也可以帮助儿童自我调节，因为这样能鼓励她专注于主要照顾者。听到父母轻柔的声音，可以帮助一个过分兴奋的儿童慢慢安静下来；看到父母温和的笑容，可以让一个不高兴的儿童感到安慰。一旦儿童学会在熟悉的情境中专注于熟悉的人，最后她也将学会专注于陌生人。

儿童因为被制约或因为你不让她看别的地方而只好注视着你，与儿童想要注视你，因为这样让她感到快乐之间有很大的差别。显然，如果儿童想要与你建立关系，她至少会时不时地想要看着你。如果因为你的笑容太灿烂，使她无法承受而移开视线，她仍然会想要跟你在一起，只不过会多一些羞怯和谨慎。（很多成人在聚会上遇见陌生人，也会稍微转移一下视线，直到感觉自在。这并非由于他们不懂得爱和亲密感。通常害羞的人比善于应对的人更容易建立亲密的关系，只不过刚开始时，视线的转移可以让他们不会感到无法承受。）通常，儿童若想要与人建立关系，就会自发地去注视别人。如果她不看人，那么她可能会依赖你，通过触摸或发出声音的方式享受你们之间的亲密感，也就是说，她通过你来加入外部世界。

参与为儿童的行动提供了目的或方向感。例如，一个与你建立了关系的儿童，会想伸手让你抱或得到一个亲吻；或者你戴了一顶好玩的帽子时，他可能会伸手去拿，然后戴到自己头上，因为他喜欢你做的这些事。当你在做类似的、能引起儿童兴趣的事时，他会想要加入。这时，他会想要跟你一起玩，而不再出现四处跳跃、随意挥动双手或盯着风扇看的行为。他想要抓你的眼镜，听你的抗议声，或想要打开你的手掌拿到藏着的球。从关系中获得的感觉和乐趣，使得儿童的行动更有目标且更慎重。

儿童在参与时产生了沟通的愿望。沟通发生于挑逗式的互动、用来制止发脾气的恼怒、生气的互动或探索式的互动等，当儿童开始用动作及声音沟通时，这些美好的事情就会发生。沟通能促使双方共同解决问题，比如儿童牵着爸爸到玩具区，指着架子并发出"嗯，嗯，嗯"的声音，用动作催爸爸买玩具给她。不过，除非儿童能够参与外部世界，成为关系中的一部分，并且体验到乐趣之后，否则这些情况都不会发生。

参与还可以帮助儿童了解人和物在空间中的正确位置，当父母在房内走动时，她的视线会追着他们。这种空间能力可以帮助儿童理解，当你离开房间时，你其实就在门外的另一边。当她看不到玩具时，玩具可能就放在玩具盒子里。

接下来，儿童开始学习模仿一些词语，她投入在你身上以及你们之间关系的情感赋予了某些词语特定的意义。例如，儿童已经对爸爸妈妈投入了所有愉快的情感，因此说出"爸爸"或"妈妈"，对她而言，就不再只是空洞的声音，而是传递出自己对他们的情感。儿童要学会说"妈妈，抱我起来"，她必须先知道"起来"的意思，或许因为她一向喜欢被抱起来玩飞机的游戏，因此学会了"起来"的意思。由于儿童与主要照顾者建立了关系，"妈咪""爹地""起来""下去""来""走"这些词语才被赋予了一定的感情。否则，虽然儿童可能会记住"书本""椅子"之类的词语，但这些词语对他们来说，并无实质内容，缺乏真实的个人意义。儿童或许可以说出图片的名称，或许会仿说，或许会照着书本念或反复背诵书中的内容，却不能在有意义和互动的情况下使用语言。只有当儿童进入共享世界时，才可能出现真正的沟通。

即使数学之类的学科，也一样建立在情绪参与的基础上。后面章节会提到，由于儿童想要多一点这个或少一点那个，她就会发展出数量感，后来不断地学习更多的数字，这种数量感就形成了系统。不论是最初形成的还是系统化的数量感，都具有情绪的意义，即被赋予了欲望，欲望转而促使个人参与到外部世界。

至于阅读能力及阅读理解能力，儿童也必须参与到关系当中才能理解她读到的概念，例如"爱""贪心""竞争"和"性格"等。如果不能成为关系中的一部分，她或许可以记住一些事实，甚至摸索出一些词语的意义，不过若想理解自己读到的东西，并在历史、文学、科学或其他学科上有进步，她就必须有能力赋予象征符号情绪的意义。

我们想让儿童在情绪、社会性发展、动作技能、视觉—空间技能、学业技能等方面取得进步并获得学习的乐趣，就必须将"深入儿童的世界"与"带他进入共享世界"这两件事视为必要的基础。

参与的技巧

或许我们无法充分解释参与是一个怎样的过程，但我们可以想一想，怎样让儿童参与。许多孤独症谱系障碍儿童的父母或照顾者认为这是个不可能的任务。对于那些因屡次尝试都未成功而感到气馁的父母，我们只能引述威尔·罗杰（Will Rogers）的一句话："我从来没有，我是说从来不会，遇到无法参与的儿童。"在为儿童提供支持、从事研究及写作的三十多年里，我总是把至少一半以上的时间放在临床实践中。在我的职业生涯中见过数以千计的儿童，不管这些儿童的生理问题有多严重，我从没有遇到过无法以愉快方式参与的儿童。儿童在语言发展程度和亲密感深度上有很大的差异，不过我所见过的每个儿童都有能力开启参与过程，也都能为获得与他人相处时的愉悦感打下相关的基础，并能应对外部世界。

试图让一个总在走神或缺乏注意力的儿童学会参与，是一件令人感到十分受挫的事。有时候，父母只是不停地说话并玩着游戏，根本就像是在自言自语，完全忽略了儿童没有一点反应。不过千万不能省略这个阶段，因为抓住儿童的注意力是让他产生与人互动的兴趣的第一个基本步骤。到最后失去信心的父母，讲话的声音也失去了感情，因此更不可能吸引儿童。相反，他们必须使声音充满活力及期待，同时减慢动作的节奏，因为太快的动作可能会使有视觉追踪困难的孤独症谱系障碍儿童失去兴趣。

感知觉方面的支持也可帮助儿童集中注意力，比如将手臂轻轻放在儿童的背部，随儿童的呼吸上下起伏。有时一个秋千，不管是弹性纤维做成的，还是照顾者的手臂充当的，再结合动作、有力的触摸和充满期待的声音，都能诱使儿童更愿意参与。尽量同时使用多种感觉刺激以抓住儿童的注意力，这个方法相当有效，作为照顾者应该蹲下身子，跟儿童拉近距离，让她可以看到你并感觉到你的存在，然后开始将你说的话与你的表情和说话的节奏联结在一起。一旦你能获得儿童的注意力，就可以让她有越来越多的参与。

跟随儿童的引导

参与的第一步，同时也是地板时光技巧的第一个原则（本书第三部会更详细说明），就是跟随儿童的引导，无论他的兴趣点落在哪里。不过假如儿童的兴趣太不寻常或太过特别，或不是我们要鼓励的内容，那么该怎么办呢？此时这不应该成为一个关注的焦点，因为唯有加入儿童感兴趣的东西、跟随他的引导，我们才能获得第一个线索，知道他认为什么重要。等到我们把他带入共享世界，以及新的事物引起他注意之后，原先的兴趣就不再那么重要了。但是，最初加入儿童兴趣的途径就是和他一起走进他的世界。

如果儿童一直揉搓同一块布，妈妈可能用简单粗暴式的语言喊"停止！"，威吓他不要再做这个动作，或是动手把布拿走，将他的脸转向她，要儿童看着她，并且给他饼干作为鼓励。或者妈妈心里想着："搓布的动作，至少让他找到一点乐趣和消遣；我来跟他一起搓，看看是否能进入他的世界，了解他会有什么感觉。"接着她可能把这块布盖在自己脸上，看看儿童是否会伸手来拿。如果儿童伸出手，妈妈可以把这个过程编成一个游戏，最终诱导他用这块布搓妈妈的手臂或鼻子，或到她的手里找布。过段时间，他也可以帮"喜欢布"的娃娃发言。

如果照顾者给了儿童另外一件她希望儿童能够产生兴趣的东西，用以分散儿童的注意力，这时儿童可能就会退回到自己的世界，感觉照顾者根本不关心她感兴趣的东西。例如，在鸡尾酒会上，想要跟一个刚认识的朋友接近，我们大人会做些什么呢？我们应该会先选择他或她可能感兴趣的话题，接着再引领他或她进入我们自己感兴趣的话题。儿童也跟成人一样。跟随儿童的引导，我们就可以得到线索，知道哪些事会让她感到快乐和兴奋，或能使她冷静并放松下来，这样我们就知道该用什么方法接近她，并使她参与到活动里。

这里有一个关键点：跟随儿童的引导，并不是限制照顾者只能做儿童做的事情。在儿童附近模仿她所做的事（揉搓一块布）之后，你可以慢慢把手移到她正在搓的地方，这时候，她就可能搓到你的手了。因此，在她的引导下你开始进入她的世界，并有可能诱导她与你互动。你已经把手放在她感兴趣的地方，不过仍要尊重她搓的欲望。

如果顺利的话，她会开始搓你的手，不过也可能不会发生这种状况。我曾经遇到一个一直搓地板上某个地方的儿童，我尝试了这个方法，结果他把手移到一旁，开始搓我手边的另一个地方。因此，我以非常缓慢的速度将手朝着他正在搓的地方移动大约三厘米左右，他又一次移开手。我观察他的脸，发现他看起来有些困惑，却又快速看了我一眼，这是他第一次真正看着我，好像在问："你在做什么？"他又把手移开时，我用最慢的速度把手移向他，就在我正要把手放在他的手下面时，他发出"嗯嗯嗯！"的声音，我并不想让他发脾气，却也不介意干扰他，因为至少他能注视我一下，且能对我发出有意义的声音（跟他过去发出的随意声音大不相同），这代表他至少知道我的存在，且与我有了一点点连接，即使还没有太大的乐趣也无妨。

我把手稍微挪回来一些，好像回应了他的生气，并让他知道我尊重他有目标的动作。他似乎对我的回应比较满意，接着继续搓同一个地方，这时发出的声音逐渐转为有节奏的"嗯嗯嗯"。我也以有节奏的声音加入他，并跟在旁边学他搓了好一会儿。接着我又开始之前的模式，手挪近他一些，这时他发出一些警告的叫声。我试了两三次，每一次都增加一点趣味并露出更多的笑容。到第五次时，他终于碰了我的手，把我的手推开一点点。第八次，当我把手放在他喜欢的那个地方时，他搓了我的手。

接着我们一起进入到"你追我躲"的状态，因为此时他想要搓的是我的手，而不是地板上的某个地方，我会把手移开一点点，再移向他。有时，他能搓到我的手时，我会轻轻地合上手，把他的手握住，他就会发出声音要我把手打开，放他的手出来，所以我们有了一个小小的游戏。第二次治疗时间，同样在玩这个游戏时，我获得了他一个小小的笑容，这显示我已经进入了他的世界！他可以热情参与，且有了特定的行动目标。虽然我们还不能持续地进行一系列的情绪示意以及具备共享式问题解决能力，不过至少已经朝着这个方向迈进了。我们已经进到这个过程中的第一个步骤，将他的行动和话语赋予意义，并且让儿童能顺着这个发展方向前进。

嬉戏式的干扰

跟随儿童的引导只是一个起点。要吸引儿童进入共享世界，需要创造性地吸引她的注意力，了解如何让她动起来，并且要求她迈出一小步进入共享世界。这里有一个技巧可用来帮助那些非常难以参与到活动当中的儿童，就是介入他以及他想做的事情之间，成为儿童世界中的一个玩耍对象，我们把这个技巧称为"嬉戏式的干扰"。

例如，治疗当中，一个孩子根本不理会我及他的父母，只是重复开门关门。我先观察他，然后把手放在门上，在他开门时帮他一下。他不喜欢，发出类似"啊"的抗议声，我把手缩回来。不过接下来我慢慢躲到门后，儿童发出一些声音并用手轻轻推开我；这时他已有了行动的目标并开始出现互动。正如应对那个喜欢搓地板的男孩一样，我也以非常缓慢的速度与这个孩子展开互动，并随时察觉他的反应。采用这种方式，他不会感觉过分，顶多会有一点点生气，但不至于大发脾气。慢慢地，情况就变成一种游戏互动场景，最后他会喊出"不要！"。再过一阵子后，他学会说"走开！"同时脸上带着明显的微笑，因为他是这扇门的掌控者。我只是参与了他毫无意义的开关门机械式动作，却能慢慢帮助这个儿童愿意参与，学习做出有目标的表情动作，并赋予有意义的词语，比如"不要！""走开！""别理我！"。

等到儿童获得共享式的问题解决能力后，她就不再只是专注于重复的活动。上面提到的每一个案例，在6个星期之内，儿童都能放弃重复性的动作，加入到比较愉快的互动活动中。一旦儿童从与人相处中获得了乐趣，就不再需要自我刺激了。碰到压力或过度负荷的状况时，他们可能还会出现重复性动作，毕竟不是所有儿童都能很快放弃。不过也有很多儿童确实做到了这一点，且转换到其他更重要的事情上。

找出儿童的感觉及动作能力分析图

单单凭直觉认为什么事能让儿童开心，并不能进入她的世界。这是一个有系统的过程。首先，照顾者及专业人员必须记录儿童听、看、触摸、闻及动的独特模式，以了解其神经系统的运作方式。第十一章会详细说明，儿童（特别是孤独症谱系障碍儿童）的感觉反应能力有很大的个体差异。有些儿童对于某些触碰或声音会出现过度反应或反应过低，也有些儿童对于嗅觉刺激非常敏感，比如，强烈的香水味会让她情绪失控且想要离开。

为了让儿童对其所处的环境感到自在，临床工作者和照顾者必须通过观察了解：哪些感觉刺激能让儿童冷静并做出适当的调节，哪些感觉刺激会激怒他们，而哪些感觉刺激不足以吸引他们？不管儿童的年龄多大，照顾者都必须观察：以不同方式触摸他身体不同部位时，儿童会有什么样的反应？尝试用不同的声音，如高频噪声、低频噪声和正常的人类声音，以及不同的音量测试，看看哪种声音比较能吸引儿童的注意力。每一种感觉都要测试，这有助于你确定带儿童进入你的世界时应该强调哪一种感觉系统。

下一个步骤是要了解儿童如何理解感觉刺激。例如，早在学会说话之前，某些儿童听到别人的说话声音，就会做出好像想要了解他们说些什么的反应，而有些儿童听到声音就转头而去，好像他们感到难以承受且困惑。有些婴儿会积极回应复杂的节奏，有些婴儿则会感到困惑，但能较好地回应简单的节奏。有些年龄较大的儿童，甚至在能理解许多词语之前，对于简单及复杂的声音，就已经出现类似的反应形态。

儿童在如何理解自己看到的事物上也有个体差异。有些儿童喜欢复杂的视觉信号，比如，对别人同时挥舞着手臂、微笑并转动头的动作感兴趣。不过也有一些儿童会因这么多动作同时出现而感到压力，对只包括一个开心大笑的视觉信号会有较好的反应。有些儿童处在有许多儿童共处及拥有很多玩具的热闹环境中，会有不错的表现；不过也有些儿童必须待在一个整齐的房间角落，并只有一个成人（或一个成人加上另一个儿童）陪伴时，才能安心玩耍。

此外，也必须评估儿童动作计划技能的水平，而最好的方式就是观察儿童的游戏。例如，他是否拿着一个喜欢的玩具车，来来回回推着玩，也就是说，只是重复一个步骤。如果某个儿童走到一个特定的房间，拿起喜欢的娃娃，递给爸爸，给他一个开心的微笑，然后爬到爸爸的腿上准备玩这个玩具，这就是一个包含五个步骤的行动模式。我们可以依照儿童的能力水平将他们分成三种基本类型：刚开始学习将行动组合在一起的儿童，拥有稍微复杂行动模式的儿童，以及掌握解决身边问题所必需的所有行动步骤的儿童。

要确定儿童能够参与的活动类型，就必须考虑儿童的能力已经达到哪个层次。例如，如果她喜欢骑马，而且有能力进行多个步骤的动作，爸爸可以走到房间另一头，扮成一匹马，问他："你要不要骑马？"然后期待她能走过来，跳上爸爸的背，拍打着爸爸要他开始走。相反，如果一个儿童只会一两个步骤的行动计划，妈妈就必须抱起她说："我要把你放在爸爸背上，这样你就可以骑马了。"这时儿童就只需要做一个步骤，比如动动自己的脚，要求爸爸开始走。如果儿童只能完成一个步骤的行动，家长就应该从简单的行动开始，然后再一点一点增加难度。

当儿童的身体被悬在半空中，他们回应的方式也各不相同：有些儿童喜欢被抛向半空中的感觉，有些儿童则必须以缓慢且安全的方式才能接受这个动作。这些不同的回应方式决定了照顾者应该如何跟儿童玩"坐飞机"的游戏，比如有些儿童喜欢慢动作，有些则喜欢快动作。有些儿童喜欢跳及旋转，因为这些动作可以帮助他们组织并协调自己，而有些儿童对于悬在半空中的动作非常敏感，因此照顾者必须以非常舒缓的方式移动。

每个孤独症谱系障碍儿童或每个有特殊需要的儿童都是独特的个体。（每一个正常发展的儿童也都是独特的个体，有其各自的感觉及动作模式，极少数极端的例子除外。）照顾者及专业人员若能了解这些特殊儿童的模式（他们往往凭直觉获知），就能更有效地进入他们的世界。

扩展儿童对外部世界的兴趣

想要扩展那些确保儿童在这个共享世界中能够安全、冷静和有规矩的能力，关键在于先在他们现有的能力层次上满足他们，然后再从这个安全的基线逐渐扩展开来。只要儿童变得退缩、过度兴奋或焦躁不安，你（照顾者）就必须退回到基线，再以更缓慢的速度扩展。如果儿童能够参与，你就可以逐渐扩展她理解和享受各种感觉刺激及计划行动的能力。慢慢增加动作难度，帮助只会进行单一步骤行动的儿童进展到两个步骤甚至三个步骤的行动能力。妈妈连续几次把儿童放到爸爸背上骑马，之后再把儿童放在爸爸身旁，趴在地上装成马的爸爸可以问她："骑马吗？"很快，或许儿童还被妈妈抱在手上时，就会拍拍爸爸的背，表示她想骑到马背上。接着妈妈把她放上去，儿童可能会动动腿，想让马出发。这时这个过程就包含了儿童两个步骤的行动计划，这个计划体现了儿童很棒的参与能力，并开启了儿童的沟通能力。

许多有创意的技巧可以帮助儿童参与到关系中并扩展他们的世界。如果父母、其他照顾者及治疗师能够依据 DIR/地板时光模式和儿童独特的神经系统使用这些创意技巧，这些技巧将会被运用得更加成功。设计适合的参与技巧、根据儿童的独特能力分析图来跟他玩、带他攀登发展阶梯，都应该是技巧或策略的一部分。技巧可以是自发性互动的一部分，或用来达到特定目标（比如语言或动作技能）的结构性互动中的一部分。

参与的乐趣

通常跟婴儿玩的许多游戏也都可以用来跟年龄较大的孤独症谱系障碍儿童玩，帮助他们学会参与。不论是否有神经系统障碍以及程度如何，许多儿童都喜欢玩各种"躲躲猫"游戏。如果你（家长）正做出好笑的鬼脸或发出滑稽的声音，而此时儿童也在注视着你，你就拿一张餐巾纸蒙在脸上，儿童可能只是走开，不过她也可能会把餐巾纸移开，以便看到你的脸。许多儿童喜欢以感觉为基础的游戏，比如玩坐飞机游戏或一起跳舞，一起跳跃。有时也可以在她跳床垫（或沙发）时，握着她的手，让她随着你发出的声音有节奏地一起摆动，这些做法都有助于她能够开始参与。

如果每次你靠近儿童，他就强烈地躲避且掉头走开，这时你可以想："没关系！走开似乎总能给他带来一种乐趣，那我就从这里着手。"跟随他的引导，跟他一起成为没有目标的闲逛者。假如不管儿童做什么事，都能带给他一些乐趣，那么看看你是否能加深并扩大这种乐趣，使它成为人际关系的一部分。例如，某个在房间里漫无目标走动的小男孩，对某个毯子却情有独钟。他走动时总是带着这个毯子，于是妈妈开始采取行动，把毯子放在头顶上，并且紧跟在他后面。他想拉回毯子，而妈妈用力把毯子拽回来一些。他很快笑了起来，开始和妈妈玩小小的拉拽游戏，接着他们一起躲在毯子下面，发出呵呵的笑声。

引导儿童参与的最大障碍之一是当儿童不想跟他们在一起，即表现出拒绝，或生父母气时，此时父母内心产生的感受，这种感受往往使得他们想要放弃。其实一个小小的抗议并不是代表真的生气，抗议和生气不应该被混淆。试想儿童一向躲在自己的世界，现在有人想要哄她跳出这个私人天地时，小小的抗议是很正常的反应。不过我（格林斯潘医师）从来就没碰过任何一个儿童，在经过一段时间的帮助后，还会喜欢无生命的东西胜于人类的世界。同样，只要采取渐进、缓慢且温和的接近方式，以及轻柔的碰触，即使面对一个最严重的孤独症谱系障碍儿童，也能让她开始喜欢与他人相处。

不管是不是孤独症谱系障碍的儿童，一旦体会到与别人互动的乐趣之后，他们都会乐于并且自然而然地开始寻求更多的互动机会。第一周或第一个月或许比较困难，之后就会越来越得心应手。因此，如果你（照顾者）因为被儿童"拒绝"而感到恼火，不如休整几分钟后再重新开始；然后再在坚持干预儿童和她想做的事情之间，试着表现得更滑稽、更有趣，让自己成为儿童生活中的玩具。如果儿童一开始只把你视为一种无生命的物体，一种达到目的的手段，用来拿到架子上的果汁或玩具，那也没关系。这个简单的参与就是建立互相喜爱的关系的第一步。之后会出现更多的情感，你会慢慢体验到更强烈的欢笑和乐趣。

第七章 促进双向沟通和社交问题解决

克莱尔的父母感到不知所措,这个小女儿显得被动且常陷入自我沉迷。她可以与人轻轻地拥抱,而且偶尔会回以一些微笑,但是当父母大声地、积极地想要跟她说话,或想诱惑她伸手来碰触他们的手掌时,克莱尔只会封闭自己,更深地退缩到自己的世界里。父母想要帮助她形成真正的沟通,因而前来寻求建议,想知道接下来该怎么办。

前语言沟通

对于任何一个想要帮助孤独症谱系障碍儿童的人来说,"沟通"都是最关键的部分。一旦儿童注意到照顾者,表现得冷静且可以自我调节,同时越来越多地参与到共享世界当中,这时候就是她可以学习有意义沟通的关键时刻了。虽然沟通常被认为是言语的交流("我饿了""给我那个玩具"或"出去"),但它始于使用表情和动作的前语言阶段,比如儿童指出自己想要的玩具,或发出声音来回应别人的声音。这个能力出现在生命最早的时期,首先是轻轻地点头、微笑以及发出呵呵声,然后发展到包括声音、动作、微笑和皱眉动作在内的丰富对话,所有这些都发生在出现任何有意义的话语之前。

在第二年出现语言之后,这种表情动作或相互示意的能力发展的速度也更快,其形式也比语言转换更复杂。语言表达能力常需要一段时间才能赶上来。即使在儿童已经开始说话之后,或成人在使用语言时,前语言或表情动作的能力也都在同时继续发展。人们习惯使用面部表情、声调、身体的姿势和动作等方式来沟通。

事实上,比起语言信息,多数人对前语言信息的信任程度会更高。如果有个陌生人有礼貌地问你:"这张地图我看不明白,请问你能过来帮我一下吗?"但是他的面部表情、身体姿势以及当时整个情境都透露着危险,你可能会快速走开。在这种情况下，你可能会忽视语言部分，而专注在动作部分。在评价政治人物候选人时，人们不仅关注他们说话的内容，也会留心他们说话的声调及举止。因此，动作是人类生命早期所使用的基本沟通工具，并且一生都会使用。

前语言阶段是儿童语言技能发展的基础。为了赋予语言特定的意义，为了学会说话且顺利使用语言，儿童首先需要掌握用动作与人沟通的能力。即使是已经会说话的儿童，特别是孤独症谱系障碍儿童，仍然需要别人帮助他们获得前语言阶段的技能。掌握前语言阶段的技能，不只是对培养沟通能力有重大意义，同时也是发展社交和情绪能力的关键。如果儿童不能解读并回应社交信号，比如面部表情、动作、身体姿势等，就无法知道该做什么和什么时候去做。早在儿童还没学会说话之前，照顾者就会通过眼神、声音、声调或手势等方式，让他们明白哪些事情危险、哪些安全。例如，当儿童想要将手指放进插座时，妈妈声音中警告的口气、脸上紧张的表情、远离插座的指示动作，还有她被迅速抱起并带离危险处等信号，让她强烈感觉这是一个禁忌并体会到了"不可以"这个词的意思。

同样，表情和声调也可以传递温暖、接受及爱的感觉。儿童给妈妈一个开心的笑容，和妈妈嬉戏并伸手要抱抱，妈妈也回以一个开心的笑容，伸出手，并且用温和的声音说"我爱你"。在儿童理解"爱"这个字的意思之前，妈妈的姿势、表情和温暖的声调已经将爱意传给儿童。因此，通过前语言系统，儿童既学习了限制的意义，又理解了爱的意思。通过表情动作的沟通，儿童也学会了社交和情绪的能力，以及后来在游乐场解读其他儿童社交信号的能力。

接下来，儿童又是如何学习了解各种词语的意思呢？上面提到的例子中，孩子把手伸向妈妈，被抱起来，紧紧拥抱、亲吻，得到安抚，总结所有这些持续的互动内容，学习到"爱"这个字的意义（通常是在18个月到2岁6个月之间）。如果没有这些动作的沟通，儿童就无法理解"爱"这个字的意义。别人可能只是告诉她这个字的定义，她记住的也只是这个定义，却感受不到它的意义，也无法领略到它真正的含义。

同样，儿童吃过苹果并且把玩过后，就大致认识了"苹果"。"苹果"对他来说开始有了意义，而不再只是字典上所描述的"一个红色、圆形的东西"。所以儿童是否掌握一个词语的意义，是基于他学会说话之前与外部世界之间的互动经验。儿童在动作层次的沟通能力如果已经出现发展迟缓的问题，可以通过日后结合语言层次和动作层次的多重互动经验来培养，并在掌握这些词语之后再配合使用。

认知技能基础

动作沟通也是儿童认知和智力发展的基础。如同我们前面所指出的，当婴儿知道自己可以用微笑、发出声音、做出小动作来获得妈妈的笑容时，她就学到了因果关系的基本原则。儿童若缺少双向沟通的能力，就只好自己尝试与客观世界接触，以非常有限的方式学习因果关系，但这种方式远不如在社交或情绪方式发生得早或学得完整。

认知技能，包括数学和科学技能，也都是这种前语言沟通基本能力的延伸。例如，数量的概念就是从早期开始的，通过要几块饼干、几个玩具等的协商经验学习到的。专注力及用于解决问题的排序能力，也都早在会使用语言之前就已学会。智力及学习技能形成的基础需要双向沟通获得的经验，在生命的早期阶段，这种沟通不需要语言。如果因为发展问题而阻碍了儿童的这种沟通，照顾者和治疗师必须尽快帮他建立，因为如果这个层次的能力太弱，势必会阻碍儿童更高阶段的发展，而让他停留在自我刺激或重复性的行为状态。

沟通能力迟缓

由于动作计划及顺序排列、听觉及视觉—空间信息加工、感觉刺激输入调节等能力出现生理障碍，许多孤独症谱系障碍儿童无法参与沟通。因此，口语和以后的认知和社交技能的基础都暂时受到干扰，必须等到儿童的沟通能力得到改善，才能再度建立这些基础。为了找出该从哪里开始，不论儿童的年龄多大，甚至是成人，临床工作者都必须先观察她是否成为共享世界中的一部分，或一向处于孤独状态，以便确定她与别人相处的能力发展到何种程度。接着他们会再问儿童是否会做出一些面部表情及手势。即使她还不会说话，是否会用其他方法让照顾者知道她想要什么东西？如果不会使用语言，她是否会交换一些动作来进行探索及协商？她会使用词语吗？

如果儿童（或成人）不是一个会使用表情动作的双向沟通者，那么在对她进行干预时，我们必须着重培养使用表情动作的双向沟通能力。缺少了双向沟通，其他能力都很难取得进步。虽然治疗师还是可以同时教授其他的语言技能，甚至是一些学习技能，但是如果忽略了这个基本层次，将会减缓进展的速度，而儿童所建立的结构基础也会显得薄弱。

一般来说，普通儿童的双向沟通能力大都始于6个月到1岁之间，并且在2岁时有更显著的发展。许多孤独症谱系障碍儿童在接受评估时，基本沟通及语言技能通常都达不到1岁的水平。这个状况常是因为未能建立完善的前语言系统。在这些儿童中，有些人可能会一些个别的词语或分辨字母、形状或整页的词语，但是却缺乏基础能力。

例如，前来接受治疗的某个小男孩只会表达简短的"不连贯的意思"：他会说"车子外面"，然后跳到"蓝色玩具"，再说出"橙色衬衫"。父母及照顾者都无法理解他。他的沟通断断续续，他会出现自我沉迷，然后忽然蹦出一句话，接着又再度陷入自己的世界中。依据地板时光的基本原则，我们诱导他跟别人互动，并帮助他能以连续的方式做出尽可能多的表情动作及口语表达。让人高兴的是，在治疗接近尾声时，这个男孩生平第一次开始能言之有物，甚至回答了一个"为什么"的问题。

大部分儿童并不像这个小男孩进展那么快。如果照顾者和治疗师能够帮助儿童获得双向沟通能力的基础，大多数儿童都能更有意义地运用他们的语言技能。连续不断的沟通对于发展现实感及调节行为情绪也很重要。如果儿童在自我沉迷世界及共享世界之间来回转换，那么他只能得到现实的某些片段，而不是一个连续完整的图像。如果儿童能注意到这个世界，并且持续与它互动，那么也就能从环境当中得到反馈。儿童学会解读妈妈严厉的表情或爸爸的手势动作，当父母开始生气时，他能察觉并约束自己的行为。这样的能力能够引发许多细微情绪和社交信号，此外，"读懂"照顾者的反应也能使得儿童调整自己的行为、情绪和心情。例如，儿童要马上得到某个玩具时，妈妈轻柔的安抚声音能帮助他冷静下来。儿童可以不用发脾气，而以一种理性的方式，用表情动作来表明想要的玩具；妈妈可以举起一根手指表示，她会立刻把玩具拿给他。通过一连串的双向信号交换来解决问题，就避免了失控局面的出现。未来的日子，相同的技能会帮助处于社会团体中的儿童，协助他们处理在学校遇到的非语言及语言沟通问题。当儿童在连接自己的感受和他人的感受，以及自己所说的话与别人说的话时，双向沟通能够帮助他以符合逻辑的方式思考。（当然，我们还是偶尔需要做做白日梦，有一些幻想，缩回自己的内心世界中。不过对于一位具有语言能力或抽象思考能力的人来说，这是一种主观的决定，而不只是一种想要逃离现实的表现。）

促进沟通

接下来，我们列出在 DIR 模式中建立双向沟通和社交问题解决能力的基本原则。

一开始，跟前面章节提到的一样，我们强调跟随儿童的带领，配合他的兴趣、情绪及目的。做到这一点很重要，因为意向是沟通的基础。只有了解儿童的意向，才能促使儿童在沟通中采取主导。有一个清晰的目标，是迈入有意义沟通的第一个步骤。

为了能跟儿童进行双向沟通，照顾者和治疗师并不是要儿童放弃自己喜欢的东西或活动，而是将这个东西或活动结合到互动当中。例如，一个儿童不停地开关房门，治疗师可以放个门挡，让儿童无法再推动房门。接着可以问儿童"要我帮忙吗？"并做出一个姿势表示他要跟儿童一起推门。幸运的话，儿童会点头，或者拉起治疗师的手放在门上，做出其他动作表示同意；不管发生哪一种状况，都是治疗师通过帮助儿童达到目标，从而实现了沟通。接着我们可以用点力气，甩掉门挡，儿童就可以再推动房门了。然后再放好门挡，希望不会让儿童看到（为了配合儿童的兴趣，我们耍一点花样也没关系）。

或者在儿童绕着房间不断跳舞时，照顾者可以伸出手，看看她是否会牵起来，然后两个人就可以一起跳舞，这时就形成双人舞蹈了。照顾者期待儿童能主动拉他的手，换言之，他只是简单地向儿童伸出手（而不是真的抓住她的手），这时儿童就不得不采取一个步骤以表明自己的意图，并表现出她的动作正是依据照顾者所做的事情来做的，因为照顾者也是以儿童做过的事情作为行动依据的。这就是所谓"开启及结束一个沟通循环"。儿童用自己的目标及意图以及自己想做的事来开启沟通循环。父母或照顾者在此基础上帮助她达成目标以奠定基础。然后儿童利用照顾者对她的帮助或做出想要帮助她的表情动作，来结束这个沟通循环。接着照顾者再尝试从一个沟通循环进入到另一个，鼓励儿童做出更多的沟通。

再举一个例子，我们曾经遇到这样一个儿童，他总是以一种自我沉迷、自我刺激的方式玩弄着自己的手指头。这样的举动为我们提供了进入他内心世界的机会。我把小指头放到他的手掌中，让他玩我的手指。接着我抽回手指，他并没有伸手来抓，因此我轻轻碰触他的小指头。他把手挪到我的手掌中，我让他玩一下我的手，然后抽出来一点，再碰一碰他的手指，接着他又抓住了我的手。

通过这个看似重复的活动，我们有了一点点的沟通，并以此为基础慢慢延展开来。这个男孩喜欢有一点点力道，但又不是太用力的触碰，所以我碰碰他的脚，他就把脚移近了一点，并且试着把我的脚缠在他的两只脚中间……通过这样的游戏，我们把他带入了共享互动，最后甚至达到了二十个沟通循环，整个过程他都很开心，并能投入到这种社会性的问题解决当中。

促进双向沟通的另一种方法是前一章提到过的嬉戏式干扰。照顾者可以制造出一些障碍，比如装扮成警察，挡住玩具车的路，儿童只能开车把警察撞倒或让玩具车绕开警察。采取嬉戏式干扰的方法时，注意不要激怒儿童，尽量放慢动作，给他留出回应的时间，让他可以做出制止你的动作，这样他才能出现掌握自己表情动作的感觉，能够有目的地做出动作，代表自己是"老大！"。儿童自我感觉良好时，你也能成功达到你的目标。

对于喜欢在房间内漫无目标走动的儿童，可以采取"移动的围栏"游戏方式：我先跟着她四处走动，然后用手臂框住她，但不碰到她；她为了逃出"围栏"，继续在房内逛，就只好举起我的手，口中喊着"拿开"，或以动作表示这个意思。一旦她做出这些动作，我就会配合她的意愿。

有很多方法可以让儿童进行双向沟通，比如，简单的躲猫猫、捉迷藏、有节奏的协调活动等等。一开始，照顾者可以先把饼干或儿童喜欢的玩具藏在手掌里，儿童打开你的手就可找到。接着你再把某个玩具或点心放在某只手中，同时合上两只手，这时儿童就必须找出哪只手藏有东西，此时你们之间就有了两个沟通循环。等到第三回合，你把手藏在背后，这时儿童就必须走到你背后，找到你的手后再找东西，因此现在就有了四五个沟通循环。接下来，你可以把饼干藏在某个娃娃身上，并放到房间的另一头，你通过提供一些线索，指指这指指那，让他不得不找遍整个房间。这时，你们之间已经可以进行多达十个沟通循环了。

游戏中，你可以开始增加一些词语，如果儿童想要饼干，她就必须说出"饼干"。刚开始时，你可以提示她这个词，不过接下来就要用提问的方式帮助她，"饼干或果汁？"详细的过程是，最初，儿童做某件事（比如吃饼干）时，你只要重复对她说"饼干"这个词，这样她就能渐渐了解这个词的意思。接下来你开始给她一些选择，记住一定要先给她喜欢的选项，再给她不喜欢的选项。这样，儿童如果只是重复你说的最后一个词，就不能得到她想要的东西。

我们主要的目标是激发儿童强烈的动机，而这需要回归到"跟随儿童的兴趣"这项基本原则。父母及照顾者不应该坚持回到最初的游戏，不管儿童在做什么，都应该把它视为是下一个沟通循环的基础，然后围绕这个活动制造新的挑战。主要的目标就是能够持续不断进行双向沟通，从两三个循环进展到五个、十个、二十个循环，最后到根本不必计算多少个循环，因为儿童已经可以跟你一起进行无止境的双向互动了，只要你能够帮助她一起完成。

感觉系统差异和沟通

在本章一开始提到的案例中，这个儿童反应过低、对声音信息和感觉刺激的接受能力不佳，肌张力低，因此她很少能采取主动，以至于无法用手指指示、用眼睛看或转动身体。这类儿童很难与别人建立亲密关系，容易陷入自我沉迷，常迷失在自己的世界里，因为她很难接收到别人的声音信息和脸上的表情信息。父母或照顾者常常需要花费许多精力和能量，才能让儿童朝着他们的方向看过来。不过，虽然这类儿童需要接受挑战及激励，但同时她也可能对声音的刺激反应过度。要帮助这类儿童，必须先掌握适当的声调和频率、合适的音量及适当的期待水平。通过声音表达出来的活力和期待，对这些儿童来说非常重要，不过照顾者或治疗师的声音并不需要太大。太大的声音不一定能传递出正确的期待内容，近乎低语的声音跟大喊大叫有时可以传达一样的能量。父母或照顾者如果个性低调随和，则必须为了儿童改变自己一贯的特性。他们需要表现得外向活泼，和儿童嬉戏，并引导他采取主动。

我们很难与总是陷入自我沉迷的儿童保持双向互动。一开始，照顾者或许能跟她有很好的互动，你滚个球给她，儿童伸手去接，不过你很快就会抓不住她，而无法进入到下一个步骤。儿童不再把球扔回给你，反而开始盯着窗外看。这时的关键在于你必须迅速地使你的声音和行动更富有表现力。如果儿童中断对你的注意力，哪怕只是短短的几秒钟，也不要听之任之。要保持敏锐，只要发现儿童的眼神或表情转移开，赶快想办法拉回来。如果儿童开始盯着窗户，你可以走到她面前，挡住她的视线。"你逃不出我的手掌心，我是无孔不入的！"这就是帮助容易陷入沉迷的儿童时常采用的游戏。

相反，有些儿童很容易过度负荷，轻轻的触碰对他们来说都是过度刺激。这些儿童非常容易焦躁不安或发脾气，也容易因环境中的事物而分心。对于这类儿童，不应过度刺激他们，而应通过具有安抚、吸引力及有趣味的方式，帮助他们适当调节并保持冷静。

那些非常容易被自己的举动分散注意力而无法注意到别人的儿童，也许是最难对付的。通常他们非常活泼且有躲避倾向，常会以一种看似自我刺激且重复的方式挥舞手臂或腿。只要照顾者或治疗师靠近他，他就会走开，到房间的另一头，以逃避任何被控制的机会。要帮助儿童尽量不被自己的举动分散注意力，一个有效的技巧是将他的动作引导成共同的动作。例如，儿童奔跑跳跃时，照顾者可以试着抓住他的手，这样你们俩就可以开始一起做动作，而你也能依据他的活动程度跟他进行有规律的互动。然后再逐渐放慢，转换到较慢的动作模式和节奏。有时这样的技巧也能帮助儿童稳定下来，做出表情和动作并开始沟通，有时甚至开始使用一两个单词。使用这样的方式，即使儿童有严重的动作计划问题并容易受到动作活动干扰，也能在别人的帮助下组织并协调自己，进而能参与并进入双向沟通。

罗斯玛丽·怀特（Rosemary White）是一位优秀的感统治疗师，她觉得应该赋予儿童的自我刺激动作更多的目标及意义。例如，儿童挥动着手臂时，就发出"嗖嗖"的声音，或者在她跳跃时发出低沉的轰轰声。看她是否会看一下或做出其他动作表示注意。阿诺德·米勒（Arnold Miller）是最早使用"升高台子"的治疗师。他将有严重自我调节问题的儿童放到一个很大的平衡木或床或一张很低的桌子上。这个举动有助于儿童在空间中定位自己，并且稍稍集中注意力；应对不断变化的姿势及重力感觉，能帮助他们调节神经系统。这个方法帮助儿童更容易与他人互动。儿童的身体在空间中上升时（请注意地面要柔软，避免儿童跌倒受伤），照顾者或治疗师可以跟她玩各种游戏，你可以跟她一起在台子上。如果她想要下来，你可以围绕这个目标和他协商。有些儿童在荡秋千或者在有一点高度的弹簧床上跳跃时，会有不错的表现。

帮助儿童占据主导地位

鼓励儿童进行双向沟通及社会性问题解决的原则，就是激励他们对你（照顾者或治疗师）做出一些事情，也就是采取主导，而不是你对儿童做出某些事情。你可以问自己："我需要做些什么，才能让她想要对我做出一些事情？"在我的治疗室内，一个小男孩脸朝下趴在地板上，不理任何人。他富有创意的妈妈就趴到他身上，说："哦，困啦？好，我要躺到你身上。"这种有力的压迫感让儿童感到安心，不过才一会儿他就要妈妈离开。他不但挥着手臂要妈妈离开，同时还说出："走开！"这个儿童只有偶尔才说出一句话，妈妈以此为基础，让他采取主导，主动对妈妈做出动作。

大部分严重的孤独症谱系障碍儿童都很难采取主导。其实有这类障碍的儿童，最早出现的症候之一，就是避免在社交互动中采取主导，宁愿当一个回应者。由于他们会模仿说一些话，会指认书中的图片，就早期认知和语言能力而言，他们发展得还不错。不过他们都只是等待，从不会主动接触外部世界。幸好，鼓励主动的做法永不嫌迟，学会采取主动的能力会使儿童的各方面发生变化。

你（父母或治疗师）应该诱导儿童采取主导。给她一些东西让她愿意伸手来拿，并给她一个坚持的理由。为了达到这个目的，你必须注意儿童正在做的事情，即使你认为她看起来没有在做任何事。如果你能将她的行为视为有目的性，就能以一些简单的方式鼓励她发挥潜在的主导能力，儿童也会觉得，你不是只想将她的注意力转移到你认为有兴趣的事上，而是愿意花精力注意她想做的事。当然，你会希望制造出一个充满吸引力的环境，好让儿童想："嗨，这就是我想做的事。"不过请先让她采取第一步，然后再尽一切可能鼓励并支持她的主动性。正如我们前面提到的，等到儿童能够以一种持续进行的方式与人沟通时，她就远离了与孤独症谱系障碍有关的一般性症状。他们学着用一种新的方式与周围环境互动，且更能调节自己，而退缩、重复或自我刺激的行为也相对减少。

万事开头难。诱导儿童时，可以将他喜爱的玩具或其他感兴趣的东西慢慢地放到你的手里或头上。如果他伸手去拿，这个关键的第一步已经发生了，你取得了一个重要的成绩。第二步就是尽量延长这些互动或沟通循环。将玩具藏在另一只手或衬衫里面，但让他能很快找到。接下来，你带着他的玩具躲在椅子后面，慢慢匍匐前进……他想开门时就帮他开，但是他必须做出动作，告诉你手要放在哪里,还有要如何拉开门。你要一直想着如何尽量延长或增加沟通循环,以及如何诱导他的主动性。

当你跟儿童之间的对话超过二十个连续循环,并且其中有一半都是儿童采取主导时,你们之间的沟通就真正发生了。最重要的是,不要害怕新的尝试。不管最终哪种方式能够奏效,尽量多尝试!如果儿童能够采取主导,而且你们之间的互动在持续进行,那么你就做对了。多练习!你唯一会犯的错误就是感到灰心,最终放弃。

让沟通持续进行

父母或其他照顾者要不断自问的关键问题

1. "我是否在关注她的兴趣，跟随她的带领？"永远要假定儿童所做的任何一件事——即使看似随意的行为——对她而言都具有某些目标。你要试着加入她的活动之中，帮助你的儿童进行该项活动，并且让它变得更复杂一些。

2. "我在诱导儿童采取主导吗？"仅仅刺激儿童（如挠痒、用言语表达、发出声音等等）或为她做些事情，并不能产生沟通。鼓励儿童指出想要被挠痒的地方，如肚子、背部或手臂。面对选择两个去处中的一个时，装傻并做出不知该往何处的迷惑表情；将儿童此时的任何一个动作视作你选择的依据。最初要把最细微的沟通视为有特定目标。

3. "我的声音、表情动作和姿势是否都能展现我的期待？"如果你说："你要苹果吗？看！我把它藏起来了！在这里——你要吗？你要吗？"以上这段话就是"期待"。如果你只是问："你要苹果吗？你要苹果吗？"这样的声音就缺少期待。你表现得越有活力，儿童就越能以有目标的方式回应你的声音或你的脸部表情。儿童每一次开始缩回自己的世界时，你就必须更增强声音的生动性（不需要变得大声），表现得更有活力、更吸引人且更值得期待。

4. "我们之间的互动是否依据儿童的神经系统特点而展开？"如果儿童肌张力低且反应过低，你是否会努力激发他的活力？如果儿童过分敏感或过度反应，你是否会特别加强安抚他？对于倾向视觉学习的儿童，你是否会增加更多的视觉支持？对于有听觉信息加工问题的儿童，你是否会特别强调声音的部分，让自己的每一个发音都字正腔圆，并保持声音的节奏规律、期待和活力。

5. "在根据儿童的感觉能力发展状况调整游戏内容时，我是否会提供尽可能多的感觉信息给他？"提供各种适合他的视觉、听觉、触觉及动作的刺激以吸引他，同时留意哪些刺激会干扰或取悦他。

第八章 象征符号、想法和语言

托德是一个活泼的 4 岁男孩，被诊断为孤独症谱系障碍，并伴有轻微的口腔动作问题。他习惯使用丰富的动作和声音与父母沟通，但是仍无法用语言交流。父母虽然想让他上幼儿园，但认为他至少要有一些语言能力才能去。他们想知道如何能帮助托德从以动作的沟通方式进展到以语言的沟通方式来表达自己的需要和愿望。

当孤独症谱系障碍儿童能够参与，行为具有目的性，同时开始学习使用动作时，父母和其他照顾者往往感到很欣慰。不过他们也希望儿童能进一步学习用语言表达想法和感受。儿童在具备了参与及沟通的基础后，如何才能开始产生想法、象征及语言，并且利用这些来跟别人沟通呢？

第一个想法

每一个婴儿及儿童的语言能力究竟是如何产生的？一些探讨人类演化的研究提出了新的见解（请参考《第一个想法》一书）。尽管在生理方面存在障碍，但绝大部分孤独症谱系障碍儿童和其他特殊需要儿童也是通过类似的过程来发展语言的。儿童进行语言学习，最重要的条件之一是心中必须有想法，因为有了想法，才有说话的素材。

我们发现，能够区分知觉和行动是儿童产生想法的前提。对于婴儿及许多孤独症谱系障碍儿童来说，知觉和行动是绑定在一起的，也就是我们所说的"固定的知觉动作模式"，这就意味着"看"和"行动"同时发生。因此婴儿看到妈妈时，会同时伸手抓她；或听到妈妈的声音时，会哭着要她。感知觉以及当时的情绪会带出立即的行动。许多孤独症谱系障碍儿童往往出现逃避或退缩的行为：他们听到声音，之所以会产生不愉快的感觉，是因为他们的感觉系统出现过度反应，只好选择封闭自己；或者当他们看到电风扇时，感觉这个刺激符合他们的需要，所以一直死盯着看。知觉及反应之间，通常夹杂着一些情绪，可能是害怕、焦虑或自我刺激的乐趣，不过这整个流程都相当固定。

前面两章曾讨论过，婴儿有了情绪反应之后，开始能够与别人相互示意。前语言的信号开始取代固定的行动和反应。学步期幼儿能一边用渴望的神情看着妈妈，一边做出"抱我起来"的动作或表情。妈妈用手势表示"等一下"，学步期幼儿则点点头，双方达成一个协议。这些互动一方面将儿童看到或听到的内容与内心的影像分离开，另一方面将这两者与固定行动（例如，咬、打、抓或退缩等）区分开。

一旦摆脱了习惯性的行动之后，儿童的知觉，也就是看到和听到的内容，就成为一个独立的影像。此时儿童的心中有了妈妈的影像，且不再与某个固定的行动绑定在一起。最初，这些心理影像都各自独立，但渐渐地，它们之间出现了连接。例如，通过与妈妈之间的许多互动经验，"妈妈"这个独立的影像就有了特定的意义。"妈妈"代表满足、挫折或兴奋的感觉，或带来不同的玩具、食物等。儿童将所有这些事物与"妈妈"联系在一起，并形成一个有意义的"妈妈"的概念。儿童生命中的一切都通过同样的方式获得意义，比如父母、兄弟、毛毯、食物等。从本质上讲，这就是想法产生的过程。等到儿童有能力在心中描绘不同的人物、物体和动作，她就能有意识地记住过去的事情，以及出现对未来的期待。

有趣的是，当儿童赋予周围环境中的人和物特定意义，并开始使用自己的想象力时，他们也会被自己想象的内容吓到，变得更敏感。依照这个方式发展的儿童，开始变得较没有信心，且需要更多。比如她半夜醒来时，可能会比以前更害怕。从象征性能力发展的角度来看，这是一个好的征兆；儿童在睡觉时做噩梦表示他的大脑正经历一些可怕的想法。此时，给他特别的支持与安抚显得尤为重要。之后，她就会慢慢学会如何分辨现实和想象之间的区别。

第一个词

儿童有了想法，就可以使用图片以及用娃娃玩假扮游戏，比如喂娃娃吃东西或把某个娃娃当妈妈。这时，父母或其他照顾者可帮助儿童学习用语言表达心中的想法。我们也要帮助儿童通过辨识别人发音的规律来了解别人的想法，以及使用正确的语言表达自己的想法。

一般来说，当儿童学习用更多沟通循环与别人互动时，就能发出更多的声音，更能操控与舌头及声带活动有关的精细口腔动作模式。语言并不是一下子全部出现，就好像闸门被打开一样。相反，按照正常发展，从出生后的几个月起，儿童就以一种循序渐进的方式发展出越来越复杂的儿语和声音，以及越来越多的辅音和元音，一直到他真正开始说话为止。由于动作障碍，孤独症谱系障碍儿童的这些能力会在年龄较大以后才可能发展，不过他们发音的能力也在逐渐增长。

同时，儿童不仅理解了各种手势、微笑及皱眉的含义，也能懂得不同声音的意思；他学习理解伴随指示（用手指）、微笑及皱眉等动作出现的各种声音，并学习区分快乐、悲伤和兴奋的不同声音。人类的舌头及整个口腔动作区域可做出无止境的不同动作，而人类的耳朵可察觉到各种各样的细微声音。因此，早在还不会用语言来表达不同的意思之前，口部的动作就已经是重要的沟通工具了。人类的大脑是天生的模式识别者，能够不断组织早期的沟通性互动。大部分孤独症谱系障碍儿童可以发展出这种识别模式的能力，只不过在识别某些模式上，发展较迟缓。这些儿童需要更多的练习，由于神经问题的障碍程度不同，有时需要非常多的练习机会。常常是在儿童开始接受一个最好的干预方案，并且临床工作者看到他们的进展速度之后，他们的障碍程度才能被确定。

因此，当儿童的脑子里开始冒出一个个想法时，她就会理解或辨认不同的声音模式，发出不同的声音，控制自己的声带并模仿别人的声音。一旦儿童能够理解不同的声音模式并发出各种声音，她也就能很快学会重复她听到的词语。儿童想要出去，拉起妈妈的手猛敲门。妈妈问他："你想要出去？出去吗？"忽然儿童就说出："去，去，去。"妈妈再重复一遍："出去，出去。"接着儿童说出："出去！"妈妈将门打开，儿童就可以出去玩了。

或者儿童指着果汁说："哦，哦，哦。"爸爸说："这是果汁，果，果，果……"儿童跟着说："果，果，果……"同时，用手抓向果汁。通过这种方式，儿童不只学到"果汁"这个词或喊出图片中的果汁，也学会正确喊出自己快要喝到的那瓶果汁的名称，真正理解"果汁"一词的意思，同时将"果汁"这个词与自己先前跟果汁有关的所有经验都联系在一起。这时，"果汁"一词对儿童来说就是有意义的象征。这也就是通常儿童真正学习语言的方式。

父母或照顾者也可以为儿童提供选择的机会，让他们不得不想想自己到底要什么，以此来帮助他们学习新的词语。前一章提过，一定要先给儿童喜欢的选项，然后再给出吸引力较弱的选项："你是想出去玩，还是想睡觉呢？"你给出的第二个选项应该是比较无聊的答案，如果儿童只是学着你（照顾者）说"睡觉"（因为这是她最后听到的话），你可以回答："好，我们去睡觉吧。"而这时儿童通常会说："不要，不要！"接着你问她："那么你想出去玩——玩，还是（发出打鼾的声音）睡觉——睡觉？"很快儿童就明白你的意思了。

当儿童按照人类进化出语言能力的方式以及所有儿童学习语言的方式进行学习时，他们也就是在真实的情境中习得有意义的语言。儿童开始在沟通中投入了感情，并有了想法——"我想要让门开着"。接下来，照顾者要帮助她理解并使用能传递这个意向的词语。当词语被赋予感情时，这个词对儿童来说立即有了意义，而且也能马上类化到其他的情境当中。接着儿童就能将"打开"这个词用在不同的情境，比如，在学校里要打开一个玩具盒。

我们认为，所有的语言都始于前语言动作沟通，这些动作沟通形成了不同的发音模式，而这些发音模式的形成促进了声音互动。当这些声音的交流和"想法"连接起来时，正式的语言就开始发展了。正如这个发展过程通常是循序渐进的一样，每一个婴幼儿语言能力的形成也是循序渐进的，对于许多孤独症谱系障碍儿童而言，这个形成过程更是缓慢，因为他们的确需要很多的练习机会。

沟通的欲望

有什么因素可以促使儿童不仅使用语言来满足自己的基本需求，同时也能分享信息？能够充分使用想法和语言，会说"妈咪，看我的车"或"爹地，我在拍球"，而不只是"我饿了"或"给我那个"，也就是说儿童必须想要使用语言来分享信息。这个过程通常会以一种非常有趣的方式出现：当儿童的示意能力越来越好，能够开启并结束更多的沟通循环，示意父母看某个物品，做出微笑的表情、点头的动作，以及使用带有感情的表情动作来解决问题时，他便学会可以用感情信号来拉近与别人之间的距离。他不一定在被拥抱、亲吻时才能感到温暖、亲密和依赖，这些感觉也可以通过动作和语言交流来实现。听到电话传来的远方亲人的声音，当然不及给他或她一个拥抱感觉要好，不过大多数人也都能感受到同样的温暖。因为我们都已经是"末端沟通者"（distal communicators）了。

增强儿童沟通欲望的第一步是他们自己能够使用这些动作。动作或语言沟通不仅帮助儿童感觉到跟别人之间的亲近，感觉到自己是人际关系的一部分，而且也能帮他协商及调节这样的关系。到此阶段，儿童开始了解沟通不只是用来获得饼干或拥抱的一种手段，同时沟通本身也跟饼干或拥抱一样棒。想象你自己在一场鸡尾酒会中，遇到一位友好体贴的朋友，他不时以点头、闪亮的眼神来回应你说的话，好像很重视你说的每一句话。这时你不仅感到这个人能理解并同意你的各种想法，同时也会产生一种连接感、归属感，以及被人赏识的感觉。同样的感觉也会出现在一个4个月大的婴儿身上，也就是当她对妈妈笑，而妈妈也回她一个微笑的时候。

认识到沟通的重要性后，儿童就会更愿意使用语言并变成一个"喋喋不休的人"，不停地说话，想要告诉你天底下发生的每一件事，"妈咪看这个""哦，爹地，看我做了什么"等等。对于普通儿童来说，通常这个阶段出现在2～4岁之间。其实，许多父母都期待这个阶段的儿童能够安静些，"嗨，给我几分钟安静时间，我正在跟祖母讲电话。"不过，孤独症谱系障碍儿童常需要更长的时间才能达到这个阶段，我们一直努力帮助他们对自己新学到的词语和语言感到兴奋，从而促使他们想要说出自己正在做的每一件事。就像在被照顾或被抱起时所感受到的温暖和满足一样，儿童在沟通中也要体会到同样多的温暖和快乐，这是实现突破的第一步。父母及其他照顾者越善于利用情绪示意、使用语言与儿童互动，儿童就会越重视沟通。她会体会到沟通可以满足许多不同的情绪需求，如面对焦虑和恐惧时所需要的喜悦、好奇、自信、探究和安慰，就像大多数健康的成年人一样。

如果沟通带来良好的感觉，儿童就会想要模仿照顾者，并快速学习语言。若儿童没有建立好这个基础，就无法通过模仿训练教会儿童沟通。显然，如果有口腔动作方面的问题，儿童就无法发出某些音，不过他一定要尝试，可以试着用别的音来替代。照顾者在帮助儿童练习口腔动作技能时会发现，一开始儿童往往用自己的方式说话，其实这没有关系，你会知道他到底要说些什么。在训练模仿发音时，你可以跟儿童玩游戏，练习发出各种不同的声音。

有时儿童会讲儿语或乱用词语。你可以通过教她"思考"来帮助她有目的地说话。如果儿童随意说出"车子"，你可以同时给她玩具车和她喜欢的娃娃，看她会拿哪一个。强调她想要的东西以及不想要的东西:"想要娃娃,还是要车子?"她可能会说"娃娃"或笑着伸手来拿,或是对着玩具车摇摇头;或者,如果你幸运的话,会听到她说"不要车"。通过这种方式,你帮助她有意义地使用语言,而不是死记硬背。赋予语言意义的关键在于创造含有丰富情感的互动,就像上述例子中,儿童真正想要的是娃娃而不是玩具车。

想象游戏

诱导儿童在想象的剧情中与你一起互动时,他就开始学习假扮游戏了。你喂娃娃吃东西,他也喂娃娃吃东西;接下来,你的娃娃伸出手说"还要抱抱"。不久,几个娃娃之间就产生了一个小故事,彼此拥抱、互相喂食等等。不过,儿童能够采取主导才是关键。"假扮"通过增强儿童使用语言和实践想法的能力,帮助他们建立一个象征世界。开始时,儿童的"假扮"或许只是模仿他们在家中看到的事情,这没有关系。不过,他们也可能在一开始时就会运用自己充满创意的想法。一开始,他们学着妈妈的样子喂娃娃吃东西,不过突然让娃娃把食物推开,大声喊"不要",使得父母搞不清楚是怎么一回事。这就是儿童的想象力。

你可以在便于儿童获取的地方摆上各式各样的道具来吸引他,特别是玩"过家家"所需的玩具,这样,他就能根据真实的生活经验演出各种剧情。儿童的想象力首次得以展现。某些特殊的娃娃或填充动物娃娃可以充当儿童的家人或朋友。此外,你也要尽量提供丰富的真实生活经历,如接触大自然的散步、逛超市、参观适合儿童的互动式博物馆、坐公共汽车、玩沙坑等等。然后你可以在家中提供各种道具,让儿童有机会重新体验这些经历,看看他会选择哪些东西玩假扮游戏。

为了鼓励儿童能够"假扮",可以在她喜欢的活动中加入一些想象的内容,比如她在玩厨房用具时,你可以帮她假装成一个厨师。先以一段儿童熟悉的假扮情节开始,然后试着耍一点小把戏,挑战她的创意。如果她的娃娃正亲吻着你的娃娃,你让你的娃娃躲开并且说:"你的娃娃先要找到我,才能亲我。"突然之间本来一个很常见的情节就变成好玩的游戏,她的娃娃跑来追你的娃娃,并且抓到了。你可以继续增添一些词语,邀请儿童也以口语和想象的内容回应。此时重要的是,你要通过自己假扮的角色做出动作并讲话,不管你演的是一个娃娃、一个木偶或一匹"四脚着地"的马儿。

我们开发了一个课程，叫作"以情感为基础的语言课程"（the Affect-Based Language Curriculum，简称ABLC），你可以使用这种方法有系统地教儿童语言（第二十章会做更详细的介绍）。这套方法的主要特点是：儿童通过赋予真实生活经验以情绪意义，同时也通过赋予内心世界象征意义的假扮游戏（同样也具有情绪意义），将新的词语和概念与意义结合起来，建构出一个象征世界。随着时间的推移，儿童的想象力会越来越丰富：太空船发射到月球，大海怪吓坏所有人，或女芭蕾舞者让观众印象深刻。

进行假扮游戏时，父母及照顾者应该加入儿童感兴趣的想象世界。如果儿童对车子很着迷，看看她是否会拿起娃娃坐到车子里。注意不要以自己的身份说话，而是以娃娃的角色开口。你要变成娃娃，并为儿童进入想象世界提供机会。这样的做法能带给她新的想法并进行象征建构。你可以用娃娃的口气问："我可以坐你的车吗？我可以吗？假如你不反对，我就自己跳进你的车子里。"然后把娃娃放进儿童的玩具车里，儿童可能就会载"你"一程。接着，你可以让另一个娃娃扮成警察，指着两栋建筑物问："你要去哪里？去外婆家还是去学校？"虽然儿童还不知道什么是外婆家或学校，不过她可能通过这种方式有所理解，可能就会随便指着其中一栋建筑物发出"嗯嗯"的声音。你问她："这里？哦，这是外婆家。"当然你也可以将外婆的照片放在她所指的地方，这样儿童就可以将"外婆"的概念与外婆的影像连接在一起。

动作及信息加工能力有问题的儿童往往无法进行"想象"，因而也就不会"假扮"。对于听觉信息加工能力有问题的儿童，可能需要你将指示细分成一些简单、可行的小步骤。讲话时尽量避免速度太慢或不带任何感情，相反，要用正常的速度及声调变化，这样儿童才能学会回应你谈话内容的情感部分。视觉信息加工能力有问题的儿童，无法在大脑里保存物体的影像，因此难以假扮这些物体。如果这些儿童快速更换玩具，你可以再给他同样的玩具，帮助他将这些玩具的影像连接在一起。同时，记得把玩具依照明显的类别存放，而不是随意摆放在一起。至于有动作问题的儿童，由于行动排序的能力存在困难，进而引起想法排序的能力也出现了困难，这时，我们可以帮助这些儿童练习假扮的行动，将这些想法演出来。通过增加表演前的介绍、鞠躬、鼓掌等环节，将唱歌或跳舞之类的活动转换成有次序的表演。

参与儿童感兴趣的事物

强烈渴求感觉刺激，爱到处晃动的儿童往往无法安静坐着并拿起娃娃来玩。他们的父母常常问："如果我的孩子不喜欢玩娃娃，我该怎么办？"对于这些个案，我们建议父母把自己变成玩具。父母可以假装说："我是一只狮子，我要跑到你家里。"或者也可以扮成儿童喜欢的书、电视节目或电影中的某个主角；父母跟儿童可以一起表演剧中的内容，使用声音和词语进行互动。

父母常常会提到自己缺乏想法，比如，无法想出娃娃会说些什么话。其实父母或照顾者感到自己陷入困境时，不妨先停下来几秒钟，观察一下儿童，看看此刻她正在对什么感兴趣：她想要爬上沙发吗？她正拿着一个娃娃敲打另一个娃娃吗？例如，我常看到家长试着教儿童如何给娃娃一个拥抱，而儿童却笔直走向门口。这时家长会喊着："不行，你不可以出去。回来一起玩娃娃。"儿童因而发了脾气。请记住你的目标是教儿童学习使用想法，而不是进行某个特定的假扮游戏。你可以在门口、在沙发上或带着娃娃教儿童运用想法和语言。

如果儿童向沙发走去，你知道儿童对沙发感兴趣，就可以问她："你想坐在沙发上玩，还是跟娃娃一起玩？"如果儿童指着沙发，你可以再问："你要躲在枕头下面，还是爬到上面？"这时你们就已经在沙发上一起玩了！过了几分钟，儿童学着说："爬上去！"而你可以回答："好，我们一起爬上去。可是娃娃怎么办？它会感到非常伤心。我们要把它丢在地板上，还是带着它一起爬呢？"儿童可能会看看娃娃。如果她不在意娃娃，你可以抓起它，爬上沙发，接着说："我也要爬，我也要爬！"你可以将娃娃举向儿童，问："娃娃应该去哪里呢？"如果儿童夺过娃娃，将它扔到地上，你可以顺势再想出一个游戏跟她一起玩。

这个做法就是顺着儿童的意向，但并非完全服从她的计划。她可能只是想动而不想说话，只想做一些自我刺激或漫无目标的行为，或一遍又一遍重复相同主题的游戏。相反，你要尝试引入一些不同的主题来延伸剧情。引入一个冲突或挑战，利用儿童的负面反应丰富剧情。制造冲突情境，鼓励儿童在游戏当中加入新的想法。每当儿童的游戏内容变得机械或她开始走神时，你就可以采取上述做法，不过请不要主导整场游戏。你甚至可以用夸张的方式表现出儿童的刻板性（"是的，老大！所有的娃娃都要走在一条线上，老大！"），引入冲突时，不必担心表面的拒绝；其实你正在挑战儿童，帮助她成长且变得更有创造性。

如果你能让儿童持续参与，与你互动，并帮助她使用越来越多的想法和词语，最终她会发现这比漫无目的或自我刺激的行为有趣多了。你并不是以一种卑微的态度要求她学习这些事情。重点在于跟随儿童的兴趣来创造有利的学习情境。你要以循序渐进且温和的方式坚持这样的课程，利用假扮游戏引入不同的经验，包括儿童不愿接受或反感的各种声音、材质、主题及具有挑战性的动作。（当然，如果儿童感到生气或焦虑，你可以先专注于她比较喜欢的感觉经验，帮助她先冷静下来。）

你不必像过去那样预先设想并立即满足儿童的欲望（比如给她睡觉时一直要抱着的泰迪熊），不妨先等一下，让她自己用说话或动作表达出欲望；你可以装出困惑的表情，不知她到底要什么，促使她做出更多的表示。通过鼓励她用词语或动作表达自己的欲望，你可以帮助她用象征的方式将自己想要的东西形象化，避免一直停留在具体的层次。因此，她就能从回应的层次进步到思考层次，这是发展过程中的一个重大转变。

在第三部中，我们会依据地板时光的构架，探讨想象游戏的其他技巧。这些技巧也可以同时用在之前的所有阶段：注意力、参与、有目标的沟通、持续进行的情绪示意以及运用想法等。这样的游戏若能依据神经系统的个体差异，就能深入儿童的内心世界，扩展他们的想法。

有意义的象征

通常，家长从儿童一出生就自然而然地鼓励象征能力的发展。例如，放在摇篮里的泰迪熊就是他第一次接触到的象征经验，泰迪熊代表你的安抚。儿童知道你不可能一直在他眼前，所以他就把泰迪熊带在身旁。我们利用象征替代真实的事物。不过这些象征不论是词语、角色还是玩具都植根于你从开始照顾他以来所建立的关系中。注意儿童喜欢哪个玩具，依恋着哪个人，儿童选择哪种象征，比如天线宝宝、恐龙、毛毯。其实不管你愿不愿意，我们随时都会接触到象征，儿童常选择那些对他而言具有意义的象征物。这些东西可以成为你跟他玩假扮游戏时使用的第一个玩具，然后再更换成其他的玩具。

儿童在拿起玩具时，就已经用他们的表情动作表明了心中的想法。早在儿童会说出自己要上车之前，她可能已经会推着玩具车前进；或者她已经会喂娃娃吃东西，或捡起动物娃娃。所以你可以发出一个特定声音，代表儿童挑选出来的某个玩具或某个活动，帮助她由动作进展到语言。你扮成超人或毛绒玩具麋鹿说话时，其实也正在鼓励儿童跟你一起玩并模仿你。此时顺序排列以及动作计划的能力开始发挥作用，你做的每件事都应该有个开头、发展和结尾。真实生活中，每件事都会有一个过程——你坐起来，离开床铺，穿上衣服，吃早餐等等。

仔细观察儿童如何玩某个玩具。他只是随意推玩具车，还是会把它推到某个地方？最初儿童的兴趣只是来回推车子，或快速推动车而造成撞击，然后进展到把玩具车当成达到某个目的的工具，比如开到游戏场、游泳池或马戏团。这个象征变成一种手段，帮助儿童获得自己想要的东西；你的欲望及感受会驱动象征性的思考。由于玩具为儿童进入象征及情绪思考的世界提供了一种语言，我们总是花很多精力帮助儿童成为这方面的积极学习者。（儿童若难以操纵玩具或无法排列顺序或在寻找目的地时存在视觉—空间方面的困难，常常会比较喜欢玩盛装打扮的游戏，因为对他们来说，变动自己会比移动玩具更容易且更熟悉；要求这些儿童同时对他们自身和物品进行组织和排序，就要复杂得多了。）

探索情绪感受

为了使儿童不再简单地以身体及自发性的方式回应自己的冲动，我们需要帮助他们学会表达想法当中包含的所有情绪感受，这样他们才不至于只能以身体及自发性的方式回应自己的冲动。想象及假扮游戏能帮助儿童更自在地面对所有的情绪感受，并通过情绪主题来处理。当你的孩子在玩游戏时，请仔细观察她表面动作背后想要表达的是什么主题，看看她关心的是什么，想逃避的情绪是什么。这里举出各种基本的主题：依赖、愉悦、好奇、权力、攻击、设定限制、害怕、爱及控制。显然，这些主题之间会有交叠，而且游戏中每一出剧情都不只包含一种主题：一出戏的内容或许反映出某一个主题，而儿童的行为则反映出另一个主题。

你可以帮助儿童在戏剧中探索情绪感受，比如娃娃感到悲伤时，问问它是否想念已搬家的朋友。帮助儿童命名出现在假扮游戏中的情绪感受；儿童能够用语言描绘自己的情绪感受之前，大都只能将体会到的感受视为一种身体的冲动，而不是一种抽象的概念。如果你为儿童提供很多练习机会，让她学习将感受与行动分离，那么随着年龄的增长，她会更容易达到高层次的思考水平。你也可通过假扮游戏帮助孤独症谱系障碍儿童为接受新经验做好准备，并预料她即将面临的挑战，比如弟妹的出生、搬新家或上学的第一天等。

你也应该鼓励儿童表达负面情绪。不要用个人的主观看法来看待儿童的负面情绪，而应以同情的方式进行回应，这样他才不会认为表达自己的情绪是一件危险的事。当然，对于儿童将情绪付诸行动的方式（这与表达不一样），我们也要进行约束。首先应该要对儿童的情绪感同身受，并且帮他冷静下来；然后，试着跟他协商，解释为什么他不能打人（或做出其他特殊行为）；最后帮助他说出是什么样的情绪感受导致了这个行为。

除了假扮游戏之外，你跟儿童之间还可以进行许多以现实为基础的逻辑对话，你可以询问她（不是拷问）有什么想法和感受，以及她为什么这么做。若她提出问题，不要只是回答她"是"或"不是"，而是要帮助她得出自己的结论。

总而言之，在鼓励孤独症谱系障碍儿童发展想法和语言时有三个目的。

1. 以动作示意，依序完成许多沟通循环，帮助儿童重视沟通的价值。

2. 设置一些有情绪意义的情境来运用你希望儿童学习的内容，比如"爸爸""果汁""打开"或其他新的词语；将这些词语与情绪目标结合。在假扮游戏中，如果儿童喜欢车、战士或娃娃，你可以利用这些东西展开模仿游戏。你进入儿童的世界中，扮演这些娃娃、车或战士等角色。

3. 不管是在假扮游戏还是在现实对话中，以逻辑方式使用想法。提出问题之后，期待并努力帮助儿童找到一个针对该问题的答案。

第九章　逻辑思考和真实世界

5岁的阿里，动作计划和排序能力一直都很差，他对触觉刺激反应过度，对听觉刺激反应过低，因此常常不理会别人。虽然阿里开朗热情，不过这些问题却让他容易感到焦虑，在幼儿园也无法跟同伴相处。他的话有时听来颇有逻辑性，有时却又给人胡言乱语的感觉。每当他感到焦虑和沮丧时，就会不断问同样的问题，让父母和老师感到困扰。阿里的父母希望帮他减少焦虑的情绪，让他变得更具逻辑性，能够更自在地与同伴一起玩。

这里讨论的逻辑思考是以现实为基础的逻辑，因为有时儿童虽富有逻辑，却脱离现实。儿童可以用一种有逻辑的方式争论自己会飞，因为自己就跟超人一样，而超人是会飞的。不过这样的逻辑存在于幻想世界里。包括孤独症谱系障碍儿童在内的所有儿童都必须学习以合乎现实的逻辑方式来认识这个世界。每个人都必须学会这项技能，并且能够运用到家里、学校、工作和各种社交情境中。大部分成人认为自己具有逻辑性，很少有人会认为自己的行为不合逻辑，因为从定义来看，如果他不合逻辑，也就没有能力评估自己的思维或行为。如果一个人说："真是的，我的行为没有逻辑！"那么他就不但富有逻辑，而且还蛮有自知之明。相反，缺乏逻辑的人，总是好像生活在自己建造的城堡里。

有限并充分的逻辑思考

例如，有一个人（我们称他为琼斯先生）觉得同事间正在私下议论他的一些龌龊事，并喜欢出他的洋相，他因此认定别人想要伤害他。而事实上琼斯先生确实常受到嘲笑，不过问题却在于他的行为表现。他经常搞怪，而且总是笨手笨脚地打翻或碰撞东西，同时在人群中常显得局促不安。周围的人常常搞不清楚他是否在有意搞怪，因此总是拿他开玩笑。琼斯先生却常常误解别人的意思，有时会为此生气。

因琼斯先生在工作技术方面颇具天分，别人也就将他时常出现的片刻不安和看似不合逻辑的行为都视为他的天赋的一部分。而同时，这样的一个人处于复杂的社会情境当中，却常错误解读别人的意思，而且缺乏逻辑性。一个人在工作所需的学术或专业技能上都表现出相当强的逻辑性，但在表现情绪和社交功能或做政治判断时，却常常缺乏逻辑，这种人其实随处可见。当然，不是所有的理性或逻辑思考都遵循同样的方式运作。为了达到让儿童全面正常发展的目标，父母及其他照顾者会在意他生活的方方面面是否都能合乎逻辑，包括学校、功课（不管是科学还是艺术）以及亲密关系等。

如同本章一开头提到的案例，由于语言、动作或其他感觉信息加工能力的问题，孤独症谱系障碍儿童或其他有特殊需要的儿童无法发展逻辑性及合乎现实的能力，因此很容易逃避到幻想当中。例如，因为受不了太高频率的声音，儿童会逃避跟别人说话，宁愿自言自语或做白日梦。

在幻想世界里，儿童可以控制人物和对话，不会有人问他们"为什么、哪里或什么时候"之类的难题。他们也不必学习阅读、书写或数学之类的新技能。所以，这是一个很容易进入的世界。如果他们已经学会说话，那就可以用说话来自娱自乐。许多父母抱怨，不管在教堂还是学校，很多有信息加工能力障碍的儿童常常会大声说话或喃喃自语，干扰到别人。或者他们就干脆不理人，完全不跟父母或同龄人互动。

这类儿童常无法参与以现实为基础的思考，因为培养逻辑性的首要步骤之一，就是要有能力完全参与并且了解外部世界。如果儿童因加工感觉刺激或信息的能力有障碍而无法参与并了解外部世界，那么他发展逻辑思考能力的速度就会减慢，而且会碰到更多的阻碍。这种情况之下，儿童的逻辑思考能力只能有限发展（就像琼斯先生的例子）。如果能进一步了解构成要素，那么就可以帮助所有儿童发展出稳定的逻辑思考能力。

我们不希望儿童成为琼斯先生，而是期待他们能像史密斯小姐一样。史密斯小姐善解人意。面对工作，她可以建立一个逻辑构架以解决技术性的问题；她能评估自己的偏见，并且在书面报告中检讨这些缺点，也会评价自己的报告内容是否完整。她还会将这些推理技术运用到与家人、朋友和同事的关系中。

她善于解读别人微妙的信号，也能听出别人话中的含义。甚至在压力、疲劳或工作太多的情境下，她都能随时展现这些能力。她几乎从不会陷入"全有或全无"的思考陷阱中，在评估别人或看待不同行动带来的可能结果时，她总是采用比较程度的思考。在史密斯小姐身上，我们看到了稳定的逻辑思考能力和反省式思考能力，接下来的这一章将详细描述这两种能力。

逻辑思考的早期步骤

要想帮助孤独症谱系障碍儿童持续发展出逻辑思考能力，父母、其他照顾者和专业人员该怎么做呢？早在儿童开始进入外部世界时，就已经在努力朝着这个目标发展了。逻辑思考能力需要正确的信息，婴儿采取的第一个步骤，就是运用自己的感觉进入周围的世界，并且得到一个外部世界的全貌。通常，婴儿在出生后第三四个月时，会出现这种能力。

逻辑思考的第二个步骤，是以一种有情绪意义的方式参与这个世界。婴儿会看、会听、会闻、会尝，不过她宁愿选择不使用这些能力，因为她不信任这个世界而想躲避。所以，第二个步骤就是让儿童乐意拥抱这个世界，相信自己看到的内容，信任自己与可以提供信息的他人之间的关系。如果孤独症谱系障碍儿童对感觉刺激的反应过低或反应过度，那就必须借由外力将他们拉进外部世界。因为信息加工能力的问题，他们在感觉信息输入时容易感到困惑，因而很难形成上述能力。比如，本章开头提到的叫阿里的小男孩，我建议在他焦虑或紧张时保持冷静，父母尽量采取安抚、宽慰的态度。同时，他们必须以活泼有力的方式带领孩子更完整地加入共享世界，帮助他能自在地参与和别人的相处，以弥补动作发展缺陷。

第三个步骤，是与外部世界进行有目的的互动。这种互动可以很简单，如婴儿伸手去拿一个会发出声音的玩具并仔细研究，或一个较大的儿童听到老师的指示后，拿起一支笔开始写字。为了了解外部世界，儿童采取的行动必须有清楚目的，比如摸摸地板以感觉是否是硬的，挤压气球以了解其是否柔软。有目的的行动也是逻辑能力发展过程中的一个重要步骤，因为通常可以引发一些反应。摸爸爸的鼻子，手指头会产生某种感觉，也可能引起爸爸的叫声。挤压发声玩具，能体验到一种特殊的触感或一种特殊的声音。一旦儿童能够察觉到有清晰目的的行动与反应之间的联系，他们就可以学习因果关系的思考能力及正式的因果推论能力，即使儿童还没有任何想法出现。通常，在儿童6个月时，会出现这种能力。

逻辑能力发展过程的第四个步骤，是将一连串具有目标的行动组合成一种模式，比如儿童寻找一个被藏起来的玩具时，要求妈妈帮忙。或者儿童思考该如何走出障碍物才能取得目标物，比如，先越过积木，再绕过墙壁，最后穿过山洞。这件事需要许多解决问题的步骤，以及许多具有明确目标的行动，才能达到预期的目的。这也是更高层次的逻辑能力、科学性推理能力以及模式识别能力开始形成的阶段。所以，使用多个用于解决问题的步骤与儿童互动是发展更高层次思考技能的必要步骤。有顺序排列或动作能力障碍的儿童，会觉得这个步骤非常困难。

下一个步骤是使用想法，也就是我们常常认为的以现实为基础的逻辑思考能力，不过其实它应该属于整个过程中的第五个步骤。这时儿童已经可以在头脑里试验自己的想法。他们不需要为找一块饼干而翻遍整间房子，因为他们可以在头脑中以图片的形式一个一个呈现出可能藏饼干的地方。他们会想到冰箱、柜子或抽屉等妈妈习惯藏东西的地方。他们也可以利用假扮游戏来探索想法，比如用娃娃来寻找被藏起来的饼干。这样想法就成为一种媒介，儿童用想法来描绘外部世界，并且在脑海中操作着各种想法。第八章曾提到，能够使用想法表明儿童开始出现象征思维，普通儿童一般在18～24个月之间开始发展这种能力。

如果运用想法的能力发展顺利，儿童就可以进到第六个步骤，也就是建立不同想法之间的连接。以传统观点来看，这是理性思考能力形成的开始。这时的儿童能够以合乎逻辑的方式整合各种不同想法，并参与各种讨论及辩论。为了帮助儿童掌握这个阶段，照顾者和父母常常会尝试扩展他们的创造力。儿童拥有的想法越多，谈话内容越广泛、越复杂、越重要，他们就越能成为不错的思考者。

例如，如果你问一个简单的问题："这是什么？"儿童回答"这是一个苹果"或"这是一只小狗"，这就是一个合乎逻辑的反应，他的想法能与你的想法相联结。最初，儿童只能对简单的问题做出回答，比如，"什么？"及"哪里？"或许加上一些"谁？"的问句。或者当你说："我要当一匹马。"儿童会回应说："好，跑，快跑，走啊！"最后，儿童会学到回答"为什么"的问句，比如问他"你为什么要去外婆家？"，他会给出"因为我喜欢外婆家的玩具"或"因为她很有趣"之类的回答。

照顾者可以在假扮游戏当中提出这些问题，但必须以娃娃或所扮角色的口气说话，此外也可以在一般的对话情境中问这些问题。你跟儿童之间可以进行许多真实生活情境的对话。你可以问儿童最喜欢什么食物或想做什么，也可以一起进行假扮游戏。不管是哪种情境，你的任务就是让对话能持续进行。这时可以利用之前提过的技巧，跟随儿童自然流露出的兴趣，制造互动，产生双向的表情动作沟通，并在此基础上教授语言，跟儿童一起有意义地使用这些语言。这些做法并没有什么诀窍，你唯一可能犯的错误就是不去尝试。

同时，你也应该要求儿童做到言之有物。因此如果你说"我要当一匹马"，儿童跟着说"大树"，然后注视着外面，这表明她的想法并没有联结到你的想法。这时你必须要求儿童做出相关的连接。你可以问她："马还是树？马还是树？"先指着自己（当作是马），再指向外面的树。儿童可能看看你，对你这个"马"做了一个"不"的手势，然后指向外面的树；你问她："要爬树还是看树？"她可能开心地笑着回答你："爬树，爬树！"然后开始敲打窗户，表示很想出去爬树。这时她已经开始将你们之间的想法有意义地联结在一起了。

要达到这样的目标，孤独症谱系障碍儿童需要经过许多步骤。每次她从一个想法跳到另一个想法时，试着帮助她找到逻辑关系，但请不要直接代劳。很多家长或专业人员认为儿童可通过模仿学习，而不认为他们也可以自行思考，但别忘了你的目标是对孩子提出要求，而不是让她背诵各种剧本。如果儿童只会背诵剧本，一年后，虽然脑子里有很多剧本，却还是不会跟人对话，无法进行创造性和逻辑性思考。与普通儿童相比，我们应该要求孤独症谱系障碍儿童进行更多创造性和逻辑性思考。因为剧本好教，所以拿来当教材，教儿童记住各式各样的剧本，这样容易产生一个错觉，以为儿童已经会叙述一些富有逻辑的事情（比如"妈妈，现在去睡觉"），不过却可能因此而渐渐破坏了儿童未来的发展潜能。这个儿童可能记住了很多句子，却还是不会跟同龄人一起玩，也不会跟一位新老师对话，因为她并没有学会以灵活且合乎逻辑的方式使用各种想法及语言。

有时，她会背诵完整的句子，并且使用非常适当。其实任何人在重复听到同一个句子之后，都有可能做到这一点。只要能以逻辑的方式使用句子，这样做就一点问题也没有。可是许多孤独症谱系障碍儿童的想法常常是片段的、不连续的；他们虽富有创造性，也会运用一些想法，不过却总是从一个想法跳到另一个想法，因此对话的内容常缺乏逻辑性和连贯性。面对有信息加工能力问题的孤独症谱系障碍儿童，你必须确定他们能听懂你的话，这样他们才能以合乎逻辑的方式联结各种想法。有时，这意味你要采取嬉戏式的干扰策略，比如，如果你问一个根本不理你的儿童："车子要开到哪里去？"儿童只是一直推着车，不搭理你，你可以假扮成警察问他："哦，请停下车子，除非你先告诉我它要开到哪里去。"受到阻挠后，儿童可能就指着说："那里！"或回答："到房子里。"这样你就帮助她将各种想法联结在一起。

大多数儿童在4岁左右能达到这个阶段。孤独症谱系障碍儿童可能会迟些才能发展出这种能力。通常当他们能够回答"为什么"的问题时，就可以达到这个阶段。针对阿里这个个案，我建议他的父母一定要随时要求他解释话中的逻辑，尤其是当他的语言缺乏条理，显得仓促并不断重复的时候。父母不用对他解释事情，或重复"是"或"不是"的答案，而应要求他必须言之有物，想法也要合乎逻辑。例如，他一遍又一遍地问同样的问题："我们很快要吃晚餐吗？"这时父母可以问他："为什么你问这么多次？你是不是担心我会忘记喂你或害怕我睡着了？"这样可帮助父母了解儿童关心的是什么。最后在阿里说出不合逻辑的话时，父母可以问他"你是在开玩笑，还是认真的？"，并让他说得更清楚一些。

孤独症谱系障碍儿童以及其他特殊需要儿童面临的最大挑战之一，就是在他们会运用想法之前，必须学会如何解决问题，并能运用多重步骤解决问题。如果儿童还未能建立这项能力，即使脑子里有想法也无济于事。要教授他们这项技能，父母及专业人员要与儿童进行持续逻辑性的互动。

区分幻想和现实

许多认知领域的研究者和理论家认为，如果一个人能够以合乎逻辑的方式联结各种想法并使用这些想法，那么他就已经具备现实感的基础。不过，如同前面提到的，有了现实感，也意味着具有区分幻想和现实的能力。要建立这项能力，必须先完成一项重要的情绪任务，就像其他的发展阶段一样。要学会区分现实与幻想，任何人都必须带着个人的价值、兴趣及信任感认识外部世界。

人们如何确定某个经验到底是属于个人内在还是外在呢？我们怎么知道某个想法是来自自己的脑中，还是来自别人的想法？我们又如何知道一个苹果或一块糖果，是我们想象或编造出来的，还是真的有这些东西？在梦里，我们吃苹果时，它真的好吃，但这些都是想象出来的内容。喜欢编故事的儿童，也能凭空编出自己到迪士尼乐园玩乐的情景。我问她为什么要编造故事时，她回答："因为感觉很好，就好像我真的在那里一样。"有时候，特别是孤独症谱系障碍儿童，假扮游戏会给他们带来很真实的美好感觉，这也就是为什么他们宁愿选择逃避到幻想当中去。

我们如何帮助儿童区分幻想和真实呢？关键性的步骤是：首先要从婴儿时期就开始，帮助儿童与外部世界的"他人"建立关系。这些"他人"代表了外在的现实。妈妈唱着摇篮曲，声音来自儿童的外部世界。通过这种方式，儿童开始了解内外在的不同。不久，儿童想要妈妈或爸爸帮他拿玩具，他又一次确定外部世界的意义，这个人跟他是分开的，而且这个人可以做儿童自己不会做的事。

儿童开始与别人玩假扮游戏，例如，他们让小猪一边走着一边"哼哼"叫着，妈妈问："我的小猪猪，你肚子饿了吗？你想吃什么？"这时有一个不是来自他们，而是想象出来的外在声音，跟他们一起对话。这个游戏也有助于儿童察觉内外在之间的不同。接着再继续进行逻辑对话，妈妈问"你为什么想要出去"时，对儿童来说是一个来自外在的真实声音在问问题，绝对不同于一个人玩拼图或电脑游戏。这是真实的一个人在问问题，对儿童的回答给予评判："好，如果你想要出去玩滑梯，必须给我一个比较好的理由。"通过协商、沟通意见的讨论以及辩论等方式，建立儿童与外部世界之间的界限。越是通过情感上的沟通建立界限（父母和儿童一起讨论儿童自己的情绪，找出儿童产生这种情绪的原因，帮助儿童认识到这种情绪并平静下来），儿童的自我感就越容易形成。这些经验能够帮助儿童区辨出内、外在的感受。

如果父母太过严厉、过度激动或感到挫折，而无法以一种协调且和谐的方式回应，儿童就难以建立这种界限，她可能会想要逃回幻想之中。如果父母能够以一种协调、冷静的态度，回应儿童日常的每一种感受，就能帮助她区分现实与幻想。因为有生理障碍，孤独症谱系障碍儿童在发展这部分能力时，常需要更多的帮助。

有些儿童虽具有语言能力，却只在自己的幻想中使用语言，因此，在帮助这类儿童时，重点不是设定限制（许多人习惯采取这样的做法），比如，只是告诉他"不要太大声说话"，这样的做法只会让儿童退缩到一旁，以比较安静的方式继续做同样的事。相反，应该以比较有趣的方式与他互动，将他拉进外部世界，避免他逃入幻想当中。如果儿童说："不要，你不能跟我一起玩，我要自己一个人玩。"其实大多数儿童都会这样，你可以把它当成游戏，两人在房内对坐，开始进行协商。你问他："那我可以坐在这里吗？""不行，坐远一点！""要坐多远？"等等。

每一次讨论、每一个沟通循环，都可以把儿童带入共享的世界。最后你作为照顾者可以问他："我可以看你玩吗？"很快你就成为他的观众，看着他编撰剧情并为他鼓掌。接下来，你可以建议一些不一样的剧情，这时就成为一场互动式的剧情，由你来当观众及剧情解说者。如果他认为你这个观众够好的话，甚至会允许你在剧中演个角色。通过这种方法，你可以将一个逃避现实的孩子变成喜爱现实的儿童。

有一点特别重要，必须要限制孤独症谱系障碍儿童一个人看电视或玩耍的时间。许多逃入幻想当中的儿童，往往一天中会有很多时间独处，他们必须先学习对互动关系感兴趣。间隔式的 15 分钟独处，对孤独症谱系障碍儿童是适合的安排。我们知道这对于忙碌的家长是一件困难的任务，因此也鼓励别人帮忙，比如邻居上高中的大哥哥或大姐姐、大学生或儿童的兄弟姐妹，要让儿童一直保持在参与的状态。

我们必须帮助每个儿童达到逻辑思维发展的早期关键阶段，这样随着他们逐渐成长（包括生理的改变、更多亲密的关系及友谊、团体关系的改变等），才能充分参与到各种生活经验之中，并且从这些经验中学到东西。孤独症谱系障碍儿童需要许多练习来投入外在的世界，可以通过感觉系统、信任关系、问题解决互动过程，接着运用想法，最后则通过以现实为基础的逻辑思维能力。有了这些基础之后，不同生活圈子的互动经验会继续帮助儿童界定及重新界定现实和幻想之间的界限，增强他们的逻辑思维能力。

第十章 更高层次抽象及反省式思考

9岁的丹尼有高功能孤独症，就读于公立学校三年级普通班，课堂上有一个助理帮助他学习。他的记忆力非常强并且积累了很多词汇，不过当涉及较高层次的思考时（比如数学题目或阅读练习中复杂的指导语，不管是书面形式的，还是口头发出的），他就无法赶上班里其他同学。丹尼的推理能力更是不行，比如如何根据故事情节中男孩过去的行为，推出他下一步会做什么。老师和家长都想知道如何帮助他加强这方面的能力，他是否在这个层次停滞不前？

在治疗孤独症儿童时，许多干预方案常只限于帮助他们在参与、沟通、早期思维能力及日常生活功能等方面有所进步。当然也有一些方案目标过于远大。但是我们发现许多孤独症谱系障碍儿童，无论属于哪一种类型或障碍的程度如何，都能够顺利进展到最先的六个阶段，同时也能发展出第四章简单介绍过的更高的指标，比如多种原因和比较程度的思考，建立一个内在的标准，甚至包括抽象及反省式思考。

更高逻辑层次

儿童能够区分幻想与现实、合乎逻辑与不合逻辑的状况时，通常就已进展到多种原因思考，能够了解事情的发生通常有多种原因，如"外面好冷，因为太阳没有出现，而且现在是冬天"或"我想出去外面玩，去爬滑滑梯，到处跑一跑，还想去摘树上的苹果"。一旦儿童能开始提出多个理由来解释某件事情，那么他们的思维能力就已经趋于复杂了。其实多种原因思考能力是因果逻辑思维能力的延伸，只要在儿童回答问题时，要求她说出更多的观点就可以了。

与多种原因思考有关的，是我们所称的"间接"或"三角"思考。例如，儿童若能了解"为了能在革命战争中获胜，美国必须获得法军的帮助，因为法国一向与英国为敌，而英国是美国的敌国"，那么就具备了多种原因思考能力。同样，艾迪想跟约翰尼做朋友，发现约翰尼态度冷淡时，就转而跟比利成为朋友，因为比利跟约翰尼已经是好朋友。通过比利，艾迪达到了最初的目的。

有些儿童自然而然地就能学会这项步骤：他们跟妈妈要饼干吃，妈妈不给，就跑去跟爸爸要。他们知道获得饼干的方法并不只有一种。父母或照顾者一定不愿意责骂他"这样做很不好"或"你太操控别人了"。如果儿童公开说谎，这才是另一种操控，你需要教他诚实。不过如果他们展现智慧，学习用新的方法解决问题，这种宝贵的技能有助于发展出更抽象及反省式的思考能力。为了教儿童进行三角思考，你可以问他："我们还可以做些什么？我们还可以怎么做？"以寻求更多的原因，要求他想出不同的解决方法。

一般儿童大约在7岁左右就能掌握多种原因思考及三角思考能力。孤独症谱系障碍儿童则要到8～10岁，甚至更晚才能学会，这时大脑的发展大约达到50%～60%，所以绝对不会太迟。我们需要保持的态度是，一旦儿童达到一个阶段，就继续进到下一个阶段。因此帮助孤独症谱系障碍者，不管是儿童、青少年还是年轻的成人，最重要的原则就是不断为进入下一个思维阶段而努力。你可以在儿童学着过马路、搭车、打扫房间、买糖果（她最喜欢哪一种糖果？为什么？）或做作业（为什么故事中的这个人物会做出这样的举动？）时，教她进行思考；父母或照顾者可以用缜密的方式或单纯记忆的方式，来教儿童这些实用的技能。

下一个阶段，比较程度思考，指的是在不同层面做比较的能力。比较程度思考分为两部分：比较思考（为什么西兰花比饼干健康），并且探讨"甲比乙好多少？"或"甲的意见比乙的意见说服力强多少？"通常，儿童在8岁左右就能理解并表达事情的程度：他们有多快乐、难过或生气；他们喜欢甲比喜欢乙多多少，还有比较喜欢甲的多重理由，以及甲和乙的相似或相异程度。比较程度思考意味着敏锐且细腻的思考能力。例如，如果儿童正在阅读马克·吐温的小说①，你可以要求她比较哈克及汤姆这两个人物，并说明为什么她比较喜欢其中的某个人物。儿童可能回答说"我喜欢哈克，因为他比较强壮"，或"哈克比较聪明"，或"哈克比较有趣"。这就是我们所称的比较程度思考。儿童

---

① 译注：指《汤姆·索亚历险记》。

比较两个人物，并告诉你哪一位比较强壮或比较聪明，这个过程就涉及了比较程度思考。

针对比较程度的区分思考，儿童不仅仅比较了两件事情，也比较了两者的差异程度，比如，"哈克比汤姆机灵很多，不过身体只比汤姆强壮一点点"。同样，要求儿童说出美国南北战争的三个理由，比如奴隶、宗教及经济因素；若儿童的能力已进入比较程度思考，他就能比较出这三个因素的不同重要性。不过，由于这个能力牵涉到相当复杂的逻辑性，假如儿童还未掌握比较程度思考，就容易陷入两极化思考（全有或全无）。很多人生活在"全有或全无"的世界里，"这要么是我的路，要么就是高速公路！"。就是在政治、历史评价及科学领域，也有不少人有固执的思维模式，即从头到尾只有一个方法解决一件事（"勺子要放在这里！"），或一个问题只能有一个答案。不过别忘了，其实我们生活在一个复杂的比较世界里。

因为早期发展阶段受到损害，孤独症谱系障碍儿童或其他有特殊需要的儿童容易陷入固执或两极化思维中。不过，父母、其他照顾者及老师若能要求他们扩展情绪范围、创造力和逻辑能力，就能帮他们逐步增加弹性。为了促使儿童进行比较程度思考，我们必须在具有比较性质的事物上询问他们的意见："我知道你晚餐想吃意大利面，你想吃多少呢？为什么你不想吃鱼排？告诉我主要的理由是什么？"儿童不能只是给出正确或不正确的理由，他给出的理由还必须具有比较性，能够认识到不同事物之间的相对程度。经过我们积极鼓励，通常孤独症谱系障碍儿童都能成为熟练的比较程度思考者。很多传统的教育方法都只鼓励正确或错误的答案，不过唯有通过推理式的辩论才有助于发展比较程度思考能力，不管这种辩论是关于朋友、运动还是南北战争的成因。不过我们并不想太干扰儿童，总是希望能以自然的方式帮助他们学习。其实在家里或学校有很多机会可以帮助儿童练习更好的比较程度及反省式思考的能力。

很多人始终无法进展到比较程度思考，甚至许多发展正常的青少年及成年人也一直停留在两极化思考。如果只是让儿童背诵事实性的资料，或者像孤独症谱系障碍儿童一样，只是重复脚本式的语言，那么他们就永远无法学习比较程度思考。反过来，如果能够学习与别人辩论及交换意见，那么他们就有更好的机会获得更高层次的逻辑能力和现实感。

此外，我们还要提出另一个逻辑思考层次——内在标准的思考能力，也就是评估自己想法及偏见的能力，这种能力通常要到青少年阶段才会发展出来。有了这个能力，学生就能审阅自己刚完成的文章并想："我刚完成了一篇有逻辑且条理清楚的文章。我清晰地表明了自己的观点，并提出有力的论据，做到了敏锐且细腻，并且引用了所有可能的资料。"或者他可能这么想："这不是一篇好的文章，我觉得有一点累，没有搜寻到所有想要的资料，而且我觉得有些地方的逻辑站不住脚。"内在标准的思考能力也体现在情绪方面，例如，某个人爆发脾气后，可能会认为："嗯，我实在奇怪，怎么会发了一顿脾气，平常我不会这样啊。"儿童根据自己的内在标准提出看法："我的朋友考试作弊，可我不是这种人。尽管自己不能接受他们的作弊行为，但我还是会试试能否和他们成为朋友。"

这种用内在标准来评估自我及他人行为或想法的能力，比起日常与同龄人相处，需要更多深入的分析，它能让一个人对自己的想法、感受及偏见做出评判。即使对成人而言，这个层次的逻辑和反省式思考能力也不多见，因为实在太难学习了。为了帮助儿童尤其是孤独症谱系障碍儿童学到这项能力，我们必须安排许多意见导向的讨论机会，并且尊重儿童正在发展的自我感。我们花很多时间告诉儿童做的事情是对或错，因此也少有机会要求儿童评估自己的行为。我们需要给儿童提供评判的机会及相应标准，帮助他们成为自己的裁判和导师。

抽象和反省式思考

传统的观点认为，孤独症谱系障碍儿童无法学到更高层次的抽象和反省式思考能力，尤其是同理心、心理理论（理解别人的观点）以及推理的能力。不过就像我们在第二章提过的，许多这类儿童不仅达到了这些比较高级的指标，而且还极具深度和敏锐度。

老师、治疗师和父母在教学方案、治疗方案以及日常家庭互动中的教导方式，成了阻碍儿童掌握这些高级思维能力的重要因素。我们往往认为只要告诉儿童"这个不好"或"不可以"，就是在教儿童规矩，事实上教的只是一些两极化、"全有或全无"的想法。儿童有时发脾气或冲动，做出不好的行为，我们总是认为对她的管教不够。不过其实可能是因为我们一直以"全有或全无"的方式来管教儿童，而缺乏使用比较程度的思考方式。在教儿童进行推理判断和比较程度的思考时，我们也可以采用坚定的态度教给儿童正确的价值观和行为。

对所有儿童来说，发展抽象思考能力都很困难。过去的资料显示，我们在帮助孤独症谱系障碍儿童掌握更高层次的能力时，少有成功的经验，其中一个原因，在于挑战他们的方法不对。与其他儿童相比，他们需要更多的练习，就像有其他发展问题的儿童，需要更多的练习机会学习走路、坐起来或者使用语言等技能一样。

使用语言来推理和思考

就像本章开头提到的那个男孩一样，有些儿童虽然掌握了与其年龄符合的词汇量和句子，不过口语反省式思考的能力却远远落后于同龄儿童。他们可能拥有很丰富的词语，可以正确地解释许多不同的单词，接受标准化的语言测验并取得好成绩，却可能仍然无法以适合自己年龄的方式用语言进行推理。"与自己年龄相适应的语言发展"指的是与普通儿童相比，这类儿童使用语言推理和思考的能力。

我们看过许多轻度孤独症谱系障碍的儿童，其中有些被诊断为阿斯伯格综合征，他们因为拥有很丰富的词汇量，可以"即兴朗读"，朗读比同年级水平高三个年级的教科书内容，往往被认为拥有与自己年龄相适应的语言发展水平，甚至更高。不过如果请他们就阅读以外的内容谈谈看法，他们的表现则落后同龄人两年以上。如果儿童在学校的表现超前，必须注意到这个重要的挑战，通常这是因为信息加工能力的障碍。如果适当处理绝对可以克服这种障碍，不过我们必须先确认儿童的问题属于可治疗的某种信息加工能力的范围，而不是某些无法改变的缺陷。

培养抽象思维能力的步骤

要达到更高阶段的抽象思维能力，第一个步骤要先确定儿童是否已掌握了六个基本的发展阶段。你可以通过跟儿童进行较长时间、相互参与的对话，使用动作、言语以及既有创造性又富有逻辑的思考方式来巩固儿童已学到的这些初级能力。如果儿童言之无物，你可以假装听不懂，帮他学会一点一点联结各种想法。有关家庭活动、家人关系、朋友或学校生活的扩展式对话，以及假扮游戏中的表演，不仅可以帮助儿童使用合乎逻辑的方式评估自己的感受和行动，也可以帮助他们发展出多种原因、三角及比较程度的思考能力。

对于只会使用背诵记忆能力而抽象思维发展不好的儿童，在与他们对话时，尽量关注他们的创造性思考和观点，而不是事实类的答案。不要问"故事里面的男孩穿什么颜色的夹克？"，而是问"嘿，你觉得这个男孩做了什么？假如是你，你会怎么做？"。如果问题的答案已经很明显了，却还问儿童这个问题，其实只是鼓励他死记硬背而已。请你尽量问一些答案不确定的问题，因为这样的问题牵涉到个人的观点，比如，儿童当天在学校最快乐的事是什么？为什么？只要儿童的回答言之有物，那么就是好答案。

向孤独症谱系障碍儿童介绍新的抽象概念时，你应该选择在具有明显情绪意义的情境之下进行教导。比如，一位10岁的女孩由家人带到我（格林斯潘医师）这里，她有多重学习障碍及认知、语言迟缓的问题，某些帮助过她的专业人员认为，这个女孩有孤独症谱系障碍，不过也有一些人持不同看法。女孩的妈妈抱怨孩子的思考停留在具体层次，虽然她的语言表达能力相当不错，不过对抽象概念和想法的理解能力却只有五六岁的程度。我问她妈妈："她不了解哪些概念？"妈妈回答："比如她爸爸的工作内容。"女孩的爸爸是一位税务会计师，当然小女孩并不理解税务是什么。

我说："让我们试试看，能否在5分钟之内帮助她认识什么是税务。"妈妈认为这绝对不可能。接着我试着创设出一个充满情感氛围、类似真实生活的情境。我说："现在我们假装这里有一张比萨饼。"接着用一张纸充当比萨饼，我问女孩我们应该把它切成几片，她回答说六片。她的弟弟也在诊疗室中，我告诉她："你弟弟要偷走你的比萨饼。我来当警察。我可以帮你保护比萨饼，不要让弟弟拿走。不过你要先拿几片给我，我才愿意帮你保护。你愿意给我几片呢？"她说："我会给你两片。"我问她："你还剩几片？"她数了一下回答："我还有一片、两片、三片、四片。"我说："那我们就这么说定了！"接着她就给了我两片。

我告诉她："这两片比萨饼就叫税金，你给我两片比萨饼当税金，这样就能要我保护你的比萨饼不被你弟弟拿走。现在你还有什么事可拿比萨饼来要求我做？比如，要不要支付我保护你们，以免坏人从别的国家跑到美国来伤害你们？你要支付我帮忙打扫街道吗？你要支付我接通你家的水管，这样你才能在家洗澡？"女孩回答："我给你一片比萨饼，让你帮我清洗所有东西。"我告诉她:"没问题,这也是税金。现在假如你有好多比萨饼,你还想做些什么?"她列出其他事情,比如保护她免于受到坏人的暴力威胁,我们把那些用于交易的比萨饼都称为税金。然后我要求妈妈:"现在你再问问她什么是税金。"妈妈问她:"甜心,什么是税金?"小女孩回答:"税金就是我拿来换得警察或军人保护我的东西。"妈妈笑了起来,因为她的女儿现在学会税金的概念了。

我使用日常的话语,创设出一种引发她强烈动机的情境(即防止她弟弟偷走比萨饼),教会了这个女孩税金的概念。同样,当老师们告诉我某些孩子无法掌握一篇文章的条理顺序时,我也使用相同方法教会他们撰写文章。我先从对他们有意义的主题开始,比如,"为什么我比弟弟好?"或"为什么我的爸爸妈妈应该给我更多时间看电视?"他们用口述的方式录下自己的文章,我请人将其打印出来,发现这些文章都有完整的结构且条理清楚。

税务及写文章的例子有一个共通的原则——儿童都投入了强烈的感情。当你争辩一个有强烈感受的观点时,如果你已具备逻辑思考能力,你就会用掌握的所有技巧来说服别人。我们遇到过很多这样的儿童,他们虽然在学校功课不好,却很懂得如何在自己圈子里求生存。因为他们在争论与朋友、游戏或运动鞋有关的论点时,一直是很好的思考者,也能提出合乎逻辑的根据。不过,他们却无法将这样的能力运用到功课中。任何一个人,只要处在充满感情的氛围中,都会表现出最高层次的思维能力。

因此,在教授概念和逻辑思维能力时,最好采取以下两个步骤:第一步,先创设一个激发动机的情境来理解新概念;第二步,引入新的专门术语。例如,某个儿童希望能掌握正在阅读的某本书中的新词语及概念,这样他才能写一篇读后感,你可以先跟他讨论基本的概念,先不理会专门术语,只讨论概念的部分。等到儿童记住了,他就可以开始学习相关的词语,并可以写一篇有结构的短文。同时做两件事,其实蛮困难的。

当然,儿童在学校时可能会感到焦虑不安,但如果他们能在家中多练习逻辑思考,那么即使出现焦虑的情绪,也不会破坏他已经具有的能力。等到儿童掌握了抽象思考的能力,遇到焦虑状况时,就能开始运用这个能力,其实,他们可以将这种能力视作一种应对的策略。已具备良好抽象思维能力的儿童在学校感到焦虑或烦躁时,就可以利用抽象逻辑来坚守自己的兴趣:"我可以做其他的作业吗?一直在重复做这个作业,我都已经会了。"

学习新单词和概念其实相当困难，因为儿童不仅需要记住这些新东西，同时还需要具备排列顺序的能力。大多数孤独症谱系障碍或其他学习障碍的儿童都有动作计划和动作顺序排列能力的问题，他们背诵新单词时常感到混乱，容易忘记逻辑，因此只能开始乱猜。帮助他们的关键在于为他们提供熟悉的词语和概念以及与情绪相关的情境。我们都了解儿童为了争取多看半个小时的电视或吃一个冰淇淋圣代，绝对具有大律师的辩才。不过如果要他们写一篇读后感，可能就词不达意了。如果我们能利用简单又具有情绪意义的背景来教思考技能，儿童就有可能学到如何将这些技能运用到课业上。

帮助儿童学习抽象思考，下一个步骤就是制造出多感觉学习通道。不只使用语言，同时也使用影像、动作及戏剧。如果儿童无法说出为什么她觉得你不公平，那么可以让她通过图画或戏剧将理由呈现出来，然后再和她一起谈论这些图画或戏剧的内容。

高层次的抽象思维，比如推理、揣测和获得新的结论，也都需要有能力根据内在标准判断自己的结论具有原创性。为了能进展到推理的下一个层次，个人必须有强烈的自我感，这是一种可以用来反思的内在标准，也是一项兼具情绪和智力的任务。要帮助儿童达到这个层次，必须确定他们已经掌握了之前的发展层次；接着你必须继续寻求意见，而不能满足于过分简单的答案。例如，当儿童表现强烈的情绪时，你可以问他："你真正的感觉是什么？跟你平常的感觉有什么不同？今天的感觉比较不寻常吗？为什么不寻常？"这样的问题能鼓励儿童先退后一步，观察并评估自己的感觉及想法。这种重要的思考能力很难被应用到个人情绪中，就连许多成年人都做不到。如果要教导儿童掌握这种能力，就要从提问开始。

关于智力上的任务，当儿童被要求评估所获得的信息并得出自己的结论时，他们会更充分地参与。你可以对一个年龄稍大的儿童说："现在你要成为自己心中魔鬼的代言人。你的文章中有哪些偏见呢？你可以提出不同的观点吗？根据你自己的经验，哪一种看法比较合理？"你让儿童有意识地进入到争论当中，进行自我评估，并针对反对意见提出辩驳。往往需要几年的时间才能发展出这种高层次的思维能力。

要帮助儿童（尤其是孤独症谱系障碍儿童）掌握抽象思维，关键在于从容不迫、循序渐进、扎扎实实。每当进入到一个新的思维层次时，一定要巩固之前的思维层次，同时顾及所有层次的思维能力。耐心、高度情绪投入、实务取向、利用日常的生活情境，这些要素都有助于儿童发展他们难以达到的高层次思维能力。绝对不要对儿童的潜力设限，你必须永远觉得达到一个较高层次之后，还有另一个更高的层次正等着你去突破。

心理理论和同理心

心理理论是一种详细描述根据内在标准思考的能力，指的是理解别人的感受、采纳别人观点的能力。如果你想知道某个人在某种情境中的感受，比如被一个自己爱慕的对象拒绝，你必须先问问自己："如果有人拒绝我，我会有什么感受？我应该会感到伤心和沮丧。"接着你可以想想其他的可能状况："不过约翰尼的行为有些亢奋：他似乎想追求学校里的每个女生，想要跟每个女生约会。他看上去并不伤心或沮丧。我怀疑他是否故意做出与自己感觉相反的举动，而想让自己愉快起来；或者他本来也没有那么喜欢那个女孩，或许只是迫于同龄人压力，才会约她出来。"

同理心，就是想象你站在他或她的立场时可能出现的感受，以这样的方式去体会别人的感受，接着再客观评价你的结论，并思索其他可能的假设。具有同理心的成年人能够理解别人的感受；他们提出的问题、情绪表达的状态以及肢体语言，都表明他们感受到了你内心的真正想法，而不会夸大你的感受。也有这样一些人，当我们生气时，他们也会跟着动怒，结果，我们反而要去平息他们的怒气。这并不是同理心。我们也曾碰到过以一种机械方式聆听的人，他们可能会询问一些正确的问题，不过却未流露出他们真正理解了或在意别人的话语。他们想要有同理心，不过却始终缺乏感觉层次的同理心。我们也知道有些人确实善于解读别人的内心世界，不过却是以一种谋私利、自恋的方式运用这种能力，因此，同理心能力不应该和简单地解读别人的能力混淆在一起。

同理心对所有儿童而言都是很难学习的一项技能，更不用说是孤独症谱系障碍儿童了，他们缺乏足够的经验支持这种能力的发展。不过我们已经强调过，许多孤独症谱系障碍或其他发展问题的儿童及成人，若能获得适当的学习经验，就可能发展出程度较高的同理心。每一个发展阶段都可以为儿童获得经验创造机会，帮助他们掌握前面阶段未能掌握的能力。这种学习永远不会太迟。

同理心始于婴儿第一次与主要照顾者建立充满爱和温暖的关系。如果早期未能体会到这种关怀，儿童就难以学习深入关怀别人的技能。同时，体验同理别人的过程也很重要。接下来发生的事就很关键。婴儿在八九个月大的时候，开始学习解读及回应不同的情绪信号，比如妈妈微笑或皱眉的表情。从此，儿童知道别人是跟他分开的，因此他才不会过度认同别人。此外，婴儿也会学习快速解读和回应别人的情绪。这些都是同理心能力的基础。

接着到了18个月大时，儿童开始会跟别的小朋友玩，轮流玩滑滑梯、分享好玩的事并一起呵呵笑。他们不会像两个14个月大的儿童那样互相攻击，或因对方生气而哭泣。这个阶段，他们确实能一起分享好玩的事。这表明这种能力不只是回应感受，也是以合作的方式参与两人（或更多人）的互相模仿且彼此认同，一起分享对方的喜怒哀乐。

接下来，我们开始看到利他能力的第一个征兆，比如儿童爬到妈妈身上，如果觉得妈妈好像在生气，就用手轻轻拍她的胳膊。这并非完全是同理心，因为所谓同理心，必须同时在智力和情绪上了解别人的感受。不过这当然是发展同理心的其中一个步骤，因为不管儿童是模仿观察到的行为还是因为她真的了解到了对方的感受，此时她正努力让对方感觉好受一点。

下面的一大步是分享意义的阶段，也就是从儿童会玩假扮游戏以及使用语言开始，对一般正常发展的儿童来说，这个阶段大概在18个月到2岁6个月或3岁之间。这时儿童与父母或同龄人一起参与共享的假扮游戏。他们处在语言和想法的象征层次，通过假扮游戏分享感受，不但能以同理心感受，也能以同理心思考。同理心还需要儿童能以因果的方式思考，并能推断别人会有什么感受。当儿童提出"妈妈，你为什么生气？"这样的问题时，表明她已经把自己的内在世界与你的世界分开，但仍然关注你的世界。

如果同理心发展的最初阶段进行顺利，儿童就能进入一个更复杂的阶段，有能力探索产生这种感觉的多种原因，并开始察觉这些原因的不同重要性。在他们进入所谓游戏场政治（playground politics）时——成为学校社会团体的一分子并观察如何适当进入其他儿童的社会圈子中，同理心能力会继续延续。哪个儿童最爱生气？哪个最受欢迎？谁是最好的足球选手？谁的数学最好？感觉自己某些方面不如别人，对儿童来说是一件蛮痛苦的事。我总是喜欢告诉父母，此时儿童因自己不够完美而感到失望或沮丧，总好过他们到了十八九岁时才第一次出现这种感觉（因为女朋友、男朋友或好朋友的拒绝），因为到十八九岁才第一次有失望的感觉，绝对更难让人接受。

儿童成为社会团体中的一员，可以扩展他们的同理心能力。我们能帮儿童扩展同理心的范围及认同超出当前经验的能力，比如，他们是否能同理不同肤色或不同宗教背景的其他儿童？就这点而言，将孤独症谱系障碍儿童与其他普通儿童一起安置在融合班级里，就能使他们相互认识到彼此能力上的不同。

有些孤独症谱系障碍儿童能够发展出完整的同理心层次，不过必须循序渐进。随着他们的自我意识越来越强，他们开始评判学校里的团体，并对抗因自己与众不同而产生的痛苦感受，"妈咪，为什么我不能像约翰尼或苏茜那么会讲话？"或"为什么小朋友会取笑我？"或"为什么我比别的儿童更会拼音？"。这些不同是自我界定的第一步，这个过程带来的不仅仅是满意的感觉，也可能是失望和伤心。不过如果缺少了失望和悲伤的体验，儿童就不会体会欢乐或认同。因为自我感是由"界限界定的感觉"（boundary-defining feelings）创造出来的，这种感受指出了我们是谁。

为了能够真正同理别人的欢笑、悲伤或羞辱，我们需要亲身体验每一种感受。许多成年人，如果在孩提时代曾经历过孤独症谱系障碍或其他的特殊需求，常常能发展出较高层次的同理心，或进入助人专业，因为他们比同龄人经历过更多的失望情绪挑战，而这些经验丰富了作为人的情感。儿童当然难以应对这些挑战，不过如果能获得家人的支持及同理，这个经验会成为未来的一个优势。

最后一点，还有另一个同理心层次，也就是反省式的同理能力，指的是具有一个完整的自我感，知道自己是谁，经历过幸福与快乐、忧伤与失望这些具有自我界定性质的体验，然后可以了解别人的一堆情绪，并且与自己的情绪相比较。同理心包含所有的情绪，父母应该支持儿童探索游戏时所产生的负面情绪，这样儿童就有机会更深入了解这些情绪。

在评估儿童较高思维层次的发展时，请记住生活永远处在比较的过程中。因此你绝对不要这么问："我的孩子真的达到了这个或那个指标吗？"你应该问："我的孩子对这个指标的掌握到了什么程度？"比如，儿童刚会走路，跌跌撞撞地走，摔倒了，又站起来，那么他也只是有时候在走路，而并不是一直都会。有些儿童需要多一点的帮助才能掌握某项技能。我们要求或鼓励他们时，他们会试着做，但不会采取主动。因此，与其要求一个"全有或全无"的答案，不如试着了解儿童如何掌握逻辑或抽象思维或同理能力，以及有多深入——他需要别人帮助吗？有时需要帮助，还是随时都需要别人帮助？

第十一章 独特的生理状态（上）
——由感觉系统体验外部世界

不论是正常发展的儿童，还是孤独症谱系障碍或有其他特殊需要的儿童，经由感觉系统体验外部世界的方式都是独一无二的。如果父母、治疗师及其他照顾者能根据个体差异给予孤独症谱系障碍儿童照料、教育等，就能帮助他们顺利发展并变得更有弹性（即便那些非常固执，或要求生活一成不变的儿童也不例外）。

其实一个人还在娘胎时，许多环境和遗传因素就已经影响到他的中枢神经系统及身体的发展。出生后，随着身体开始成熟，仍然继续受到这些因素的影响，因此这些个体差异就会更显著或受到抑制。存在孤独症谱系障碍风险的儿童，受到遗传、产前甚至产后各因素的影响，对感觉刺激做出反应、组织动作、对听到和看到的信息进行加工和理解的方式也各有差异。对于儿童在吸取经验、计划及执行行动方式上的个体差异，我们使用"独特的生理状态"一词来形容。无论什么时候开始处理孤独症谱系障碍，无论儿童年龄多大，我们都要面对儿童"独特的生理状态"。

按照DIR模式，我们观察儿童所处的发展阶段以及在信息加工能力上的个体差异，并依据这些差异提供学习经验。这些差异会以下列方式与儿童的发展紧密连接：儿童天生具有感觉及动作系统，不过需要外力将之结合在一起。能够将感觉和动作联结到越来越高层次的就是情绪！换句话说，儿童通过情绪——所谓的情感——将感觉系统获得的印象与行动联系起来的这种能力很早就存在了。例如，婴儿将头转到妈妈声音的方向，就是因为妈妈的声音会带给她愉快的感觉。

不过，如果婴儿对声音信息过度敏感，那么正常的音量都会让她感到不舒服，因此她就很难协调自己的感觉系统和动作模式，甚至感到难以负荷而陷入恐慌状态。这就像受到惊吓的成年人会做出"要么反抗要么逃跑"的反应。面对极度恐惧、压力或过度负荷的状况，也会出现许多与神经系统最初层次有关的"灾难式反应"。

另一方面，如果儿童对于声音刺激极不敏感，他可能听不到爸爸妈妈叫他的声音，那么他就无法将"听"的感觉模式与"看"的动作模式联结在一起，而这种连接的能力主要是由听到父母声音后的愉悦感引导出来的。对于有动作计划问题的儿童（无法排出行动的序列），虽然能听到妈妈的声音，并且想要转向她，不过却无法调整自己的反应。他可能将头误转到其他方向，看不到妈妈，也无法交换笑容，因而不再想要寻求更多温暖的连接。而一个渴求感觉刺激的儿童，总是表现得十分好动，几乎没有时间将感觉印象、情绪及动作活动联结在一起。

只有关注儿童理解输入信息以及计划输出反应的特殊方式，我们才能帮助他们应对信息加工上的困难，最终将这些困难转化为优势。本章讨论孤独症谱系障碍儿童最常出现的信息加工问题，下一章则讨论更严重的视觉及听觉障碍，以及父母和照顾者该如何帮助儿童克服这些障碍。

听觉信息加工和语言

"听觉信息加工"指我们听到信息以及理解这些信息的方式。为了能理解听到的信息，我们必须有能力解码，也就是区分不同的声音，比如高频或低频，并且通过对方传递的词句和想法来了解这些声音的意义。语言包括了听觉信息加工以及对别人表达想法、意见及反应。听觉信息加工和表达性语言是孤独症谱系障碍儿童最显著的信息加工问题。有时儿童无法理解由外界输入的信息，有时无法表达自己心里所想的事情。有些孤独症儿童兼有这两项困难。不过许多普通儿童也同样会有听觉信息加工及语言的问题。（第二十章中以情感为基础的语言课程将会讨论语言的发展。）

有些儿童甚至在婴儿时期就能识别复杂有节奏的声音，比如，"嘣嘣比嘣嘣，嘣嘣！"听到这些声音时婴儿会活跃起来，而且会更加留意最后的拍打声。不过也有一些婴儿（包括没有任何特殊问题的婴儿）听到这些声音时会感到困惑，似乎不知该如何回应或加工这些有节奏的声音信息。成年人加工听觉信息及语言的能力也各不相同——有些幸运者听完一场讲座后，能记住大部分内容；另外一些人却只能记住第一个句子和最后一个句子，因此考试时必须再次阅读并研究相关资料。

听觉信息加工能力的问题也会影响一些看似无关的事情。比如，有破坏性行为障碍（disruptive behavior disorder）的儿童由于无法听懂指示，更容易感到受挫，因而加剧了她的攻击行为。我们必须认识到许多孤独症谱系障碍儿童虽有听觉及语言困难，却可以通过绘画展现复杂的思维能力及想象力。我们必须找出能够让儿童表达想法的每一种渠道，很多儿童可以通过动作来表达，玩看手势猜字谜游戏可以增强儿童展现心中想法的能力。我们常鼓励家长找马歇·马叟[①]的录像带，因为儿童一向喜欢观赏哑剧动作传递出来的信息。画出儿童当天要做的事情这种方式将有助于一些儿童面对挑战性高的情境。

最后一点，我们极力建议父母为有听觉信息加工问题的儿童安排听力检查，以确定儿童能听到所有不同的声音频率；看似听力正常的儿童，对于不同频率的声音的察觉能力也可能不太一样，听力学家能解决这个问题。接下来，我们会更深入地讨论基于生理原因的听觉障碍。

动作计划和排序能力

"动作计划和排序能力"是指我们如何将心中的想法付诸行动，或如何回应听到和看到的内容。这项能力在婴儿时期就已出现，比如，想要看声音到底从哪里传来。这样的反应看似会自动出现，其实完成整个过程需要许多步骤。首先，他们必须先听到声音，并发觉有趣；接着必须把各部分肌肉调节到准备转向声音出处的位置；下一步必须转动身体，协调并对肌肉动作进行排序，这样才能使身体朝向预期的方向；最后必须寻找发出声音的那个人，其实就是定位发出声音的那张面孔。大概到 16 个月左右时，儿童可以牵起妈妈的手，带她走到冰箱面前，指出自己想要的食物。这个过程也需要一系列复杂的行动，再一次用到动作排序的能力，并利用情绪，结果是得到想要的东西。

这种动作计划及排序的能力对于之后发展的能力（称为执行功能），或执行一系列行动来达到某个特定目的的能力而言，都是重要的基础。例如，一个

[①] 译注：马歇·马叟（Marcel Marceau）是法国有名的哑剧大师。

七八岁的儿童应该具有解决问题和保持专注直到问题得以解决的能力。不过，不只是孤独症谱系障碍儿童，有注意力问题的儿童在这项能力上也存在困难。每一个人的执行能力其实有很大的差异。

视觉—空间信息加工能力

儿童在刚出生的头几年大都通过行动和亲身参与的方式学习。早在会说话之前他们就以这个方式学习，而不是靠语言思考。视觉—空间世界是儿童最初接触的环境。视觉—空间信息加工能力可以调整视觉世界，并帮助我们理解所看到的事物，比如，物体如何配合我们的身体运作，以及模式是如何形成的。最后，这些能力会引导我们拥有更高层次的学业能力，比如，如何解数学题或如何分析一篇文章或一个影像。孤独症谱系障碍及有其他特殊需求的儿童，虽然视力没有问题，却有视觉—空间信息加工能力的问题。如果存在这方面问题，第一个迹象会表现为婴儿无法专注于父母的面孔，或无法将目光从一个发出声响的玩具转移到父母微笑的面孔，然后再转过来（我们称之为"共同注意"）。

随着视觉—空间信息加工能力有问题的儿童渐渐长大，他们的思考也会变得零散、不完整，他们无法察觉到别人的身体位置，或身体动作常显得漫无目的。等到他们开始说话，也只能以破碎的、片断的，而不是合乎逻辑且有结构的方式来表达。他们可能没有注意到自己丢了某样东西，可能无法发现东西在哪里，或想拿某样东西时却打翻了杯子。显然，视觉—空间信息加工能力的问题对儿童的日常生活功能会造成严重的影响。

我们与哈里·瓦克斯[①]、汉斯·弗思（Hans Furth）合作，一起将皮亚杰的认知理论扩展到视觉—空间思考的领域。视觉—空间信息加工能力可以分成六个基本的部分，从认识一个人跟自己身体之间的关系开始，然后进入身体以外的客体世界，接着进展到个人内在各物体之间的关系，最后发展到概念，比如一一对应的概念，以及更高层次的视觉—空间象征推理能力。我们也跟瓦克斯医师进一步详细分析他提出的信息加工概念，并运用在 DIR 模式当中。

虽然这里会按照顺序一个一个介绍，不过这些能力往往同时发展出来。通

[①] 原注：哈里·瓦克斯（Harry Wachs）是首倡发展取向的视力检查医师，曾经与儿童心理学家皮亚杰共事过。

常，这些能力都会在 6 岁以前出现，较后发展出来的能力以前面的能力为基础。

身体意识和感觉

第一个视觉—空间能力就是身体意识，即能认识自己身体的不同部位并知道自己在空间中的位置。这个能力从一出生就开始发展，婴儿发现自己的小手，把它放到嘴里，然后意识到自己可以重复做这个动作。婴儿吃奶时，察觉到嘴巴（作为该阶段求生存的最重要器官）的存在，也是一个非常关键的发现。出生后第一年，婴儿能够做出越来越多有目标的动作，对自己身体的意识也就越来越强。通过每天数不清的微小经验，比如，触摸婴儿床的边缘，握住会发出声音的玩具，吃奶，玩自己的脚趾等，婴儿开始在头脑中建构出一个自己身体的蓝图。等到她开始会翻滚、匍匐前进以及稍晚学会的爬行或自己站起来时，她就了解自己可以操控身体与外在环境之间的某些关系，她可以借此移动自己，比如，妈妈下班回到家，她可以加快速度爬去找到妈妈。

所以儿童首先意识到的是自己的感觉和动作。不过，由于特殊的神经系统运作方式，有些孤独症谱系障碍儿童无法发展出这种对身体的意识。此外，如果儿童很少被抱起来、很少以直立的方式被持续抱着，如果他没有站立时候需要用脚撑着的经验，或者不知道坐着时要挺直身体以对抗地心引力，那么他就很难独立行动。对于这些婴儿，若能在婴儿初期就让他们经常体验规律的互动活动以及伴随的愉悦感，绝对有助于形成身体意识。当然，对于一个还不能完全参与且还不太能察觉自己身体的 4 岁幼儿来说，这样做也会有一些帮助。如果我们采用一些有规律的动作来安抚儿童，他们一定会喜欢，也会希望继续这样的动作。

婴儿期过后，儿童会以有目标的动作方式（比如，与照顾者一来一回滚着球）呈现对身体的感觉，接着察觉到自我及其他人的身体界限，了解身体如何在空间及时间上影响他人，以及如何用身体做出协调的动作。孤独症谱系障碍儿童常常伸手去拉父母的手来拿东西，而不是用自己的手。他们并未认识到自己的手也能拿住并传递东西。渐渐地，他们觉得父母的手能做这些，因此也就不练习使用自己的手，不把手当作他们身体的功能性延伸。要帮助儿童克服这个困难，需要很多努力。我们可以玩手部游戏，比如，拍手游戏可以鼓励儿童在空间中使用自己的双手；或者我们也可以鼓励儿童用手掀开箱子的盖子，取出自己想要的玩具；或者拉起绑在盒子上的蝴蝶结，才能打开盒子。我们想让儿童使用双手，能将两只手放到中线位置（身体中心）；有了这样的能力，将来手才能跨越身体中线，完成某些任务，比如写字。

当我们移动身体时，会体验到身体的感觉；这种感觉的本质富有感情，会产生情绪的反应。这个感觉或许是乏味、差劲，或者是兴奋，就像打网球时发出很棒的一球或跳舞时的美妙舞步。对于身体意识较弱的儿童，如果我们帮助他们体验到的身体感觉越愉悦，这种意识就会发展得越好。

身体在空间中的位置

这个阶段指的是了解身体各部位之间的关系，并确定身体在环境当中的位置。婴儿开始在空间中移动，接着慢慢理解在同一个空间中移动的其他物体或其他人与他之间的关系。到了学步期，他们开始做出与其他动作或可移动物体有关的一些有目标的动作（例如追逐小狗或堆叠积木），接着进一步学习在采取行动之前先计划好整个动作，最后学习如何成为团队中的一员。

由于不知道双手能做什么，孤独症谱系障碍以及视觉信息加工能力有问题的儿童可能就不会捡起积木，并把它放到某个地方。如果孤独症谱系障碍儿童年龄稍大后，仍然缺乏身体意识，也不了解自己身体在空间中的位置，那么就需要很多动作方面的训练，比如在运动场上攀爬或奔跑、练习瞄准的动作（把球丢给妈妈或同伴）以及玩任何一种儿童们常玩的游戏，如巨人的脚步（Giant Steps）、红灯—绿灯、接力赛跑、跳扭扭舞、"鸭子，鸭子，鹅"。

通常，与其他儿童相比，孤独症谱系障碍儿童需要更长的时间来学习一个动作的分解顺序，比如，他们并非每次都知道自己该往哪里跑。玩这些游戏时，父母可以充当儿童的搭档；不要直接告诉她该怎么做，你可以牵起她的手说："来，让我们一起去。"通过这些动作来引导儿童的身体，之后她就能发展定位自己身体在空间中位置的能力。如果太迫切地期望儿童能做这件事，反而会阻碍她学习这项能力。在儿童实际参与某种游戏之前，先鼓励她观察几次，那么结果就会有很大不同。某个小女孩很想玩"伦敦铁桥"的游戏，但一直不会玩。聪明又有创意的妈妈就把同龄人玩这个游戏的情景录了下来，小女孩先看了录像带，几天之后就可以自己玩"伦敦铁桥"的游戏了。你可以指出其他儿童正在做的事情，来帮助儿童观察，同时在这个过程中要保持耐心并多鼓励他。

物体与自我、其他物体及其他人之间的关系

婴儿在很早的时候，就会测试自己对物体和他人的影响力（比如，把玩具丢出婴儿床）。1岁左右，他们也发展出初步的"物体恒常性"，比如为了看妈妈的脸，把她头上的围巾拉下来。到了学步期，他们就会故意影响环境中的物体，例如快速或缓慢地移动玩具车。他们也能意识到可以用象征来代替真实的事情或人物。

等到儿童大一点，逐渐察觉到环境中的人与物，就开始学会在游戏或奔跑时避免撞到东西。不过在他们逐渐察觉自己与别人之间的界限时，仍然很难与别人对齐，因此很多幼儿园的地板都会涂上小脚丫的图样。儿童若不能在这个阶段发展出身体意识，常常就无法建立深度的知觉力，比如，他们无法用两脚交替的方式爬上楼梯，因为无法估计出自己的双脚与楼梯之间的关系，或者他们可能没有注意到自己弄倒了东西，因此常常惹恼一些不了解其问题的大人。

儿童在3～5岁之间开始了解社会规则，也能玩比较有系统的游戏，比如，音乐椅、棋盘游戏以及儿童棒球的团队游戏。他们也能将某些发展技能运用到日常生活中：脱掉鞋子，把脏袜子丢到洗衣篮，准备洗澡并把睡衣从抽屉里拿出来。通过视觉提示或其他办法，帮助有视觉信息加工问题的儿童应对这些日常的生活任务，比如，将衣服一件件叠好分开放着，而不是摞在一起，这样方便提醒他们该穿些什么和先穿哪件衣服。

排序能力就是解决多重步骤问题时需要的智慧及创造力，需要儿童有意愿或想法，能将计划转化为行动并坚持到底。一旦我们开始以有顺序的方式来看待问题，就要给儿童更多的练习机会，并且加强其他的感觉系统——比如，如果儿童无法排列他看到的事物，就必须从头到尾讲一遍给他听。同时，我们也必须提高儿童对所做事情的兴趣，因为当他们具有较强动机时，排列出事情的先后顺序就会变得容易。

空间恒常性

新生儿的空间概念非常有限，大约1岁后，儿童才开始体验到空间的立体性，同时认识到虽然自己在空间中的动作好像让环境改变了，但是空间并没有变动。这就是"空间的恒常性"，也是视觉—空间能力的基础。例如，如果学步期的儿童不敢从滑梯上滑下来，他们可能有空间恒常的问题，没有认识

到从滑梯上端滑到地面的距离,其实等同地面到滑梯上端的距离。

在这个阶段出现障碍的儿童,当看到球丢过来时,可能就直接闭上眼睛,或在刀剑相斗的游戏中躲在一旁。拿着刀剑比画时,他们敢于向前攻击别人,但是被人攻击时却只能慌忙退却。主要原因在于他们眼睛无法聚焦,无法让自己的双眼一起运作。许多孤独症谱系障碍儿童只能依靠周边视力,无法聚焦或追视在眼前晃动的东西。许多孤独症谱系障碍儿童无法有目光接触,其中一个原因即在于此。

视觉—空间信息加工能力有问题的儿童,往往无法发展出这个阶段该具有的、结合空间和时间的能力。为发展这部分能力,对儿童进行相应的训练,比如,学习如何接住和投出一个大球,这些训练的效果往往以非预期的方式出现。上述那个接球与投球的练习将帮助儿童在过马路时,利用类似的能力计算出安全过马路的速度与距离。通过足够的练习,儿童也能发展出协调行动时所需要的身体意识。如果要骑三轮车或脚踏车,儿童必须了解自己能以不同的方式运用身体的不同部位。儿童骑脚踏车或踏板车撞到别人或旁边停放的车辆,通常并非故意;他们只是需要更多的练习才能协调身体的不同部位。在这里,我们无法用文字强调孤独症谱系障碍儿童在这些能力上所碰到的困难之大,以及他们每天所需要的练习之多。

由于自身的障碍,儿童越想逃避这些活动,他们就越需要多做这类活动,而我们也就越有必要让这个过程更加有趣。若儿童因某个活动太难或需要花太多精力而逃避,我们可以想办法将此活动转变到较简单的层次来帮助他们,开始先以适合儿童能力的、简单且有趣的步骤进行,并想出一些好玩的游戏,然后再慢慢帮助他们提升到更高层次的视觉—空间发展阶段。

视觉—逻辑推理能力

儿童学习因果关系的推理时常会将玩具视为实物,比如,尝试穿上娃娃的衣服或想要坐进玩具车里。家长无须告诉儿童玩具太小了或这些不是真的,反而应该让儿童尽量尝试。只有当儿童发现娃娃的靴子装不下自己的脚或玩具狗不会叫的时候,你才需要告诉他们这些事实。接着,儿童开始在假扮游戏中以象征方式利用这些玩具,并且认识到自己是在模拟一些真实的事物。这是发展过程中的一大飞跃。

儿童也开始用逻辑思维来解决问题及计划行动,比如布置餐桌,而这也同时涉及推理的能力。因为使用空间时,也需要理解为什么要以这种方式或那种方式来安排或组织事物。仅仅是参与日常活动,如烹饪、收拾杂物或洗车等,就可以提供练习机会,让儿童学习如何安排自己要做的事及物品应摆放的位置。从这个阶段开始,儿童可以画出或想出一些自己确实看过的东西,同时也学到更高一层的物体恒常性,即懂得虽然没有看到某样东西,但不代表这个东西不存在。

代表性思维

一般到 2 岁左右,儿童通过使用词语、声音、姿势动作、指出图片等方式表达想法或欲望的能力,会有一个飞跃。代表性思维,或称象征性思维,是视觉—空间基本能力的最高层次,也是发展更高层次思维能力的必要条件。慢慢地,儿童运用语言或画画的方式表现出来的事物会越来越准确,而且目标会越来越清楚;他们也开始认识到物体之间的关系,并且可以将类似或不同的物体进行概念式的分类。帮助儿童建立象征思考的方法,除了前几章提过的技巧之外,还有比如为了偷偷进出玩具城堡,画出一份自己设计的密码图。你也可以让他们画出图表,说明玩具士兵如何攻占城堡,或要他们表演出故事书中的某个片段。

感觉调节能力

形成儿童独特生理状态的最后一个信息加工能力,就是调节和规范感觉刺激的能力。比如,许多孤独症谱系障碍儿童对感觉刺激一向反应过度,因此一个轻柔的碰触(通常儿童很喜欢这种感觉)却引起犹如砂纸擦过皮肤般的强烈感觉,一般音量的声音却犹如尖锐刺耳的高声尖叫。视觉刺激方面,明亮的光线、过多的颜色或动作,甚至太阳光都会让他们难以承受。

另一种极端则是儿童对某些声音、触碰或视觉刺激反应过低。比如,你跟儿童说话或触碰他们,他们甚至没有发现你的存在。由于无法与外部世界联结,他们往往出现退缩反应。另外也有一些儿童渴望感觉刺激,他们不断寻找动作、触碰或声音的刺激。反应过低并渴求感觉刺激的儿童,可能经常跑来跑去冲撞别人,借以输入更多的感觉信息。他们可能对疼痛反应过低,不像别的儿童反应那么强烈,因此跌倒或撞到东西时,就像没发生一样。不过也有一些儿童对触碰及声音刺激容易反应过度，但同时又渴求感觉刺激，因此容易负荷过多的信息。要帮助这些儿童发展，就必须先了解他们是如何感受和调节感觉信息的。

日常变化及能力表现范围

由于儿童个体的独特性，他们每天的表现都会不同。他们对于触碰或声音刺激的反应，在某些日子会明显高于其他的日子。和成人一样，儿童也有美好或糟糕的一天。虽然是同一个神经系统、同一个身体，某个网球选手，可能某天打起球来有职业选手的水准，另外一天却像个笨蛋。或许因为你前一天晚上睡得很好，或许受到昨天吃的东西影响，通常很难找到明确的原因来解释这种变化。

重点是所有人类的神经系统运作方式，每天都不相同。一个刚开始学走路的儿童，这种变化决定了他能否在某个特定日子里学会走路或无法走稳而跌倒。婴儿开始学习与他人互动，这种变化也决定了他是持续参与并回应别人，还是容易陷入自己的世界当中。所有的人，特别是孤独症谱系障碍儿童，这些运作方式的变化绝对会影响到刚刚才学会的能力，因为这些新能力往往最脆弱。我们应该以平常心看待这种变化，不必太过忧虑。

因此我们不应该问"我的孩子会做什么？"，而应该问"我的孩子能运作的范围是什么？"。跟其他技能一样，信息加工能力也有一个不同层次的变动范围。最高一层指的是儿童在最好日子中的最佳时刻所表现出来的能力。至于最低一层，则是儿童在最糟糕日子里能力所达到的水平。这个范围可以非常广泛。例如，儿童在最好日子里可以辨识出屋子里的方向且很容易找到想去的房间。其他日子里则容易搞混，且经常在屋子里迷失方向。这两种极端的情况表明了孩子的发展范围。

确定出儿童的发展范围之后，我们的目标并不是让他一直表现出最高层的能力，因为这是不可能的。不过我们可以帮助儿童将整个范围向上移动，提升他们的发展阶段，这样，过去的最高层能力就成为现在的最低层能力。帮助表现出最高层能力的儿童与帮助表现不太理想的儿童一样重要，因为我们都必须提升他们的发展阶段，并且不断帮助他们掌握更高层次的能力。

当儿童的能力表现不一致时，父母总是会说："她上星期成功拼了一次拼图，之后就再没能拼出来。"不要为儿童不能一直表现出最高层的能力而担心，父母应该专注于儿童的目前层次（不管在什么时候），并且帮助她提升发展阶段。若要帮助一个走路常撞到东西、老是找不到玩具、表现出最低层能力的儿童，你可以带着她在屋子里慢慢地玩找宝藏的游戏，或跟她玩大沙滩球（以她容易配合的游戏为主）。不论儿童每天发生怎样的变化，我们需要做的就是找出儿童的整个能力范围，依照当时的能力表现层次，提供合适的互动内容，从而帮助儿童提升自己的发展阶段。

配合节奏的重要性

新生儿与别人互动时，最先使用的方式之一就是配合照顾者的动作、情绪表现及声音的节奏。孤独症谱系障碍儿童无法达到这种协调，一部分原因在于其神经系统与其他儿童不同。为了培养这个重要的节奏感，首先要配合儿童，然后改变节奏，帮助他进行调整。例如，面对一个渴求感觉刺激的儿童，一开始先模仿他以抓住他的节拍，不过接下来你就得将它调整成更缓慢更具安抚性且更有条理性的节奏。对于反应过低、自我沉迷、无法摄取感觉刺激的儿童，配合她的节奏之后，你可以利用更活泼的声音来吸引她的注意。如果儿童反应过低，却容易过度刺激，那么一旦你采用活泼的声音获得她的注意之后，就必须立即转成较温和的声音。

许多照顾者都习惯凭着直觉跟儿童相处。面对4个月大的婴儿，父母可能会先以活泼的口气跟他说话，吸引他的注意，然后转成温和的声音，希望能让他继续注意。就像交响乐团的演奏，先是大声，然后小声，接下来再大声。因此先配合儿童的节奏，之后再慢慢调整，以维持儿童的参与、注意及双向沟通（如果儿童已有此能力，不管是用肢体动作或词语均可）。

如果要获得反应过低儿童的注意力，请避免控制她的头，强迫她把脸转向你。我们曾经提过，你希望她愿意注视你，就必须为她提供兴奋、愉快且有趣的感觉，让她真的"愿意"看你！活泼的声音加上轻轻拍她肩膀的动作，或与她的手或脚玩猫捉老鼠的游戏，都能吸引她的注意力。或者你可以用手指在地上走路，走到她眼睛一直盯着的地方，进入她的视线范围让她能注意到你。你也可以抱住她，用力按压她的身体，或轻轻挤压她的手或腿，帮助她感受到自己的身体。做这些事时，务必站在她的眼前，而不是背后，这样她才能更容易察觉她跟你的视觉—空间关系。如果某天她看起来对你兴致索然，可能因为那天她的肌肉张力较低。

儿童会在不知不觉中向我们展现他是如何解决信息加工障碍的问题的，而我们可以自行决定是否要继续采用他的解决方法，并让这个方法更有互动性。举一个例子，有个反应过低的儿童趴在地上，推着车子前后滑动，用身体紧靠地板来寻求支撑感觉。为了让她能注意你，你可以在她前面躺下来，等她随意推着车子时，你可以用另一辆车挡在她面前，用你的车去撞她的车，或把它推远一些。等到她注意到你并开始有所回应之后，你可以利用她的感觉需求，引导互动，帮助她提升发展阶段。

对于想要行动却有动作问题的儿童，你总是担心他随时会跌倒。有一个解决办法，就是找另一个照顾者，采取一前一后的方式。你们当中有一个人牵着儿童的手或站在她身边，以便跌倒时可以扶住她，另一个人则负责跟儿童互动，玩找宝藏、躲猫猫或捉迷藏游戏，或设置障碍。采用这样的方式，既可以与儿童互动并锻炼社会性问题解决能力，又不需要顾虑儿童的安全。这个方法主要是创设出一个安全状况与安全环境（或许也可以铺上安全地垫或搬开有锐角的家具，避免儿童跌倒受伤），这样你就能放松心情，跟儿童好好地玩。

当儿童一直用动作对我们表示他的需求以及他加工信息的方式时，我们常常希望找到接近他们的好方法，就像是找到可以打开隐藏门的神奇钥匙。通常需要先仔细观察儿童当时是如何帮助自己的，然后才能找出如何接近他们的好方法。

相互训练法可以帮助照顾者学习如何配合儿童的节奏。有时候旁观者反而会清楚地看到跟儿童互动的那个人真正错失的东西。旁观者可以提出具体建议，指出照顾者可以再活泼些或再温和些，或试着牵起儿童的手等等；或者旁观者也可以提出他认为适合这个儿童的节奏。为了避免乱给建议，旁观者可以采用实况直播的方式，帮照顾者解决问题："好，现在你必须抓住她的注意力，现在她已经注意到你了。现在试试握她的手，我认为这会有效。哦，你又抓住她的注意力了！看，她有了目光接触！看看你们现在做得怎么样！"观察者的声音节拍可以引导出照顾者跟儿童之间的节奏。他正在示范自己认为可以用来帮助照顾者成功进入儿童世界的节奏。所以，这是一个三方的节奏练习。观察者的技巧可能不会比实际执行者好或"甚至更差"，不过因为站在旁观的立场，比较容易判断什么是正确的节奏。

对于这种训练方法，有的照顾者喜欢，有的则不喜欢。不管喜欢与否，重要的是，他们要将自己的声音和动作维持在稳定的节奏上。通常父母、老师或治疗师不知下一步怎么做时，就会沉默下来等待，这不是一个好策略。如果你不知道该做什么或说什么，可以直接描述儿童正在做的动作。例如，孩子正单脚在房子里乱跳，而你正考虑要不要用嬉戏的方法来阻挠她或用玩具诱惑她。你可以一边考虑采用哪一种策略，一边对着孩子说："哦，你正在跳，跳得真好，我见过这种跳法，男孩子会跳得更高！现在你还想做什么？我知道了，你要去拿那个玩具，那个玩具真棒！"儿童随时听得到你的声音节奏，并感觉到你的情感节奏，因为你的节奏和声音都配合着儿童的动作，所以你们两个人之间是有连接的。所以即使儿童做着自己的事，你还是提供了一种连接的感觉。

能听到有节奏的声音对有听觉信息加工障碍的儿童来说，尤其重要。因此你应该尽量保持说话的状态，随时重复内容并用强调的口气。比如，儿童站在楼梯旁，你可以问他："你想上去吗？上去？上去？来，我走给你看，这就是上去，这是下来！你想做什么？你想上去吗？"关键是让儿童跟你保持相同的节奏，配合儿童的节奏来调整你的节奏。同样的过程也可用在面部：对于有视觉—空间信息加工障碍的儿童，可将上述过程用到面部表情上，不过你的表情跟动作方式应该更缓慢且增加强度。

对于具有一些语言能力，可是听觉信息的加工速度或对问题做出回应的速度都比较慢的儿童，常见的问题是当以一个合理的速度保持节奏及两个人之间的连接时，如何给他留出足够的时间做出回应。最好的方式是通过肢体动作来保持节奏。当儿童正在想如何反应时，你可以通过微笑、手或身体的动作、点头等鼓励儿童开口说出来。你会发现，儿童能够配合你的节奏，这样的做法可以真正帮助儿童组织答案。有时你也可以用不同的话重复同样的问题，重新引导儿童。

如果儿童还是想不出答案，你可以用一种同理的口气提出几个选项："哇，这是一个难题，很难想出答案，我可以给你几个选择。"正如前面提过的，当给出选项时，先提供她会喜欢的答案，再依次列出其他答案。这样儿童就不能只是仿说她听到的最后一个选项，她必须努力说出自己想要的答案。

化劣势为优势

一个潜在的问题一旦被解决，就会转化成优势。例如，面对别人的需求时，过度反应的儿童可能会表现得直觉敏锐、感同身受且十分敏感。个体差异会成为问题来源还是会变成一种特殊的天赋，主要取决于后天怎样培养这些差异。我们跟儿童的互动方式绝对能影响他的潜力，因为他的大脑和心智都尚未发展完全。

随着儿童掌握每一个基础的情绪指标，不断提升发展阶段，他们学会了如何应对自己独特的生理状态，不再受到它的控制。比如，当儿童能够展现一段持续的共享式问题解决能力时，就可以用肢体动作或面部表情发出信号，告诉你你太大声了，而不再只是用逃避或关闭自己的方式来应对嘈杂声。他们有了语言能力，就可以使用语言来调节环境以符合自己的需求，比如"妈咪，太吵了！"或"爹地，我要抱抱！"或"我要去外面跑一跑"。其实在还没有语言能力之前，只要他们可以依序完成20～30个肢体动作沟通循环，就可以具有我们称为"共同协调的情绪互动"（coregulated emotional interactions）能力。拥有这种能力的儿童不只是被动回应父母，也能像父母一样采取主动。他们不再到处乱跑，而是把爸爸从椅子上拉起来，用肢体动作表示，要爸爸把他举起来，玩坐飞机的游戏。儿童会使用想法之后，不管什么时候，只要他感到自己难以承受了，就很清楚该如何控制回应外在环境，来改善自己的状况。通过主动解决自己生理状态的问题，现在他已经成为父母或其他照顾者的积极合作伙伴。

自言自语

听觉信息加工和语言能力有问题的儿童，经常陷入自言自语的状态。可能他们只是想把自己心中想法大声说出来，或是针对与他人互动（他们感觉这很难）而做出的一种防卫行为。比如，无法加工理解别人的语言信息、容易陷入自我沉迷的儿童，可能会发现，跟自己说话比较容易做到。自言自语也可以是一种把白日梦大声说出来的表现方式，用来拒绝外来信息的输入。我们必须分析儿童的信息加工能力，找出为什么他们认为自言自语比互动容易的原因。

为了找到适合自言自语儿童的互动方式，我们必须先观察且尝试用不同的办法与他们互动。如果因为环境不够有趣，使得儿童反应过低而陷入自我沉迷，或因为他们有听觉信息加工的问题，以至于只专注于自己的想法而不理会别人，又或者他兼具这两种原因，我们就必须以简单又充满活力和热情的方式跟他说话："嗨！你在做什么？""你喜欢什么？""看这里！"保持简单、有活力且吸引人的方式，就能将儿童慢慢带入他们所需要的互动中。

在学校里，习惯自言自语的儿童若对感觉的反应过低，且存在听觉信息加工的问题，就意味着他可能需要生活在一个由两三个儿童组成的小组里，接受老师、助理或家长志愿者的帮助；有时候，他们也需要一对一的互动机会，从而获得尽量有趣的互动氛围。通常直到儿童能够与别人有不错的沟通时，才适合在大团体里学习。如果他们有听觉信息加工的问题且自言自语，同时还在学习双向沟通能力，那么最好还是采取小组或一对一的学习方式，帮助他们喜欢上与人建立关系。有了这些稳固的基础之后，自言自语的行为就会自行改善。

接下来的这一章要提到视觉及听觉障碍，以及如何帮助这些无法看及听的儿童掌握情绪与智力的指标。第三、四、五部将进一步讨论如何利用地板时光、教育方案及针对特殊症状的治疗方法，处理独特的生理状态问题。

第十二章 独特的生理状态（下）

——视觉和听觉障碍

有两种独特的生理状态需要较深入的讨论：视觉和听觉的障碍。我们该如何帮助看不到或听不到的儿童？如何帮助他们充分利用其他感觉和情绪，以形成自我感并达到情绪和智力的指标？本章主要提供一些指导，来说明如何帮助某种感觉能力有障碍的儿童。不管是哪一种感觉，不管其障碍程度轻还是重，我们干预的原则都一样。

1. 提供一切医疗及生物学知识，促进有问题的感觉能力尽量发挥到最大极限。
2. 利用其他的感觉能力取代有问题的部分，帮助儿童察觉并认识外部世界。
3. 充分调动其他所有的感觉，形成一个共同合作的"团队"。
4. 促使这个由各种感觉能力组成的"团队"掌握每个发展指标。

处理视觉障碍问题

很多儿童出生时，就有不同程度的视觉障碍。DIR 的干预模式可以帮助有视觉障碍的孤独症谱系障碍儿童（或没有孤独症谱系障碍的视觉障碍儿童）掌握每一个情绪发展阶段，同时还能发展充分了解自己经验的能力，即使是那些通常通过视觉所获得的经验也不例外。（父母如果怀疑儿童视力有问题，应该尽快向儿科医生咨询，如有必要，也可以请教小儿眼科医生。）

通常，婴儿通过调动所有的感觉能力来形成对这个世界的基本兴趣，包括视觉、听觉、触觉、味觉及嗅觉。婴儿会将头转向妈妈发出声音的方向，看到她开心的笑容和发亮的眼神。如果孩子不能看，该怎么办？我们怎么帮助这样的孩子发展对空间世界的感觉？

当你以一种友好且吸引人的语气跟一个不能看的儿童说话时，如果你从她的左边转到右边,她可以通过你的声音追寻你的身影,然后定出你的位置;此时她正在建立一种"视觉地图"——一种确定物体在空间中位置的感觉。如果她转向发出声音的方向却还碰不到你,这时你可以牵起她的小手,放在你的嘴巴上,让她感觉到你嘴巴的动作。借由这样的触碰经验,她就可以"看到"声音是从哪里传来的。对于年龄大一些的婴儿,你也可以用相同的方法来教她使用嗅觉能力,例如,放一点味道特别的东西在你的手心,比如柠檬汁,让儿童闻到,然后让她通过这个味道确定你的手的位置。

重点是从儿童的主要优势入手,即通过情绪或情感帮助他在外部世界中找到兴趣点,然后利用他所有的感觉,帮助他建立一个空间路线图。15~16个月大的婴儿若没有这种空间路线图,即使她已经花很多时间搜寻整所房子或某个房间,还是不会知道东西放置的位置,你可以利用这个方法帮助她,不过必须根据儿童当前的动作技能。例如,你可以先引诱她,跟她玩"你能找到我吗?"的小小游戏,如果她能找到你,就给她一些好处(亲吻或糖果)。这样,就能激发她形成空间路线图并采取行动。

每一个阶段的原则都一样,对于新生儿,我们要从一出生就预防出现发展障碍;至于较大的儿童,则需要学习掌握发展指标。针对第二个阶段的参与能力,不管是婴儿还是较大的儿童,要想在头脑中形成一幅父母对着她绽放笑容的愉快图画,都需要通过声音、触摸、嗅闻和规律动作来体验父母带给的温暖和愉快的感觉。因此,当爸爸以有节奏的方式对着3个月的女儿说话,同时露出开心的笑容时,小女孩会听出爸爸声音中的喜悦。她可能会回他一个微笑,不过因为她无法看到爸爸的笑容,他必须牵起她的手摸他的脸,让她触碰他的嘴巴,然后亲一下她的手。通过这种方式,让她感觉到这个愉快的声音是从哪里发出来的。爸爸身上的味道与妈妈不同,所以儿童开始建立一个多元感觉的照顾者影像,并且会爱上这个影像。

再来看一个3岁孤独症谱系障碍儿童的例子,她有重度的视觉障碍,经常陷入自我沉迷且行为毫无目标。为了帮助她能与别人形成更多的连接,并参与到外部世界中,你也可以利用相同的训练方法:以有规律的方式跟她轮流发出声音,即使只是一些好笑的声音也无妨,然后让她摸你的脸,知道这些好玩的声音是从哪里发出来的。这个阶段的儿童已经具有一些动作控制能力,所以你可以诱导她来抓你。比如,你可以将一个她喜欢的、有纹理的玩具放在自己头上,引导她伸手来摸，接着她可能自己会伸手来摸。让她与你建立亲密关系，帮助她建立一个视觉空间地图。

到了我们提到的第三阶段，即有目标的双向沟通能力的阶段。我们常看到小婴儿伸手去抓妈妈手中的东西，拿走后又把它放回去。有视觉障碍的儿童很难做到这一点，因为他看不到妈妈正将手中的项链悬在他面前，让他玩。我们必须帮助儿童通过触摸感到物品的存在：妈妈可以把项链放在儿童手中，然后慢慢拿到自己的脸旁；如果儿童喜欢这条项链的质感，那么此时他就具有目的性，想要伸手去拿。妈妈可以运用这个阶段儿童会跟别人发出咿呀声的能力，联结儿童能伸手拿东西的能力，用声音引导他："在这里！在这里！"儿童确定出声音的方位之后，开始朝着声音的方向伸出手，结果发现只要一伸手就可以拿到自己想要的项链或会发出声音的玩具。

婴儿将手伸向声音出处时，就表明他开始出现有目标的动作了。他从妈妈手中拿走项链，接着妈妈一边问他"哦，我可以拿回来吗？"，一边碰碰他的手。妈妈或许可以拿得回来，然后转到婴儿的另一边，再重复刚才的动作，他又一次伸手去拿项链。这类小游戏可以训练婴儿的发声、动作、触觉，甚至味觉和嗅觉（所有的物体，包括食物，都可以用来做这个游戏），因此婴儿就有机会练习所有的感觉能力，只不过都是一个一个地单独尝试。

此外，了解许多不同的情绪也很重要。儿童看不到面部表情，不过可以模拟父母声音中的感情。因此你应该尽量使用活泼的口气，因为儿童主要通过那些伴随面部表情而出现的声音来学习情绪表达能力，如愉快、惊讶或儿童由于咬人或抓人而体会到的别人的生气。如果儿童拉扯妈妈的头发，妈妈可以大声说"唉哟，好痛！"并且牵起儿童的手摸她的脸。这样，就让儿童感受到当别人不高兴时，不仅语气发生了变化，而且面部表情也与高兴时的不一样。因此，儿童通过触觉、听觉及动作等媒介，感觉出别人的情绪，并且跟着调整自己的情绪，才能具有双向沟通的能力。

这样的方法也适用于孤独症谱系障碍中年龄较大、还未掌握信号示意能力，并有视觉障碍的儿童。对于2～4岁的儿童，你可以依照他的智力及情绪发展阶段，安排相同的互动；尽量使用不一样的玩具或礼物，或者如果儿童已经会说话，可以使用合适的语言。但是不管面对的是几岁的儿童，目标是一样的：学习利用声音或词语、触碰及动作，锻炼双向沟通的能力。比如，儿童对小飞机很有兴趣，你让飞机一直动，问儿童："飞机飞到哪里了？"你的声音指出飞机的方位，儿童就可伸手拿到。她拿到后，你说："哎呀，它要飞回我这边，我就在这里，它必须飞回来停在这里。"看看她是否会把飞机放到你手中。这样你就能在空间路线图中加强儿童的双向沟通能力。

接下来的共享式问题解决阶段，你们仍然需要相同的合作感，以及交换更复杂且细微的情绪。该阶段的目标是通过五十、六十或七十个情绪互动的循环，让儿童能体会生命中的所有情绪，包括依赖、亲密、坚持、探索甚至愤怒；同时，儿童开始学习整合自己的所有感觉，并将通过这些感觉获得的信息集中在一起，这样就能帮助他整合大脑中的不同区域。

生命中的第一年，大脑内的许多区域都独立运作。到了第二年，这些不同区域开始有了连接。若能以儿童的情绪兴趣为基础，帮助孤独症谱系障碍儿童使整个心智团队（mental team）协调运作起来，就可促进大脑内的这些连接。如果儿童不能看，你就必须通过其他途径提供更丰富的经验，发展共享式问题解决能力。对于年龄稍大、已经会走路的儿童，可以针对其视觉方面的问题，对"找东西"或"寻宝"的游戏做一些调整，比如，利用会发出明显声音的娃娃或音乐盒；或者爸爸可以先玩一下玩具，然后躲起来，并发出有趣的声音。接着儿童在妈妈的帮助下在房里到处寻找爸爸，她可能在找了三四个地方后，才找到发出声音的地方。（这样前后左右的移动，帮助儿童对房间有了空间的认识。）

等到她找到爸爸，爸爸待的位置就会在她的心理地图中。接着又发现爸爸手中有巧克力糖或她喜欢玩的会震动的玩具，这会增加儿童发现爸爸的愉悦感。这种互动，加上寻找爸爸时与妈妈的互动，如"你很接近了！""我们又走远了！他到底在哪里呢？"，使得儿童有机会练习交换声音及情绪的信号。即使儿童还不会使用很多词语，他们也可以听懂声音的音调；即使还不懂一些词语的真正意义，他们也能理解"热"及"冷"的提示。如果没有其他人参与，这时躲起来的那个人就必须随时保持跟儿童互动，提示她："不对，你走远了……我在这里！"儿童或许也会以声音回应，呵呵地笑着，因此在加强她的动作及语言技能的同时，你们之间也能交换许多情绪的信号。通过这种方式，即使儿童缺少视觉能力，神经系统还是可以充分发展的。

解决问题的互动经验也可以帮助儿童调整自己的情绪及行为。通常这个阶段的儿童，即使跟照顾者隔了一段距离，也能发展出亲密的感觉；他们不需要坐在照顾者腿上，自己坐在房间一端玩的时候，也能看到父母在另一端露出笑容。他们可以单独玩耍，并通过隔着一段距离的沟通获得支持及慰藉。换句话说，通过视线所看到的景物，使他们内心获得了安全感；眼睛看不到或看不清的儿童也能通过听到的声音感到安全，不过照顾者的声音要特别生动活泼，且随时都要跟他"对话"。

如果儿童正在玩积木，而你坐在房间的另一头看报纸，同时这个儿童的互动能力不是很好，那么你就必须持续跟他"对话"。如果儿童已能建立一些基本关系，而你希望他再独立一些，那么你可以隔一段时间就用活泼的声音对他说："哇，你盖了一间好酷的房子！"儿童听到你的声音，并且从声音中获得亲密的感觉。有时你也可以说："你可以来这里给妈妈抱抱吗？"这时他就可以利用听觉能力知道你的准确位置，然后利用动作系统走到你身边、让你抱一抱，然后再走回去玩积木。听到你的声音让他安心，知道你在哪里，而且你也赞许他正在做的事情。

进入下一个阶段，"产生想法"，我们必须确定儿童形成的象征或想法利用到多元感觉系统。对于有视觉障碍的儿童，不管他年龄多大，如果还没掌握假扮游戏的能力，我们就必须通过其他所有的感觉系统帮助他创造一个想象世界。父母跟儿童一起讲故事、听磁带、看电视节目或动画片时，可以假扮其中某个主角的声音，解释剧情给儿童听；也可以假扮成想象中的人物、小狗、小猫或其他动物；装扮成娃娃或填充动物的声音，这些被装扮物只要材质不同、特征明显，儿童通过触摸能够分辨就可以了。

用玩具的声音说话，问儿童问题，鼓励他也假扮（如果有两位照顾者，可请其中一位站到儿童的背后，示范用假扮玩具的声音说话）。"车子在这里！我们去兜风吧。你可以把泰迪熊放在车子里吗？"先帮助儿童把小熊放进车子里，然后问他："哦，它要去哪里呢？它要来我这吗？我又在哪里呢？"鼓励儿童把车推到你身旁。这个做法同样是利用儿童的触觉、动作、听觉及词语，创造出一个涉及空间的想象剧情。帮助有视觉障碍的儿童能够循着发展阶梯，进入到充满想象和游戏的世界，关键在于通过触觉系统让儿童对玩具产生兴趣，并随时以生动活泼的声音跟儿童对话。

如果照顾者或父母不能体会视觉障碍给儿童带来的限制，往往就无法站在他们的立场设想。父母可以做个小小的练习，跟儿童玩时试着闭上眼睛，这样父母便可以体会到通过触觉、听觉、嗅觉和味觉，进入想象世界的乐趣。有时我们会投射过多的痛苦及挫折感在儿童身上，或许她并没有那么强烈的感觉，特别是一个出生就有视觉障碍的儿童。这样的儿童会利用视觉以外的方式来认识世界，甚至利用已有的感觉形成对世界的高度理解力，而这一点我们往往都达不到，我们应该帮助儿童发挥这方面的专长。

再下一个阶段，"将不同的想法联结在一起"，通常可以通过语言对话来实现，不过我们也希望儿童能将自己的想法与空间世界联结在一起。儿童学习把车子从娃娃屋推到玩具学校，或建造一个小镇。"娃娃要去哪里，为什么？"我们由此帮助儿童学习回答"为什么"的问题，如"芭比为什么要去学校？""为什么艾玛觉得冷呢？"。我们希望儿童能学习将语言的逻辑与空间的逻辑联结在一起。当然，这些能力对于眼睛看不到的儿童更加困难。他们该如何学习更高层次的空间概念，比如，数量？答案还是利用触觉及动作。儿童可以用手先触摸两个硬币，然后再触摸五个硬币。她必须移动自己的手，而摸五个硬币的动作模式显然要比摸两个的复杂些；这样，她就能形成一个心理影像，比较五个硬币跟两个硬币之间的不同，而且她也很高兴能够学习认识这些硬币。

所以，为了帮助儿童将不同想法联结在一起，我们需要引入数量概念，以及学会将不同部分的空间联结在一起，并会用涉及"哪里""谁""什么时候""为什么"这类问题的口语进行对话。要做到这些，我们可以用假扮游戏及逻辑对话来实现。当目标转换为多种原因及比较程度思考能力时，我们要记得考虑儿童的空间思考及语言思考能力。如果她正在学习比较程度思考，你可以用口语问他问题，如"你为什么比较喜欢跟约翰尼玩，而不是跟艾洛斯玩？""有多喜欢呢？"。你也可以用空间的观点来问她"你要多少苹果酱呢？"，然后给儿童三个不同大小的碗，让她用手摸，感觉出大小的不同，再告诉你她今天想要用哪个碗来装苹果酱。使用儿童喜欢的东西做这个练习，她就可以将自己的情绪投入到大小和数量的学习经验中。

此外，也有我们所称的"大图像思考能力"，即见林而不只见树。有视觉障碍的儿童进到更高层次的思维能力后，我们可以鼓励他对所有的东西做一个概括说明，促进发展"大图像思维能力"。例如，儿童告诉你当天学校发生的事，老师布置了太多家庭作业或某个同学很坏，我们可以问他："哇，假如把一天的事情都放在一起，总体来说你感觉如何？今天是怎样的一天呢？""妈妈，这真是很糟糕的一天！"或许当天不只有糟糕的事，也有愉快的事，所以儿童回答："总体来说，今天还不错。""总体来说"这么一个简单的句子可以帮儿童将一件件事整理成一个完整的感觉，成为"大图像的思考者"。

最后一点，有视觉障碍的儿童进展到更高层次的思维能力之后，我们也希望他能继续发展动作和空间能力。也就是说，当儿童使用点字法阅读或学习用磁带播放出来的书本内容时，我们也希望帮助他发展基本能力，比如平衡、协调、左右统合及空间式问题解决能力等。比如，眼睛看不到的儿童还是可以玩棋类活动，只要能提供特殊的棋盘，让他们通过触摸能在头脑中"看到"整个棋盘的图像。

处理听觉障碍问题

很多儿童天生就有重度听觉障碍。由于明显的生理方面的问题，他们无法听到声音。其实跟帮助有视觉障碍的儿童一样，尽管他们丧失了某一种感觉，但我们可以利用其他感觉，帮助他们掌握六个发展指标，成为完整的情绪和社会性互动者，并发展出所有的认知技能。

当然，这些听力损伤的儿童绝对比普通儿童更难建立这些发展指标。普通的新生儿通过声音来学习注意力和调节能力，但是有听力损伤的儿童必须通过视觉和触觉。对于这些儿童，虽然温和且慰藉的声音不管用（你还是要继续跟婴儿说话，所以她可以习惯看大家用语言沟通），但是你可以用点头或具有安抚性的轻触来传递温暖的信息。你也可以用触觉及视觉甚至某些不同的味道来帮助儿童学习协调动作及感觉信息的输入。通过这些不同的感觉系统，儿童会逐渐提高对不同程度的愉悦感及亲密感的敏感度。

你也可通过交换物品、面部表情、不同的触碰动作等方法，来发展儿童有目标的双向沟通能力。同样，在发展儿童共享式问题解决能力时，既然你无法使用声音，那就采用视线接触的方式，确保房间另一端的孩子能与你保持联系。你的面部表情，如"不行"的生气表情、"啊，好棒！"的愉快神情和其他不同表情，要尽量生动活泼。通过你握儿童手的不同方式，如温柔的、愉快的或坚定的（设定限制），帮助他学习调整自己的心情及行为。你必须以更活泼、更有示范效果且更细致的方式，帮助儿童运用听觉以外的感觉系统来建立与他人之间的亲密关系。

　　同样的原则也适用于进入运用想法和象征阶段的儿童。显然，这个阶段对有听觉损伤的儿童来说更难。不过他还是可以用图片及假扮游戏的方式学习象征能力。如果有听觉损伤的儿童正在学习解读口部动作及练习发声，父母尤其需要让自己的口部动作更有表现力。最后，他们可以教儿童模仿嘴巴及舌头的动作来发出某些声音。

　　如果给这些儿童植入人工耳蜗，照顾者常被要求站到儿童背后或用手遮住嘴巴，强迫儿童学习去听，而不是使用其他的感觉系统。我们认为这样会适得其反，因为正常的经验应该是多元化的。系统之间相互支持，而每一个符号都包括视觉、触觉、嗅觉、动作和听觉（针对听得到的人）等部分。因此，如果其中有一部分受到阻碍，应该尽量鼓励其他的系统能够顺利运作。你应该鼓励带人工耳蜗的儿童将听觉的新经验与其他的所有感觉系统结合在一起，让她拥有丰富且多元化的影像。否则我们会制造出一个人为的问题，从而增加了孤独症谱系障碍儿童统合不同感觉系统的难度。我们可以安排短时间单独训练儿童的听觉能力，帮助她察觉和分辨不同声音，不过儿童主要的学习经验还是利用所有的感觉系统获得的。

　　通常我们会假定：如果儿童的主要感觉能力有损伤，他们常会出现自我沉迷行为。事实并非总是如此，但确实有这种可能。不过，如果能强化其他的感觉经验，就有助于降低这种可能性。记得站到儿童的面前，确定他可以看到你丰富的表情，同时，当你触摸儿童时，要投入大量的感情，让儿童感受到你的情绪，这样他就能获得更多视觉及触觉方面的信息，来弥补听力的损伤。

　　有时如果儿童有某方面的感觉障碍，父母就停止利用这部分感觉系统跟儿童沟通。如果儿童耳朵听不到，父母就不再跟他说话。不过不管儿童是否听得到，照顾者都应该继续跟她说话，以保持活力，维持自己传递情绪及关怀的方式。有规律有节奏的声音，加上触摸、手势及充满感情的表情，也能帮助儿童进入共同沟通的下一个阶段。

　　为了帮助儿童建构出一个完整的自我感，并发展出与实际年龄相符的社会性能力和智力，我们为儿童提供相应的经验，调动他们所有的感觉系统及情感，并支持他们达到所有的情绪指标。

第三部 地板时光

第十三章　家庭取向的地板时光

这是一个有两个孩子的家庭。8岁的安娜有轻度的孤独症，父母需要花很多精力才能让她参与跟别人的互动。13岁的姐姐达茜相当聪慧，功课表现杰出。不过每当妈妈陪伴安娜练习、在厨房准备食物或做家务时，达茜总会放下功课，跑到妈妈身旁，极力想获得妈妈的注意。妈妈想知道该如何同时帮助这姐妹俩。

我们不只要关心有特殊需求的儿童，还应该关注有特殊需求的家庭。因为一旦儿童的发展出现问题，不管是孤独症谱系障碍或出现严重的语言、动作，或是其他发展问题，整个家庭都会面临重大挑战。一旦得知儿童有孤独症或其他发展问题时，这些家庭会出现两种基本反应模式。积极的反应模式是将危机视为转机，努力调动全家人，甚至社区中的每一个人，一起应对这个特别的事件，找到新的方法将大家聚在一起，寻求建设性的解决办法。有很多家庭和社区面临危机时会采用这样的应对方式。

不过，另一种完全相反的反应模式则妨碍了家长采用有建设性的解决方法。家中有特殊儿童带来的压力，常导致家人的注意力只能集中在有限的焦点上而且态度固执。有时，家庭的反应模式就跟孤独症谱系障碍或其他特殊需求儿童固执的反应模式没有两样。同时，广大社区居民也可能出现相同情形。危机容易让社区居民形成两极现象，产生一种"我们 vs. 他们"的心态。

当碰到生活压力时，人们的态度容易变得固执、焦虑、极端，只专注一些细节的事情，个人的观点变得狭隘，这都是常见的反应，甚至可以追溯到人类祖先的时代。其实大部分健康的家庭都会游走在这两种反应模式之间。某些日子里可能表现得很积极、富有建设性，即能够与配偶或大家庭的成员一起解决问题。有些时候则显得固执、好斗、敏感且容易受到伤害。我们认为在帮助孤独症谱系障碍儿童达到发展指标，或运用本书所提到的地板时光技巧时，家长或其他照顾者都要仔细思索自己的反应模式。

照顾者的优缺点

养育孤独症谱系障碍儿童常面临许多困境及某些特别要求，因此需要花费额外的精力才能将儿童引入建设性的发展方向。想要帮助家人保持积极的态度，必须先了解每一位主要照顾者（包括父母、祖父母、老师、治疗师、兄弟姐妹等）的优缺点。每个人都具有一些天生的优点，同时也有脆弱的缺点。例如，某个家庭中的妈妈，很善于养护孩子，解读小女儿发出的示意信号的能力非常强，因此母女之间的表情动作对话非常精彩、生动。不过她一紧张，就容易变得过度保护，无法对儿童提出要求。尤其在她认为无法掌控情况时，就不会要求儿童做出走过来，扳开她的手指，找到她藏在手掌中的小玩具等主动性动作，反而自己打开手掌，将玩具直接放到女儿的手中。这样的做法等于剥夺了让女儿采取行动并解决问题的机会。

有趣的是，这样的行为也出现在她的婚姻关系当中：当她心情不好或缺乏自信时，就会做出一些"取悦"先生（根据先生自己的描述）的事情，但这样的举动只能引起先生的反感。我们讨论了这种情况，发现妈妈对自己生气时，常常就会做出这样的行为，这就是她应对愤怒的方式，那就是不管别人想不想要，总是以一种干劲十足的方式去"照顾"他们。我们一起讨论这种模式，妈妈开始学习以更直接的方式处理自己的挫折感，她很快学会在关怀别人的同时，也能对他人进行引导并提出要求。她秉持着天生具有的关怀特质，很快就学到地板时光的诀窍。

这个家庭中的爸爸是一位电脑专家，做起事情来总是井井有条。他负责一家大电脑公司中的一个庞大部门，手下有不少员工。由于本身具有优秀的组织和系统思维能力，他的工作表现一直非常杰出。在这个家庭中，由他负责组织协调所有的治疗及服务资源，并且与学校进行有效沟通，以满足他女儿的全部需要。不过在地板时光游戏中，如果小女孩不愿做他所要求的事时，他常显得专横且固执。他不再抱着与儿童一起玩耍的态度，口中喊着："哦，我打赌你一定找不到爸爸！我要去躲起来了！找找看，我在哪儿？"他开始命令她："眼睛看这里！"于是小女孩更加紧张，变得更自我沉迷，自我刺激行为增加，开始到处乱跑，并且一直盯着电灯。

通过我们的指导后，爸爸在女儿面前逐渐能保持有弹性的态度，其实他也有很好玩的一面。他可以放松、变得有趣而淘气，会以一种玩耍的方式对女儿提出要求，比如，戴上滑稽的帽子，忽然俯身躲在不同家具的后面，让女儿在房间里四处找他，从而持续进行了许多沟通循环，双方都显得很开心。小女孩在这个时候表现得很有互动性，友好并乐于参与，而且能使用一些语言。不过在父亲态度强硬并显得专横时，她就开始退缩。

为了帮助儿童渡过本书第二部提到的阶段，同时也为了运用接下来各章要谈到的地板时光方法，家庭要做的第一件事就是找出每一位照顾者的相对优势和劣势。家庭可自行完成此任务或借助临床工作者的帮助，主要照顾者必须定期坐下来，问问自己这个大难题："我有哪些优点，哪些缺点呢？"我们曾经接触过的家长或其他照顾者大都有能力完成这个任务，尤其是当我们直接问他们："如果事情变得困难重重，你处在压力下，你会打算怎么做？结果如何？"如果他们不知道该怎么回答，我们会列举几个比较常见的反应提示他们："那么你会变得退缩、专横或更咄咄逼人，还是会采取过度保护的方式，变得更六神无主且紧张兮兮，同时忘记了自己原先的目标？"事实上没有那么多的可能性，所以我只要重复提出这些内容即可。显然家长们可以选择的建设性做法，就是让自己变得更具抚慰性且更有调节能力，更具关怀性和亲和力，更有互动性和推动力，更善于运用语言表达支持，更有创造力且更具合作性。

在遭遇挫折时，大多数人通常会出现两种不同的反应类型。治疗师可以帮助照顾者仔细观察自己的特点（以及其他人的特点），有时照顾者也可自行做到这些。如果父母中的一方无法找出自己的特点，我们会邀请另一方帮忙想出对方的优点和缺点。通常他们也都能提出对方的优缺点，我们几乎未曾碰过无法说出对方优缺点的夫妻。

一旦确定了照顾者的优缺点，我们就会观察他们的优缺点在以下两种情况中如何发挥作用。第一种状况，我们通过儿童发展指标的进展情形来观察照顾者的特点。这些反应模式到底是增强还是阻碍了亲子之间的最佳互动？这些反应模式是有助于还是妨碍了儿童想要放松、专心及聚焦时所需要的稳定、可调节的注意力？父母在将精心培育的参与、亲密的关系、利用姿势动作和面部表情进行的沟通以及一连串的社会性和情绪示范转化成问题解决方法的一部分时，做得怎么样呢？

第二种要考虑的情况，是如何将父母的特点完整呈现在人际关系和家庭模式当中。对儿童不利的某种模式（比如，父亲变得专横而不是更好玩），也可能出现在父母单独吃晚餐，检查账单，或讨论儿童的学校时。爸爸感到灰心，变得有点专横，接着妈妈感到愤怒等等。如果父母处于争吵状态，就很难提供儿童需要的关怀性的互动关系。这种弱点也经常出现在父母以各种不同的方式在与儿童相处时、与家中其他儿童相处时或在夫妻关系中。

全家人在一起时，亲密的程度如何？他们彼此之间有多少沟通呢？共享式问题解决的能力发展得怎么样？创造力和想象力会通过话语和假扮游戏表现吗？逻辑思考能力（将各种想法联结在一起，了解彼此话语的意思，开启并延续某个话题，而不只是一直变换话题）发展得怎么样呢？比如，幼儿在家庭晚餐时间里一直喊着："蓝色的车，蓝色的车……"某个家人问他："小可爱，蓝色的车在哪里呢？"儿童用手指着说："我要玩，不要吃，要玩！"这时家人才终于了解儿童的意思只是随口说出来的话。

父母或其他照顾者单独跟儿童在一起时，或许会以支持的态度帮助儿童的发展，但他们聚在一起时，却可能出现以下现象：意见分歧、强调自我、谈话内容纷杂、重视具体的议题而不能有创造性地使用各种想法，以及理解事情的能力欠佳。如果家人彼此之间的谈话总是没有交集或目标相左，若家人互相伤害或兄弟姐妹之间相互竞争，那么这样的家庭一定会遭遇很多困难。

孤独症谱系障碍或其他特殊需求儿童的家庭，必须留意自己帮助儿童发展前六个情绪指标的能力如何？ 促进儿童发展更高层次的比较程度思考及反省式思考的能力又如何？一旦照顾者能确认出这些家庭模式，就可以察觉到自己与其他家庭成员是如何相处的，因为我们都是喜欢"习惯"的生物，尤其面临压力时，总是习惯反复做同样的事。当我们感到不确定，没有把握且焦虑时，会重复显示相同的模式，而通常这些模式就是从自己的原生家庭学来的。了解这些习惯背后的家庭历史，通常会有一些帮助（不过并非绝对必要）。处在压力之下时，我们为什么会变得专横或过度保护？ 原生家庭如何塑造出我们的反应模式？

接下来,父母要做的就是扬长避短。怎么才能做到呢？对一个网球选手来说，这有一点像施展反手拍法。如果你的正手拍技巧优于反手拍，就会习惯使用双脚并经常使用正手拍。大学里擅长文学课程而数学能力差的学生，一定会选修较多文学方面的课。不管碰到什么状况，我们往往会想办法回避自己的不足，发挥自己的长处，而孤独症谱系障碍儿童的家庭也同样适用这个原则。对彼此弱点了如指掌的夫妻，应该避免挑衅对方。他们也应该意识到自己的劣势并且不要屈服于这些劣势。

回到前面提到的家庭案例，因为不能顺其心意而变得专横、强制指使他人的父亲，开始察觉到自己的倾向并留意到：每当女儿出现难缠和抗拒行为时，他说话的声音就会变得尖锐且带着命令口气。接下来，通过有意识的努力（即使在他生气时，也刻意不以严厉的态度命令女儿），他可以先退后一步思考。即使他这么想着："她实在被宠坏了，我不能对她让步。她必须学习遵守纪律，且接受现实。"他还是可以学着告诉自己："嘿，她只是一个2岁6个月的小女孩！我们足足有20年的时间来帮助她适应外部世界，何必急于一时呢？"

如果照顾者想找理由坚持自己原来的模式，我们会提醒他们，这样的举动只会让问题越来越严重，让儿童的行为越来越难以处理。这位父亲越清楚自己专横的倾向，就越有可能想办法处理。这个家庭中过度保护的妈妈察觉到自己为儿童做太多事时，会努力抓出自己的"罪行"："哦，我又再犯了！"虽然她还会做同样的事，不过可能只持续了几分钟，不再像以前持续数小时而浑然不觉。一旦你逮到自己的罪行，就要反过来努力发挥自己的优点做补偿性的改变。这位爸爸可以这么说"我要转换频道，让自己变得好玩"，同时努力做到。妈妈也可以说："我要转换频道，对儿童要求更多。"刚开始几次可能不容易做到。不过到了第15次时，你就会掌握到诀窍，很容易就切换频道。如果你能不断自问："我现在正在做什么？"那么学习曲线就必然能突飞猛进。有时只要通过彼此的提醒，夫妻之间就能互相帮助，比如，"你又当'将军'了""你又成了'喂食者'了"。试着找出一个词作为暗号，在你的缺点出现时，你的配偶可以用它来提醒你。抽出时间来讨论这些话题；开始讨论时，先让对方分享他或她关心的事，然后你再提出建议。双方都应该具有同理心，千万不要以优越感的姿态出现。这一点将对你运用地板时光技巧帮助儿童很有益处。

展现出最好的一面

接着进入下一个原则：鼓励彼此、配偶或任何一位照顾者展现出各自最美好的一面。通常我们很容易让问题越来越糟。再来看上述固执的父亲及过度保护的母亲这个案例（我们绝不是有意给母亲及父亲冠上这样刻板的印象。其实有很多家庭刚好相反，妈妈偏向固执而专横，而爸爸则是过度保护。当然也有很多其他的模式，所有的模式之间都有很大的差异）。如果爸爸又固执起来，妈妈对他惹恼小女孩的行为感到生气，就会开始责怪并严格要求他"不要这样！"，这反而让父亲更紧张且更专横，然后双方都在生气，每件事都越来越糟。或者，妈妈又帮儿童做太多事情，爸爸感到自己被排挤在外，而且丝毫得不到妈妈的关怀，因此他也开始责怪妈妈或干脆退缩，妈妈也就更加彷徨，因为这本来就是她处理焦虑的惯用模式，而且这种模式会越来越明显。

你不必问自己"我该如何让配偶认识到自己的缺点，并且愿意承认自己就是家中的问题？"，相反，你应该自问"我该如何帮助自己的配偶（或祖父母或老师）展现最好的一面，这样他们就能更好地帮助孩子？"。即使你离婚了，不管你们之间有怎样的法律纠纷，不管你多么憎恨你的配偶，她或他依然终生都是孩子的妈妈（或爸爸），因此还是可以采用这些原则。请将你的前任太太（先生）视为一个重要的亲戚，并遵循这些相同的原则。当然，做起来会更困难，因为你们必须将离婚事件与共同处理孩子的事情视为两个独立事件。

如果你的太太态度固执，而你知道她感觉不安全时就会出现这种模式，试着帮助她放松下来，保持愉悦的心态。或许你可以采用游戏的方式，加入一些幽默感，比如"好的，老大！我们最好都听妈妈的，因为她是总管！"；或者你们也可以在游戏之后有一小段互相支持的闲聊；或者彼此帮对方搓搓背，一起吃个冰淇淋。夫妻每一方都知道如何走进对方的内心深处，了解如何软化他或她的心，帮助他或她放松。带着这种心情他或她可以跟你讲理，你就有机会发挥出最好的一面。通常在别人变得挑剔、焦虑且操控时，其实他们真正需要的是温暖、关怀及安全感。因为他们的行为主要源自紧张及焦躁的情绪，所以不要被表象迷惑，而应该帮助他们放松下来。如果父母中有一方感到彷徨，他（她）会觉得没有安全感，并且认为如果自己是一个能力较好的照顾者，他（她）的孩子就不会有这些问题了。此时，如果另一半能肯定、支持他（她），让他（她）感觉自己被重视，就可以帮助他（她）放松下来。

如果这个做法行不通，那么还有其他的办法。我们曾经碰到过这样一个家庭，家庭成员通过采用最有建设性的应对方式，真正做到了团结一致。他们告诉我们："其实，苏茜的障碍促使我们家人的关系更亲近。"你可以感受到他们之间的亲密关系以及共同努力的团队精神。这个家庭发现他们生命存在的崭新意义，而且家人之间的关系更深厚、更有意义。他们的生活不只是围绕小孩参加足球比赛、全家度假或小约翰尼和苏茜今后去哪念大学这些话题，也会探讨亲密、温暖、同理及关怀等涉及心灵深处的话题。这些家庭中的父母听到儿童被诊断为孤独症谱系障碍时，通常也会出现相同的挫折、愤怒及失望的情绪，不过等到他们克服了这些感受并能互相讨论时，彼此之间已经走得很近，联系也更深。

其实做到这些并不容易。有时夫妻之间不但没有互相支持、帮助，反而不断攻击对方，互揭短处，彼此苛求，责怪对方。那些无法找到更多关系连接的家庭，常常受困在可预期的挫折、愤怒、失望情绪之中，或因无法克服这些情绪而精疲力竭。如果家庭无法处理孤独症谱系障碍儿童的障碍问题，那么就应该主动寻求一些援助。如果一对夫妻想要分析自己的优缺点，发挥自己的长处，却总是做不来，即两人之间始终有一些冲突，并且互触对方的雷区，那么就是该寻求帮助的时候了！

你可以从为儿童提供治疗的专业人员（第二十章所提到的各种专业人员）那里获得帮助，或者也可以请治疗师、朋友或同事推荐合适的人选。当然善于处理这类事的好朋友也是上佳人选。重要的是找到合适的人，让他（她）帮助你们在本章所提到的构架中分析自己的家庭及夫妻关系模式，告诉他（她）你们正在寻找对方的优缺点，并试着帮助彼此展现最好的一面。有时我们认为对方的所作所为有攻击意味，其实可能只是对方在不确定或焦虑时的一种应对方式，而我们却很容易把它个人化。或许第三方的介入能帮你们移开某些绊脚石。

父母时间

如果夫妻之间有了问题（或即使没有任何问题），两个人都应该找出时间单独相处，重新感受婚姻关系的亲密。接下来几章的内容将帮你了解为什么我们将这套疗法称之为"父母的'地板时光'"。如果父母不放心将儿童交给保姆，又没有住在附近的家人可以求助，有时候一定会感到压力大而且精疲力竭；同时，也就抽不出时间一起散步，出去吃晚餐，看电影来培养彼此间的感情。通常两个人就是疲于奔命，各自应对生活中的种种任务：带儿童看医生以及接受各种治疗，应对学校的要求，处理因孤独症谱系障碍而产生的其他症状（过分挑食、睡眠习惯不好、攻击及自伤的行为控制问题等）。面对这些压力，再加上缺乏亲密感，双方离婚的风险就增加了。

亲密感是情感的养料，如果夫妻双方没有时间交谈、彼此关心并互相安慰，婚姻关系中失去了亲密的感觉，两个人的内心就会缺乏安全感，失去被重视的感觉。这种感觉最常出现在你与好朋友之间，在配偶身上体现尤为明显。如果你未能获得这种感觉，必然也无法传递给儿童这种感觉。一个接受 DIR/地板时光疗法的儿童很需要父母随时的情绪关注。如果父母因婚姻不合而耗尽精力，出现愤怒、失望或忧郁的情绪，或因工作压力而精疲力竭，那么他们就很难满足儿童的需求。地板时光的核心精神就是向儿童传递温暖和关怀，让他愿意跟你一起玩耍，而不是退缩到自己的世界里。因此，你必须每周提供一些机会与你的另一半单独相处，理想的状态是每个星期安排几次（至少要有一次）。尽量找到一个可信任的人（亲戚、儿童的哥哥姐姐或保姆）能照顾儿童几个小时，让你们有时间出去散步或吃个快速晚餐。还有每周至少三四次，或者每晚等到儿童入睡后，安排半个小时到一小时的时间，两个人一起聊聊天来加深理解。

兄弟姐妹时间

就像本章一开始介绍的案例家庭，孤独症谱系障碍儿童的兄弟姐妹也会面临一些困境。每个人都会谈到兄弟姐妹出现嫉妒心或怨恨之类的情绪反应，因为通常孤独症谱系障碍儿童会得到很多的注意力，他的兄弟姐妹自然会感到在这场混乱中被遗忘了。他们也有可能出现其他反应：因为家人有问题而感到焦虑或忧虑；尤其是年幼的儿童，会担心自己也会出现相同的问题，变成孤独症者。有些兄弟姐妹，特别是年龄较大的，常会特别保护孤独症谱系障碍的弟弟或妹妹，往往压抑了自己正常的合乎年龄的兄弟姐妹间的竞争需求。因此，一个五六岁的儿童可能很早就成为一个小爸爸或小妈妈，这种情形使得这些儿童无法表达生命中很平常的肯定及竞争感受。有些儿童则刚好相反，对待有障碍的兄弟姐妹常常具有攻击性，这也许是因为心中太过害怕，以致根本无法顾及有障碍的兄弟姐妹的脆弱性，这种现象容易造成儿童以自我为中心的人格特质。

害怕的情绪有时会被掩饰成另一种感受（比如尴尬），有一个有障碍的兄弟姐妹会让有些儿童在朋友面前感到难堪。他们可能觉得因为自己有一个有障碍的兄弟姐妹会遭到同伴的取笑。父母可能会责怪他们竟然有这种反应，不过父母自己也会因为孤独症谱系障碍儿童在超市里不断旋转身体引人侧目，或同事来家里拜访时，儿童出现自伤行为而尴尬不已！如果父母会感到尴尬，那么儿童的兄弟姐妹体验到的尴尬感受可能比这强烈一百倍。虽然我们并不鼓励这种感受，却很能理解这种情绪。

所有这些都是可预期的反应（当然每个家庭会有各自的独特模式），父母越是能察觉到这些感受且愿意互相讨论，这个家庭就越能达到深层的理解，家人之间的感觉就会越亲密，关系就会越稳固。你应该提供足够多的机会让这些兄弟姐妹能说出自己的感受，而你也要让他们知道你对他们经历的事情感同身受并愿意解答他们的任何问题（特别是对孤独症谱系障碍儿童的弟妹）。在这些过程中，你必须采用适合他们年龄的方式，这一点很重要。

你也会想要拉这些兄弟姐妹一起帮助这个有障碍的儿童。有些家庭不希望有障碍的孩子成为其他孩子的负担，其实这是一个大错误！如果你不想将兄弟姐妹拉入到这个家庭挑战中（这是所有家庭成员都面临的挑战），他们就会有被排斥在外的感觉，因此你这样做并没有真正帮到他们的忙。兄弟姐妹（特别是哥哥姐姐）会觉得，如果他们没有机会参与，那是因为自己的父母"觉得他们没有能力陪小苏茜一起玩"，就像他们其中的一个曾经提到"他们觉得我会伤到她"或"他们对我没信心，所以不放心让我单独跟她一起玩"，这会让他们有被排斥的感觉。父母应该帮助儿童以一种建设性（而不是难以承担）的方式参与其中。就如同我们之前提过的，你不会希望这些兄弟姐妹成为另一个大人，担负太多责任，同样地，你也不会希望他们被排除在外。

以团体形式进行地板时光，是达到此目的的其中一个方法，第十五章将对此进行阐述。如果家中的孤独症谱系障碍儿童有哥哥或姐姐，父母可以指导这些年龄较大的儿童学会如何开启和结束沟通循环。哥哥姐姐们可以学习如何进行地板时光。几个星期后，他（她）就可能成为一个自发性的玩伴，可以陪伴孤独症谱系障碍的弟弟或妹妹。你在忙晚餐或其他家务时，他们就可以一起玩。有时你也可以要求年龄大很多的儿童（比如9岁的哥哥或姐姐）为有孤独症谱系障碍的弟弟或妹妹（比如4岁）担任临时保姆，并付给他（她）适当酬劳，作为日后他们可能担任别人临时保姆的职前训练。当然，请9岁左右的哥哥姐姐帮忙时，父母还是需要同时待在家里。通过照顾弟弟妹妹的经验，这些哥哥姐姐能够学习如何跟他们玩及互动，并获得自豪的感觉以及较深层的同理心。

这个情况与实施融合教育的班级颇为类似，普通儿童将一个经常陷入自我沉迷的儿童拉进自己的社交圈，往往是一项具有挑战性的任务，他们可以通过这样的经验来学习同理心，学习如何与人相处并且练习各种社交技巧。对所有人而言，这都是非常具有建设性的经验。

当然，你不能要求这些兄弟姐妹为了陪伴有障碍的儿童而牺牲自己喜欢的运动或其他活动。这些兄弟姐妹常会因为感到被你忽视而产生竞争心态，想尽办法来博取你的注意，就像本章开头提到的达茜。爸爸或妈妈应该每天至少花半个小时与这些兄弟姐妹相处，并以他们为焦点。在这段相处的时间里，你们可以进行地板时光，或某个计划已久的活动，或者只是闲逛。不管你们是骑脚踏车到公园散步或出去吃冰淇淋，还是在一起聊天或做游戏，她一定是这个时段的核心人物。这些事情最好安排在儿童静下心来做家庭作业之前，否则她可能会因为没能跟你有一段欢乐的时光，而在做家庭作业这件事上给你出难题。其实若有必要，儿童可以到周末再把功课补上。

如果有足够的口语表达能力，这些兄弟姐妹也可从每日的"问题解决时间"里获得好处（有口语表达能力的孤独症谱系障碍儿童也同样可以受益，后面几章会详细说明）。可以将"问题解决时间"安排在晚餐、开车或一起坐在沙发上的时候。这段时间，你们可以一起玩"想一想明天"的游戏，你们一起讨论明天可能会发生的一些美好事情，同时也谈谈儿童可能会面临的一些挑战，比如做功课，嫉妒妹妹，或在学校被同学取笑等。你可以帮助她更具体地描绘某个状况，以及当时可能会有的感受。如果牵扯到其他人，请儿童也试着描绘这个人可能会有的感受。接着再请儿童描述她面临这个状况时的习惯反应，比如，如果她嫉妒妹妹时，就会老缠着妈妈不放。你可以问她："你觉得我花太多时间注意妹妹时，你会用什么最好的方法获得我的注意力？你曾经试过的最棒的方法是什么？"如果这是一个 8 年级的孩子，她就会吹嘘她是如何以自己的机智博得你的注意，接着你可以问问除了缠着你不放或拖延自己的作业外，还有什么其他方法，甚至可以问她"如果你是爸爸或妈妈，会怎么做？"，她可能会给你一个出人意料的回答。通过这个方式她开始看到自己其实有一些主张，并且感受到父母的支持。

我们一直建议有孤独症谱系障碍或其他任何障碍的儿童的父母，应该为儿童安排一周至少 4 次与别的儿童一起游戏的时间，这样他们的主要玩伴才能从父母转移到同龄人。如果儿童一周只有一两次的游戏时间，而且妈妈是主要玩伴时，就会一直持续有匮乏的感觉。如果有了更多的游戏时间，同龄人自然变成欢乐感觉的重要来源。当然妈妈仍然是儿童获得安全感、温暖及问题解决的重要来源，但不再是一起出去玩或骑脚踏车的玩伴。

还有一点，应该多安排些家庭时间，让每个家长都感觉到自己是团队的一员，需要共同面对困境。有时全家人也可以只是聚在一起玩乐，包括爸爸、妈妈、有孤独症谱系障碍的儿童以及其他兄弟姐妹，全家人一起坐在地上，这时的家庭目标就是尽量增进全家人（兄弟姐妹之间、父母之间、兄弟姐妹和孤独症谱系障碍儿童之间）的互动。虽然每个人都处于不同的发展阶段，但是你可以试着找到某些共通的剧情、共同的游乐方式，可能是配合音乐做动作，或一起围个圆圈玩"丢手帕——你跑我追"的游戏，或玩"拾荒游戏"。你可以从顺应年幼者的玩法转换成适合年长者的玩法，让年幼者模仿，并从互动中学习。

如果全家人有很多时间聚在一起，经常做游戏、烹饪或散步，那么自然就会出现很多关注和参与、各种表情动作、互动，一起解决问题的机会也会增多。有时简单的事情，如栽种植物或装饰生日蛋糕，也都会用到创造性、逻辑性甚至反省思维。每个儿童都处在不同的发展阶段，不过如果每一个人都能参与，那么人人都能受益。年幼者学会参与和互动，年龄较大的儿童学会使用清晰的语言争辩，父母则有机会观察到儿童的所有兴趣和天赋（在其他场合看不到的部分）。

最重要的是，你们作为家庭成员是怎么做的：你们是否会克服自己的弱点，互相支持并发挥优点，彼此帮助展现最好的一面？是否用一种建设性的方式鼓励兄弟姐妹参与帮助孤独症谱系障碍的儿童，但同时又能注重培养他们追求独立生活的能力？如果家庭中出现太多的冲突和紧张，你得问问自己："为什么我们会有这些困难？"然后依据你们所具有的优缺点，以及家庭如何有效掌握情绪指标的状况，来回答这样的问题。如果你们碰到的问题太多或太难处理，请积极寻求帮助，给自己足够的时间和机会重新规划安排。

如果你想要达到完美，那就太不合人性了。对于有孤独症谱系障碍或其他严重发展障碍儿童的家庭，更是如此。作为家庭中的一个成员，你最需要具备的特质是友好、自发性和感情的流露。如果你努力想要达到尽善尽美，就未免太固执了。每个家庭都有缺点，也有优点，生活不过就是努力让这两者保持平衡的一段持续过程罢了。

第十四章 地板时光

——是什么？不是什么？

6岁的布兰登常陷入自我沉迷，他妈妈想用地板时光帮助他与别人建立亲密关系。布兰登的兴趣范围非常窄，他总是沉迷于摆弄自己的玩具兵，对其他游戏或活动一点也不感兴趣。某次咨询会谈中，我们观察到为了获得布兰登的注意，妈妈常干扰他正在做的事情，比如帮3岁的儿子史考特去破坏布兰登盖好的玩具城堡，布兰登当然感到生气，就会变得更加退缩。我们示范让妈妈懂得如何跟随布兰登的带领和兴趣，帮助他脱离重复游戏的恶性循环。

无论是我们提出的DIR模式，还是针对各种发展性障碍（包括孤独症谱系障碍）婴幼儿而拟订的全面干预方案，地板时光都绝对是核心。如同我们在第一部讨论过，而第四部也会再详细描述的，一个全面的方案应该依据儿童情绪发展的层次在信息加工能力上的个体差异，提供合适的学习关系，从而帮助他提升发展阶段。这套方案不只包含地板时光，同时也包含不同的治疗模式、教育方案、针对父母的咨询辅导、密集式的家庭和学校方案以及其他的学习机会（比如游戏团体、音乐课程、体能课程等）。地板时光不仅是家庭方案中的重要部分，同时也能被这套方案中的其他部分采用。

地板时光不只是一个特殊的技巧，需要照顾者安排每次20分钟以上的时间，坐在地板上与儿童互动，它也是一个以与儿童日常互动为特色的普世哲学。接下来，我们要讨论地板时光包括哪些，又不包括哪些内容。然后进一步说明为什么它会成为DIR模式和整个发展过程的基石。

地板时光的两个目的

地板时光有两个主要的目的，有时这两个目的可以一起运作，有时却又相互抵触。不过我们绝对需要同时考虑这两个目的。第一个目的（目前最为人所知并遵从的）是跟随儿童的带领，或利用儿童与生俱来的兴趣。为什么我们要跟随儿童的带领？毕竟长久以来，传统的教育观都认为成人不能允许儿童想做什么就做什么，因为儿童一向只凭直觉做事，如果我们只是跟随他们的带领，他们的行为就不可能符合社会规范。不过在运用地板时光时，我们是从儿童身上寻找线索，因为儿童的兴趣是了解其情感和智力状况的窗口。通过观察儿童的兴趣及天生的欲望，我们可以获得一个印象，了解什么事可以带给她乐趣，什么事可以激发她的动机。儿童的有些行为看起来是我们想要阻止的，比如盯着风扇，反复擦地板上的某个地方或喜欢踮着脚尖走路，然而儿童却能从这些行为的某个方面获得意义或乐趣。

因此，我们总是从"我的孩子为什么喜欢做这件事？"这个问题开始。若家长只是简单说因为他有这个或那个障碍，并不算回答了这个问题。儿童可能有某种障碍或一系列问题，但他并不等同这个障碍或这些问题，他是一个具有真实感觉、真实欲望和真实愿望的人。如果儿童无法表达自己的欲望或愿望，我们就必须推测他从自己所做的事情当中得到了什么乐趣。因此在地板时光中我们必须从一开始就跟随儿童的带领，并努力进入他的世界。

第二个目的是带领儿童进入共享世界。不过我们并不希望在拳打脚踢及大喊大叫的气氛下，强行拉她进入，我们希望她真的想要跟我们在一起。可能基于各种理由某个儿童选择了自我沉迷，漫无目标，或看似退缩到自己的世界里。因此第一个目的的逻辑基础在于：如果儿童看到你能尊重他感兴趣的事物并参与进来，他会觉得与你更亲近一些。我们在第六章已讨论过促进注意力及参与力的方法，比如跟儿童一起在房间里四处溜达，共享他毫无目标的漫游行为。等到儿童开始以好奇或友善的眼光瞄你几眼，而不是感到被干扰而显得烦躁或跑开远离你时，这就是共享世界的开始。

一旦儿童喜欢与我们一起参与，我们就能开始帮助他掌握本书第二部提到的与人相处、沟通和思考这些基本能力。帮助他们成为具有同理心、有创造力、富有逻辑性和反省式思维能力的个体，是带儿童进入共享世界的最终目的。

如何实现地板时光的第一个目的，即跟随儿童的带领，以帮助儿童掌握这些重要的发展指标呢？这就是地板时光的精髓。针对六项核心能力以及反省式思考的三项高级能力，我们费心想出了许多策略，一开始就是先跟随儿童的带领，接着就是持续诱导儿童真心愿意学习这项很棒的新能力。

例如，某个儿童总是喜欢一个人玩心爱的玩具而不愿与人互动，我们可以使用先前提过的嬉戏式干扰法：我们轻轻地捡起玩具把它放在头顶上，做些有趣的鬼脸，看他是否会伸手来拿玩具；接着可以让儿童看到我们把玩具放到门外；如果他猛敲门想要拿回玩具，我们可以问他："我可以帮你吗？"他很快拉起我们的手放在门把上；最后他说出"打开"，要我们打开门拿他喜欢的玩具。所以此时跟随他的带领之后，我们所调动的不只是注意力、参与力及有特定目标的行动力，同时也包括问题解决能力，甚至开始运用语言的能力。这些策略对于漫无目标或逃避型的儿童也相当有用。

某些儿童的注意力焦点非常有限，因此很难同时注意人跟事。为了帮助这类儿童能够以更有弹性的注意力参与更多的互动，照顾者应该试着加入儿童的游戏，成为剧情中的某个角色，而不应该像本章一开头提到的那个案例，只一味强行干扰儿童的游戏。这个策略可以促使照顾者与儿童之间展开一段持续的富有创造性的对话。

有时必须先帮助儿童达到他自己的目的。如果儿童只是来回玩弄玩具卡车，我们可以用双手做成隧道，他看到后对我们露出一个开心的笑容，直接将玩具卡车驶入我们做的隧道里。这时我们跟他在共同注意、参与力、有目标的行动以及问题解决能力上有了连接。最后我们可以介绍"卡车"这个词，儿童可能跟着仿说。我们甚至可以给他一些选择："你希望开进隧道还是直接开进屋里？"他可能一边回以"w——"，一边用手指着玩具屋。接下来，随着语言的使用，我们可以不断运用思维。

在地板时光中，我们跟随儿童的带领进入他的情绪世界，接着制造出一连串的机会及挑战，以帮助他将与人相处、沟通及思考的能力提升到更高层次。在要求儿童掌握新指标的同时，我们也一直尝试增强并扩展他们当前的能力。如果他们能够展现一点目标，我们就要他们展现更多的目标。如果他们能开启并结束三四个沟通循环，我们就要增加到八个沟通循环，接着增加到十个，直到超过五十个为止。如果他们已经会说几个词语，我们就将之提高到可以对话的层次。

当然，我们必须依据儿童信息加工能力的个体差异，运用这些策略，就像第十一章和第十二章介绍的那样。我们也必须留意自己作为照顾者具有哪些先天的优势和劣势以及哪些事情容易做到。一个精力旺盛的成人可能适合反应过低、需要投入许多热情及支持的儿童，不过这样的成人也可能很难成功安抚这类儿童的情绪。一个性格沉静的成人很适合安抚过度敏感的儿童，不过却很难激发起一个反应过低的儿童的活力。如果儿童逃避我们，我们是否视之为一种针对个人的排斥，因而也同样封闭自己，不再努力或用太过侵犯的举动来强迫他注意我们？询问这些问题并得到答案之后，我们就能对策略进行适当调整来满足儿童独特的敏感性和需求。

地板时光的学习

地板时光不仅仅是做对的事或错的事，它指的是你和儿童不断学习的一个过程。跟随儿童的带领，不是对儿童做的事加以评论或进行简单模仿，而是以他感兴趣的事物作为基础，参与其中并跟他互动。一开始你必须先观察一段时间，这样你才可能发现他真正感兴趣的是什么，从而利用他的兴趣诱导他想要和你一起玩。他的兴趣可能超越了他的特定行为本身。例如，他可能喜欢排列玩具，不过他更大的兴趣可能是制造出次序或固定的模式或某一种设计。如果他将玩具排成一列，你可以再递给他一个玩具，或故意挑战他，把某个玩具放在队列的右边，并冲他开心地笑。不管你做出哪个动作，都可以得到一个不错的互动。一旦他察觉到你并没有要制止他或拉他走开，他可能就会再将一个玩具排进去，然后停下来，看看你是否也跟着他再排一个玩具到队列中。这时你只要把自己想成是他的玩伴就可以了。

当儿童不需要再担心你会打断她正在做的事情时，她可能就会让你加入游戏当中，毕竟有人一起玩绝对有趣多了。帮助儿童做任何她想做的事。你可以将某个动作分解成几个小步骤，比如儿童想要打开一个容器，寻找一个玩具或伸手去拿架子上的东西。互动时你可以利用某些玩具或只利用你自己及一些非常简单的物品，具体做法取决于儿童本人的状况如何。如果儿童喜欢奔跑及攀爬，你可以利用自己的身体做出一道障碍墙，制造与她互动的机会，她会理解你所做的事，并参与进来。其实你等待的就是她能领悟到"哦，这是一场游戏！"的时刻。

一次地板时光的疗程结束后，你要先停下想想，并分析所发生的一切。试着想想看，有哪些因素阻碍了你们持续的互动（第十三章提过，如果父母都有时间，双方可轮流指导对方）。你是否使用视觉提示及策略？你的声调是否充满活力且令人振奋,或具有安抚作用且平静?请记住:你的声音或许是用来提示儿童的最有效工具。无论儿童是否能理解话语,他做出回应的依据主要来自你的声调、节奏、音量以及说话的速度。试着找出你跟儿童的最佳相处方式!

请记住这个最重要的原则:依据儿童当前的发展层次满足他的需求。当儿童无法按照父母期待的方式玩游戏时,父母常常会感到失望。如果你的脑中有了这样的想法,那么就表明你并没有完全跟随儿童的带领。我们要帮助儿童的行为更有目标,必须把他们正在做的事看成是具有特定目标的。一开始先帮助他做他想做的事,然后再跟他一起想办法扩展。例如,他正在玩玩具车,忽然开始继续往前走,你可能需要看看他是否想要其他的车子。在你还不确定时,你们或许可以一起建造一个车库。你不必担心接下来要做什么,其实只要跟随儿童已经开始做的事即可。重要的是你能否根据儿童的活动和兴趣做出更深入、更细致的延伸。

在地板时光中利用各种物品及象征

地板时光的主要目标是提高参与性并能进行一段持续的互动。因此,我们要帮助儿童同时与物品及个人互动,并且形成各种象征及想法。

孩子们总是会喜欢某个特定的物品或玩具,比如他们用恐龙来代表所有的东西。请接受儿童喜爱的物品,不管是紫色恐龙巴尼,还是芝麻街里的某个角色,或泰迪熊,儿童喜欢的玩具能够给你一些提示,帮助你了解她的情绪世界,并找到她觉得有意义的东西。儿童在地板时光中准备玩某个玩具时,你可以围绕这个特定玩具,展开一段持续的互动。例如,利用玩滑梯展开一段简单的互动,如果你把某个玩具人物放在滑梯上端,儿童就很可能将玩具推下滑梯。把儿童喜欢的玩具当成朋友,你可以利用它来跟儿童一起玩。

儿童正在玩某个玩具时,看看你能否帮助儿童给这个玩具一个象征性的意义。比如,儿童吃东西时,你可以假扮成某个他喜欢的娃娃说话,要求分一点食物:"请你喂我一口!"儿童或许把食物放在娃娃嘴边,让你开心不已。通过这种提示,儿童也许就开始依据自己熟悉的经验,扩展游戏,不断引入娃娃的房间、医药箱、玩具工具箱等游戏内容。不过,得确保是儿童选择了某个游戏内容,这样才能真的对他有意义。接着你再导入可以回应儿童所做事情的叙述、某些精练的神奇话语,比如,"还有什么?我们还可以做些什么?"这句话的真正目的其实是在延续你们两人之间的互动。请你仔细审视自己能否根据儿童独特的信息加工能力、调节系统、兴趣和主动性，为他提供所需的全部支持。同时也请审视一下你的回应方式。如果儿童的注意力容易分散，你必须确定自己不能成为那个让他分心的人，试着找出什么事使他停滞不前。请相信这就是一个过程，没有什么对或错的标准答案。如果某个方法无效，你只要跟随儿童的下一步，那么就会找到另一个新的机会来安排一场更精彩的游戏。

先不必担心内容，因为我们不能将内容提至过程之前。只有先进行一段生动的互动过程，才能发展出一个丰富且具象征意义的故事，以及更多以任意形式呈现的假扮游戏。我们绝对不是把儿童推上更高一层发展阶梯，而是强调如何加深其当前发展层次，这样他才能尽其所能地充分参与。在地板时光中不能急急忙忙！如果你不确定该做什么，那么先冷静下来仔细思考，看看儿童正在做什么，重新与他联结，然后再想办法扩展连接。通过充当儿童的玩伴，我们能够促进儿童的发展。

如果地板时光太难执行

父母拒绝使用地板时光或逃避与儿童进行情绪互动，主要原因在于他们的心灵深处（自己常常意识不到）害怕自己做不到。一旦我们揭去父母某些表面的防卫后，就经常听到他们说："没有人曾经用这种方式跟我玩，我觉得自己做不到。我认为自己能做的就是改变儿童的行为。"有些父母会在地板时光进程中停滞不前，他们常觉得自己已经想尽了所有办法，却仍然一事无成。

对于这些状况，我的建议还是一样：不要给自己太大压力。如果你不知道要做些什么或怎么做，不妨就停下脚步，放松心情，先观察儿童在做些什么。儿童可能没有做什么，她或许只是在玩手指头，不过这就是"一件事"，儿童总是随时做着某件事。问问自己该如何拿这件事作为基础。试着用你的某根手指加入她的手指，或采用任何一种能让儿童与你相联结的策略，这些方法都可能行得通。对于有严重障碍的儿童，有时最好的方法就是通过感觉为主的简单游戏（比如一起躺在地板上、互相翻滚、发出有趣的声音，或只是抱住她并做出有规律的摇晃动作），让他与你相处。绝对没有其他东西可以取代温暖、愉快的相处。

归纳上述建议，我们的结论就是：找出你和儿童可以开心地一起做的事情。通常需要先找出哪一种规律动作、触摸或声音游戏，可以让你们双方都感到好玩。

虽然你可能不喜欢跟儿童一起在地上爬，但你仍可以从这种共同参与的活动中获得乐趣。有了这种愉快的相处之后，你可以更大胆地运用儿童喜欢的东西，比如他心爱的玩具、食物或游戏等。你可以同时给他几种选择，让儿童从中挑选自己想要的。

最后，就像我们在第七章所述，你必须要求儿童能采取主动。比如，如果儿童喜欢骑在你的肩膀上到处走动，你先扛着她走一阵，然后停下来不动，要求她给出动作或发出声音，从而提示你要往哪里去，然后你才继续走。你搓儿童的背时，让她指引你要搓哪里——手臂、后背还是肚子。

如果游戏的内容一再重复，这时你就该做些改变，同时也可以对儿童提出要求，让她也改变自己所做的事，即使基本的动作或游戏不变，也没有关系。

一旦你们之间的互动继续下去，也出现了注意力、参与、用动作甚至语言进行有目标的沟通时，接下来的目标，就是让儿童能够一次持续进行 10~15 分钟的互动及沟通，这可能是孤独症谱系障碍儿童最难完成的任务。我们看过很多孤独症谱系障碍儿童已经学会阅读、会做数学、也会使用很长的完整句子，却还是无法与别人进行较长时间的共享式对话。

地板时光一览表

总的来说，地板时光指的就是跟随儿童的带领，拉他进入你的世界，再超越目前层次，要求他掌握每一个发展层次。要达到这些目的，必须充分了解儿童的信息加工能力和神经系统的个体差异、家庭模式以及你自己的人格特质（学习与儿童在一起时，你该如何伸缩自如）。

地板时光检核表中的问题

他是否：

* 与玩具（物品）或我建立密切关系？

* 有回应或发起主动互动？

* 自己开启并结束数个沟通循环，或迈向一段持续进行的互动？

* 可以在游戏的对话中展示或创造出自己的新想法？

* 按自己的节奏行事，或能回应他自己以及我的想法？

第十五章 无时不在、无处不见的地板时光

——创造学习的环境

3岁的艾米莉有轻度的孤独症和动作迟缓问题，每周有两次要坐一个半小时的车到医院接受作业治疗。她的妈妈想知道如何利用这段乘车的时间与艾米莉互动。

根据我们提出的DIR模式，与孤独症谱系障碍或其他发展障碍儿童工作时的座右铭就是"无时不在、无处不见的地板时光"。它指的就是应该常常进行地板时光，每天至少8次，每次至少20分钟，而且可以在不同的地方进行。地板时光当然可以在家中的任何地方进行，天气好的时候可以在后院，也可以在超市或运动场进行。可以跟其他儿童（兄弟姐妹或同龄人）一起做，或只跟某个大人做。可以在一天当中任何一个时候进行，吃完晚餐后，泡在浴缸里，或依偎在床上时。可以在你忙完一天的事，感到筋疲力尽时进行，当然这时你可能只想躺在地板上喘口气，而儿童也可能因为上了一天的课，不想再做任何事，只是坐在那里盯着墙壁。可以在开车进行短途或长途旅行时进行。地板时光也可以在你洗衣服、洗碗、在后院修补东西或外出购物时，找到许多5分钟或10分钟的空当随时进行。地板时光可以在任何情况下进行，所以我们称之为"无时不在、无处不见的地板时光"。

将兄弟姐妹和同龄人包括进来

我们如何在这些不同的场合进行地板时光呢？其中一个重要的机会，就是跟儿童的兄弟姐妹或同龄人一起。父母常会说："我找不到能单独陪约翰尼或苏茜进行地板时光的机会，因为小莎莉或小提姆总是跟在旁边。"其实这是很

不错的机会。我们在第十三章曾经提到兄弟姐妹及同龄人可以帮很多忙。事实上，我们建议一周至少安排4次以上与同龄人一起玩的游戏时间，这样儿童才有机会学习如何利用互动及沟通技巧与同龄人相处。如果兄弟姐妹和同龄人在场的话，你就可以安排团体的地板时光。一开始团体不能太大，先从多加入一个儿童开始，这样包括你在内总共就有三个人参与，一个大人加上两个小孩。接下来，再多增加一个儿童。如果你的家庭成员较多，父母能同时参与，或者你也可以请另一个帮助者加入，或者花钱请某个哥哥姐姐担任临时保姆，并将孩子们分成两个团体。

在团体性的地板时光中，要轮流让每个儿童担任领导者，这样就能激发没有障碍的儿童参与进来，同时让他们也有跟妈妈爸爸一起相处的时间。领导者有权选择玩具或某个活动。身为父母的你或其他大人，要尽可能将其他儿童带入互动当中。例如，如果领导者只是四处乱跳，你可以说："好，我们来玩跳跃游戏。"接着放音乐，与儿童一起有节奏地跳跃，同时也鼓励其他兄弟姐妹或同龄人一起跳。

如果孤独症谱系障碍儿童要从你身旁跳开，你可以请他的兄弟姐妹牵着你的手，围成一个小圆圈，套住他。如果在圆圈中间的儿童想要出来，你可以告诉他："你如果想出来，就必须先举高我们的手臂。"因此他必须选择蹲下来，举起你们的手臂，或直接冲破你们牵在一起的手臂（你可以让他很容易做到）。此时他可能做出有特定目标的动作，或发出类似"举高手臂"的声音，很快每个人都呵呵笑起来，你们就有了很愉快的时光。

轮到其他儿童当领导者的时候，这个我们称为苏茜的儿童想把玩具车或玩具卡车推进玩具屋里，不过有孤独症谱系障碍的约翰尼却想让车子在外面闲逛，怎么才能让他愿意参与进来，同时还能让小苏茜继续担任领导者的角色呢？这的确具有挑战性。首先，你得设置一些障碍，从而阻止儿童离开房间。接着当苏茜把车子移向屋子时，你必须要求或鼓励约翰尼一起注视这辆车。如果他不理你，你可以跟苏茜说："我们要请约翰尼帮忙打开房子的大门，没有人帮忙，你的车就进不了房子。"然后你可以把玩具屋搬到约翰尼面前说："请你帮忙推开这扇门，推开门。"你也可以鼓励苏茜对约翰尼说："推，推，推！"并且要她示范如何推开门。苏茜推开门后，如果你够幸运，或许约翰尼会模仿苏茜的动作。如果约翰尼仍然在四处闲逛，你可以站到他面前问苏茜："我们是否应该让他看看如何打开门呢？"并让苏茜带头做出这个动作。如果你试了三四次，约翰尼仍然继续躲避你，你可能最后不得不自己打开门，说："这次我要自己打开门。"苏茜就可以把车子推进屋里了。不过接下来你可以再尝试让约翰尼参与苏茜想做的下一件事。

有时你能成功达到目的，有时则可能失败。你并不是要帮助一个孤独症谱系障碍儿童突然之间成为一个处处合作的玩伴。不过随着时间的推移，当你帮助某个兄弟姐妹使他参与进来时，当你运用嬉戏式干扰法对他提出要求并使之成为一件好玩的事情时，你就能获得更多的沟通机会。我们的目标并不是为了让儿童打开车库的门甚至让他开口说话，而是为了让他能跟兄弟姐妹和你产生联结。所以，如果你和他的兄弟姐妹阻挡他，使得他绕着你们团团转，那么他就开始跟你们有了联结，这就是第一个步骤。随着时间的推移，他与你们的联结会越来越多，接着可能很快他就会露出笑容并呵呵地笑出声来，且能模仿兄弟姐妹正在做的事。这是一段缓慢发展的过程，关键在于保持创新且不要灰心。

要增强有障碍孩子与另一个兄弟姐妹间的互动，你可以采用下列方式：要求一方全天候成为另一方的信息传递员。如果你想给儿童某样东西，你必须交由另一方传递给儿童，反之亦然。这个做法可以帮助孤独症谱系障碍儿童尽力理解自己的兄弟姐妹，因为这个兄弟姐妹可以带给他想要的东西。另外一个方法是提供许多需要两个人一起玩的玩具或活动，这样，每个儿童都会有机会认识到跟别人一起玩比自己一个人玩有趣多了。年龄较大、想法较缜密、可能不太喜欢这类活动的儿童，却比较愿意照顾孤独症谱系障碍的弟妹以赚取报酬，这时你可以教导他或她如何进行地板时光并视之为"受雇工作"的一部分。

在后院或运动场进行的地板时光通常包含许多粗大动作的活动，比如奔跑、攀爬、玩滑梯等。同样，重点不是只在活动上，而是在于促使儿童参与到人际关系当中。谁能帮助约翰尼爬上滑梯？或者当约翰尼爬到滑梯上时，你和苏茜试着阻挡他，他必须说出"让我走"或"我准备滑下去了"，或必须用手指示，好让你拿开手臂，他才可以从滑梯上头滑下来。很快他就学会了跟你和苏茜沟通。接着在约翰尼爬上滑梯时，苏茜突然也很快爬上去，这时他们必须利用动作以及面部表情沟通，决定谁可以先滑下去。当约翰尼上上下下玩着自己喜欢的滑梯时，试着运用所有这些策略，就可以将他拉进你和其他儿童的关系中。

在不同场合进行地板时光

即使在超市,也适合进行地板时光。有很多儿童喜欢坐在手推车里四处逛,因此你可以根据儿童的指令来决定要把车子推到哪里。你可以鼓励儿童用手指,或发出声音告诉你,她想走哪条通道,并用手势指出想要从架子上拿哪个货品。如果你有把握儿童不会在众人面前大吵大闹,那么就让她从架子上拿一些你并不需要的罐头食品,应该也没有什么害处,你可以再要求儿童帮你把东西放回原处。你也可以用手指轻轻敲敲罐头或盒子,看看会发出什么声音。在超市里可以发生各种有趣的事情,关键是能激发儿童的好奇心,并且你自己也要能进入这个活动当中。

开车旅行时,父母中的一方或哥哥姐姐跟儿童坐在后座,陪他玩游戏。他们可以一起看图画书,鼓励儿童指出自己喜欢的图画并配合其内容发出声音。或者也可以一起玩手指布偶。如果儿童比较喜欢看窗外景物,就跟随他的兴趣,并讨论窗外闪过的各种景物。你可以故意把手挡在窗户玻璃上,让他必须用自己的手推开你的手才能看得到窗外风景。

如果只有你一个人跟儿童在车上,你当然必须先考虑开车的安全性,必须让儿童坐在后座,不过你还是可以跟她说话,和她一起唱歌,跟她玩声音游戏或其他适合车上玩的游戏。其实坐在车子里的好处是,儿童变成了"固定的听众"。如果她已经会说话,你可以玩一些传统的游戏,比如有一个人先说"我到动物园,看到一只……",你回答"斑马",她可能说"黑熊",你再说"斑马、黑熊和长颈鹿"……你们必须凭着记忆力,一来一往,最后可能因为名单太长而搞得头昏脑涨。你也可以利用这个游戏来练习对儿童有特别意义或让他感兴趣的其他东西,比如火车或食物。

有一种游戏能在车子里玩(当然也能在其他任何时间玩),可以帮助儿童学习具象化,我们称它为"想象东西的图像"。你先描述某一种他喜欢的动物、玩具、某个人或地方,看看他是否能在脑子里描绘出这个东西的样子,并猜出你说的是什么。比如,"想象这是什么东西:他有四条腿,身体是咖啡色,全身是毛,会叫,你一进家门,他就喜欢在你脚边跑来跑去"。对于一个接受性语言或语言修复有障碍的儿童来说,提示要越简单越好,而对能力较强的儿童,则可以提供比较复杂的提示。在游戏当中,可以利用儿童曾接触过的物品、地点或人物作为提示,从而使游戏具有特殊的情绪特性。你们可以描述爸爸回家的情景、某个你和儿童都玩得开心的地方、祖母寄来的包裹或是故事中某个讨人喜爱的角色。针对儿童个人的学习会联结相应的情感,从而促进儿童信息加工能力的发展。若有机会,也可让儿童出题,请他描述某个东西让你猜。(不要忘记装得笨一点,让儿童多给你一点提示,或让他因为你猜错了而开心不已。)若有必要,你可以成为他的搭档,利用照片或图片帮他描述某个东西或人物,让其他家庭成员猜一猜。"具象化"的能力是一个很重要的工具,儿童可以在心中想象某个缺席的家人的样子,以克服分离焦虑,也可以在心中想象某本书的情节,以便了解事件的发生顺序,从而理解读书,或者用来让儿童对即将面对的状况有一些心理准备,以处理焦虑的情绪。

其他一些"坐在车子里玩"的游戏,可以用来增强儿童的视觉—空间能力,比如,在路上找出某种类型的汽车或某样特定东西。你们可以玩不同版本的"老金龟车、红色"[①]游戏,比如,儿童只要看到红色的车,就可以用手轻拍坐在旁边的人或用手肘轻触坐在前面的人。增加不同的肢体动作,不仅可以提高游戏的乐趣,也可以训练儿童同时做两件事的协调性。坐在车子里看窗户外面可以训练儿童注意到一些事情,并且了解自己所看到的事物背后所隐含的一些道理。比如,消防车的鸣笛声就是在告诉大家让路,好让它快速通行。一开始你可以只让儿童注意到你驶离原来的车道,或消防车开得很急的画面。之后你再大声质疑,它急着去哪里?为什么开这么快?你也可以帮助儿童注意到拖车拖吊故障车辆,或公路巡逻员要求某人将车停靠到路边,或大卡车运送食物到商店。从你随时随地提供的意见中,儿童获得随机学习的机会。信息加工能力有障碍的儿童可能无法一直自动地理解这些观察或意见,因此,你必须针对每天偶然碰到的经验,刻意提醒、询问相关问题,并详细讨论。慢慢地,儿童便能主动告诉你他看到的东西,你也能帮助他成为一个更出色的报告者,特别是针对一些新奇、兴奋的事件或景物,而且儿童还带着先前讨论时留下的情绪。

在长途旅程中听听故事录音带也是不错的选择。录音带里的内容通常都带有生动活泼的情节和声音效果。先从儿童熟悉的故事听起,让他习惯听录音带,然后再加入一些新的故事。你可以按"暂停",跟儿童讨论故事内容,问他:"你

---

① 译注:"老金龟车、红色"(the old Punch Buggy Red)是19世纪50年代很受欢迎的车上游戏。具体玩法是:在路上看到金龟车,先喊出金龟车及其颜色(例如,老金龟车、红色),就可获得敲打别人的机会。

觉得接下来会发生什么事？"或者问儿童对故事中主要情节的意见。这是一个不错的机会，在没有图片提供视觉刺激的前提下，帮助儿童初步探索并增强单纯的聆听动作。有些儿童需要鼓励才能学会听录音机。如果你按了"暂停"再按"开始"，也可以跟儿童讨论这些动作，让儿童更愿意参与。你也可以说自己编的故事，以故事接龙的方式，你先说"从前……"然后让儿童完成这句话。接着你再添加更多的内容。就这么一来一往，不断添加更多的情节。这些故事无须合乎情理，但要有趣且能让双方都投入并互动起来。

其实重要的是你们也能享受这样的时光。谈论明天会发生什么事或刚才发生的事，都能增强儿童的同理心。如果儿童的语言有限，你可以在车子的后排座位上放一袋与感觉有关的玩具，问儿童最喜欢哪一个，鼓励他多玩这个玩具。有些儿童很喜欢坐车，而且善于记住固定路线，一旦你走不同的路，他就会感到不安。你可以利用这项视觉方面的优势，尝试让儿童指出不同的汽车牌照或限制时速的指示路牌等，然后请他指出有哪些地方不一样，这样就创造了很多在车子里随机学习的机会。如果这些活动干扰到你开车，当然还是以安全为重，就让儿童听听音乐，或安排一些精细动作的活动，比如在易擦拭的白板上画图。在等红灯或其他你不需要分心的时候，可以和儿童说说话或一起唱歌。总之，任何形式的互动都绝对是好的。

给儿童洗澡时也可进行地板时光，假如她喜欢玩水，那就更适合了。有许多适合放在浴缸里玩的玩具，利用肥皂也可以玩很多不同的游戏，很多儿童都喜欢泼水、溅起水花。临睡前，你可以和孩子一起看图画书或玩一些比较安静的游戏，比如，"小猪去超市"。这类活动要很轻松，但必须具有互动性，记得鼓励儿童来引导互动。她喜欢看哪本图画书？或许你也可以先选一本，让她扩大视野。不过有些她喜欢的睡前故事，你们都已经读过很多遍，那就不要勉强再挑这些故事来读。你可以改用儿童不太熟悉的词语，或从书的最后开始读起，或故意跳过某一页来挑战儿童。这些做法都绝对能够抓住儿童的注意力，让她成为你的老师。在儿童逐渐成长的过程中，阅读书籍会成为学习各种想法以及理解动机和感受的一种好方法。不过请你先从简单的图画书开始，因为这类书的内容是一页接着一页，有连贯性的，这样儿童就能开始区分一个想法或一个主题的开始、中间以及结尾。

一天即将结束之际，你已经很累了，而儿童也上了一天学，感觉筋疲力尽，这时你们可以躺下来一起放松。躺着休息时，也可以跟睡前时间一样，搓搓他的背或活动他的小脚趾。甚至是一个非常安静、具有安抚性的活动，也可以让儿童与你进行沟通。放一些枕头让他去重新排列，或者你可以帮他按摩，让他告诉你他要按摩哪里，并且让他把要按摩的那只脚举高。这些具有目标的小小互动会逐渐累积成更大的互动，而这正是你梦寐以求的目的。本书第六章到第十四章，就是讨论一些可以用在最退缩或最固执的儿童身上，且能产生创造性互动的策略。这些策略可以用在我们提过的任何一个场合。

地板时光及每天活动：让儿童动手并思考

如果能将真实生活中的日常活动（比如准备食物、打扫房子或外出之前的准备工作）纳入地板时光，也是非常有价值的练习。通过这些学习机会，儿童可以了解你做这些事情的理由，以及需要哪些工作程序才能达到目标。针对儿童感兴趣的某件事或日常生活必须要做的事，你可以跟她解释为什么要做这些事。例如，儿童洗完澡从浴缸爬起来时，你先不要主动拿浴巾包住她身体，先停下来说："哎呀，身体湿湿的，你需要什么呢？"她可能会寻找浴巾，用手指浴巾或自己拿起浴巾包住身体。

你也可以先问她："你冷吗？"儿童可能就会跟你说："妈妈快点，拿毛巾，我冷！"值得注意的是，我们常常为儿童做某件事或只告诉儿童做什么事，却很少解释为什么要这么做。儿童知道你为什么把牛奶放进冰箱，为什么你要锁门，系上安全带，或晚上把她包得紧紧的吗？一天当中有无数个机会可以帮儿童理解她要做手边正在做的事情的原因。一开始你可以先说明理由，接下来再问她问题，了解儿童在想些什么。不要陷在"为什么—因为"的模式困境中，这种情况常发生在儿童还无法回答"为什么"的问题时。你也可以采用其他的问法寻找原因，比如，"怎么会……？""如果……将会怎么样？"或"如果……那会发生什么事？"。如果谈及的内容与行动或她的感受有关，那么可以利用"这一定有原因"或"真棒的想法！"等句子，让她能熟悉一些思维的语言。例如，"妈妈说要开始整理东西了，你听到后就生气，这就是你丢玩具的原因吗？"或儿童坚持弹第十遍生日歌时，你可以说："哇！好棒的想法！你最喜欢生日了！为什么呢？"虽然儿童还不会谈论喜欢生日的理由，不过你可以帮助她掌握"生日"的概念，以及了解它代表的所有内容，或许你可以进一步探索"与'生日'有关的事情，你最喜欢哪一件？"并提供一些选择帮她详细描述。

促进儿童参与的另一个方法是改变你做事的惯用方式。儿童熟悉一些例行的事情，我们却未能持续给他们自己动手做或尽可能参与的机会。新奇和惊讶会使他更加积极、活跃，所以你可以故意犯些小"错误"，比如，故意不给他勺子而换成叉子，或坐到他平常坐的椅子上。这个做法就是在制造新鲜感，让儿童有机会解决问题或表达他们喜欢什么。

问题解决顺序有利于提高动作计划的技巧，目标并不是为了制造问题，而是为了让儿童遇到待解决的问题，比如，打开盒子拿出自己想要的东西。你可以让儿童动手做，鼓励他练习行动的顺序。比如，询问他去公园或游泳池玩，需要准备些什么东西，并让他自己准备一个小包包。每个儿童都知道妈妈的包里有一些"好吃的东西"，但始终不知道为什么。当儿童很想去某个地方时，要求他："准备好！"所以如果他想去自己喜欢的游泳池，你可以问他："游完泳你用什么擦干身体？饿了要怎么办？太阳很大，要用什么防晒？如果衣服湿了或要换尿布时该怎么办？"通过这些问题，帮助他挑选需要带的物品并装好包。你所做的每件事或携带的每样东西都有其特定的理由。儿童要学会找出自己需要的东西，准备好并带在身边；如果他已经会说话，还要学会告诉你为什么需要这些东西。你可以先只从两件事开始，等到儿童开始接手，不仅能记住去游泳池需要带什么以及为什么，还能将这些说给你听时，再扩展到其他事情上。另外，也可运用相同的方法问他是否准备好去上学（准备好他的书包和泰迪熊）或冷天去公园（穿上大衣和靴子）。"你准备好了吗？"的游戏可以适用于所有有特定目标的行为和想法，包括从洗澡到为游戏准备需要的玩具。

同样，儿童也总是喜欢有目标和对他们有意义的真实工作。几乎每个儿童都喜欢跟你一起烹饪和准备食物，学习做菜的步骤、计量和烹调。他们也同样喜欢做其他的工作，特别是与感觉系统有关的事。儿童帮忙洗车或擦窗户时，可以学到做这些工作的顺序，练习必要的动作技巧，找到解决可能出现的问题的方法，并为圆满的结果而感到满意。

这些日常的琐事也都是帮助儿童提高协商和解决冲突的技巧的机会，尤其是当他与你和兄弟姐妹或其他儿童一起做事或玩的时候。例如，不必坚持要儿童轮流或与别人分享，你可以鼓励他与别人协商或交易。虽然有时"轮流"是一个不错的方法，但是"分享"却意味着你必须将自己的东西让给别人。鼓励儿童与别人交易以练习协商技巧。如果儿童想要你的某样东西，那么他想要用什么东西来交换？如果你不喜欢他的交换物，他还会用什么东西与你交换以得到他想要的东西呢？通过这种方式儿童就有机会站在你的立场思考你喜欢什么。对于语言能力比较好的儿童，让她告诉你她想要什么以及她不想与别人分享的理由。看她是否能了解其他儿童有什么想法。尊重她不想让出东西的理由，并鼓励她想办法解决问题。问他："我们还可以做些什么？"他可能会提出一些我们从未想到的方法，或许在此过程中你们可以找出回报的好方法。

当然，从简单的交换到复杂的交易，协商都必须适合儿童的发展阶段。协商的方式有很多种，最好能跟一个值得信任的成人一起练习，这个人就像是一位你希望儿童能跟他一起玩的朋友。让儿童体验得不到自己想要的东西的感觉，而不是像从前一样，只因为他想要或说几句"神奇"的话，就能轻易到手；你要帮助他学习在跟同伴或兄弟姐妹相处时，使用不同的策略并接受各种可能的结果。这可以鼓励他与别人交易，或发现你比较喜欢什么，或邀请你跟他一起解决这件事，或学习等到你经过时再处理，或因无法解决问题而暂时得不到自己想要的东西。他也可以采用协商的方式与别的儿童约定下一个游戏时间，当然，一开始时你可能不得不协调他们之间的这场协商。等到儿童进入学校，社交的规则就会快速变化，他必须学习听到"我先拿到的"这句话时该如何处理；或者如果他把玩具放在教室地板上，又被别的儿童拿走时，他就失掉了这个玩具。

儿童参与任何一种团体游戏或社交仪式时，你可以考虑自己来担任他的搭档。不过更好的做法是让他的兄弟姐妹或其他同龄人跟他做搭档，这样儿童就有机会练习以后在学校或公园中会遇到的互动状况（而且是在你不在场的情况下）。你和儿童要想从无时不在、无处不见的地板时光中受益，合作关系绝对是一个重要因素。

研究报告指出，如果我们能给孩子提供带有情绪性的学习经验（就是他们能够投入、感到有趣且关心自己正在学习的事物），那么他们就会有动机学习。一些与大脑成像技术有关的研究也指出，人类参与这种学习经验时，大脑的其他部位也会一起运作来掌握这种经验。我们也观察到以这种方式学习的儿童，更有能力将自己学到的东西迁移到其他不同的情境中。若能在家中以有趣的方式让儿童学习与人交往，而且学习的环境具有情绪意义，那么他在学校或家里就会想要与同龄人或祖父母接触，而且也会表现出足够的社交能力，因为他可以迁移自己从别处学习到的能力。

我们都希望儿童能够有意义地使用各种概念，不过这个能力需要赋予一张桌子或椅子、妈妈或爸爸这样的影像情绪意义。为了帮助儿童获得这个能力，你必须根据儿童感兴趣的事物来提供合适的学习经验。不过，如果儿童表现出退缩、行为没有目标或习惯避开别人，他的父母、老师或治疗师就很难完成上述任务。碰到这种情况，就先回到第六章到第十章，从儿童已经掌握的层次开始，一次一个步骤，最终掌握基本发展能力。接着我们必须在学习环境中（不管是在家里还是在学校）制造出两种情况。

第一种情况，就像我们在第十一和十二章所描述的，需要依据儿童信息加工能力的个体差异，为儿童提供合适的互动机会。例如，有个儿童对触摸和声音的刺激反应过度，如果将她放在一个嘈杂的、有很多儿童叽叽喳喳说话的房间，会让她难以承受。在这种环境中，她不可能获得愉快而有意义的学习经验。相反，她很可能会陷入恐慌的状态，脑中的想法凌乱，身心疲惫，面临崩溃的地步。同样，如果儿童对触摸和声音的刺激反应过低，而我们的行为和说话又总是缺乏活力，那么就很难让儿童产生愉快的感觉、参与的态度或动机。

再例如，如果儿童的视觉学习能力很强，但是吸收和理解词语的能力很弱，那么如果只使用语言（无论表达得多么简单明了），而缺乏视觉刺激的辅助，儿童可能会感到困惑。你想要告诉他某件事时，需要平静地站到他面前，这样他才能通过你的动作、面部表情、指向、示意或手上拿着你正谈到的东西，看到他自己听到的内容，从而显著地提高理解能力。不断变换动作来获取儿童的视觉注意力，甚至为他准备好即将谈到的东西，都可以提高他的听觉注意力和理解力，例如，"苏茜，我要告诉你一件事情！"或"大卫，你看这个……？"。一个充满困惑的儿童可能会感到焦虑，因此转身离开，或显得混乱且冲动。依据儿童独特的神经系统功能提供合适的学习经验，就是我们要满足的第一种情况，这样才能建立一个强有力的学习环境。

第二种情况则是为每一个挑战都营造出愉快的情绪氛围，这样儿童才会有动机学习。当儿童退缩、走极端、抗拒或逃避的时候，我们很容易感到无助和沮丧。如果互动时她的眼睛不注视我们，看起来比较简便易行的方法是强迫她看向我们，比如控制她的头部。不过即使能够强迫她看着我们，也不见得她能学到东西。我们或许恐吓儿童或抓着她的头让她注视,不过,如果儿童根本不想看,她当然不会注视着她的祖母,除非我们在旁边吓唬她:"你最好要看着哦!"其实强迫儿童看着你,恰恰是让儿童不愿意看你的最好方法。

情绪总是出现在行为发生之前。为了学习,儿童先要能喜欢他与父母、同龄人及老师之间的关系。所以我们最先关注的应该是潜在的情绪状态,而不是行为。如果儿童能在与人相处以及学习时感到愉快,他的行为就会得到改善。我们在本章前面部分和第二部讨论过许多可用来制造愉快互动的技巧。激发儿童的动机,需要想象力和坚持性。虽然有很多父母及老师告诉我们:"这太难了,我做不到!"不过我们碰过的每一个家长或老师,在巧妙运用这些技巧一段时间后,几乎都能成功地激发孩子的动机。原因在于大人也觉得这个做法很有趣。一旦你掌握到诀窍,就会发现这比想象得还要好玩;不过你必须愿意在一开始时先与这个方法磨合一段时间。

依据儿童与生俱来的兴趣,教授基本能力,基于这个理念,临床工作者和研究人员发展出了一系列方法。DIR/地板时光模式为这些方法提供了一个全面而系统化的框架。我们会在第二十一章说明如何在学校中使用这套框架。如果儿童在家中能与照顾者沟通,以动作表情与别人持续互动,同时也开始使用词语,那么就应该为他们提供与同龄人一起玩及沟通的机会。儿童不但需要学习使用词语和动作表情与同龄人沟通并建立关系,同时也要学习如何在面对成人时做相同的事。如果他们此刻拖延这种学习,以后势必会更困难。有些儿童的思考能力优于其他相关的技能,主要原因就是因为我们给了他们更多的练习机会。

根据上述提到的理由,我们建议一旦儿童到了学龄期,除了上学之外,还应该安排一周4次以上与同龄人游戏的机会。儿童在一对一的游戏中能获得越多的亲密感,就越有能力解读同龄人之间的微妙情绪信号。在运动、学业技能以及穿衣方式上,每个儿童都不一样。有些儿童因为动作技能差,肢体显得笨拙。我们发现儿童颇能接受彼此之间的差异,而且只要能很快了解并交换彼此的情绪信号,他们通常就不会觉得哪个儿童怪异或异常。整合了地板时光的游戏时间,可以给孤独症谱系障碍儿童更多机会练习情绪示意的能力。

在学校进行地板时光

通常学校系统都非常结构化,且注重的往往是服从和设定限制,而不是参与、互动、问题解决、创造性及逻辑性思维。我们会在第二十一章中说明学校如何教授一些被视为较广泛发展目标的特殊技能。父母为孤独症谱系障碍儿童挑选学校时，尽量选择在方案中运用了我们推荐在家庭环境中采用的原则的学校，这些原则包括：依据儿童的个体差异，提供合适的学习互动机会以及以自发和半结构化的方式利用儿童与生俱来的兴趣。

如果孤独症谱系障碍儿童开始讲话，那么可以将他安置在团体环境中，让其他一些具有互动和沟通能力的儿童与他进行双向互动。这就是为什么我们喜欢让所有孤独症谱系障碍或其他特殊需求的儿童都能进入配有助理的融合班或普通班级。这个助理无论是某位家长还是受雇的照顾者，他（她）的目标跟老师一样，就是希望能促进孤独症谱系障碍儿童和其他儿童之间的互动。我们希望儿童之间能交换情绪信号和动作表情，或出现任何一种互动，而不是出现平行游戏或自我沉迷行为。如果在自家孩子与别的孩子一起玩时，家长能给他更多的信心，那么情况会变得很棒。相反，如果父母只鼓励儿童坐在他（她）腿上，那么或许助理就必须更加努力来促进儿童与同龄人一起玩游戏。

在融合班级里，照顾者想要让其他儿童了解孤独症谱系障碍儿童所面对的一些挑战，通用的规则是只说明他们已经观察到的部分。比如，儿童坐着轮椅，其他同学都看到了。因此老师或家长可以说："苏茜需要轮椅，因为她不会走路，我们希望你们帮她将轮椅推到其他地方，方便她四处走动。"如果儿童还不会说话，你可以说："约翰尼刚开始学说话，如果你们不断跟他说话，就可以帮助他。"只要说明一些他们自己会观察到的内容，并能让需要帮忙的儿童得到更多的互动机会即可。

父母也要积极寻找一所注重发展学业和社交技巧基础能力（就是指专注、参与、有目的的互动、解决问题、创造性和逻辑性思考等能力），而不是只注重背诵学习的学校。这些能力可以帮助儿童对世界先有一个整体的认识，然后才可能发展出学业和社交技能。特别是对孤独症谱系障碍儿童，我们建议安排一对一和小组（一个成人搭配 2～4 个儿童）的学习机会，这样的安排才能针对儿童的个体差异和发展层次，提供合适的学习互动机会。一对一时间可加入一位助理、一位老师，或一位善于互动且热心的义工。老师或助理必须先了解儿童感觉信息加工能力的运作方式以及他的兴趣，然后再开始教这个儿童。面对 8～10 个儿童组成的团体，根本无法做到这样的了解和观察，更不用说 20～40 个儿童组成的团体了。

虽然学校教儿童学会服从、尊重别人、遵守规则（比如排队轮流等候）等行为非常重要，但是对于刚开始尝试与别人沟通并培养其他基础能力的儿童，必须先帮助他们打好基础，否则就会出现本末倒置、事倍功半的情况。一对一互动和小组活动可以帮助这些儿童掌握基本的能力，然后再顺利进展到社交技巧。

父母也必须在学校和家庭之间寻找并协调合作关系，每个人必须都能同步合作。最理想的状态是，老师必须观察父母如何与儿童互动，父母也需要观察老师如何与这些儿童互动。

显然，无时不在、无处不见的地板时光的基本原则，不只是对孤独症谱系障碍或有特殊需求的儿童，对每个儿童也都非常有用。我们以一种友好且有趣的态度进行无时不在、无处不见的地板时光，就是为了加强儿童与人相处、信任、参与、沟通及思考的能力。最后我们甚至能帮助他们掌握判断事情，以及评估自己内心感受和想法的能力："嘿，你刚刚为什么发脾气？是不是因为你想做什么事或不想做什么事呢？"对于任何一个儿童，不管他有没有障碍，都可以通过这些方法提升发展层次。因此地板时光对每一个人来说，真的是"无时不在、无处不见"。

第十六章 地板时光最困难的部分

——跟随儿童的带领，同时挑战他们

关于地板时光疗法，家长最常提到的，也是困惑已久的一个主要问题，就是："我怎么能在跟随儿童带领的时候要求他学习新的技巧或能力呢？"

我们认为，跟随儿童的带领与对儿童提出要求这两件事，其实是一枚硬币的两面。有时看起来好像其中一件会比较容易做到，因此我们就试着只专注这一件。其实这两者都是DIR/地板时光的核心。我们已经解释过，DIR/地板时光疗法立足于"情绪是促进心智及大脑成长的重要因素"这个概念。跟随儿童的带领，就是指跟随他的情绪。我们要问："这个儿童的兴趣是什么？什么事会带给他快乐？"不管答案是什么，儿童的兴趣就是我们的线索，也是他内心感受的窗口。所以我们必须仔细观察，理解他的情绪世界。找到他感兴趣的事物之后，就可以帮助他提升发展阶段（我们在第二部分提到的）。

为了做到这一点，我们必须对儿童提出要求，这也就是刚刚提到的硬币的另一面。如果你只是为了跟随儿童推玩具车的动作来跟她一起推车子，你可能偶尔能获得她一两眼的注视，却不可能让她学会任何新的技能。相反，如果儿童对玩具车有兴趣，你把手放在车子上，她推开你的手去拿玩具车，那么你们之间就有了互动，而你也正在开启功能性情绪发展的第三阶段，即双向沟通。如果你把玩具车放在头顶上，儿童露出开心的笑容，伸手来拿车子，那么你就同时激发了参与和双向沟通。

以儿童的兴趣为基础，帮助他提升共享注意、参与、沟通、共享式问题解决、具有创造性和逻辑性地运用想法的发展阶段。这样的任务不仅需要跟随儿童的带领，同时也需要对他提出要求。因此"跟随儿童的带领"并不只是模仿他们，而是从他们那里得到线索，以提供新的互动和经验。儿童的每一项兴趣，即使是无目标的乱晃举动,也都能转换成一种互动及挑战,帮助他提升发展阶段。想要跟随儿童的带领同时又对他提出要求,你可以从加入他漫无目标的乱晃行为开始,然后假扮成小狗,挡他的路,让他不得不绕过你的身体才能继续往前走。

通过跟随他的带领或了解他的兴趣,你能找到对他提出要求的最佳方式。如果儿童正在玩纸飞机,而你想要让他学习将正方形积木放入正方形的洞里,圆形积木放进圆形的洞里,这样的要求并没有考虑到儿童的兴趣。如果你给他一块方形积木,并指着方形的洞,儿童可能把积木丢到地上,根本不理你。即使儿童照着做了,也可能只是因为他学到必须服从或顺服而已,你们之间却依然没有任何的互动。相反,如果儿童举着纸飞机在空中飞来飞去,你也叠一架纸飞机,同样在空中挥舞着,并且挡到他的路,这时儿童不得不决定是要从旁边绕过去或从上面飞过去,还是碰撞你的飞机。从他的兴趣中找到线索,依据这条线索你才能要求儿童有目的性、有逻辑性且具互动性。

如果儿童正在玩积木,你可以用双手做成小杯子的形状说:"哦,手先生也想要一块积木!"如果儿童放一块积木在你手里并对你露出笑容,那么你就成功地让他参与并有了互动。最后你可以将积木嵌板拿在手上,看看他是否想将方形积木放入方形洞里,圆形积木放入圆形洞里。

顺着儿童天生的兴趣进入她的内心世界后,你几乎可以教她任何事情,其实重点就在于"跟随儿童的带领",这样你就能获得她的注意力,激发她的情绪,并利用这种情绪帮助她不断提升发展阶段。千万不要只是模仿她的动作,即使只是想通过一两分钟的模仿来确认自己的立场,进而让儿童感受到你与她同调,也不例外。此外,也要避免提出属于自己的、与儿童的兴趣毫不相关的要求。当然你可以随时准备一些她可能会感兴趣的玩具或活动。

跟随儿童的带领,能够促进地板时光的开展,因为如果我们观察儿童的举动,就会知道他对什么感兴趣,而不需要猜测。接下来的问题是我们该如何置身到儿童的兴趣当中,以持续对他提出要求。前面已经提过一些很好的方法,说明如何让我们成为儿童兴趣中的一部分,其中包括"成为某个玩具"、嬉戏式干扰、装扮成儿童想要藏某个特殊玩具的容器。这么做的用意在于当你成为儿童兴趣的一部分时,你便可以给他一个待解决的问题或激发他想要获得更多这类经验的欲望。儿童绝对有很好的能力做他想做的事,即使是不断绕圈走路这种看似没有目标的动作。不管儿童做什么,我们都必须视之为有特定的目标,这样才能与这种行为产生联结。

有时，儿童的反应只是为了消除你对他的妨碍，不管如何，你们之间还是出现了互动。照顾者常担忧儿童会生气或拒绝，不过这些都是正当的情绪，而且给了我们介入的契机。当儿童发现："哇，我可以从妈妈的手臂下偷偷拿走玩具"时，他的行为已经具有目的性了。或者他生气了，发出某种声音，传递出"你挡我的路了！"这样的信号，同时生气地注视着你，此时你们正在进行持续的互动。当然我们绝不应该以太强烈的方式对儿童提出要求，让他受不了而发脾气或沮丧地放弃正在做的事情，我们希望以有趣的方式对他提出要求。

下面举出几个案例，说明如何能"跟随儿童的带领"同时对他提出要求。

以注意力作为基础

照顾者常会在还未获得儿童注意之前就想跟他互动。某个照顾者可能一边跟儿童说话，一边就要她寻找藏起来的东西或参与某个活动，而儿童显然还在东张西望，或因自己的动作而分神以致无法专注。即使是面对一个已经具有共享式问题解决能力，或能使用一些想法及话语的儿童，我们也可能因为没有先获得她的注意力而错失良机。

有时你能做的就是站在儿童面前，以充满期待的声音喊着："心肝宝贝！""宝贝，你想要听妈妈说话，还是想推着车四处逛？宝贝，你要什么？车子还是妈妈？"你可以轻轻地将手放在车子上（以非常缓慢的速度，免得引起儿童情绪失控），让儿童注视着你，他可能摇摇头，把车子拿走，但是你已经获得他的注意了。

我们在第十一章和十二章提过，为了吸引儿童的注意力，你需要依据他独特的生理状态，调整所提供的感觉刺激，包括音调的高低、声音的抑扬顿挫、活泼生动的画面、碰触时的扎实感等。有些儿童即使有听觉信息加工能力的问题，经过几次重复练习之后，对于速度较快的声音节奏，也能有不错的反应，因为缓慢的动作会消除你声音中的情绪及节奏。有个例子指出父母如何利用抑扬顿挫挑战儿童：他们在玩小范围的追逐游戏时，口中发出"我——来——了，我——要——去——抓——你！"，通过声音和动作的变化，传递感情和期待。儿童则将声音的节奏与追逐游戏中愉悦的参与感、轻柔的挠痒动作和随之而来的紧紧拥抱联结在一起。

如果儿童有动作计划和顺序排列问题，挥舞手臂的动作总令她分心，你可以轻轻握着她的手，配合你的声音节奏，有节拍地挥动她的手，这样就能改变游戏的节奏。通过这样的方式，你不只是跟随她"挥动手臂"的带领，同时也要求她配合节奏来带领，对你展现她所喜欢的节奏。如果你移动的速度太慢，她可能会想要加快，反之亦然。这时你们彼此之间就有了规律的互动，她表现出了某种程度的互动，而不只是以自己杂乱无章的方式做出动作。同样，儿童坐在秋千上，需要不停摇摆才更容易注意到互动的要求，这时或许需要一个弹性纤维做成的秋千，让他们得到一些实在的压迫感。

因此，先关注儿童的感觉系统并利用感觉和情感的经验，是获取儿童（即使他已经具有不错的口语能力）注意力的第一个步骤。否则，当儿童注意别的地方时，照顾者若想跟他对话，一定会碰壁，而不得不放弃。家长或照顾者最好先花5分钟时间获得儿童的注意及参与，接着再将他带进互动式对话中。

培养参与能力

第二个层次，我们跟随儿童的带领（一起做能带给他快乐的事），鼓励他参与并与别人相处。不管是一个填充动物娃娃，还是一个会发出声音的玩具或一本书，只要是能让儿童高兴的东西，我们绝不跟它较劲。我们不会强迫儿童必须看着我们，或完成与人建立密切关系所需的所有动作。我们的目标并不在于机械式的注视，而在于他能建立亲密感并且喜欢与别人相处。因此，我们必须利用儿童的兴趣，加入儿童所渴望的东西，让我们跟这个东西合而为一。如果这个东西是一本书，父母除了跟儿童一起看着这本书，还可以把这本书放在自己的头上或藏在背后，此外也可以坐在这本书上，这样儿童就必须推开父母才能拿到书。（当然父母必须让儿童相对容易地做到这些，我们的目标并不是让儿童受挫，虽然有时一点点挫折反而会激起儿童的兴趣。）这个做法是要让儿童笑着说"真好玩！"。例如，如果这个东西能放进你的嘴里，大部分儿童看到会觉得有趣或能激起好奇心，他们会想把它拿出来，围绕这点你就可以玩个小游戏。记住一定要使整个过程充满乐趣，就好像你自己也是一个有点淘气的孩子。

为了培养参与能力，你必须要求儿童做些积极的动作。大家常误以为是要对儿童做出动作，比如，挠他痒、动动他的脸等，让他能有所反应。其实不然，我们希望能诱导儿童在互动中采取主动。你对儿童提出要求时，如果感觉他受到挫折，你必须跟他强调："噢哦！哦，这不是你想要的！"你所使用的语言远不如你所表达出的关心和理解重要。这个信息能让儿童即便受挫也愿意继续，因为你已经跨越新奇和开心的界限，开始设定一个对儿童来说相当困难的挑战。

你必须持续观察儿童的反应，以便能在，比如要求他拿到某个玩具与帮助他获得成就感之间来回游走。如果儿童因拿不到你举着的火箭船而感到挫折，开始想要放弃，你可以降低高度并告诉他："哦，现在你可以拿到了！"虽然此时你还是在对他提要求，不过儿童可能会感觉到回应你的要求可以帮助他实现目标。给他足够时间做出回应，但是不要久到让整个行动停顿下来。如果他不知道接下来要做些什么，你可以给他一点提示。

延伸双向沟通

这个阶段的目标是帮助儿童成为一个真正有目标的伙伴，开启并结束许多沟通循环。例如，你可以要求儿童指出她想要的东西，你拿给她，再请她还给你，直到你们之间可以进行一段持续的双向沟通为止。为了实现这个目标，你需要帮助儿童采取主动。如果你只是连着挠他十次痒，而他也跟着连续呵呵笑了十次，这并不是真正的双向沟通。每一个新的循环应该在某种程度上不同于前一个循环：儿童笑了，你也跟着笑；你吐舌头，他做鬼脸；你扮更好笑的表情，他发出更大的声音。

我们要观察儿童对什么感兴趣：是一个洋娃娃，有趣的声音，在妈妈身上跳跃，摆弄电灯开关，还是按马桶水箱冲水？然后问自己："我要怎样才能把这件事转变成互动的形式，并且让儿童可以采取主动？"让我们来举个简单的例子：小小孩都很喜欢门，我办公室里有一扇门通往候诊室，另一扇门通到起居室，几乎每个儿童都会好奇地想知道每一扇门通往何处。他们都会想要打开通往起居室的那扇门，而照顾者也总是说着"不可以！你不可以开门！"，就这样结束了互动，错失了好机会。

我们尽量不对儿童说"不可以"，除非他有伤害自己或别人或者破坏东西的举动。正如我们在前面章节中提到的，可以利用儿童想要走出那扇门的欲望，提供各种互动的机会。或许爸爸可以用脚挡住门，这样儿童就无法轻易地打开门；儿童伸手拉门却打不开，这时爸爸可以用口语或行动帮助儿童，比如伸出手，让儿童抓他的手放在门把上。爸爸做出一个"开门"的姿势，儿童点头，这时候两个人就有了双向沟通。或许爸爸也可以向儿童示意，他们需要妈妈的帮忙，儿童就去找妈妈，带她走到门边……。最后的结果，可能只是儿童通过这扇门走到了候诊室，不过重点是用这样的方式让儿童最终能得偿所愿。在候诊室玩几分钟之后，儿童自己可能又想回到原来的游戏室。如果基于某些理由而无法让儿童进到候诊室，那么我们就需要用玩具来转移注意力，或温和地告诉他"不可以，现在不能开门，等一下再看看"。这时即使儿童有点生气，我们也已经进行了十个以上的沟通循环，而儿童也确实采取主动了。整个过程都依据"跟随儿童的带领"和"要求他进入到下一个发展阶段"两个原则而展开。

敲一敲门，若上面插着钥匙就转转看，玩一玩门把手并且拉拉看，这种互动模式能为动作表情沟通能力的发展提供很好的机会。嬉戏式干扰的动作传递给儿童的信息是：你了解她想要打开门的意向并愿意帮助她，而不是想制止或责备她，或为此感到焦躁。这种支持性的态度，会鼓励儿童继续采取主动以得到自己想要的东西，并进入我们的下一个阶段。

积极主动共同解决问题

这个阶段的目标是帮助儿童采取主动，跟你一起解决某个问题。前面提到的例子，就是这个过程的开始。再举一个例子：儿童在玩一个士兵娃娃，如果他停下来，把玩具放在地上，看着窗外，你就把玩具放到架子上。等到他回过神来找玩具，你可以问他"玩具跑哪里去了？"并做出惊讶的表情。儿童看了你一眼，然后环顾房间四周，假如他没有找到玩具，你可以说"啊！我想玩具先生跑到架子上了！"并且用手指向架子。儿童看到了，或许就伸手试图去够或移向架子，这时你可以伸出手来问他"唔，我们要怎么拿到玩具"。经过三十个沟通循环之后，儿童可能就带你走到椅子旁，你们可以一起把椅子搬到架子边，好让他站上去拿玩具，或者爬到你的肩膀上拿玩具。儿童越容易受挫，你就设置越容易完成的任务，比如，将玩具放在较低的架子上，让他可以自己拿到（或许只要站在小板凳上即可）。

不管你提出什么样的要求或任务，都应该以儿童的兴趣为基础，并让他必须与你进行一段持续的互动过程，才能解决问题。换句话说，利用儿童对某种玩具或活动的兴趣，设定一些障碍，儿童若要达到自己的目标，就需要付出一些共同解决问题的努力来跨越障碍。或者你让儿童采取主动跟你互动，你来帮他达到目标。比如，如果他想骑马，你就假扮成一匹自愿被骑的马，不过除非儿童用手拍拍马背，否则你这只马就只是站着不动。甚至你也可以用触碰动作建立一套示意系统，拍两次代表"走了"，拍一次代表"停"，这样儿童就可以操控这匹不知道要做什么的马。

我们谈到的制造"问题"，并非只是指设定许多小障碍，也希望儿童在自己熟悉的环境中切身体验到这些问题。即使是日常的生活经验，我们也能以出其不意的方式引发儿童的情绪。如果儿童想要饼干，可是他饼干罐里空空的，该怎么办？他会跟你一起解决问题吗？或者他赶着整理背包，想快点去游泳的时候，应该带什么午餐？因为儿童想游泳，所以他有解决这个问题的意向。你根本不需要费力气无中生有，勉强想出问题，你只要顺着儿童的意向即可。

这里还要特别强调儿童采取主动后的可能结果。我们见过的最大的错误是直接告诉儿童该做什么，或为引发他的一系列反应而对他做出某些事情，而不是要求他采取主动，或跟你一起解决问题。孤独症谱系障碍儿童所欠缺的能力往往是主动性，即使是他们中口语能力很强的人也不例外。他们始终没有学到在问题解决过程中采取主动，而这的确是以后发展思维能力的必要基础。因此我们绝对不能忽略这个阶段。

鼓励创造性及逻辑性思考

第五和第六阶段的目标在于继续跟随儿童的带领，进一步对他的发展提出要求，并精心设计假扮游戏，同时建立不同想法之间的连接。如果儿童正在假装喂娃娃喝奶，你可以要求儿童想出更丰富的剧情。你可以加入到剧情当中，扮成小宝宝说话："哦！真好喝，再给我一些！"或"哦，不要，不要！不要这种汤，我要吃饼干！给我大块饼干！"你可以通过这种方式进入剧情，在不告诉他怎么做的情况下要求儿童想出更多剧情。你可以通过假扮游戏提供各种有趣的互动，用来丰富儿童想出的情节。

等到儿童能有创意地使用各种想法，不管他几岁（按照正常发展水平，这个阶段通常始于3～4岁，不过孤独症谱系障碍儿童可能会较晚开始），我们都应该要求他以合乎逻辑的方式思考并言之有物。如果他正在玩泰迪熊，你可以加入剧情中问他:"小熊坐车要去哪里? 熊先生,你要去哪里?"这里建议一个行之有效的技巧,照顾者可以使用两种声音,一个是扮演玩具的声音("我是一只肚子饿的熊!饼干在哪里?"),另一个则是指导者的声音("熊先生肚子还饿着!我们一起帮它找饼干!"),你不要为了让剧中的互动得以持续,一下子给儿童过多的问题。相反,你可以利用不同的角色,附带许多感情,让儿童持续参与。一旦儿童投入进来,他自己就能学会如何转变角色。

另外还有一种选择,如果你只是跟儿童闲聊,问他午餐想吃什么,或睡前想读哪一本故事书,以及做出某种选择理由(不管讨论的主题是什么),你的重点应该是帮助儿童以合乎逻辑的方式叙述自己的想法。有一个能让儿童说更多的话的好办法,就是装傻:假装你不太懂,不要因为你知道儿童要说什么或他讲错了,你就帮他把完整的句子说出来。你不必担心儿童的语法是不是正确,重点在于加强词语和短句的交流(或通过各种象征,比如,如果儿童有口语动作的问题,我们需要利用"图片")。儿童通过这种方式发展出实用性的语言能力。等到儿童能进行一段自发的、富有创造性并合乎逻辑的交谈,且持续至少15分钟时,你就可以根据需要来矫正他语法上的错误。不过一开始,你仅仅要求儿童能成为一个比较有想象力且言之有物的话匣子就够了。

第十七章 帮助较大儿童、青少年及成人（上）*

——终身学习

14岁的托尼是一个阿斯伯格综合征大男孩，他禀性淳厚，目前在普通班就读，表现相当不错。不过进入青春期后，托尼越来越难做出简单的决策：别人问他要待在室内玩还是出去时，他常常僵在那里，不知如何回答。面对陌生的社会情境，他更加依赖背诵式的语言且态度更加消极。托尼的父母不确定这些行为是青春期的典型特征，还是一种退化现象？他们想知道接下来该怎么做。

帮助年龄较大的孤独症谱系障碍儿童、青少年及成年孤独症谱系障碍者，时常要面临许多挑战。其中一个要克服的最重要挑战，就是努力摆脱"儿童到达发展高原后想要再进一步发展的可能是微乎其微的"这一猜想的影响。其实在青少年及成年阶段，大脑和神经系统都还在发展。负责调节情绪、对想法及行动进行排序以及影响抽象思维及概念建构的大脑部位的发展会一直持续到五六十岁（这个部位的大脑发展也符合"用进废退"的规律）。

由于受到这个猜想的影响，许多治疗师在帮助年龄较大的孤独症谱系障碍儿童、青少年及成年孤独症谱系障碍者时，只注重一些无关紧要的技能和例行的工作，而不是尽力支持和加强他们的基本发展能力和信息加工能力。孤独症谱系障碍、智力落后或其他状况的诊断名称往往误导父母及照顾者，使他们不再对年龄较大的儿童及成年人士有所期待。只依赖标准化测验来了解某个儿童的学习能力分析图并不妥当，它可能会造成一种假设，认为儿童的障碍不容易改变。一个诊断若暗示儿童的能力确实有限（比如智力落后），应该是在儿童持续接受一个最好的方案至少三年而智力及发展完全没有进展的情况之下，才

---

*原注：本章与亨利·曼医师（Henry Mann, M.D.）合著。

可以下这个诊断。过早地诊断儿童有长期障碍，容易让家长死心并接受现状，而不再努力探寻一个可以鼓励儿童发展能力的方法。

学习障碍常与不止一种感觉路径（比如，视觉—空间、感觉—动作或听觉等）加工信息的能力问题有关。在DIR疗法中，我们处理任何带给儿童困难的路径，同时强化其他的路径。因为每一条路径都有自身的优点和不足。这个疗法虽然对家长和治疗师提出了更多要求，但让那些过去被认为能力损伤严重而无法取得进步的儿童和成年人士重新燃起了希望。帮助一个成年人从缺乏目标、没有语言能力、自我伤害行为的状态，进步到能够与他人进行有目标的互动、愉快地与别人相处、参与简单的问题解决互动（比如，示意以获得食物或游戏），甚至学会符号和象征，这称得上是一个非常大的进步。即使能力上还有很多限制，他们生命的品质和意义连同个人的技能都有了显著的提升。

年龄和体格两大因素使较大儿童、青少年及成年人士无法获得良好的照料。因为对待他们，照顾者无法像对待小孩一样，给予同样的关怀和保护。照顾者对于一个生气、情绪激动或抗拒的青少年的反应，绝对不同于面对一个生气的3岁儿童时的反应。如果一个3岁儿童想要光脚跑到雪地里，我们会尝试说服他，并坚持帮他做出正确的决定。不过，如果一个17岁男孩气愤地要求光脚跑到雪地里，我们的反应必定不一样。无论照顾者是家人还是学校、康复中心或其他机构的工作人员，对后果的担忧和缺乏控制的状况必然会影响他们的反应。因为照顾者主要依据设定限制和维持控制的心态做出反应，而不是努力将这些纳入监督范围，帮助成年人士等理解这些限制，最终愿意合作。

帮助大孩子和成年人时应遵守的基本原则

经过调整，DIR模式的基本方法也适用于青少年和成年人士。我们通过以下例子说明评估和帮助青少年和成年人士时的一些适用原则。

30岁的吉姆，除了孤独症谱系障碍之外，还有不少相关的发展问题。吉姆目前住家里，整天跟妈妈待在一起。妈妈很熟悉DIR模式，认为自己儿子个性温和、敏感且善于解读别人的非语言提示。不过虽然她一直努力帮助吉姆学习参与，但20岁时，吉姆的双向沟通能力仍然极为有限。每当他感到沮丧或心烦，总是大声尖叫。妈妈面对这些举动，就会花心思猜测吉姆遇到了什么问题，认为吉姆可能需要她的帮助。为了能有效地帮助吉姆，妈妈曾参加过一个研讨会，学习如何用打字的方式来教语言，并且在接下来10年的时间里不断教导吉姆如何打字。吉姆终于用打字的方式说出尖叫的理由——"我想不出词语，只能尖叫"。也就是，由于无法检索词语，吉姆备感受挫并情绪失控。到了30岁，吉姆已经可以去参观博物馆，回家后再用打字的方式描述自己看到了什么图画。他也可以去参加聚会，然后用打字方式描述参加的过程，以及当时一些不舒服的感受。

吉姆用了10年的时间，学会用打字的方式表达自己的感受。为了教他打字并运用有意义的简单句子（比如"没有车子""买饼干"或"累了想睡觉"），妈妈总是以非常缓慢且坚持不懈的态度一次教他一个字。吉姆有肌张力低的问题，所以他打字时，妈妈必须抬着他的前臂。吉姆到了30岁时终于学会用简单的语言表达，这说明如果能够采用合适的干预方案，并持之以恒，不管从几岁开始，都能达到不可预期的进展。

吉姆的妈妈也帮助他克服其他困难，比如，学习参与假扮游戏。她自己其实对假扮游戏感到很不自在，而且吉姆的低肌肉张力和双向沟通问题，也干扰到他发展这项技能。不过吉姆一旦开始使用语言，就能从一个几乎完全自我沉迷的状态，转变为寻求他人和要求别人"跟我一起坐"。他开始跟爸爸一起参与自发性的假扮游戏，比如装扮成一个他喜欢的卡通人物。吉姆也开始对着妈妈大声朗诵一些内容简单的书籍。妈妈问他如何学习读这些书，他总是回答"我自己学的"。

对于如何安抚吉姆的情绪，他的妈妈也很关心。吉姆特别喜欢听音乐，妈妈注意到他对某几个录像带中的音乐反应很好。她最常碰到的难题，是如何处理吉姆因为不会说出自己想用的词语而产生的挫折感。显然吉姆正在努力突破的课题与一个刚开始学习讲话、仍然以动作作为沟通和参与方式的三四岁幼儿一样。此外，吉姆能读一点东西，认得一些字。这并非是一个不同寻常的情况。重点是我们可以用对待3~5岁儿童的类似方式，对这个30岁大男生进行干预。

对青少年和成年人进行干预的第一个原则，是依据每一个人的兴趣建立基本的构成要素。就这方面来看，帮助吉姆的方式与帮助一个幼儿的方式会有一些不同。因为吉姆拥有成年人的某些兴趣（比如音乐）。此外，因为吉姆有更多固定的行为模式，因此无法像幼儿一样容易参与。不过，帮助吉姆也跟帮助有同样发展能力分析图的儿童一样，都要建立相同的构成要素。因此，如果我们正在进行假扮游戏，吉姆不愿意坐到地板上假扮，我们可以在家里安排一个非正式的即兴表演节目，或与孤独症谱系障碍的青少年或其他成年人一起参加即兴表演课。在剧情中扮演不同的角色，这样的练习可以使人学会即兴表演，更加灵活，能够对不太熟悉或感到不自在的状况进行预演，并用更具创造性的方式思考。利用发展取向的方式，加上与吉姆年龄相当的活动，就能够帮他在自在的环境中建立基础技能。

我们也建议依据吉姆对音乐的兴趣，加强想象游戏。父母跟吉姆一起听音乐，然后开始将音乐内容改编为剧本。要求吉姆挑选出适合描述自己心情的音乐，比如雄壮的进行曲或具有安抚作用的轻柔音乐，并以此作为提示，进一步发展接下来的剧情。父母可以借助人物的动作或图片对音乐及故事进行编排。使用图片的方式对吉姆或处于类似阶段的其他人都特别有益，因为这种方式有助于快速辨识并促进互动，对语言发展也有支持作用。由于吉姆的表达性语言能力较弱，对一系列的想象图片进行排序的练习可以帮助他提高这方面的能力。吉姆可以从杂志或书上剪下有兴趣的图片，然后看图说故事。他也可以利用平常接触到的人物、宠物或其他物品的照片。在情绪激动和不高兴时，若身旁备有这些图片，他就能够很快指出适当的图片来表示自己在意的事。如果吉姆既能在假扮又能在真实情境中使用这些影像，那么图像系统就可以帮助他开始学习说话。

第二个原则，就是顺着本书第六章到第十章描述的发展阶段依次进行训练。很可惜的是，针对许多年龄较大的儿童、青少年及成年人制订的治疗方案，常常在语言系统只获得部分发展之后就停下来了。如果他们还无法领会想法和感觉并将二者匹配起来，其实我们还需要付出更多的努力。处在具体思维阶段的个人，因为无法了解相对性（比较程度）、时间或数量的概念，常容易变得冲动或发脾气；他们也无法正确预测未来，以做好规划及耐心期待。

类似第十章所描述的，用来帮助吉姆学习相对性思考的技巧可以包括问问题，在他生气或心烦时，问他："有多生气？一点点？很多？多到爆了？"并且伸出我们的手臂来比画感受的范围。如果吉姆还无法预期未来，我们可以用他感兴趣的东西作为话题，询问他有关预测未来的问题，比如，"你想现在吃巧克力饼干，明天再吃香草冰淇淋，还是现在吃冰淇淋，明天再吃饼干？"。接着再进展到有关可能性的假设性思考（更困难的部分），问他："你现在想先吃一块饼干，或者等一等，也许待会儿会拿到两个冰淇淋卷筒？"学会预期对发展社会和情绪自我调节能力至关重要。

仍需要特殊教育计划支持的大部分成年人士，智力很难进展到16～18岁的程度，因为我们的教育方式限制了他们的发展。其实这些人的能力足以超越具体思维，只是我们的课程无法要求他们进行超越，因为大部分的治疗方式都只强调具体思维的能力。

针对吉姆的个案，我们建议，除了继续由妈妈主导，通过加强书写、说话能力及运用图片和发展比较程度思考之外，还要利用他对音乐的兴趣以增强参与及动作语言能力的早期发展基础。虽然吉姆有时喜欢独处，有时他也能接受父母陪他一起听音乐，父母可以尝试从一起安静地坐在房间里开始，建立基本的共享注意。父母可以多带他到社区的唱片行，帮助他挑选CD，并在挑选过程中做出妥协（就是必须在两者之间挑出最喜欢的一张）。这个活动能鼓励他多说出自己的感受，并多跟别人互动，从而有助于增强他与别人互动的能力，并锻炼他思考得更细致。

第三个原则，是创设出有情绪意义的学习情境。通常，孤独症谱系障碍儿童虽然学到了一些语言，也能回答"为什么"的问句，却无法掌握抽象概念。这种对世界的有限且具体的理解能力，往往持续到青少年甚至成年阶段。不仅孤独症谱系障碍或阿斯伯格综合征个体会出现这种情况，认知迟缓、有智力障碍或严重学习障碍的个体也会出现同样的情况。这些个案的共同潜在障碍，是信息加工能力的问题引发比较程度或反省式思考能力的困难。我们在第十章提过，进步的关键就是在有情绪意义的情境中运用抽象概念。

例如，"公平正义"是一个抽象概念。我们通过经历各种公平和不公平的境遇，不断修正自己对于公平概念的感性认识。我们可以给儿童一个清楚的定义，但这样的方法无济于事。不过如果我们创设想象的情境，比如，某个女孩的哥哥得到很多礼物，而女孩一样也没得到，她很快表示："这太不公平了！"所谓公平正义就是能被公平对待。无论是儿童还是成人，通过这种带有情绪意义的例子，都能很快学会这个基本概念，然后再通过其他经验不断修正。

对于每个概念（比如爱），我们都先有一个简单的定义，然后通过越来越多的情绪经验，逐渐学到它更复杂的意义。对于年龄较小的儿童，"爱"意味着拥抱及亲吻；对成人而言，"爱"除了意味着拥抱、亲吻，也代表温暖、关怀、渴望、奉献及怜悯。随着年龄增长，对"维度"的认识，无论是在物理还是在数学范畴中，我们都会学到更复杂的意义。年龄小的时候只知道"大""小"而已，以后经验多了，我们就逐渐理解高度、长度、宽度、深度以及"三维空间"的概念。

信息加工能力的问题越严重，就越需要具有强烈情绪意义的学习经验。帮助儿童学习比较程度思考和反省式思考时，需要建立一个有情绪意义的情境。如果缺乏适当的情境（比如，在学校碰到的某个冲突，或过些时候才得到的生日礼物等），而无法提供强烈的动机，那么能力进展就遥不可及。抽象思维和观察入微的能力，对于个人发展十分重要。缺乏这方面的能力，我们就无法了解别人的动机，而只能了解一些有限的纯理论资料。一个人若只靠记忆学习阅读和数学技能，那么学业上的成就就会非常有限。

与同龄人的关系

帮助孤独症及其他发展障碍的青少年及成人的另一个基本目标，就是改善其与同龄人关系的程度和品质。阿斯伯格综合征儿童常常因为语言和学业能力不错而被安排到普通班就读，但是他们若无法与其他同学正常相处，就会感到疏离和孤立。他们可能感到非常难过且忧郁，虽然知道自己很想有朋友，也渴望成为团体中的一员，不过他们也很清楚自己不被其他儿童接纳。有其他相似发展障碍的青少年及成人也会出现相同的感受。

例如，唐纳德是一个15岁男孩，在祖父去世后出现严重的抑郁症及退缩行为，正在接受精神科医师的治疗。以前他也看过一位治疗师，当时这位治疗师将唐纳德诊断为"阿斯伯格综合征"，并且对他采用了抗精神病药物及兴奋剂的治疗。依照这位治疗师的看法，唐纳德很难与别人建立亲密关系，互动时也少有情绪。他会说话、阅读，很善于理解语言，在特教班级和个别指导的情况下也能完成学校任务。虽然他对声音和触碰刺激过度敏感，肌张力低，且无法协调精细动作和粗大动作，家长却一直无法帮他申请到合适的作业治疗和物理治疗服务。精神科医师发现唐纳德最在意的是祖父过世以及自己没有朋友这两件事。祖父去世前几年，唐纳德每天都会打电话跟他聊天，有时持续一个半小时之久。祖父其实填补了唐纳德社交生活的缺口，否则他在这方面可能完全空白。

精神科医师每周与唐纳德约诊一次（有时一周两次），此外每天还跟他通电话（持续5～10分钟）。在这些会谈治疗中，有时医师会为唐纳德提供参与角色扮演的机会，唐纳德很喜欢这样的机会。精神科医师常常扮演一个能说会道、爱开玩笑又讨人厌的青少年（唐纳德在学校最无法应对的一种麻烦）。会谈的目标是教唐纳德参与青少年沟通中非语言的部分（不管是面对面，还是通过电话）。经过4个月的治疗之后，唐纳德改变了最初的那种异常单调和忧郁的情绪基调。他谈话的速度、节奏及情绪的表达范围也都有了改善，接近其他同龄青少年的表达方式。接下来的5个月内，他有史以来第一次建立了友谊，还有了一位女性朋友，并开始在当地一家医院担任义工。精神科医师鼓励他保持这些关系，并且建议他每天都要跟真正的同龄人多练习互动。（下一章将会详细讨论如何促进孤独症谱系障碍青少年及成年人与同龄人的关系。）

药物治疗

虽然有些年龄较大的儿童、青少年及成年个案需要药物治疗，却往往出现用药物治疗取代发展基本能力的情况。如果病患因焦虑、忧郁或零乱的思考而心烦气躁，药物可以作为一种辅助性治疗方法。不幸的是，针对容易受挫、出现攻击行为或威胁到照顾者的青少年或成人，往往采用药物治疗，而完全不考虑发展取向疗法。

后面的发展阶段

前面几章提过，有些孤独症谱系障碍及其他障碍的青少年和成人，能够在某种程度上掌握早期六个发展阶段，至于第十章所谈的发展阶段（包括三角思考、比较程度思考以及根据内在标准思考等能力）则进展有限。

随着儿童不断扩展对周边世界的兴趣，他在这个阶段也会表现出较多的害怕和焦虑。青少年及成人进入三角思考阶段之后，可能会突然表现出更富有操控他人的能力。这个发展容易引起照顾者的焦虑，不过父母和治疗师应该在此阶段给予全力支持，帮助他们学习判断，并降低对于新获得的自我肯定能力所产生的焦虑感。我们也必须帮助他们将这个阶段惯有的自大感和扩展思考能力保持在实际并可应对的层次上。

青春期和孤独症谱系障碍

　　青少年的身体在青春期会有很大的变化，他们对于"性"的兴趣逐渐增加。这个阶段的攻击行为比较有危险性，因为青少年的体格越来越壮，肌肉正快速发展，而荷尔蒙也在改变。男孩体内睾丸酮的增加也会影响攻击行为的性质。面对自己快速变化的身体状况，青少年可能会感到害怕。

　　对于信息加工能力没有问题，并且已掌握前面提到的所有发展阶段的儿童，要想应对青春期已经很难了。对于一个思考非常具体、仅具有有限的语言概念、能够回答"为什么"的问句，却不具有比较程度思考和三角思考能力的儿童来说，这个阶段的变化又会如何影响他呢？而对于一个不会回答"为什么"问句的儿童来说，又会受到怎样的影响呢？对于信息加工能力和反省式思考能力较差的儿童来说，面临身体、性的兴趣及攻击程度改变时，会发生什么事？一个人如果视觉—空间信息加工能力较弱，就无法发展出很好的身体形象（body image）。当照顾者开始关注青少年或成人的攻击行为或与"性"有关的行动时，就开始进入这个阶段了。

　　能力等同三、五或七岁儿童发展阶段的孤独症谱系障碍青少年，如果出现"性"的兴趣或行动，往往让照顾者感到手足无措。要讨论这个议题，必须依据儿童特定的发展阶段。我们可能对某个儿童说一段简单的"小鸟及蜜蜂"的故事，但是对另一个儿童则需要强调，虽然他喜欢碰触自己身体的不同部位，但这是非常隐私的动作，必须在适当的场合及时间才能这么做。对于一个发展到七八岁水平的15岁青少年来说，我们可以利用附有图片及说明的书，讨论身体的变化过程。对于讨论如何避免遭遇性侵犯和感染疾病，与讨论如何自我保护，其实，方法上没有什么差别，主要必须考虑到对象的思维层次。

　　至于本章一开头提到的男孩托尼，我们建议父母避免出现"两者择一"的场面。面临青春期快速的生理和身体变化时，每个儿童的情绪都容易不稳定。在学校里，朋友或老师会对他们有越来越多的社会性要求，功课也越来越难，而家人对他们的期望也越来越多。他们也常常陷入追求独立和需要父母关心的矛盾中。如果他们有发展方面的问题，必定需要更多的照顾及帮助，不过也同时需要更多的独立。因此，面对自己的这些需要，他们内心的冲突不断增加，他们想要掩饰或否认这些需要，结果使自己陷入更加对立的境况中。

　　这些问题对孤独症谱系障碍的青少年来说更严重。处理的关键，并不是将与青春期有关的问题与发展问题分开讨论，或只将问题归于青春期的范畴，而是应该依据个体差异来处理攻击、外显行为或焦虑等不同问题。这就意味着，你必须保持冷静，自我调整，邀请青少年跟你共同解决问题。尊重儿童一方面渴求独立，另一方面又渴望"心灵鸡汤"的心境。换言之，以温暖、关怀和支持的态度来满足儿童依赖你的需求，你可以陪他来一趟长途汽车旅游，聆听他述说自己的感受，跟他一起闲逛，陪他欣赏音乐，玩他喜欢的游戏，允许他装出比实际的他更独立的样子。

其实最重要也是最困难的工作是：面对发展迟缓的青少年及成人时，能始终保持关怀的态度。因为他们体型较大，不像年龄小的儿童那么惹人怜爱，父母及其他照顾者常常就会克制自己情感滋养、温暖及亲密的态度。因此，这些青少年及成人的安全感和依赖需求就无法获得满足，只好从别的地方获取安慰。他们可能就沉溺在药物滥用、危险的性关系或其他可能带来危机的关系或活动中。满足孤独症谱系障碍青少年及成人获得安全感及温暖的需求，并不只有拥抱这一种方式，陪他们散步、做饭或看电影都是不错的方式。

进入成年阶段后，不管他们是住在家里，还是自己住或住在庇护性环境中，常常会有机会跟父母分开一阵子。这时，朋友关系或异性关系就会取代父母的某部分功能。由于青少年容易对别人期望过多，所以这种过渡性的关系常显得混乱。虽然有发展问题的年轻人渴望拥有这些人际关系，但是碰到不可避免的冲突时，他们就会变得更加忧郁、焦虑且没有条理。照顾者应该要察觉到这种混乱，在这段时间中尽量给予他们支持。

成年阶段碰到的一些课题，包括生涯规划、拥有亲密关系并建立自己的家庭、进入中年期以及即将面临衰老过程等，也一样会困扰某些有轻度发展问题的成人。我们必须识别出由孤独症谱系障碍问题所产生的额外问题，不论是核心家庭还是咨询服务机构都应该提供相应的支持。每个人都有各自的独特能力和障碍，对成人发展各阶段的感兴趣程度也各不相同。在这段持续发展的旅程中，每一个人都值得拥有依其特性而量身打造出的干预计划。

有严重发展问题的成人

以上所谈到的问题和处理技巧都是针对轻度和中度障碍人士的。相比之下，完全无法与人相处，且行为表现缺乏目标、具有攻击性又缺乏组织的青少年或成人患者，甚至都无法将三四个动作结合成一个序列。如果我们可以培养他们的参与能力，帮助他们学会使用有目标的简单动作与别人沟通，那么就可以提高他们的生活品质。接着再帮助他们开始学习解决问题，并以五个或六个步骤的序列性事件与人互动，这样他们就可以让我们知道他们想吃什么，比如，带我们到厨房。我们也可帮助他们发展到早期的象征式层次，教他们懂得利用一些图片或词语与人沟通。

通常我们认为有严重发展问题的人只有非常有限的能力，因此容易放弃他们。他们或许不会回应别人，或许出现许多自伤或攻击别人的行为，以及干扰别人或毫无目标的行为。面对这些问题，照顾者往往采用限制身体活动或药物治疗的方式。我们曾经尝试使用 DIR 模式帮助一些因有严重发展障碍而住在托管机构的成人，也取得了不错的结果。

彼得是一位 34 岁的患者，因为缺乏语言能力（也没有非语言的沟通技能），被诊断为智力落后，5 岁时就住进相关机构。他在儿童时期常大发脾气，需要一对一的全日照顾。年龄渐大后，他对其他患者和工作人员做出攻击性行为的危险性也增加了。因此多年来他一直服用大量的抗精神病药物及情绪稳定剂，但是效果并不好。长久以来，彼得始终需要密集式的照顾，直到开始服用利培酮[①]后，情况才有了改观，因受挫而出现的愤怒反应不再那么频繁，强度显著减低，作息也有了改变。

彼得无法掌握最早期发展阶段的技能，虽然他会注意许多令他感兴趣的东西，比如，可乐罐、纸片和笔等，不过最后他都会把这些东西统统塞进嘴巴里。住在机构的这段日子里，他几乎不曾明显注意过工作人员或其他人，也没有出现过双向沟通行为；此外，他似乎也不了解别人复杂的动作和话语。他的生活中只存在被照顾以及被动接受指示。

一位临床工作者开始采用 DIR 疗法帮助彼得，对彼得的所有动作和声音进行简单模仿，他很快开始能专心注视着这位治疗师。许多妈妈在婴儿出生的第一个月内，都会自然地使用这个技巧去吸引孩子的注意力。这个技巧适用于彼得，因为第一个治疗任务就是能吸引他的注意力，接着再帮助他与人相处，最后则帮助他以有清楚目标的方式与别人互动。

为了了解哪些方式能帮助彼得，治疗师刻意安排每个月 2 次、每次 20～30

---

① 译注：利培酮（Risperdol）属于第二代抗精神病药。

分钟的地板时光治疗疗程（由于临床工作者的时间有限，只能安排这样的次数，否则应该安排更多的次数，效果会更好）。主要目标在于了解如何捕捉彼得的注意力，为情绪的参与及双向沟通提供机会，然后与机构中的工作人员分享这些发现，协助他们更好地掌握每天该如何帮助彼得。彼得接受第一次地板时光疗程时，很快有了回应，他甚至有一次倚着临床工作者，而且几乎跟他头碰头了。到了第二次，一进会议室，彼得就转身以后背对着临床工作者，持续了10分钟左右，这可能是他对第一次会面做出的回应。最终，他坐到了临床工作者旁边，但眼睛却看着别处，且始终不愿注意临床工作者。虽然他很清楚临床工作者正注视着他，他却移开视线或转过身子。

彼得在第三次地板时光中的表现则恰恰相反。彼得走进会议室时，从喉咙里发出很大的声音，这时临床工作者也以相类似的声音及温和的声调回应。他们俩紧挨着坐在一起发出这些声音，持续了10分钟之久。彼得并没有太注意临床工作者发出的声音，不过从他坚持的态度以及偶尔流露出真的很感兴趣的眼神，可以明显看到他短暂的投入和参与。

经过一系列的治疗之后，彼得发出的声音越来越多，而且能够以一种有节奏的方式，发出混合元音和辅音的简单声音组合。临床工作者也模仿他发出这些声音。彼得越来越能注意并察觉出临床工作者正在模仿他发出的每一个声音。他在某几次的治疗过程中，也明显表现出对临床工作者的兴趣，把他的眼镜或笔拿走，放到自己的嘴里，并更靠近他坐着。在这些两三分钟的注意之后，彼得又会表现出同样时间（或更久）的退缩反应。不过随着疗程的进行，这种亲密时刻慢慢从20秒钟持续到三四分钟。在某次疗程中，发生了戏剧化的转变，彼得把另一位工作人员拉入地板时光的互动中，并对这两个工作人员都做出了非常棒的反应。他能交换神情，迅速展现笑容，并能交换物品。

工作人员观察到彼得对轻轻碰触及声音的刺激非常敏感，而且他的视觉—空间能力（此处指找到东西）比听觉能力的发展更好（他几乎不曾听从别人的语言指示）。在临床工作者的指导下，机构工作人员开始每天跟彼得进行地板时光疗法。每次治疗一开始，工作人员都先模仿彼得的行为，让互动能持续进行。工作人员小心不去触犯他敏感的触觉或听觉系统，而是利用丰富的动作表情来引发他相对较强的视觉问题解决技能。虽然最初这些工作人员对这种治疗模式的有效性持怀疑态度，不过最终他们完全接受了这种治疗模式并全心投入学习地板时光疗法。

彼得的参与能力也在逐渐增强。在某一次有工作人员参与的治疗中，彼得持续注意着这个工作人员，时间长达20分钟。他发出来的声音也越来越复杂，因此每次地板时光疗程中都包含了双方有目的地交替发出各种声音以及使用不同的音量。他也开始运用有特定目标的动作，比如，口中发出声音，同时用手指自己想要的东西。工作人员开始表示："我们已经能读懂他了！"双方交换眼神及浅笑表情已经成为很平常的举动。最后，彼得已经可以靠近某位工作人员，发出声音，用手臂动作指出自己想要的食物。这样的进展速度令人有信心预测彼得最终能使用语言与人沟通，同时彼得的整体情绪也因接受这种疗法而得到明显改善。未接受DIR治疗之前，彼得每年春天总要有一两个月陷入极端的急躁情绪，容易表现出攻击性，睡不着且焦躁不安。这个方案实施之后，虽然他在春天仍然会有精力增强的现象，不过已经不再出现急躁及忧郁情绪了。

爱丽斯是个59岁的妇人，有着严重的动作问题。从儿童时期被诊断为孤独症和极重度智力落后之后，她就被安置在一家大型寄宿制机构里。她排斥跟别人接触，退缩，没有语言，逃避目光接触，而且对周遭环境、工作人员或其他患者完全没有兴趣。她经常哭泣或低啜，不过似乎与外在情境毫不相关。有位叫作金的护士助手，很有兴趣学习DIR/地板时光疗法，且主动要求帮助爱丽斯。金在指导下开始接触爱丽斯，通过模仿爱丽斯的动作和声音，努力吸引她的注意力。经过几次疗程，金已经有办法持续获得爱丽斯的注意力，她开始安排一周3次、每次30分钟的地板时光疗程。

经过这些疗程后，爱丽斯会对着金伸出手，与她建立目光接触。几个月之后，爱丽斯开始依恋金，每次金走进她房里时，她都会表现得很开心，同时牵起金的手来摸自己的脸颊。多年来不曾展现过笑容和愉快神情的爱丽斯，开始主动露出笑容，她不定时出现的哭泣和低啜行为也渐渐减少。经过几个月固定的地板时光疗程之后，爱丽斯也开始对其他人伸出双手，有目光接触，而且也能辨识别人。6个月内，许多原先不支持地板时光疗法的工作人员，也开始主动使用这些技巧来吸引爱丽斯的注意力。

对有严重障碍的成人，其实也跟对其他人一样，第一个步骤还是吸引他们的注意力，培养他们的参与能力并鼓励他们进行有目标的双向互动。这些基础的建立，会使个人情绪和社会适应能力产生很大的变化。

第十八章 帮助较大儿童、青少年及成人（下）

——创造学习社区

我们帮助年龄较大的个体的目标其实类似于年龄小的个体，都是希望他们能最大限度地学习和发展。对于有特殊需求或严重发展问题的个体来说，克服信息加工的障碍，绝对是一个终身目标。从很多方面来看，他们也一直都在获得相应的机会来掌握这个能力。这个过程就像有些人试图去培养自己的某种特殊技能，不管是阅读、打网球、跳芭蕾舞还是弹吉他。我们有一两种能力进步时，常会感到很高兴。就某种意义来说，人类生来就具有不断学习新技能和想要掌握外在环境的内在需求。

没有特殊需要的个体在年龄很小时，某些基本技能就能达到巅峰。至于一些需要更多经验的技能，则需要较长时间的学习。孤独症谱系障碍成人对基本技能（如语言、思考技能等）的学习无法在小时候就达到巅峰，往往会延续到四五十岁，甚至60岁。我们认为信息加工能力有问题的个人的学习曲线势必会延长到成年。这也就是说父母、专业人员以及政策制定者都应该创造更加具有挑战性的学习环境、关系和教育方案，以方便这些人终身学习。

问题是如何做到这一点呢？我们的教育系统在发展早期教育方面提供了很多支持，不过等到孤独症谱系障碍儿童到了青少年阶段，高中毕业了，却很少制订由社区或州政府支持的正式教育方案，帮助这些发展迟缓的年轻人进一步发展其能力。通常家长需要自行规划，如果儿童有能力学习职业技能，就重视职业教育。至于这些青少年及成人的社交关系、基本推理能力以及语言能力如何，并未得到全面关注，只靠一些有先见之明的个人和方案来提倡。本章将为这些方案提供有效可行的模式。有些人可能会立即站出来批评这种努力太耗费资源了，比起不做任何事或只关注个体当前的发展层次，这种做法的花费的确太高了。不过别忘了，我们努力的目标是希望他们有一天能成为社会（或自己的学习环境）当中有贡献的一员。

一个模范的学习社区

一个真正的学习社区，不仅能持续加强个体的信息加工能力，同时还能提升他们的功能性情绪发展阶段（本书前面几章提到的内容）。这样的社区环境每天都可以提供人际交往的真实情境，让个体能够以符合兴趣及发展年龄（相对于生理年龄）的有意义方式，培养各种发展技能。22岁的年轻人可能有12岁儿童的兴趣，因此我们必须利用这些兴趣来接近他。另一方面，30岁的大男生虽然只有6岁儿童的语言能力，却仍然有某些属于30岁的兴趣（比如音乐或艺术方面），所以也要利用这些兴趣来接近他。因此，我们必须利用每个人在学习社区中表现出的各种兴趣，来达成不同的目标。

这样的学习社区也应该能促进社会性互动。孤独症谱系障碍青少年或成人常常由于对声音刺激过度敏感，或缺乏以动作与人应对的技能，显得自我孤立。不过如果深入探究，会发现他还是渴望与别人亲近。我们不曾遇到任何幼儿、青少年或成人不想与别人相处并建立亲密关系。因此，必须依据个体神经系统的特点，让与人相处的过程成为愉快并有意义而非有害或引起反感的经验。这些社区应该超越一对一的关系，努力建立社会网络以及各种团体活动。

例如，位于马里兰州毕士达（Bethesda）市的想象剧场（Imagination Stage），其表演团队的成员就有一些特殊需求儿童，包含唐氏综合征、孤独症谱系障碍、阿斯伯格综合征以及其他各种状况。这些儿童只有部分的语言能力，但他们可以与没有发展问题的成员一起进行表演。一年当中，这些儿童会有几次自己编写剧本的机会，并要实际演出。在操作的过程中，他们建立起稳固并具有支持性的社会网络。根据每个儿童的能力，分别安排适当的角色，大家都尽其所能尽情参与。对于孤独症谱系障碍者来说，戏剧是一项特别有益的活动，因为它涉及很多基本的发展能力（参与、做出表情动作、假扮等），而且一场表演往往需要台上的演员与台下的观众形成一种密切的合作关系。

某场表演之后，我注意到其中的表演者（他们都有严重的语言、动作和其他发展问题）正热烈讨论稍后要参加的餐会。面对即将聚会一事，这群20来岁的年轻人展现出普通青少年的兴奋情绪。看到他们因为自己成为团队成员而开心的神情，以及发展出来的真挚情谊，实在令人高兴。

最后一点，学习社区不仅应该帮助有能力的人士获得有意义的学习机会，也应该帮他们获得有意义的工作，这样的工作也应以学习为基础。例如，虽然许多有特殊需求的个体尚未准备好独自居住或进入大学就读，不过已经具有一些技能，比如，操作电脑、园艺或行政助理。有些人可能具有某方面的天赋，尽管其他能力极为有限。能力较强的个体可以帮助照顾能力更差的个体，并赚取一些收入。可以尝试结合一些工作机会，让整个学习社区能够部分自给自足。

学习社区中成员的年龄可以介于16～90岁之间，发展的层次也各不相同，因此需要不同层次的支持。目前针对年老的长者，已经发展出某些可以让他们独自居住、自由利用各种娱乐设施的社区。同时也有一些社区针对行动不便、需要别人帮助的长者而设。对有各种发展障碍的成人，也有同样的安排。对生活不需要帮助（或只需要一点点帮助）的个体，通常只需安排结构化的居住环境，并且安排他们住在那些需要不同程度帮助的成员附近。

必须训练工作人员（有时也包括一些功能较好的特殊需要人士）做好两件事：在情绪发展阶段中，发展更高层次的社会性和智力，以及增强所有信息加工能力。就像我们在第四部谈到的为年幼儿童提供的方案，每天安排一部分时间来增强每一项核心的信息加工能力，同时也必须根据个人的兴趣，帮助他们全面发展智力及社会技能。

为了促进动作、顺序排列、视觉—空间及语言（如果有对话）等技能发展，应将重点放在诸如戏剧、舞蹈、艺术、音乐及园艺等活动上。这些活动常令孤独症谱系障碍或其他发展迟缓的个体感到非常开心。此外，有严重语言问题的个体常常拥有不错的音乐细胞和艺术鉴赏力，因此这些活动也能发挥个人的天生优势。依据个体不同的兴趣及技能层次，还可以安排其他的活动，如电脑游戏或与电脑操作技能有关的活动。

一天当中的其他时候，可用来练习掌握学习互动时的六项基本发展层次，进而进入更高的思考层次。显然，这样的学习社区必须让工作人员接受完整训练，学习如何帮助特殊需要人士，促进全天所有互动以及特别疗程的发展层次（工作人员需要根据个别需求，安排一天4～8个疗程，来加强这些基本技能）。

针对有能力的个体，可依据其优势，安排他们一天当中的其他时间用来工作或进行职业训练（可以在社区内或社区外）。他们工作后获得的收入能多少补贴一部分自己的花费。某些社区甚至有一些商业行为（比如银行或有机园地）能够为社区带来收入。在社区当中完成一些工作，还能发展出共同的责任感、相互支持以及社区认同和参与感。

建立学习社区的五个原则

我们可以用各种不同方式建构方案来满足这些目标。无论采用什么方式，请记住以下五个原则。

1. 学习社区和学习型关系必须提供终身学习的机会。不应以年龄为依据来考虑社会责任，而是要根据发展能力。我们的社会一向注重儿童和青少年（以及就读于州立学院的年轻人）教育，秉持的信念是认为年轻人在独立生活之前，应该完成学业。如果换成"社会有责任让每一个人都能达到某个发展层次"，是不是更具有实质意义？ 如果某些人必须终身学习，又有何不可？提供终身学习的机会本来就是社会的义务。

目前为年老者和无法完全自理者（比如，发展迟缓者）制订的方案，常常最后就只是让他们成为长期的被收容者。如果纯粹从经济层面来看，只是收容这群人，最后所付出的成本绝对高于制订适宜方案的花费。从人文精神的观点来看，社会的责任应依据个人的发展层次来考虑，而不是年龄或接受教育的长短，这才是比较明智的做法。只要个体还未掌握某个发展层次，这个层次其实就是反省式思考能力的层次，也就是有能力进行自我评价、顺利推理问题并开始进展到自给自足的层次，那么社会就仍然对他负有教育的责任。这并不是说家庭不再负有重任，其实家庭与社区之间的合作伙伴关系可以帮助这些家庭减轻经济负担，又能提供给他们的儿童各种不同的学习机会和关系。

2. 学习社区不应只注重具体的"生活技能"，而忽视了发展思维和社会性关系的基础。传统上，我们常会采用没有根据的二分法，认为："好，我们会教他们一些阅读和数学的学业技能。如果他们学不会，就只好放弃，转而教他们如何搭公车、过马路。"这样的二分法忽略了一点：不管是搭公车、过马路，或做数学、学阅读，其实都需要思考。我们不应根据这些特定的技能设定限制，相反，我们应该在不同的环境（追求知识的环境和学习生活技能的环境）之中，建立这些发展的根基。教儿童如何坐公车或购物，也应该像教学生如何写一篇评论性文章一样，采用具有创造性的教学方式。生活技能及学业技能都可以采用记忆或思考的方式教导。死记硬背的方式尽管开始时比较容易，不过通常效果并不理想。

3. 在加强生活和学业技能的同时，也应该加强所有的信息加工能力。

4. 个体的逃避、反社会或不寻常行为模式，大都与其独特的神经系统有关，因而不应该将其作为评估这个人是否有弹性或想要与人互动的指标。我们应该尊重这些特质，不过应该以比较灵活的态度来对待，认识个体神经系统的本质，了解改善环境也能增加其弹性。因此，学习社区应该始终坚持认为个体具有成长和增加弹性的潜力，并应该努力创造出足以促进这些能力的学习环境。

5. 大部分人不仅希望与别人相处，还希望能有所归属和分享团体认同。在学习社区里，让他们共同参与一些活动（不管是工作或娱乐），从而培养他们的团体认同，帮助他们进行自我表达并产生成就感。孤独症谱系障碍或其他发展迟缓问题的个体或许有些地方需要别人支持，不过他也同时具有某些技能，足以创造出有用的软件方案或好看的绘图等作品。帮助他们的同时，应留意他们的特殊才能，并鼓励他们发挥才能，对所属团体有所贡献。

目前，特殊需要人士的父母所组成的私人机构需要付出巨大的努力，帮助专业人员依据上述模式制订方案，并证明这种模式确实有效且所需费用也在合理的范围之内。接着，还要通过来自社区、城市、州及国家的不同代表，发动民众的力量，推广"社会对这些特殊需求个体的公共责任，必须延伸终身，或直到他或她实现自给自足的发展能力"的理想观点。

案例研究

根据上述原则，我们为这个故事中的主角制订了适宜的方案，他也因此在不断成长，下面我们将详细介绍他的进展过程。30岁的罗伯特还不会说话，常自我孤立，一直都遵循着固定的生活作息。一天当中有大部分时间都躺在床上，除了肚子饿时会发出很大的声音之外，几乎不跟别人互动。多年来，他的妈妈总是尽力照顾他，但从不期望看到他有什么进步（罗伯特的爸爸已经过世了）。接受罗伯特妈妈的求助之后，我们将罗伯特和他的妈妈纳入到学习关系中，并为罗伯特制订了一个学习方案，利用社区中现有的资源来帮助他学习。

首先，我们只将罗伯特和他妈妈列入学习方案中，帮助罗伯特发展参与能力、一个比较复杂的动作表情沟通系统以及更多步骤的问题解决能力。由于罗伯特的主要沟通形式与进食有关，因此罗伯特想要得到喜欢的食物时，妈妈先假装不懂，并尽量延长这样的时刻，促使他从模糊不清的发声进步到使用手势，指出他真正想要的食物。如果妈妈拿错了，罗伯特会摇头，然后抓起妈妈的手，一起走到冰箱前，指出他真正要的东西。通过这种方式，我们建立起一个比较复杂的前语言沟通系统，并以渐进的方式对他提出要求，但尽量不激怒他，因为罗伯特很容易放弃，而且他的体格相当健壮，妈妈却很娇小。

当罗伯特在沟通时更加具有目标性，并且围绕食物与人交涉的时间越来越长，且越来越复杂时，他也变得神采奕奕。我们通过使用图片让罗伯特指出他想要的食物，扩展与他的互动。由于他会发出某些声音，我们也邀请一位语言病理学家参与到治疗中，开展一些口语和动作训练活动。罗伯特以缓慢但正确的方式，逐渐增加声音的种类，也能使用更多的图片作为沟通媒介，来得到自己想要的食物。

我们发现他喜欢在房间里听妈妈演奏音乐。他的沟通能力增强后，开始表示喜欢听哪几首古典音乐。我们也注意到他的视觉记忆相当好，因此具有视觉问题解决的优势。例如，他能找到想要的东西，比如某张CD或妈妈藏饼干（因为他往往吃得太多）的地方。我们考虑是否能让他用这些技能学习阅读，于是将词语放在他常用的图片下方，鼓励他说出一些简单的字以得到食物，比如"牛奶"或"果汁"等。虽然他只发出了很短的音，如"n"和"g"，不过他确实记住了放在图片下面的这些词语。我们开始教他发出这些词语的音，经过很长的学习过程之后，他已经略能阅读了。接着我们又开始教他使用辅助沟通和符号板，到了第二年，他真的可以打出一些词语，并且使用的词语和句子的数量都有一些增加。

随着能力的进步，罗伯特越来越能参与并愿意互动。因为他喜欢听音乐，妈妈带他参加当地一个为特殊需求年轻人设立的艺术团体。一开始时他只是去听音乐，由于他块头很大，后来他加入到每出戏的后台工作中。从此，他真心期待每周有几天时间待在这个艺术中心，听音乐并加入戏剧团体的后台团队。

5年后，罗伯特的参与能力取得了很大的进步，并且可以排列顺序，解决问题，以及使用动作表情进行互动。他不仅可以使用操作符号板上的图像，还可以使用简单的句子和词语，来表达基本需求，他也喜欢加入到这个艺术中心的团体中。此外，他在家里也比以前更有弹性，遇到不顺时，很少再像以前那样发脾气，还能帮妈妈做些杂事。就那段时间来看，他的能力足足扩展了300%。

罗伯特仍然继续着他的成长之旅，他还在持续进步中。我们继续帮助他提高语言技能、动作计划以及顺序排列能力，并充分利用他的视觉—空间记忆能力和信息加工技能。他不但对感觉刺激的反应过低，并有肌张力低的问题，而且对于某些声音也容易出现过度反应。现在，面对这些不同的感觉信息时，他变得比较有弹性并能应对各种不同的环境。

罗伯特的学习社区并不是一个寄宿制中心，只是一个固定的地点。当然情况不一定都是这样，学习社区也可以建立在个人的生活环境附近。所有的社区都应该安排有关艺术或其他方面的活动（像罗伯特参与的一样），并结合住宿型照顾，来方便有需要的个体，因为毕竟不是所有的父母都像罗伯特妈妈那么有时间。同一个小镇或城市，学习社区中的不同部门可能分布在不同地点，不过任何一个人的参与都应该考虑上述的发展原则：增强信息加工技能和发展所需的基础，同时又能促进有意义的同龄人之间的关系、创造性表达能力以及包括（如果有能力的话）有意义的工作机会。

第四部 评估和干预

DIR 模式

第十九章 评估

——DIR/ 地板时光疗法

我们通常需要用一段较长的时间充分观察儿童的学习能力之后才能对其是否存在孤独症谱系障碍做出判断。不过为了决定需要哪种干预，往往必须尽快完成评估工作。如果一个2岁大的儿童出现第三章提到的问题症状，我们就需要立即注意，而不是抱着等等看的态度，因为每个发展阶段都是以上一个发展阶段为基础。如果等孩子再长大一点，或出现孤独症谱系障碍的明显症状时才开始治疗，状况就会变得更复杂，也会影响最后结果，儿童的能力会更落后，也容易错失最好的干预时机。特别是当儿童学习参与、与人相处、沟通、游戏和思考的能力出现缺陷时，更是需要掌握治疗时机。

其实帮助儿童发展基本能力的同时，也可以继续观察，以便给出适当的诊断（如果基于医疗保险或安置需要，可以先有一个暂时诊断）。在制订干预方案时，必须先弄清楚哪些是不会影响儿童与人交往、沟通及思考能力的次要问题，哪些是会妨碍这些核心能力的基本障碍？例如，一个有轻度发音（言语）问题的学步期儿童，如果与人相处及沟通的能力正常，并且能做出有目标的动作（比如，给爸爸妈妈一本书），绝对不同于另一个虽会重复别人的话，但完全不会使用社会性动作来表达意向的学步期儿童，后者的发展可能更严重。

无论是在接受专业评估之前或是同一时期，父母都可以也必须依照第三章有关六个基本的发展阶段的图表（表3.2）以及第五章到第十章的相关介绍，来观察儿童究竟发展到哪个阶段。总而言之，必须依照下面的问题来了解儿童的能力。

1. 儿童进入到共享注意（shared attention）的状态了吗？
2. 他能以友好且亲密的态度与你互动吗？

3. 他能以有目标的方式与你互动吗？比如，点头表示要，或以某种手势、声音表示自己要什么。

4. 他可以依序开启并结束沟通循环并在你的帮助下解决问题吗？

5. 他能创造出想法并将意向、欲望、愿望、感受和目标转化为语言、假扮游戏或图片吗？

6. 他能以合乎逻辑的方式联结各种想法吗？

当然我们还必须留意并记录儿童的某些行为，比如，将玩具排成一条直线，只是重复别人的话却不了解话中的意思，撞别人头的可怕行为，或只是毫无目标地绕圈奔跑。不过，我们也需要了解儿童的六项基本发展能力到底发展到什么程度，此外还须确认哪些基本能力已发展完全，哪些只是学到一部分，哪些还没开始学习。

接下来，父母应该观察儿童如何对各种感觉刺激做出反应以及如何计划行动。他是渴求触觉、听觉或视觉的刺激，还是这些刺激已经超过他所能负荷的程度？哪一种刺激过多？要有多少刺激才能让他理解自己看到或听到的信息？他是否一再重复同样的动作，或他是否能将许多不同的动作按顺序排列？

接着，再观察他的学习关系。教他的老师能按照他的发展层次满足他的需求吗？是否能根据他的个别需求，为他安排合适的互动模式？

我们在第五章提过，这并不是只有专业人员才能操作的技术性评估，其实任何一个家长都能观察儿童，并回答这些问题。临床工作人员可以安排好几个小时观察儿童，但家长每天都有很多时间接触儿童而且是日复一日的。专业人员可以帮助家长询问这些问题，但必须由家长来回答。如果意见不一致，专业人员可以陪他们一起观察，直到大家能取得共识。

在治疗孤独症谱系障碍上，DIR模式具有以下几个重要特征：早期鉴别、预防导向的干预和以全面而个别化的方式关注个体。实施密集式评估，关注过去传统治疗模式忽略的许多方面是具备这些特征的前提。用DIR模式进行评估和干预时，包含四个基本方面。

1. 儿童在情绪发展阶段上的进展情况。

2. 儿童在神经系统运作方式上的个体差异，以及这些个体差异如何影响其加工经验以及计划反应的方式。

3. 儿童与照顾者、家人、社区和大服务体系之间的互动模式。

4. 团队取向的干预模式，与所有参与儿童障碍问题干预的相关专业人员一起合作，不断优化这些过程。

DIR 中的评估工作

一个完整的评估通常费时、漫长而且相当复杂，需要安排多次与儿童及家长的会面，并且将 DIR 模式中的所有要素考虑进来。父母应该挑选能够包含下面六个要素的评估：

1. 两次（或更多）的临床观察，每次 45 分钟，观察儿童与父母或其他照顾者的互动情形，包括由临床工作者"指导"儿童展现最高的发展层次（如果父母报告的内容与临床观察结果不一致，就需要安排更多的观察次数）。

2. 收集产前及产后的发展史，并对儿童目前的能力运作方式进行反思。

3. 观察父母（或主要照顾者）的互动模式，不仅观察他们的个性特质、家庭及文化模式，也要找出他们的优缺点。

4. 对儿童目前接受的所有干预、教育方案、日常活动、相关的行为及互动模式进行反思。

5. 专业人员的咨询，可包括：语言病理学家、作业治疗师、物理治疗师、视觉及发展专业人员、教师以及心理卫生专业人员等。除了临床评估之外，还可以使用结构化测验，这虽非例行程序，不过想要更深入了解特定能力范围时可以使用。

6. 进行医学检查，通过排除某些并存的或正在造成影响的生理障碍，发现造成儿童功能缺损的生物医学因素。生物医学专家（通常指发展取向的儿科医师、儿童精神科医师或儿童神经科医师等）应该安排适当的血液检验以及身体检查，一般包括 24 小时或长期的睡眠脑电图，以进一步找出造成障碍的特定生理诱因，尤其要特别排除与新陈代谢或遗传因子有关的渐进式发展性障碍。

评估工作可由专人负责，比如，儿童精神科医师、临床发展心理学家或接受过完整评估训练的其他专家，也可交由整个团队负责，包括一位语言病理学家、作业治疗师或物理治疗师、心理卫生专业人员以及发展取向的儿科医师。无论采用哪种方式，完整的评估结果应该充分了解儿童在上述各个领域的优缺点。

能力分析图

完整的评估结果有助于形成一份个别化的能力分析图,这份能力分析图不但可以捕捉到儿童独特的发展特性,还能作为制订个别化治疗计划的依据。整个能力分析图应该包括所有的功能,而不只是限定于明显与症状有关的部分。例如,如果一个学龄前儿童,无论在假扮游戏或谈话时,都无法以象征方式表现与情绪有关的兴趣及主题,那么这个问题的重要性绝对不亚于他的重复性或自我刺激行为。同样,干预计划也应该充分考虑儿童的特殊优势领域。比如,优异的视觉—空间思维能力,可以帮助一个有严重语言问题的儿童跟别人互动,进行学习及推理。

一份完整的能力分析图有助于临床工作者分别思考每一项能力存在的障碍,探讨不同的解释构架,而且不轻易假定儿童遭遇的困境都必然是症状之一(除非所有可能的解释都被排除)。有动作问题的儿童在兴奋或过度负荷时,常会拍击双手。不仅孤独症谱系障碍、脑瘫、肌张力低以及运动障碍等,都会涉及动作问题,而且有时也都会出现拍击双手的行为。不过,这个症状常常只被视为与孤独症相关的一个特征。同样情形,对于感觉刺激反应过度或过低的现象,也会在许多不同的障碍及发展偏差类型中出现。不同儿童虽有相同的诊断,却有不同的能力分析图,而不同诊断的儿童也可能有十分相似的能力分析图。

关注问题解决

DIR 模式的一个特征,是非常重视独特生理因素所造成的信息加工障碍。这种关注使得临床工作者及父母会考虑到帮助儿童掌握基本能力的内在信息加工模式,而不只是看到儿童的症状或行为,此外也必须了解信息加工能力问题在多大程度上影响了儿童的生活。例如,同样的"视觉—空间及动作计划"问题,不仅使儿童无法计划并安排学校任务,也会使儿童无法理解别人的面部表情及肢体语言,从而导致社会关系和情绪上的误解。

儿童能够接收声音之后,还必须能理解这些声音被赋予的意义。接收声音并理解之后,他们还要作为信息输出的一方,利用同样的技能来传递自己的意向。他们必须能够发出声音,最终形成可理解的话语。儿童因为动作障碍(这意味着他们无法用舌头和口腔发出声音)而无法输出信息时,可以学习用打字方式传递想说的话，或使用电子器材，比如，"声音输出装置"（按下不同符号键就能发出声音的机器）。此外，也可以利用图片、各种手势或符号系统。有一套新的诊断系统，被称为 ICDL-DMIC（the Interdisciplinary Council on Developmental and Learning Disorders Diagnostic Manual for Infancy and Early Childhood，即经专业团队会议制定的《婴幼儿发展与学习障碍诊断手册》），就是采用发展取向来评估所有信息加工领域的问题。

基本信息加工能力就包括了第十二章所描述的视觉—空间信息加工（理解看到的画面）。儿童看到妈妈或爸爸时可以认出他们吗？她能将眼睛、鼻子、嘴巴、手臂及腿等器官组合成一个完整的人的影像吗？一个婴儿即使能看到完整的影像，她仍然无法认出这是爸爸还是妈妈。过了一段时间后，婴儿才会认得这个红头发、蓝眼睛，每天都对着"我"笑的人就是"妈妈"。婴儿会将这个视觉影像与所有有关的感受和经验结合在一起，然后赋予这个视觉影像意义。大脑必须有能力将经验与视觉影像结合在一起，才能使视觉影像获得意义。

信息加工的另一个要素是动作计划和顺序排列，根据想法或欲望执行身体行动的能力，以及计划如何达到目标，或满足欲望的能力。游戏其实也包含动作计划能力。某些孤独症谱系障碍儿童只会做一个或两个步骤的动作，比如，拿着玩具在桌上敲打，或拿着玩具车来回滑行。有些儿童则会四个或五个步骤的动作，他们会拿着玩具车，将车滚到妈妈身边，然后再滚到爸爸身边，接着将车放进小房子里，最后再滚回妈妈身边。儿童能按顺序做出越多的动作，就越会解决问题，因为解决问题需要具备对许多动作进行有意义地顺序排列的能力。执行一些涉及独立性及互动性的日常任务，比如，穿衣、进食、游戏等，都绝对需要多个步骤的行动。之后，这个能力被称为"执行功能"，无论在学校学习还是工作，都需要这种组织技能。

最后一点，儿童如何调节感觉信息？他是否对一些基本的感觉刺激（比如碰触、声音或在空间中的移动）有过度或过低的反应？对于某些儿童，即使是正常的声音都会过度刺激到他，而某些儿童对这样的声音却几乎没有反应。如果儿童因为某个声音太尖锐而感到烦躁不安，那么他就无法思考、与人相处或沟通。同样，如果一个过度刺激的环境让儿童难以承受，他就无法区分周遭环境的不同，从而造成思考、与人相处及沟通上的困难。

这些信息加工能力有助于发展与人相处、思考及沟通的六项基本技能。因此我们必须了解儿童在这些方面的优缺点，否则就无法知道他们出现障碍的潜在原因。

持续性的能力分析图

应该定期更新儿童的能力分析图。持续进行的临床观察以及不断更新的能力分析图可以作为制订干预计划的依据。"功能"指的就是在不同的学习环境之下，她的能力在不同阶段的发展情形。因此，在对儿童的参与及互动能力进行干预时，观察儿童对这种干预的反应状况，绝对比只进行一次评估（在治疗室观察儿童如何与临床工作者相处），能收集到更多有关儿童与人相处能力的资料。同样，要了解儿童做出动作及有目的地使用话语的能力程度，最好的评估方法应该是在家里或学校对她进行观察。当然，如果临床工作者的治疗室能充分引发儿童动机并提供有意义的互动机会，也可以在这里进行观察。

要诊断出孤独症谱系障碍的问题，尤其需要一段较长时间的观察。我们曾经观察过一群符合《精神疾病诊断与统计手册（第四版）》（DSM-IV）孤独症谱系障碍诊断标准的儿童，他们在接受了一个发展取向的完整干预计划后，很快都能积极与人相处，具有互动性且能用口语沟通。例如，一年内，他们当中许多人变得很喜欢参与，爱与人互动，重复性及自我刺激行为也有了改善。两年后，许多儿童虽然语言发展仍存在迟缓，却能以灵活且富有创造性的方式使用语言。如果当初并不立即做出诊断，而是用一年的时间观察这群儿童接受干预后的反应，然后再做出诊断，那么可能会将这群快速进步的儿童诊断为语言障碍或动作计划问题，而不是一开始呈现的孤独症谱系障碍。这些障碍是因信息加工问题引起的，因为干扰到正常的互动途径，而造成与人相处及沟通能力的障碍。接受完整的 DIR 干预后，许多儿童都发展出很好的语言和学习能力，而且具有与别人（包括同龄人）相处的稳定能力，态度友好、有同理心、有创造力且具有幽默感。他们后来在学校碰到的问题，也都属于一些能力受限的问题，比如动作计划或顺序排列的困难。

还有一些儿童，一开始也符合孤独症谱系障碍的诊断标准，接受一两年的干预后，进步不大，虽然已具有不少与人相处和沟通的能力，却仍然符合孤独症谱系障碍的诊断标准。还有一些儿童经过许多年的治疗后，几乎没有进步，也依然符合孤独症的诊断标准。虽然这当中每一组在发展能力（包括与人相处、动作计划、顺序排列以及视觉—空间信息加工等）上都不相同，不过各组之间最大的差异，在于他们接受有效干预方案之后有不同的反应方式。因此，要想正确诊断儿童的问题，最好的方法应该是提供一个能促进其发展的好的干预方案，然后再观察他的进步情形。

这样的方法有助于父母了解什么样的评估及治疗方式适合自己的孩子。目前全美的主要城市（以及许多国外的大城市）都有许多接受过 DIR/ 地板时光疗法训练的专业人员，可以帮助家长安排一个最适当的评估方式（要想获取更多信息，可参考网站 www.floortime.org 或 www.icdl.com）。

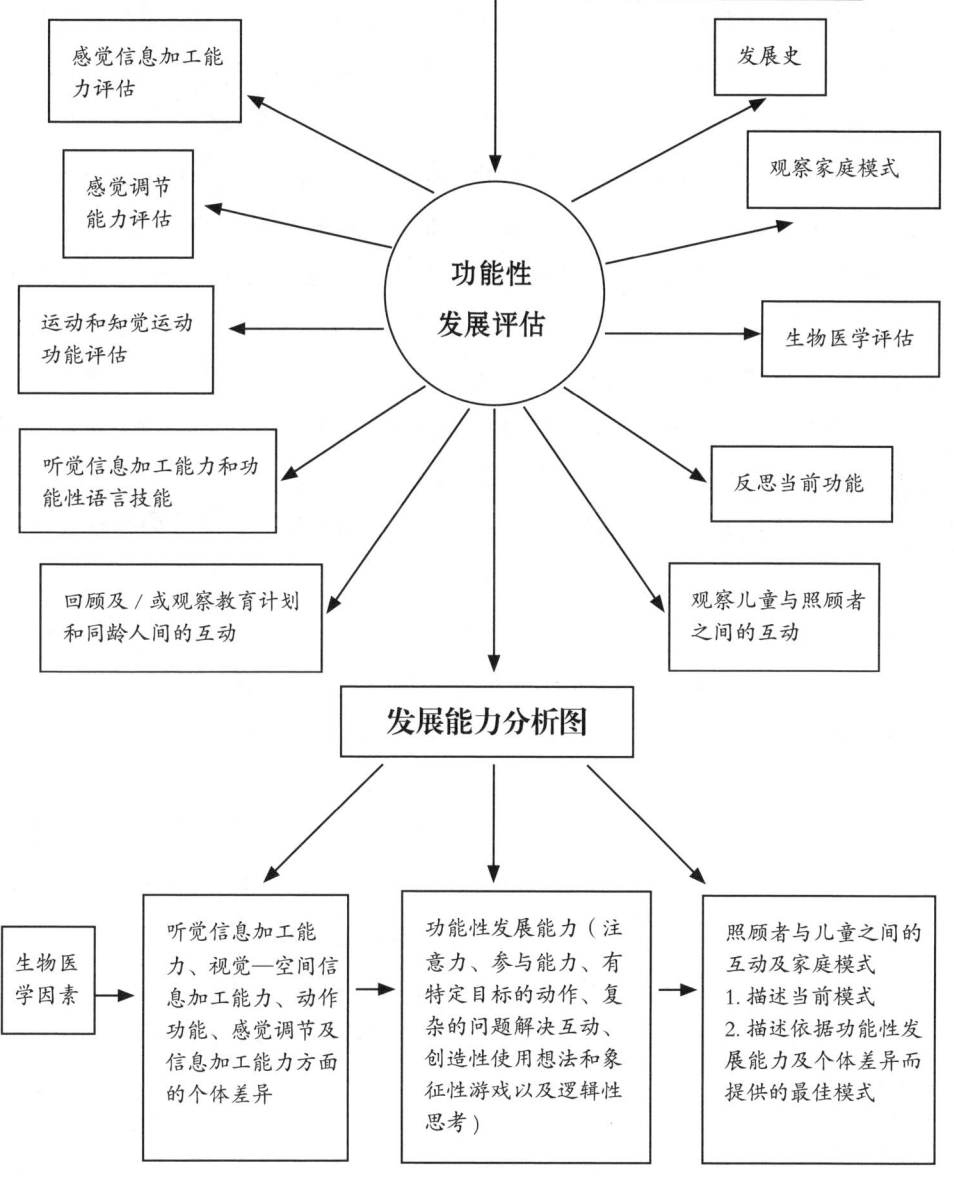

第二十章 建立综合性干预方案

虽然目前有许多不同的方法用于治疗孤独症谱系障碍儿童，不过也需要有一个综合性的方案。打个比方，虽然让心脏病患者服用某种特殊药物也是一种治疗方法，但药物只是综合性方案中的一部分，此外还应该包括饮食的控制、压力的调节及其他方法。因此，我们该如何为特殊儿童建立一套综合性的方案呢？父母该如何为儿童挑选一套能促进其最好发展和成长的正确方案呢？

这些问题都非常关键，因为这些方案及方法都会对孤独症谱系障碍儿童的发展情形产生巨大影响。但这并不意味着只要给每个儿童提供一套理想的方案，他们就能进步到我们期望的水平，因为还有其他因素（包括神经学因素）也在影响着孩子的能力发展。不过，除非我们能为儿童安排一个最佳的方案，否则谁也无法判断孩子的进步空间到底有多大。

目标的不同是各个主要的方法之间最基本的差异。发展取向疗法（比如DIR/地板时光）主要是在帮助儿童建立与人相处、沟通及思考能力的良好基础。相反，行为取向疗法①则是用结构化的任务来改变表面行为。特里斯特拉姆·史密斯（Tristram Smith，洛瓦斯的同事）在唯一一个真正使用临床实验设计的行为疗法研究（随机分配儿童接受不同疗法）中表示，对照控制组的表现，儿童在接受行为疗法后的学业能力只得到了部分改善，而情绪及社交能力只有少许发展甚至毫无发展。这些儿童即使是在接受结构化的学业能力测试时，也只有13%获得了较高的成绩，而早期的研究却常给出更高的数据（Smith Groen& Wynn，2000）。维多利亚·谢伊（Victoria Shea）在2004年的一篇有关ABA疗法的研究综述中指出，有关这些研究有效性的最初声明并不能被验证。

行为疗法如果能够成功，就可以改变某些特定的行为，但是由于这种疗法

---

① 原注：行为取向疗法中最常使用的是洛瓦斯（Ivar Lovaas）的以ABA为基础发展的回合式教学（Discrete Trial）。

依赖于重复和高度结构化的学习，所以，利用这种疗法学习执行任务的大部分儿童可能只会按照曾经练习过的方式来完成任务。因此，他们可能无法发展基本的认知、语言或社交能力。

相比之下，被统称为"发展关系疗法"的干预，则倾向于利用自然学习，也就是通过互动和发现来学习。其主要成效在于增进社会互动能力——能参与想象游戏、建立友谊、对依赖及友好的态度都能感到自在等，以及提升思考能力。这样的结果并不令人意外，因为这些疗法主要就是帮助儿童发展一些基础技能，比如参与、与别人相处、解读社会性信号，并且通过自发性的互动学习，让儿童练习这些技能。

大多数父母期待儿童拥有的特质都可以通过学习获得，比如，寻求父母的支持、爱、友好、参与及积极主动等，不过必须跟随儿童的带领，通过自发性的互动来教会儿童，而绝对不是靠背诵脚本的方式。正如前面指出的，关系疗法也有助于发展更高层次的思考技能。要求儿童背诵记忆，为他提供脚本或改变他的某些表面行为等，这些方法都无法教会儿童判断及推理思考。

一个有趣的现象是，许多源于行为原则的结构化疗法都已开始关注自发性的学习情境。针对孤独症的一般治疗也转变为以发展关系为基础的模式。美国国家科学院曾撰写过一篇报告，指出目前教育孤独症的十种主要模式（包括 DIR/地板时光疗法以及 ABA 回合式教学），其中有三种模式主要以发展关系为基础，两种为严格的行为取向，四种则为混合型式。报告还提到，虽然十种模式的成效都有一些证据作为支持依据，但都缺乏绝对令人信服的证据，并且没有进行任何比较性研究（参见附录 A）。

为帮助父母及专业人员建立一个综合性的方案，DIR 模式提供了一个清楚的框架。DIR 并没有指定任何一种特定的干预方法，而是提出一套系统的评估构架，用以建立一个解决有关关系、特殊行为、创造性地使用想法和各种信息加工领域等问题的综合性方案。这样的方案能帮助家庭、学校及治疗机构提高目前干预计划的成效——因为它结合了各种不同的干预策略。许多方案都会同时使用自然（发展取向）和结构（行为取向）干预法。我们的重点在于为儿童提供合适的干预方法，并为发展与人相处、沟通及思考能力奠定良好基础。DIR 模式使我们有能力满足这个目标，而且避免东做一点、西做一点，毫无综合性可言。除了能帮助家庭为儿童提供适当的干预方法之外，这个模式也可以帮助处理可能对干预方法造成干扰的家庭问题。关键在于：不是让儿童去适应干预方法，而是要制订一个适合儿童和整个家庭的干预方案。

综合性疗法不仅处理外显问题，同时也致力于培养基础能力。外显的问题或行为之所以常会引起我们的特别注意，是因为这些行为会让一个儿童在公园或餐厅的表现异于常态。在综合性疗法中，这两方面都必须引起重视。

DIR 干预模式中最重要的一点是：依据每个儿童的特点，进行干预。即使两个儿童的诊断一样，也有很多相同的症状，但每一个儿童还是各有其独特的优缺点。依据个体的独特模式制订治疗计划。计划也必须具有综合性，要关注每一个缺陷，不管是原发性的还是继发性的症状。最后一点是它必须是密集式的，也就是说在儿童醒着的大部分时间里，都要安排干预（或至少要以适当的发展取向方式与他互动）——因为孤独症谱系障碍儿童大都无法自己建立有意义的学习经验。有这类障碍的大多数儿童都没有接受过充足的综合性或密集式干预。（不过，所谓密集式并不是要给儿童过多的任务或太大的压力，相反，必须考虑儿童的精神状态，依据儿童的兴趣和主动性，安排一些嬉戏式的活动。）

应该围绕以下几个基本问题的答案来安排 DIR 干预模式：儿童有哪些问题行为？儿童与人相处、思考、沟通的基本技能如何？儿童的信息加工能力如何？有哪些因素（包含生物医学因素）影响到这些能力？过去曾尝试过什么方法帮助她？哪些有效，哪些无效？家人运用有效方法的能力如何？只要我们在评估过程中收集到充足的资料来回答这几个问题，就可以了解儿童到底需要什么。同时也能判断这个家庭有哪些问题需要帮助，比如婚姻、兄弟姐妹竞争或经济问题等。每个家庭的资源各不相同，他们能够或愿意自己做的事有多少？需要或希望专业人员帮助的事情又有多少？每个家庭可利用的方案、学校及专业服务资源也各有差异。我们为特殊儿童及其家庭提供合适的疗法时，必须考虑所有因素。

DIR 模式可用来有系统地整理目前使用的许多评估和干预方法，而且它也强调一些往往容易被忽略或只做表面处理的要素。DIR 模式中的每一个要素，包括语言治疗、作业治疗、特教及早期儿童教育以及儿童与父母进行地板时光式的互动，都有很悠久的传统。不过 DIR 模式通过以下方式，不断丰富这些传统要素的内涵：进一步定义儿童的发展阶段，信息加工能力的个体差异，对某些互动类型的需求，并将这些要素整理成一个有共同目标的综合性方案。

以 DIR 模式为基础的干预方式，其基本目标在于帮助儿童形成一种自我意识，即认为自己是一个有清楚意向、有互动能力的个体，并根据这个基本的意向发展出认知、语言及社会性能力，从而能顺利经历六个基本的发展阶段，迈向更高的阶段。DIR 疗法的概念可以整理成一个金字塔图。金字塔里的所有要素都互相影响，简单介绍如下：

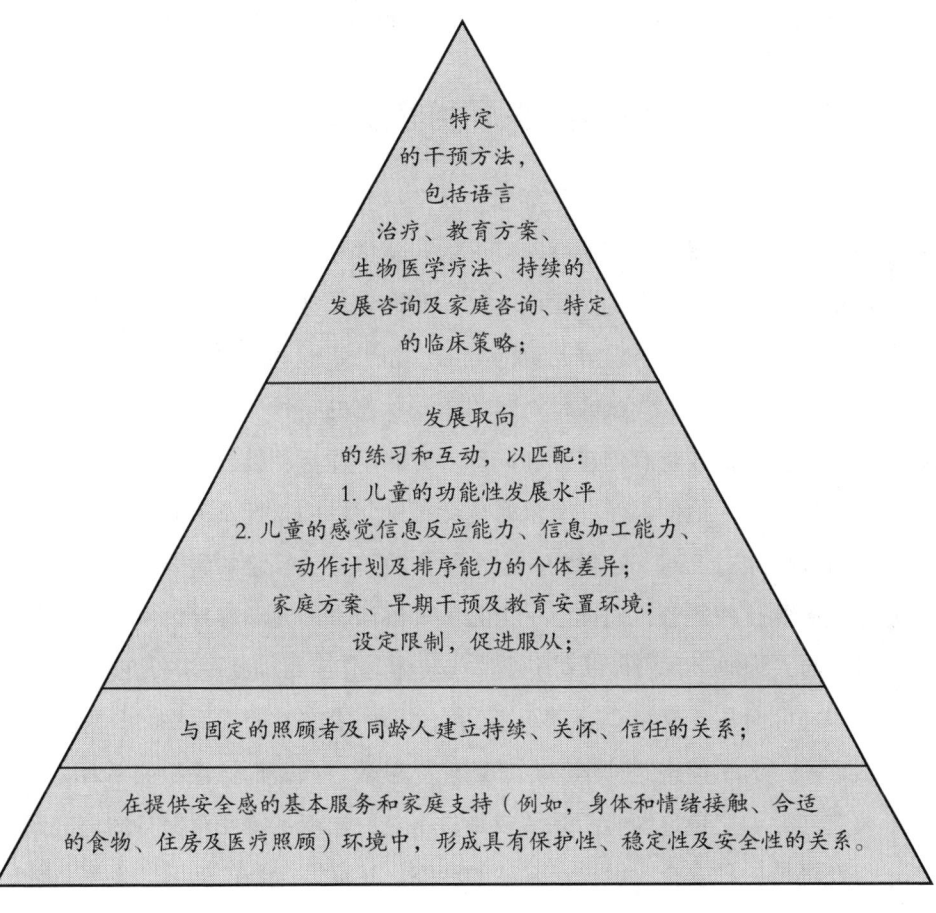

适用于孤独症谱系障碍儿童的干预金字塔

稳定、安全及保护性的关系

这个金字塔的最底层就是所有儿童都需要的保护、稳定、发展取向的支持关系和家庭模式，包括身体的保护和持续的安全感。有些家庭很容易就能提供这些支持，也有一些家庭则必须接受很多支持和治疗，才能稳定地保持这些基本功能。极度贫困或长期处于恐惧状态的家庭往往会威胁到金字塔最底层的要求，出现虐待、疏忽或破碎的家庭也会面临相同的困境。有些家庭需要接受咨询来探讨家庭模式和家人互动关系，帮助他们面对儿童有障碍的事实，以及受到冲击的婚姻关系或兄弟姐妹关系。

为了发展这个基础，我们需要获得经过训练的精神科医师、心理医生或社会工作者的帮助，他们可以评估家庭的需求，帮助家庭建立联盟、解决问题，为家庭谋求权益（取得社会或经济帮助），并提供家庭咨询及家庭或个别治疗。

持续的关怀和信任关系

金字塔第二层指的是每个儿童在建立情绪和认知能力时需要持续稳定的关系。孤独症谱系障碍或有其他特殊需求的儿童常常无法与人相处，因此比普通儿童需要更多温暖且稳定的照顾。不过，照顾者却常觉得难以跟他们维持亲密的关系，因为他们很容易误解儿童的意图。如果照顾者能把儿童的问题行为看作一种应对自身障碍的尝试或是对难以承受状态的一种反应，那么就能忽略这些误解，转而以比较富有创造性和同理的方式与儿童相处。例如，对碰触刺激过度敏感的儿童，他们即使在哭泣时也会拒绝父母的安抚及关心，这样的反应常令父母非常难过。对于这样的儿童，我们应该避免轻轻的碰触，而以按压的方式让她感觉比较舒服。同样，一个无法理解语言的儿童容易感到困惑，并会因此逃避与人沟通。我们可以利用图片或肢体动作来帮助她理解外在环境。

我们在前面几章曾提过，人类几乎所有的学习都发生在关系中，可能是教室、家里或诊所。为了促进这种学习，必须建立温暖、亲密而愉快的关系。关系的调节机制（比如避免过度刺激儿童或刺激不足），能帮助儿童保持愉快的亲密感，以及维持一种安全、敏捷、专注的状态，从而产生新的学习和发展。帮助儿童发展与他人相处的能力，需要时间、坚定态度以及理解力。家庭出现问题，照顾儿童的工作人员或老师频繁更换，都会阻碍儿童与人相处能力的发展。

适合儿童发展的练习活动与互动

金字塔第三层指的是根据孤独症谱系障碍儿童的个体差异及发展需求，提供适合其发展需要的练习活动与互动。当儿童参与适合其发展水平的互动和活动时，他们通常会感觉比较开心，没有压力而且进步更大。其实，这些活动与互动也构成了儿童成长过程中最重要的因素。应该在家、学校或治疗室里随时为儿童提供这样的练习活动与互动。遗憾的是，当儿童出现自我沉迷、重复性、自我刺激、冲动或逃避行为时，周围人们的通常反应就是想去改变这些行为，而不是建立既可改变问题行为又可促进发展的互动。

普通儿童天生就会以一种积极的、能促进成长的方式独自玩，或跟同龄人、兄弟姐妹或父母一起玩适合其发展的玩具、游戏或拼图等，而孤独症谱系障碍儿童却由于信息加工能力的问题，无法以能促进自身发展的方式与别人或玩具互动。这时，他所选择的活动，可能并不适合或不能促进自身的发展，比如，整天看电视、固执性行为、重复性的电脑游戏等。

必须依据孤独症谱系障碍儿童的能力状况，设计愉快且具有发展意义的互动，为他们提供有益的练习活动。比如，一个 4 岁孤独症谱系障碍儿童的能力可能只有普通儿童 2 岁时的程度，他的视觉—空间能力比听觉能力好，而且常对感觉刺激过度敏感。因此，对这个儿童的干预重点就会放在参与能力、用手势表达的能力，以及开始使用大量的视觉信息及假扮游戏来建构象征符号，而这些都必须在一个具有安抚性及调节性的情境中进行。

这些活动通常需要与儿童一对一的完成。父母必须确定自己能做哪些，哪些需要请义工或大学生帮忙，或者由社区、郡立或州立政府资助的干预方案聘请家政人员帮助。在家庭中实施的、适合儿童发展的互动与练习可分成两方面：跟随儿童兴趣进行的地板时光互动与问题解决取向的结构性互动。

家庭方案

一个综合性干预方案的基础通常就是家庭方案，它包括下面三个部分。

1. 地板时光互动

父母或其他照顾者参与地板时光的社会性及学习互动，通常安排一天 8 次以上，每次至少 20 分钟。在这个过程中，他们要跟随儿童的带领，依据儿童的特点来设计互动的内容，以帮助儿童发展六项基本能力：注意力、与别人相处的能力、双向沟通的能力、问题解决取向的互动能力、创造性使用想法的能力、以逻辑方式使用想法的能力，并达到儿童能够达到的最高水平。父母首先要从儿童已掌握的技能或正打算学的技能开始，不断努力提升他的发展阶段，直到他学会以逻辑方式使用想法，接着发展到反省式的、运用推理以及创造性的思

考能力。有些人会使用不同的名称来称呼此类活动——"家庭乐趣"或"游戏"。（请参考第二部及第三部针对地板时光的完整介绍）

2. 同伴游戏

当儿童可以互动，也就是说，可以与大人进行一段持续的双向沟通过程时，父母就可以安排一周4次（或更多）的同伴游戏时间，因为我们希望儿童能学习跟同伴沟通。最好从一开始就能安排，让儿童有机会将所学技能运用到与同龄人的互动中。如果我们等儿童大一些再安排，他就很难以幽默和愉快的方式学习自发地与同龄人相处（不过只要努力多练习，儿童还是能够掌握自发的人际沟通）。同伴游戏一开始时，必须由父母带领互动和游戏（请参考第十三章和第十五章），目的是帮助儿童学会与对方接触，通过动作表情及语言进行沟通。当儿童开始在助理帮助下进入一般的学龄前方案或特殊综合方案时，就可以同时安排同伴游戏时间了。

一旦儿童掌握了前语言的问题解决技能，开始有意识、自发地运用想法，同伴游戏的经验就变得非常重要。这时，儿童不仅需要有机会跟大人练习这些新学到的技能，而且还要有机会跟同一发展水平或稍高水平（指有互动能力、有一些语言且富有想象力）的儿童一起练习。当然，这些同伴的年龄不一定要跟我们的儿童一样。如果儿童4岁6个月，但发展能力只有3岁的程度，他一定比较喜欢跟3岁儿童一起玩（反之亦然）。

3. 问题解决取向的互动——动作、感觉及视觉—空间技能练习

只有在半结构化的情境中，这些互动才会利用儿童的情绪，来促进他们掌握特殊的信息加工能力，以及情绪、认知语言和动作技能。在这些互动中，成人应该引导儿童学习模仿技能、新的词语及概念、动作计划及排序或空间推理能力。设计这样的方案，除了一个特殊课程，还需要一些专家（后面会提到）的帮助。以上提到的这些以培养技能为目标的练习，也可以被用在学校中，而父母可能也会希望帮助者一起执行地板时光疗法。

根据儿童的能力需求，安排自发学习与半结构化和结构化活动在整个方案中的比例。比如，儿童语言很少，刚学习开启和结束沟通循环，这时我们可以安排半结构化和结构化的工作以及半自发性的活动。但是，如果儿童已经掌握了很多词汇，而且积极与人互动，那么就可以完全利用地板时光来帮助他发展

新的语言和社交技巧。

以下是一些可以使用结构化活动的范畴。

* **针对动作、感觉及空间技能的操练**。我们建议一天安排三四次体能练习（每次 20 分钟以上），可包括：动作和感觉练习（跑步、在跳床或沙发垫上跳跃、快速旋转等）、按压动作、知觉动作练习（丢掷、接住、踢大球、伸手抓正在动的东西）、走障碍通道和寻宝、捉迷藏等需要视觉—空间思考能力的活动。

* **针对平衡感、协调能力及左右统合技能的操练**。能促进这些技能的练习包括：走平衡木、练习双眼紧闭单脚站立的动作、用双手丢掷及接住东西或同时用双手在两张纸上画画。

* **韵律活动**。包括许多游戏，如跟着儿歌旋律拍手做动作、伴着音乐跳舞等。

* **调节练习**。儿童由快到慢变换动作，说话声音由大到小等。

* **视觉—空间练习**。包括寻宝游戏、丢掷及接住东西，以及能发展第十一章提到的各项能力的所有活动。（可参阅 www.icdl.com 网站，以获得更多视觉—空间课程的资料）

我们可以使用结构化或自发的方式，比如，儿童通过扮演某一个幻想角色（某个电影明星或超级英雄），来练习这些发展技能的活动。

家庭语言方案

DIR 家庭语言方案以语言学习的发展原则和模式为基础。大部分儿童，即使是有孤独症谱系障碍的儿童，都可以通过互动经验学习语言，利用与动作、发出声音、模仿声音及唱歌等有关的发展取向排序方式，加强与人相处及沟通的能力。这时，儿童会在兴趣、欲望和问题解决等因素的驱动下产生语言。新版 ICDL《婴幼儿发展与学习障碍诊断手册》（Diagnostic Manual for Infants and Young Children, DMIC）以早先提出的六项基本发展技能为基础阐明了整个学习流程，包括干扰接受性语言和表达性语言正常发展的听觉信息加工能力和口语动作障碍。按照 DIR 模式的观点，语言能力的发展会受到下列因素的影响：情感及参与（就是地板时光），问题解决为导向的互动，与有互动及象征能力的同伴进行沟通及游戏的经验，以及言语、语言和其他治疗。此外也可以利用能够促进理解及论证能力的视觉线索来帮助没有语言的儿童。

以情感为基础的语言课程

根据 DIR 模式，我们建构了一套特殊课程：以情感为基础的语言课程（the Affect-Based Language Curriculum, ABLC），照顾者可以在家里使用这套课程。这套课程基于一个事实——情绪（情感）是语言习得和使用的关键。没有情感和参与作为基础，儿童很难发展出有目标且有意义的语言。ABLC 包含一系列带有强烈情感和动机的结构化及半结构化活动，能帮助儿童很快学习；它将最好的结构化途径和情绪方式建立起来，为发展与人相处、沟通及思考能力奠定基础。不久我们也会发展出以建立"视觉—空间思考技能、动作计划技能和感觉调节能力"为目标的类似课程。当然，也有其他人曾依据"DIR 模式"发展出不同的语言课程。

在 ABLC 课程中，照顾者首先创设愉快的氛围，让儿童在开始学习新语言技能之前，乐于参与某个特定的活动。同时，在课程的每一个步骤，成人都与儿童建立并维系沟通循环。ABLC 疗法结合了结构化的及自发的、动态的且充满情绪的互动，并将儿童的时间划分成许多环节。这些环节包括结构性更强的系统化指导，并且还需要练习一些特殊技能，比如口语动作技能、实用语言技能以及新概念及词语的学习。这个课程还会运用地板时光的原则，如在动态的氛围中以结构性更强的方式练习学习内容，并且也会安排有规律的地板时光，鼓励自发性的运用。这些环节让儿童有机会掌握语言的基础及更高级的要素。ABLC 也重视传统的语言要素，比如语音、句法、语法及语义，但是它又超越了传统方法，提出要发展反省式思考和抽象思维。父母或照顾者可阅读 ABLC 有关的书籍，与儿童一起实施 ABLC。

设定限制，促进服从

父母、临床工作者和老师可能会觉得设定限制、促进服从的任务比较难执行，我们会在第二十五章介绍最有效的方式，克服这样的困难。

种瓜得瓜，种豆得豆

我们再一次强调"种瓜得瓜，种豆得豆"的观念。例如，我们认识到一些儿童需要社交技巧的帮助，比如，解读同伴的情绪信号以了解自己是否可以接近这个同伴。儿童要如何学习成为一个好同伴，并善于解读这些信号？方法很重要。如果我们教给他结构化的方法——比如，教儿童在碰到陌生人时，对他说"你好"，然后跟对方握手——再教给他一系列结构化的问题或评语以及社会性的手势动作，儿童将学会你教的内容。儿童将走过去与同伴打招呼"你好！我是某某某，你想要玩什么？我想玩这个或那个……"。

如果家长正在鼓励儿童以这种方式参与同伴游戏，当然也没有什么不可以（在某些正式的成人聚会场所，如教堂，这也是一种适当的方法）。不过，儿童到游乐场玩时，其他儿童面对这样的互动方式会有什么反应？如果他们习惯比较自然的互动，一点笑容或傻笑、一个笑话或取笑的话，他们就不会以非常好的方式回应一个互动方式过度结构化的儿童。你可能认为"我永远没办法教儿童学会主动，具有幽默感"，其实我们看过许多孤独症谱系障碍儿童能学习自发、友好的态度，有幽默感并且以一种让大家感到有趣的方式融入人群。当然，你得练习这些技能。在接受我们的方案且一周安排4次以上同伴游戏时间的儿童当中，确实有数以百计的儿童，在自发性、呵呵笑、追逐行为以及寻找乐子等方面，取得了很大的进步。

本书第一部分曾谈到你必须清楚自己的目标，因为你不可能手里正在做一件事，心里却想得到另外一个目标。同样，如果你想帮助儿童发展创新性思维和抽象思维并能够进行推理，"种瓜得瓜，种豆得豆"的原则依然适用。关键在于了解如何创造这种练习机会，而这又以了解任何一种特殊技能的发展路径为前提，比如，儿童必须能够先专注于数量的概念，才能发展出数学能力。照着学习路径的步骤练习，才能发展出健康且合宜的技能。

因此父母在挑选合适的干预方案时，必须看一看方案中要求儿童在一天当中做些什么，并自问"这是我想教的东西吗？"。这是一个常识性的问题，不过我们却很少用这样的方式问自己。根据不同的目标，采用不同的方法。结构性更强的方法应该适用于特定且具体的目标，不过，这样的方法却不太适合用来让儿童学习喜欢人际关系，投入外部世界以及如何表达爱。因为这些能力主要来自内心，无法由外在强化物来操控。

特定的治疗与教学策略

金字塔的最顶端是用以克服特殊障碍的特殊治疗和教学技巧。我们必须区分单独使用某种特殊技巧与将该技巧纳为综合性方案中的一部分这两种做法之间的区别。常有人指出，单独观察技巧甲或技巧乙本身，并不能证明其效果如何。比如，在观察某一个与动作有关的练习活动或感觉信息加工能力时："这些技巧能治愈孤独症吗？"简单地回答"有效"并非明智之举。不过许多研究都已指出，某些孤独症儿童确实存在动作计划及排序问题，对感觉信息反应过度或过低。因此，这样的问题应该被视为综合性方案中的一部分加以解决，也只有在这种情境中，针对问题的特殊技巧才可能有很好的治疗效果。

我们经常建议必须根据儿童的需求来选定特定的专业治疗。如果儿童需要发展基本能力，就需要有人指导父母如何进行地板时光疗法。接受过地板时光疗法训练的临床工作者可作为教练提供练习指导，也可以帮助精心策划整个方案。最理想的人选应该是在帮助有严重发展问题的儿童及其家庭方面有着丰富工作经验的临床工作人员。他们可以是临床心理医师、儿童精神科医师或发展取向的儿科医师，当然也可以是接受过 DIR/ 地板时光疗法训练的老师、语言病理学家或作业治疗师。

如果某个家庭在住所附近找不到受过 DIR/ 地板时光疗法训练的临床工作者来帮助自己，父母可以参考相关书籍，比如《特殊需要儿童的地板时光：如何促进儿童的智力和情绪发展》[1]或 ICDL 临床实务指导手册，或观看我们给家长制作的最新版本训练录像带（可以查询"地板时光基金会"的网站 www.floortime.org 或 www.icdl.com），以学习如何在家里提供地板时光的互动机会。

一般而言，整个治疗团队（包括父母、教师、协调者及特定治疗师）如果能定期会面，讨论并确定方案在各个阶段、各个部分上的目标（包含适合儿童发展阶段的家庭练习的半结构化部分），那么儿童应该就可以达到最佳的发展状态。

通常，儿童在家的一半时间可能花在类似地板时光的自发互动（包含与同伴游戏）上，其他时间则安排半结构化的问题解决取向活动。这样的安排好像认为儿童清醒时的所有时间都应该用在具有"治疗目的"的互动上。其实，这只是依照儿童的个人能力来提供他所有的互动练习。在一个成功的地板时光方案中，儿童只会觉得互动是一件好玩的事。过一段时间后，这样的感觉也会感染父母或照顾者，他们与儿童互动时也会觉得有趣并感到满意。

---

[1] 译注：《特殊需要儿童的地板时光：如何促进儿童的智力和情绪发展》也是格林斯潘的著作，中文简体版 2018 年由华夏出版社出版。

如果儿童有语言或听觉信息加工能力的障碍（或两者兼有），就需要语言病理学家的参与。言语语言治疗有助于建立前语言沟通及所有不同类型的象征式沟通（包括使用词语、图片、符号等），也对口语—动作及相关的表达性语言障碍特别有效（可参考前面"以情感为基础的语言课程"部分）。

作业治疗或物理治疗（或两者兼有）可以帮助处理动作问题、动作计划及排序问题、肌张力低、感觉调节及信息加工能力的障碍。通常，如果问题与严重的肌张力低及协调有关，包括脑瘫或某种发展症候群，那么物理治疗师就一定要参与治疗。如果问题更多的是与感觉调节及反应或动作计划及排序有关，那么作业治疗师是比较适当的人选。尽管有些物理治疗师接受过作业治疗的训练（反之亦然），但是如果有必要，可以同时邀请这两类治疗师加入。

对于某些儿童，艺术、音乐或感觉—动作的体能活动（比如，体操、游泳、骑脚踏车或球类课程）也是必要的。最后一点，如果最初的评估指出儿童有视觉—空间信息加工的问题（如第十一章所述），那么精通这方面的专家就绝对是治疗团队中的重要成员。再强调一次，如果这些治疗依照 DIR 模式进行，那么每一位团队成员在努力达成某一特定信息加工范畴的特定目标的同时，都必须致力于我们一再强调的六项基本能力。

针对孤独症谱系障碍儿童的许多治疗方案，都无法安排足够的语言、感统或物理治疗。我们已经发现，除了为家庭或学校就如何将这些治疗整合到各自方案提供咨询之外，也应该要求他们为上述的每一种治疗安排每周 3 次以上，每次 30～60 分钟的治疗时间。如果这样的安排没办法实现，可以请这些专业人员指导儿童的照顾者，在父母（或其中一方）与儿童都在场的疗程时间里安排示范治疗活动，并且提供每周的家庭方案，建议一些合适的活动，由照顾者在每天的活动中自行带儿童练习，以延续治疗。

生物医学疗法

为孤独症谱系障碍儿童制订综合性干预方案时，必须考虑许多生物医学因素。首先，应该安排一次全面的儿科医学检查，排除可能的生理疾病。这种检查也包括将儿童转诊至专科医师以安排某种特定的身体功能检查，比如消化系统的问题。为了确定致病原因并排除其他综合征的影响，也应该安排神经学的检查，特别要注意排除某些渐进式的神经学障碍（比如遗传性的综合征）。做一个延长的睡眠脑电波图，常会有很大帮助，它可以发现一般标准脑电波图检查可能会忽略或不容易查到的不规则放电。这样的发现或许有助于为儿童提供最适合的药物治疗。

有些孤独症谱系障碍儿童接受生物医学干预后，问题得到了明显改善。通常，除非为了治疗某些特殊的医学和神经障碍，否则我们总是建议先制订完整的干预方案，尽早掌握儿童的成长曲线。如果儿童有了显著的进步，我们就会建议继续这个方案，并且对是否有必要安排非针对特定医学或神经学问题或障碍的生物医学干预做出慎重考虑。如果儿童已经接受最佳的方案，但仍然没有进步，那最好就要考虑安排适当的生物医学干预，包括采用药物以改善整体功能以及学习和进步能力。父母及医师应该小心衡量治疗后的效果、危险或副作用。

如果父母和医生决定安排某种生物医学干预，那么接下来必须定期监测儿童的表现，以了解新的策略是否能提升其学习曲线。如果出现副作用或负面效果，就必须重新考虑是否继续这个新干预方法。如果药物没有效果，寄希望于增加剂量来产生正面效果，并不明智。我（格林斯潘医师）的经验是，最好的方法应该是减少剂量或干脆停药，转而考虑其他的方法。不过，每个儿童都是独一无二的个体，因此只有家人和医生才适合做这些决定。

要了解某种药物或其他生物医学干预方法是否有效，不应该只是看某个症状是否有改善，还必须观察儿童的功能性情绪发展能力有没有进步。我们需要了解的是整个心理"团队"是对药物的反应好，还是对正在尝试的其他方法的反应好。

生物医学干预有很多不同类型，也有很多不同的研究支持这些不同的干预方法，其中包括单独的轶事报告、针对大规模个案的系统综述以及临床试验研究。这些不同的干预方法也产生从显著效果到危机的不同结果。某些方法，比如替代性饮食法，以某些健康食物取代其他特定食物，则分别出现"效果微弱"到"完全没有副作用"的不同结果，不过某些药物确实有明显的副作用。至关重要的是，要先找出儿童功能性情绪能力和症状的"基准线"，然后再寻求改变。假如儿童出现了更多的焦躁不安和自我沉迷行为，就必须对当时进行的干预方法产生怀疑。不过，如果参与、互动及沟通能力有了改善，就能确定当时的方法确实有效。

或许关键在于持续进行一个如本书所介绍的密集式的、完整的日常方案。

在考虑生物医学干预的同时，家人和医生也应该持续实施这个核心方案（尽管同时做到这两点，确实非常困难）。父母在考虑儿童是否适合接受生物医学干预的时候，应该征求主治医师的意见（请参考 www.floortime.org 网站）。

行为分析

有些儿童确实有严重的行为问题。如果整个疗法都无助于改善这些行为（比如，儿童有自伤行为，或其行为让她无法与别人互动），那么我们就必须仔细分析这项行为产生的原因。（行为分析或观察有哪些因素造成适应不良的行为，并以此作为辅助方法，与一个只是强调有变化的行为，而不考虑基本能力的结构化个别实验干预方案相比，二者绝对有很大不同。）行为分析或从不同的行为方案中挑选某些特定的练习活动，包括个别的实验方法可以是 DIR/ 地板时光整体方案中的一部分。这些特定的分析能促进持续进行的双向互动过程，帮助儿童建立主动性、创造力以及其他正常发展的基础。（第五部会进一步讨论如何处理特定的问题行为）

教学策略

通常从发展儿童注意、与人相处、沟通及思考能力的基础开始实施教育。儿童开始接受教育方案中比较正式的课程时，通常基础能力都已经稳固，而且阅读、书写、数学及其他科目的学习也都能同时进行。融合班或特教班的老师在团队中起着关键作用，儿童还在建立基础能力时，这些老师就已经加入到治疗团队中。教师通常比较强调"认知"及学业技能，不过特教老师的角色应该更广泛一些，必须先重视儿童的发展能力。这些发展能力可谓是最早的学业能力，因为如果缺乏这些能力就很难在学业上取得进一步的发展。（下一章会有更多讨论内容）

综合性疗法——DIR 模式

DIR 模式不是一个"放诸四海皆准"的方法，它采用分析方法，依据儿童的需求，制订合适的干预计划，同时它也提倡将不同的方法有效地结合起来。若想找到一个简单的解决方法，让家人只担负少许的责任，这样的做法无法解决一些复杂的问题。复杂的问题本来就需要复杂的处理方法。来自心理卫生领域、发展取向的儿科学、儿童神经医学、社会工作等不同专业的工作人员可以一起带领儿童的家人，共同为儿童制订完整的干预方案。

干预方案不需要昂贵的花费，其主要核心在于家庭方案。理想的家庭方案可以结合必要的其他治疗，不过如果学校系统或保险无法负担这些专业人员的费用，那么我们建议父母将这些专家视为咨询师，不必每周都安排治疗时间。某些家庭由于住得较偏远，可能只能安排一个月一次、几个月一次，甚至只能通过电话咨询的方式与专家接触。尽管有这么多限制，许多这样的家庭和他们的孩子依然不断进步。有些家庭住在乡下，周遭将近五百公里以内都找不到任何特殊服务资源，他们的孩子却能有最大的进步。这些家庭可以通过阅读、电话咨询，或定期与一个由某些专家组成的团队一起制订适当的方案，帮助儿童从开心的每日学习时间中获得发展，这里谈的就是这些家庭所依照的日常方案。

儿童进步有限或没有进步

如果你尝试的方法没有什么效果——儿童进步有限或没有进步——请记住不要灰心，如果你对以前评估过儿童的专业人员或另一位专业人员有信心，就请他重新给儿童做一次评估，直到找到有效的方法。根据我们已有的经验，几乎所有儿童都能从综合性的干预方案中挑选出适合他的干预方法，重点在于坚持并贯彻到底。

碰到这种情况，第一步应该先对儿童进行详细的生物医学检查，确定没有遗漏任何一个部分，或忽略了任何阻碍儿童进步的身体因素。前面提到，应该安排一次延长的脑电图检查，以找出任何可以治疗的不规则的放电反应，这也可以预防将来发生更严重的障碍。

通常，如果儿童的进步有限或根本没有进步，大家自然而然地就会倾向于挑一个看起来见效快的方法。不过实际上这个方法可能会削弱他长期进步的潜力。临床工作者或家长也许会尝试一个强调教儿童反复做某些活动的方案，比如，配对或分类。然而，一旦增加儿童的重复性活动，临床工作者和父母可能会注意到孩子的参与及互动能力就会停滞不前，甚至退步。有位同事最近跟我们分享了他面临的一个困境："我们必须帮助儿童做一些进幼儿园之前的准备，比如，要学习好好坐着，或练习形状配对。但与此同时，他们也变得较少与别人相处及互动。"这位同事认为必须在认知或学习关系中取其一。然而，真的是这样吗？

　　提倡重复性活动的人认为应该教儿童一些特殊技巧，比如分类的能力。在第二章我们讨论过，有些儿童虽然受过训练却无法完全理解方形与圆形之间的不同，他们可能学会的是某个特殊任务，而不是分类的技巧。此外，到目前为止，也没有令人信服的证据可以证明反复演练的活动（比如，形状分类或配对）有助于培养语言或认知能力。由于这些是大多数儿童都具有的技能，因此有些人想当然地觉得，教授孤独症谱系障碍儿童学会这些技巧是绝对有益的。但是我们观察到普通儿童之所以能轻易掌握许多技能，主要是因为他们已经掌握了认知、语言及社会性发展的基础能力。最近的神经影像研究指出，重复性学习主要牵涉的是基底神经结的作用，而不是更高层的皮质中枢。这就引发一个思考：如果儿童的主要障碍在于无法充分运用较高的皮质中枢，那么强调前皮质的学习类型是否为明智之举？

　　如果把发展视为一棵有许多分枝的树，主干能以健康的方式成长，众多分枝才能成长并繁盛，那么滋养树的主干（根基）就至关重要。

　　认知、语言及社会性情绪的发展全都源于同一个主干或根基。父母或临床工作者不需要在"关系"或"认知及语言技能"之间做出无谓的选择。建立好根基之后，其他能力也就会跟着出现。如果儿童的进步有限或没有进步，那么就应该更努力地建立根基的部分。有特殊需求的儿童在神经方面的障碍程度各不相同，因此会出现对感觉信息反应过度或过低的不同情形，且无法理解视觉和听觉信息，计划行动的能力也会出现问题。我们如果能考虑到儿童的独特生理状况，同时以更密集且更富有技术含量的方式建立基础能力，就能帮助他获得最大的进步（即使是以非常缓慢的速度进步）。

　　有些儿童确实需要比较有结构的方案，比如，无法发出声音的儿童可能需要更多结构化的口语动作练习来帮助她控制嘴部的肌肉。当她想尝试打开门寻找一个心爱的玩具时，就有更强的动机学习发出"开"的声音。上面提过的"以情感为基础的语言课程"在强调发展儿童与人建立联结、互动、沟通和思考的基本能力时，也可以为有需要的儿童提供更多的结构来学习语言技巧。

　　如果我们因为挫折感而不再关注有助于学习的根基，反而注重建立重复性的、个别的技能，那么虽然可以获得短期的安慰，如同某个同事所说过的："她终于学了一些东西！"但两年之后，这个儿童可能只会在曾经练习过的场合中完成演练过的任务。同样的道理："种瓜得瓜，种豆得豆。"我们用什么方式教儿童，儿童就会怎样学习。

与此同时，接受密集而完整的 DIR 方案后，有些儿童在各方面都有快速进步，有些儿童的进展却相对较慢（有些儿童以稳定而适当的速度进展，有些儿童的进展速度却非常慢）。我们不断改善策略，希望能帮助所有儿童都取得更多的进步。与此同时，我们不断提醒自己，我们必须专心留意基础能力，不去制造任何有关进步的假象。许多进展速度非常缓慢的儿童，如果能够持续努力建立基础能力，最终都能成为具有积极参与能力、快乐而且互动能力强的年轻人，并且会使用简短句子与人交谈，比如，回答"什么"、"哪里"及"为什么"的问句（附有多个答案供选择的问题）。他们的重复性、自我刺激或自我沉迷行为几乎不见了。大部分儿童都能掌握早期阶段的数学和阅读技能。虽然他们进步很慢，不过考虑到他们原有的神经系统上的障碍程度，这已经算是很大的进步了。

将其他方法融合在 DIR 模式中

最后一点就如同我们之前提过的，DIR 模式包罗万象，可以根据儿童的个别需求，将行为策略和以关系为基础的干预方法中的某些特定技巧整合到 DIR 模式中。通常这些技巧会作为半结构化的部分被纳入整套干预方案中，如前面所介绍的（等到儿童可以互动、以动态方式学习时，对结构化学习的需求就会相对降低）。

许多有效的策略可以在不同的构架内使用，包括社交故事、担任某个角色并轮流担任、社交技能群、激发"情绪智商"的练习活动、与心理理论有关的任务、半结构化关系及社会发展练习活动、一整套递增的学习性练习。父母及临床工作者会发现这些特定的练习中许多都有助于加强关系，提高社会化和思考能力。这些策略的使用主要依据儿童及其家庭的个别需求。同样，用来教儿童模仿、具有严谨结构的行为练习活动也可作为综合性 DIR 方案中的一部分。

不过，如果要将以问题解决为取向的互动纳入 DIR 模式，必须牢记下面几个重点：

1. 必须是一连串持续不断的双向互动及沟通过程中的一部分；

2．必须涉及儿童的情绪，不管是自然而生，还是回应外来的要求；
3．必须依据儿童的信息加工能力；
4．必须符合儿童当前的发展水平。

例如，如果儿童玩"猜别人心里想什么"的游戏，而且这个游戏被作为与别人友好相处、持续双向情绪示意的模式之一，需要儿童把许多想法联结在一起使用，并且是依照儿童的神经系统而设计，那么这个游戏不但能强化儿童的发展根基及更高的思考层次，也能让他学到某种特殊的技能。换句话说，许多半结构化的技能建构方法及问题解决活动，比如编写脚本以教会儿童解读社会性信号（"我在看你吗？我在看我自己的书吗？"），只要依照地板时光的构架帮助儿童，这些方法都可以纳入治疗方案。

第二十一章 提升思考、沟通和学业能力的教学方法

9岁的乔安娜被诊断为孤独症，正在接受一个在家自行教育与部分时间加入二年级班级课程相结合的方案。她一直表现很好，有一位十分支持她的老师和运用地板时光疗法的家教老师。不过，学区负责人一直希望乔安娜升到四年级，可是四年级的教室在另外一栋楼，而且老师也不同。乔安娜的父母不知道这是不是一个适宜的安排，也不知该如何与校方和新老师合作为女儿提供一个最好的教育方案。

对孤独症看法的演变：三种不同的教学方法

有关孤独症治疗的传统看法常会形成一个儿童失控的形象，比如到处跑来跑去，以头撞墙，反复背诵听到的每一句话，或只是一个人躲在角落不停摇晃。这种自我沉迷、自我刺激的儿童形象并不能反映出孤独症谱系障碍的真实状况，由于没有表现出这些极端行为，许多孤独症谱系障碍儿童没有被确诊。这些孤独症谱系障碍儿童常被认为很难教导，因此大部分儿童没有接受任何治疗，或在其障碍未被准确认识的情况下接受了治疗。

接着，行为疗法（ABA及回合式教学）出现了，他们认为可以通过"奖励好的行为及忽视不好的行为"这种强化原理（行为疗法的早期也曾使用负强化法），来改变这些儿童的某些行为症状。使用这种疗法之后，人们对这群儿童的印象就转变为：儿童坐在桌边学习遵照指示，把不同形状的积木嵌入正确的位置，练习形状配对，或是反复练习声音或模仿姿势动作。当时对孤独症的看法是，这群儿童可以利用编写好的脚本，依靠记忆来学习适当的社会行为，但无法参与自发、有创造性的社会性互动及思考。

行为疗法盛行多年之后面临一个挑战：如何能帮助儿童把在某种情境中学到的行为，迁移到其他的情境中，尤其是一个他们并未预想到的新情境。这种能力需要具有创造性的反省式思维和判断力，而只接受密集式行为疗法的许多儿童很难学到的这样的能力。行为疗法使许多儿童的发展受到限制。

使用本书提到的新发展疗法之后，人们对孤独症的认识又有了变化。如今，我们将孤独症看作一个连续的状态。虽然由于受到原有的神经系统缺陷程度和干预方案的类型及密集程度的影响，孤独症谱系障碍儿童的语言和思维能力水平参差不齐，但他们都能够变得友好，愿意与人相处且具有目标。

对于该接纳哪一种看法，该如何将这种看法与传统的教育观点结合在一起，学校一直感到困扰。传统教育以教导阅读、书写及数学技能为主，不过，如果与人相处及沟通能力有缺陷且无法进行有意义思考的儿童进入学校，他们是否也能学会这些传统上受重视的技能呢？儿童进到学校环境，成为其中一员之后，必须能够与别人相处。思考及沟通能力是发展阅读、书写及数学技能的基础；儿童如果不具有这些基础能力（普通儿童在入学前就已掌握这些能力），就很难融入班级环境之中。

某些学校及教育方案也会采用行为疗法，他们认为这种疗法至少能使儿童的行为表现符合学校的要求——好好坐在课桌旁，乖乖做功课，做好形状配对，数出盒子里图片的数量，再从另一边挑出正确的数字，用笔画线连接起来。这种疗法有助于测量儿童的进步，比如，治疗两个月后，儿童已经会正确配对六个以上的形状。不过这样的疗法真的能帮助孤独症谱系障碍儿童克服核心缺陷，学到必要的技能吗？根据最近对孤独症谱系障碍问题的认识，学校的职责不仅在于帮助儿童掌握学业课程，还应该帮助儿童能够以有意义的方式与别人相处，能使用语言，并能创造性地使用各种想法，成为具有抽象思维及反省式思考能力的人。

知识的根基

总的来说，这项授权代表了一种新的教育观点，因为除了孤独症谱系障碍儿童之外，包括生活贫困以及信息加工能力有问题或有学习障碍在内的许多儿童也都必须学习这些基础能力。其实我们在努力寻找可以改变孤独症核心缺陷的方法的同时，也为面临以下各类问题的儿童寻找更好的疗法：学习障碍、注意力问题、冲动控制问题、执行功能问题以及一些非常特殊的问题（撰写文章或数学、物理或科学科目的学习问题）。我们正在获得的这些见解可以广泛应用到各方面，不过若要付诸行动，需要先改变我们对教育的看法，也就是不再强调记忆及刻板仿说事实资料，转而重视知识根基的发展取向的方法。

皮亚杰是建构主义学习方法之父，他依据的理论就是：儿童主要通过与外部世界的经验来建构知识，而不是靠背诵来自外界的事实资料。这种方法使儿童能够获得真正的知识，不仅了解一些事实资料，而且将这些事实资料的学习整合在概念框架之下。在了解思考能力的发展方面，皮亚杰只提供了第一步！尤其是他并没有解释在发展思考、沟通及社会化能力的过程中，情感或情绪互动起到了怎样的作用。

对于孤独症或学习障碍的儿童来说，思考本来就是一项很难的技能；如果他们只按照背诵事实资料的方式学习，那么就更难学会思考！假如能采用一种比较合适的学习方法，他们当然也能学会思考。

学校如何能超越一些看似合乎教育理念却无法帮助儿童建立知识根基的教学方法？根据我们当前对孤独症治疗方法的认识，并结合第二部提到的家庭方案，制订一个理想的学校或教育方案，依据儿童及其需要为其提供合适的学校学习时光。

我们需要做的第一件事是分析儿童目前的发展水平，了解他与人相处、沟通及思维能力的状况。在关系建立、解读情绪信号、创意游戏、逻辑思维及学业上运用逻辑思维等能力发展方面，儿童是否还需要帮助？如果儿童还不会参与互惠性社会互动，我们便想教他逻辑思考的能力，其实就很像在地基还没打稳之前先盖楼房一样！我们可以同时建立许多基础能力，但是绝对不能不分主次。

接着，我们还需要了解儿童的信息加工能力，包括听觉信息加工、感觉调节、视觉—空间信息加工、动作计划及排序等能力。比如，一个对感觉刺激反应过度的儿童，可能很难接收信息，因为他很容易过度负荷。如果儿童不会对动作进行计划及排序，他就不会解决问题。如果儿童不会区分不同的感觉刺激，无法察觉自己看到、听到、碰到、尝到及闻到的是什么，那么他就无法理解这些感觉信息，也不会进行分类。

一旦掌握了儿童的发展能力分析图，学校就能为他提供合适的治疗方法。

若要建立与人相处的基础能力，儿童就必须接受一对一的干预方式；如果把这些欠缺基础能力的儿童放在团体当中，他们通常只能被动地坐着看，根本是在浪费时间，而且无法取得进步。助理、老师的助手、老师、父母或义工都通过采取一对一的方式，促进这些有特殊需求的儿童与其他儿童之间的社会互动，并帮助他们掌握每一个基本的发展阶段。

例如，在课堂上，老师正在讲解某件事，这时助理可以利用思考技能与儿童做出动作示意并交换信息，以安静的方式进行沟通，帮助儿童推理并回答"为什么"。如果儿童只是安静地坐在桌边听数学课，助理想了解儿童是否理解课程内容，他可以让儿童解释自己正在做这件事的理由，这样儿童就可以同时学习到语言、社交技能以及数学推理能力。休息或自由游戏时间，助理也可以帮助儿童与同伴一起玩。此外，助理也可以鼓励儿童在课堂上发言，或示意老师问他问题。因此，除非像儿童就要掉进热水中这样的险境，否则助理的角色就是促进儿童的互动能力以及更高水平的功能性情绪发展，而不是改变儿童或设定限制。

前面几章曾谈到如何调动注意力、参与力、双向沟通，以及如何开启一段连续的问题解决互动。在助理的帮助下，学校方案可以通过以下两个方式来帮助儿童建立基础能力：在游戏的情境当中，跟随儿童的自然兴趣进行地板时光互动，以及提供半结构化的问题解决机会，帮助儿童掌握四个信息加工领域。比如，为了帮助儿童按次序排列更多的动作，老师或助理可以设定小小的障碍通道，儿童必须绕过、穿过或越过这些障碍后，才能拿到想要的东西（比如喜欢的玩具）。大人可以使用柔和的肢体动作和充满支持口吻的声音鼓励儿童练习注意力、参与及有目标的动作，同时也要增加她按次序排列的动作数量。同样，在建立视觉—空间信息加工能力时，助理可以拿一个儿童喜欢的玩具，并在她注视之下藏起来，这样儿童必须确定空间位置和方向才能找到玩具。最后，大人趁孩子不注意时再次藏起玩具，这时她就必须到处寻找才能发现玩具，这种方式能帮助儿童了解空间的整个布局。

如果要帮助儿童发展区别不同声音的能力，必须先让她接触一些简单词语才能拿到想要的东西，这种方式可帮助她再一次察觉到这些词语。例如，如果她想要一个小娃娃，老师先把它藏在手里，告诉她"它在我手里，在我手里"，并伸出手来给儿童看。这样她就能以一种有意义的方式学到"手"这个字的意思。如果儿童表现不错，老师再跟她玩小小的模仿游戏，先发出几个儿童能发出的声音，类似"咿咿"，再换成"叭""嗒"等。儿童和老师一起对着镜子看，这样她就能模仿老师嘴巴移动的方式。除了前面提到的结构化的 ABLC 疗法，很多发展取向的语言治疗师也采用类似的问题解决方法，鼓励他们以更有意义的方式使用词语与别人沟通。

这些一对一的、自发性的且半结构化的学习情境，正是适合儿童学习基础技能的教学环境应该具有的特色；这绝对不适用于大团体，不过可以安排一两个儿童一起参加。当儿童逐渐习惯在教室里与同伴互动，她就会越来越喜欢教室里的某些仪式性的活动，不过在当前时刻，这一点并不重要，因为儿童在能与同伴建立真正的自发性互动之前，她必须先成为一个有能力持续进行社会性问题解决的人。想知道如何参与儿童的兴趣，需要有些技巧。不过通过成人的调节，同伴互动也能帮助儿童发展基础能力。比如，老师或助理有时也可拉一个同伴加入游戏当中，引发两个儿童之间的互动，让他们能够彼此注视、参与及交换玩具。两个儿童可以一起拍击气球、摇晃玩具，一起玩挠痒或追逐游戏、在小水池里泼水，或用积木盖高塔然后推倒。某些时候老师也可以寻求"同龄人治疗师"或"同龄玩伴"，鼓励这个同龄人跟随儿童，教他如何参与并跟儿童互动。不久，这些同龄人就能够自然而然地伸出援手并坚持下去，成为儿童的亲密伙伴，并乐于跟儿童安排固定的游戏时间。

不过一开始时，家庭与学校之间必须同时进行一对一的疗法，绝对没有其他方法可取代。无论是家庭方案还是学校的计划，都是综合方案中的一部分，也就是说老师和家长至少每周要碰一次面，分享彼此教儿童的经验，并互相指导有效的技巧。如果学校老师将家长排除在外，或家长不让老师知道家庭方案的进行状况，这个由美国联邦政府指定的教育方案就会被破坏。在为儿童寻找最好的方案时，家长也必须了解学校老师是否过度负荷，而且和老师一起寻找解决办法，给予支持，同时向有关单位施压以获取更多的经费，或必要时寻求专业人员的帮助。父母们也应该安排定期聚会，彼此分享育儿的经验。

这个家校共同参与的团体治疗法还包含一个重要因素，就是必须有一位接受过基本 DIR/地板时光疗法训练的专业人员提供帮助，以促进这些自发的和半结构化的问题解决互动。通常在一个理想的体系内，应该有一位作业治疗师可以帮助处理动作及感觉信息加工能力的问题，一位语言治疗师可以处理语言及听觉信息加工能力的问题。其他的专业人员，比如，生物医学、心理卫生专业人员、视觉—空间信息加工专业人员，也都是老师的咨询对象，帮助老师实施整个方案。尽管很难安排，但是大部分学校都已经有语言治疗师及作业治疗师。有些运气好的学校或家庭拥有很棒的老师或家长，他们非常熟悉各种不同的信息加工领域，且具有丰富的 DIR/地板时光技巧，为了获得更多的想法，也便于随时监测儿童的进展，他们定期与不同的专业人员讨论或咨询，成为儿童的主要帮助者。

无论治疗师有多优秀，一周一小时的治疗就只能有一周一小时的效果。与治疗师会面讨论，可以确定老师和家长要努力的方向，以及儿童具有什么能力。不过真正发挥作用的是在每一天的时间里，到底跟儿童做了些什么？执行这样的方案花销究竟是大还是小，就要看家长的能耐以及义工的参与。最重要的是有人帮助儿童掌握这些基础能力。

教室里缺少受过训练的老师及助理，常被视为拒绝这种学习方式的一个正当理由。解决这个问题的方法之一就是从社区里找到义工。邀请父母在固定时间到教室里帮忙（而不只是在特别的日子里）。也可以训练祖父母或其他义工按照个体差异提供不同的学习互动机会。此外，应该为更多大学生及其他能力不错的人提供这样的教学岗位。学校应该更积极地从社区中寻找愿意投入教室活动的家长、学生和邻居（能否担任助理这个角色，关键在于他是否有能力与儿童持续一段双向的互动，以及是否能激发儿童的基础能力）。

此外，如果儿童正在发展这些基础能力，但还未具有创造性和逻辑思考能力，这个时候最好安排他半天时间参加学校活动，另外半天则跟照顾者（最好是父母或其他家人）待在家里学习。关系越亲密，这个人对儿童就越重要！除了这些重点之外，孤独症谱系障碍儿童最好有一个固定的老师，可以持续几年教导他，因为这些儿童往往要花很多时间才能习惯陌生人。要是有可能，最好也能让儿童持续在同样的班级环境中学习，以使他们能够尽可能放松，感到自在。

以思考为基础的教学方法

一旦儿童掌握了这些基础能力，我们就应该将重点放在如何促进创造性和逻辑思考能力。为什么这个目标如此重要？是先帮助儿童发展创造性思维和逻辑思维，还是先帮助他辨认形状，学习照稿子念出社交的语句，安静地围着圈子坐下来听老师讲故事？这个问题曾让美国许多学校体系感到困惑（其他国家亦然）。人们习惯用由上到下的方式来探讨特殊教育，也就是观察较大儿童会做的是什么，然后拿这些作为年龄较小儿童的教学目标。如果大孩子会安静坐着，而较年幼者经常坐立不安或到处走动，我们就会希望年幼者学会好好坐着。如果年龄较大儿童很久以前就掌握了某些动作，比如堆叠积木，即使年幼者有些动作技能的问题我们也会希望这些年幼者学会这些技能。因此，针对特殊需要儿童的传统教学强调建立许多表面的技能。

前面提到，儿童能够思考是提高学业能力的前提。无论是阅读文章、社会研究、历史或更高级的数学，都需要思考技能。行为表现也一样。行为举止能够类似其他儿童，其实指的就是思考能力能够类似其他儿童，而不只是模仿他们的某些行为。儿童能够思考，就能了解发生在他们身上的许多事情，比如，为什么他们不能推挤别人，为什么他们要跟别人分享东西，为什么太阳下山后天就会变黑。如果我们能了解儿童如何发展思考能力，那么就能以更好的方式教导他们，而不只是教他们做一些反复的工作。

比如每个儿童都应该学会辨认字母及发音，并念出拼音。但是了解自己所念字词的意思以及学习与人相处、沟通及思考的基础能力，更是所有学业能力进步的基石。为了促进创造性和逻辑思考，一个理想的教学环境应该花时间培养这些基础能力，并且建构一个具有支持态度的氛围。

创造性思维

为了使儿童获得创造性思维，我们必须让他们参与一些能创造性地使用想法的活动。想法可以通过玩具和服饰产生戏剧效果的语言、肢体动作，或是以艺术及音乐等方式呈现。其中最有效的活动是遵循地板时光基本原则的假扮游戏和想象游戏，也就是儿童坐在地板上，旁边有一些玩具，老师或助理也坐在地板上跟儿童互动，使他参与到假扮的剧情中，尽量让剧情更加复杂。鼓励儿童尽早学会使用象征法，给他们填充的动物娃娃及假的奶瓶，让他们喂小娃娃喝奶，或把心爱的泰迪熊送上床睡觉。基本上每个儿童都能投入假扮游戏的肢体语言中，即使他们会尝饼干到底是不是真的。大部分的教育方案也都能让儿童自由玩游戏，并提供一些象征性的玩具，不过很少为儿童提供机会，让儿童与老师进行以情感为基础的互动，从中获得想象及创造性的想法。如果儿童不能获得这种互动经验,就无法在游戏中产生想法并认识情绪,也就难以得到支持进而获得了解别人想法及感受的能力。

在教室及家里运用地板时光以获得象征式思考能力

* **创设出一个吸引人的环境以开展象征式游戏,让儿童能探索并发现新的想法**。必须由儿童根据兴趣及好奇心来主导游戏。每个游戏区都有一些与真实生活经验相关的玩具及道具,将这些玩具放在地上或低一点的柜子里,吸引儿童注意。听诊器是否从医药箱露出一点点?沙发上是否摆着一个洋娃娃,旁边还有一个奶瓶?我可以试着从玩具滑梯上滑下来或骑玩具马吗?儿童可能自己会想尝试从玩具滑梯滑下去哦!

* **找出儿童喜欢并能从中获得想法的玩具**。能够代表儿童真实世界的玩具易于被儿童理解。因此,与来到学校陪儿童玩的父母会面或通电话,找出儿童喜欢的玩具或想法,就很必要。这些玩具可反映出儿童的依恋关系及象征能力的水平,也是我们能与他的想法沟通的入口。他可能喜欢动物、卡车、火车或食物,但重要的是你必须加入到儿童的兴趣当中,通过你跟他的互动来扩展并延伸他的想法。许多方案在课堂上挑选的主题并不一定与儿童有关或对他有意义。因此挑选他愿意参与的主题时,最好跟随他的带领。

* **内容并不重要**,重要的是教室内应该准备各式各样的玩具,以吸引不同儿童的兴趣及注意力。玩具可包括:仿真食物、玩具屋及家具、代表家人及朋友的木偶、儿童喜欢的人物(芝麻街的主角、恐龙巴尼或迪士尼卡通人物)、游戏场、水池、车子、车库、飞机场、塑胶动物和恐龙、照相机、乐器、布偶、帽子、衣物、医药箱或工具箱(包含隐形胶带、橡皮筋、回形针等)。仅对有象征式能力潜质的儿童提供因果关系玩具,某些半结构化的玩具(拼图、黏土、马克笔及游戏)则放到其他区域。这些玩具虽可用来促进互动,不过若是儿童无法使用象征玩具编排故事,就会过度依赖这类玩具。

* **玩具能形成一种语言**。儿童会说话之前就已经会玩玩具,而且在有词汇之前,已会利用玩具让我们知道他们的兴趣及想法。

* **让儿童发现象征**。不一定都需要说"假"的话。可以使用象征式（想象）行动或肢体动作及道具，来回应儿童真实的欲望。譬如下面的例子：

- 让儿童发现什么是真的，什么是玩具。比如，儿童想从玩具滑梯滑下来或想骑玩具马，鼓励她试试看；如果她想穿玩偶的衣服，不要告诉她穿不上；如果她脱下鞋子和袜子，一脚踏进水池里，你可以问她水冷不冷。
- 跟儿童玩游戏时，如果他口渴，想喝水，给他一个空杯子或邀他参加茶会。如果儿童肚子饿了，给她一片你正在"吃"的玩具比萨，或问她要冰淇淋还是饼干。
- 如果她想离开，给她钥匙或一部玩具车。
- 如果她躺在地上或沙发，给她一条毯子或一个枕头，关掉灯，低声唱摇篮曲。

* **鼓励表演**。使用某一套木偶或洋娃娃代表家人或朋友，你们一起玩的时候，就以真实的名字称呼（"这是爸爸和莎拉姐姐！"）。在接受以自己名字称呼某个木偶之前，儿童通常会比较容易接受以别人的名字称呼这些木偶。一开始，当他不得不放弃自己想要的东西时，他会以自己的身份呈现。

* **当儿童的玩伴**。参与到剧情中。充当儿童的玩伴，并假扮自己手中玩偶的角色，示范不做作的社会性语言。游戏不是一次会谈或读一本故事书，也不是描述自己看到的事。

- 用两个声音：其中一个声音是带着鼓励、支持及澄清态度的父（母）亲；另一个声音则代表别的儿童，或一个象征人物。老师或家长的声音应该是你本来的声调，一个带点强迫性的低语声可以鼓励儿童开启及结束沟通循环（"不过你没有告诉埃尼你要什么！"），接着坚持要儿童回答这个问题。
- 当一个伙伴：以木偶的身份或直接跳出故事一阵子，以父母或老师的声音，站在儿童的立场，帮助儿童协商并解决问题，帮他处理事情或能更肯定自己的态度，或当那只饥饿的鳄鱼（你）慢慢朝着海盗船前进时，帮他想出该如何处理这样的困境！

* **鼓励角色扮演、乔装打扮及操弄木偶**。由于木偶比较难操作，儿童可能比较喜欢扮演戏剧游戏中的某个演员。同样，木偶可以是一个人身体的延伸，且比较容易操作。角色扮演为更清晰的肢体动作及模仿提供了机会。

* **从儿童认识且喜欢的象征式人物开始**，譬如迪士尼卡通、芝麻街里的角色，形成简单喂食、野餐、游乐场旅游、上床时间等象征游戏。对于能力较好的儿童，这个象征式人物也可能是恐龙的形象。

* **赋予环境内的家具或其他物体象征意义**。若儿童爬到沙发上面，就假装他正在爬一座高山；或从滑梯滑下来时，就假装他正滑向海洋，观赏海中的鱼。

* **当需要道具时，可以用某个物体替代另一种东西**。可拿球来充当蛋糕，或用汤匙作为蜡烛。

* **用肢体动作、玩具或其他代替物代替某个道具**。只要用你的双手比画出"钱"或喝茶的动作就可以了。

* **费心琢磨，用心琢磨，小心琢磨**。尽量延伸儿童的目标，以扩展儿童的想法（如，开着车子去公园或动物园，随身带着道具），或是利用分解法或象征解决法处理问题。

- 如果车子撞坏了，找拖吊车、修车师傅和工具箱来处理。
- 如果玩偶摔跤了，拥抱一下它，帮它贴块创可贴，或带着医药箱赶快送它到医院。
- 不要每次都做同样方式的延伸，那样容易造成过度仪式化。
- 提供"安全带"（橡皮筋）将木偶绑在马背上或椅子上，这样东西才不会常常散落，而且可以鼓励儿童继续扩展这个想法。隐形胶带、回形针及弹性橡皮泥都是必不可少的工具。
- 让儿童从书或影碟中挑选喜欢的故事，全家人一起演戏，以增加他的理解能力。

* **在游戏中插入障碍物**，对儿童提出要求，让他有机会思考、更肯定自己，并学会协商。带一点强制态度，利用情感暗示维持他的注意力，帮助他学会忍受左右为难的困境。

* **利用推理方法来丰富情节**！你可以用所扮演的角色的口气，对儿童扮演的角色提出问题，询问她是否同意。要儿童告诉你她的想法，还有她想要你做什么；提出各种问题来丰富情节；以"如果……将……""如果……那么……""为什么"的问题发问；询问她的感觉及预测的内容等等。扩展她在真实生活中的推理经验以及伴随象征游戏的偶然学习。

*扩展主题及情绪的范围。讨论的主题及情绪可以从"依赖"扩展到"分离"，以及身体受伤、害怕、生气、悲伤、愉快、惊奇、忌妒、对抗、竞争、进取、权力、报复、友谊、忠诚、正义及道德。鼓励儿童通过经验、故事、影碟及同伴探索新的想法，可以从"坏野狼、巫婆或虎克船长"开始，再转移到现实生活中的坏人议题（如，强盗、国王、战争等等）。

*利用戏剧！戏剧！戏剧！进行情感暗示！改变自己的声调，以符合当时的情绪及主题气氛。若是你扮演的角色受伤了，你要假装哭泣；快乐时就大声欢呼；有必要时要表现出害怕及生气。为了让儿童能了解你真正的意思夸大自己伪装的情绪。

*强调过程。跟儿童一起规划一个整体的想法，包括故事要从哪里开始，包含哪些角色及道具，以及有哪些问题。随着故事的继续发展，你可以强调哪些人遇到麻烦，哪些人还很安全，另一方有什么感觉并会做些什么，结局会如何，每个角色的感觉等等。确定每个故事的开始、中间及结尾。

*故事结束之际及过后，反思各种想法及感受。讨论儿童提出的主题及引发的感受，并提出故事的观点，找出正确或错误的地方，以及从故事中学到了什么。请记住，象征游戏及反省式对话是一种安全的方法，可以用来演练、以表演的形式再现、认识及掌握所有的情绪想法、经验及感受。不过，象征式想法也会带来许多焦虑及逃避。下一章将对这点进行讨论。

*鼓励用表演方式呈现个人议题。鼓励儿童用角色扮演方式将他曾经体验过或预期的困境进行呈现。

*建立想法之间的连接。通过对话，来询问儿童的意见、比较不同主题之间的差异、与人争辩、改变立场、强调并反映出游戏的内容与个人困境之间的相关性。儿童若能做到这些，就有能力进入更高的思维层次。

*永远要让儿童采取主动——不要轻易接手。儿童绝对是剧情的编剧及导演。你只要努力让自己成为一个有趣、具有互动性及挑战性的伙伴就行了。

在团体环境中也可以利用各种想法，比如，加餐时间，老师提出各种选择及意见，孩子们一起商量谁要什么样的食物以及要多少。老师不要以指定方式指挥:"好,这是你的果汁,安静坐好,把它喝完!"他可以利用这个机会问大家:"好,谁觉得口渴?"有些儿童会回答"我!"或是走过来等他们的果汁。如果他们什么都没说,老师可以问他们:"你觉得口渴吗?你要喝果汁吗?"他们可以回答要或不要,或将自己的意向以肢体动作的形式表现出来。当儿童对一些新奇的问题(而不是可以用相同答案回答的老问题)进行回答时,通常会展现一些创意的想法。这时老师可以再问:"你要红色的还是紫色的果汁?你要饼干还是苹果?""谁拿得到这个东西?""每个人都有杯子吗?""东西都够了吗?"老师正在使用更复杂的对话来询问儿童想要的是什么,引导儿童注意别的儿童想要的是什么,并且比较谁拿得比较多。(之后,如果儿童发展出逻辑思维能力,老师还可以要他解释为什么他比较喜欢红色果汁。)"创造力"可以被定义为:使用由情绪诱发的想法的一种能力。因此可以利用加餐时间这样的简单议题,创造性地使用想法,而且会充满乐趣。老师可以用开玩笑的方式问儿童:"好,谁想要这支粉笔当加餐?"每个儿童都大叫:"好恶心,才不要!""那谁想要巧克力饼干?"每个人都说:"要!"

如果在教室里(不管是幼儿园、小学二年级还是中学)有的儿童还无法创造性地运用语言(表达自己的需求和欲望,创造出想象或虚构的景象),那么掌握这种能力将是第一个要实现的目标。我们必须先教会儿童这种能力,否则他们就无法进展到逻辑思考。通常普通儿童的这种能力是在学龄前、幼儿园或一年级时,通过想象的假扮游戏及相互谈话方式习得的。至于孤独症谱系障碍儿童,一开始必须先通过跟老师或助理的一对一学习方式,然后再利用一个大人、两个小孩的小组方式,等到孤独症谱系障碍儿童觉得自在一些后,再加入另一个儿童。

在小组学习中,老师或助理的目标在于促进儿童之间以及儿童与成人之间交换有创意的想法。在假扮游戏中,照顾者问艾伦:"杰西卡的车要去哪里?你想让她将车子开去哪里呢?"如果你运气够好,艾伦可能会说:"杰西卡,把车开到学校去。"杰西卡可能回答:"不要,去超市!"如果艾伦这时并不回答,你这个成人可以制造一点小冲突引发情绪,说:"艾伦,她要开到超市,不过你说要去学校!"艾伦可能对着杰西卡说:"不,不,不,学校!"如果整个互动的气氛变得紧张,成人可以加入进来说:"我是警察,我说车子要去学校,也要去超市。现在我手里藏了一样东西,谁先猜到这是什么,就先去他想去的地方。"现在儿童有了待解决的问题,他们开始互动。如果其中一人先做了选择,另一人就必须学习耐心等候。

儿童彼此之间的互动越多,成人就越可以逐渐退居一旁,让儿童一起表演这出戏。等到这两个儿童能够有创意地玩在一起,就可以加入第三个儿童,成人只要扮演协商者、促进者和挑战者即可。如果他们中任何一个人陷入平行游戏,成人就得担任煽动者,制造出一个挑战、冲突,或一个小小的游戏,即使是结构游戏也无妨。儿童彼此之间的互动越多,他们就越熟悉如何互动,也就越能够自己玩在一起。

如果儿童还无法进行创造性和逻辑性思考,在学校时就要花很多时间练习,而且要尽量减少大团体时间。因为如果三四个儿童一起互动,这个大团体势必变得混乱。实际情况要求一个成人带6~8名儿童,那么工作目标就应是让整个团体能够一起进行一段持续的互动过程。比如,如果老师正在念一本书,应该鼓励所有的儿童分享各自的想法并提出疑问。老师手中拿着一本很大的图画书,开始问每一个儿童从图中看到了什么。或者儿童用欢呼或举手表决的方式决定要唱哪一首歌,整个团体一起唱歌,并一起做韵律动作。

不过,即使孤独症谱系障碍儿童还在学习参与及创造性沟通的能力,这种团体活动也尽量不要超过一天当中的10%。虽然成为大团体中的一员可以帮助儿童学习有耐心,容忍别人,遵从指示以及其他一些好的行为,不过毕竟这些都只是次要的目标。处在这个阶段的儿童,应该有大部分时间参与一对一或小组学习。儿童如果能进行一段持续的互动过程,而且开始创造性思考,就可以花一半的时间与照顾者进行一对一学习,另一半时间在照顾者的帮助下与别的儿童一起互动。

逻辑思维

一旦儿童能够在不同的教室环境中,与其他儿童及老师一起富有想象力地运用许多想法,玩假扮游戏,那么接下来的目标就是教她能以符合逻辑的方式运用想法。如果儿童已经开始学习,这个步骤自然很容易建立。这时除了帮助儿童产生各种想法,照顾者还要帮助她能够"言之有物",并以符合逻辑的方式回应别人的话或行为。(第九章提过相关的帮助技巧)

会回答"为什么"的问句,就表示儿童已具有将各种想法联结在一起的某种能力了。因为听觉信息加工能力有障碍,孤独症谱系障碍儿童很难达到这种程度，老师或助理应该尽量提高儿童的动机。例如，儿童会持续做他们之前所做的活动——从假扮游戏到动作活动，再到例行的教室活动，比如加餐时间及打扫工作——每件事都需要使用语言进行双向互动，老师应该努力用合乎逻辑的方式，将儿童说的话跟他自己的话联结在一起。这时不应该营造类似"照我说的做"或"安静工作"的环境氛围，而应该是"让我们一起讨论"的学习氛围。我们要为整天说不停的快乐儿童营造一个积极且充满活力的学习气氛，同时将他们的想法与老师的想法联结在一起。再一次强调儿童在还未具备以逻辑方式联结想法的基本能力时，应该将大部分的时间花在一对一的学习。

如果两三个儿童一起互动，不管他们是在玩假扮游戏，剪各种形状，还是在一起画图，照顾者的任务就是促使他们进行逻辑交谈。如果雷恩和玛丽莎在一起玩，玛丽莎说："嘟，嘟！卡车要去学校了！"雷恩不理会她，照顾者可以对玛丽莎说："我猜雷恩没有听到你说话。"因此，玛丽莎又发出："嘟，嘟！我来了！"雷恩可能回答："不要来这里！"然后结束这个沟通循环。

无论儿童在哪个年级，如果他还无法进行创造性和逻辑性思考，那么这些技巧都是必须优先考虑发展的项目。直到儿童具备了相当于 5 岁儿童发展阶段该会的语言及视觉—空间能力，我们才能进入学业能力，比如，阅读、数学、口头和书写表达以及内容的部分。有些儿童能掌握死记硬背的学习技能，不过他们能否与别人进行逻辑对话，在空间内自由移动，以及创造出新的想法呢？儿童在小小年纪展现的一些技能，常掩饰了他受到的限制和有缺陷的部分，日后儿童想要争辩某个观点，揣测原因，做一些更高级的数学题，阅读文学作品以及创意写作时，就可能暴露出这些缺点。

将这些有特殊需求的儿童融合到普通班里绝对是一个挑战。他们或许只能参加其中几个活动，比如艺术、美工、戏剧、下课时间及午餐时间。他们能够参与这些活动当然很好，不过一旦这些思考、对话或活动超越他们的能力，成人就必须与他们进行一对一的学习。一对一教学可以安排在教室的角落或单独的小房间里进行，有时也可请别的儿童担任助手，由老师帮助这些助手安排适合孤独症谱系障碍儿童发展水平的活动。通过这种学习方式，特殊儿童可以获得两方面的好处：与同龄的伙伴互动，有团体归属感；同时也能获得一对一的机会来掌握基础能力。（前面提到过，如果学校没有足够资源提供一对一的学习机会，那么可以安排儿童一天中的一部分时间参与学校的团体活动，其他时间则在家接受教育。）

更高级的思考能力

儿童开始说话，而且逻辑和抽象思考能力有了进步后，学校就可帮助他们发展更高级的思考能力，包括多种原因、比较程度和反省式思考。虽然不同的神经障碍程度及其他不同因素可能会阻碍某些孤独症儿童顺利到达这些水平，但是大多数孤独症儿童都能发展出这些能力。这些能力不仅是追求更高学业层次所必不可少的，也是成年人在复杂社会中生存所必备的能力。在我们的教育方案中，我们该如何提升这些更高级的能力呢？家长又该在方案中寻找什么呢？

学校是发展这些能力的最佳场所，因为它具有以思考为基础的学习哲学。换句话说，无论儿童学数学、阅读、科学、社会研究或历史，牵涉到的思考层次绝对比学习的内容更重要。事实资料可以用来支持思考；数学和科学的学习应该以基本原理为基础，透过经验来完成。例如，儿童若有排序的问题，做较大数字的除法时，计算过程中常会因写错行而算错答案。他们必须具备数量感，才有能力估计大概的答案，并辨别出哪些答案太过离谱并加以修正。这样，如果他们认识到了这些，就可以弥补排序的问题，比如，运用一些调整的方法（在画有格子的纸上计算或使用计算机等），再把答案写在纸上。

在涉及多种原因、比较程度及反省式思考等能力时，很少要求儿童（即使在资质优异方案中的儿童也不例外）运用这些能力来评估自己的文章或论点。教导者通常认为孤独症谱系障碍儿童（往往需要更多的练习机会）更不具有这些能力，因此强调背诵的学习方式，而且这也成为他们知道的唯一学习方式，这时整个状况将变成一种"自圆其说"。

使用以思考为基础的方式，必须选择符合儿童思考水平的内容。如果运用这种方式教授新的概念，我们必须在儿童熟悉的氛围内导入这个新概念，而且必须等儿童了解了这些概念后，才能慢慢扩展，提出新的语言和排序的要求。

理论上，如果儿童受限于个人信息加工的障碍，无法快速沟通以及在团体中沟通，那么每天应该安排一半的时间让他们同助理或家教老师进行一对一学习，通过不同的科目练习思考技能。另外半天则安排团体环境，这时老师应该注意团队的其他成员是否能接受并尊重这个有特殊需求的儿童的沟通模式，比如，当儿童在慢慢酝酿问题的答案时，其他人是否愿意等待。此外，也要帮孤独症谱系障碍儿童选择一个普通儿童，作为在家里或学校的搭档，一起参与活动，以此来增强他与同伴相处和社交互动的能力。

这些更高层次的思考能力的基础往往在家里开始得很早，当照顾者提供一些偶发的经验时，儿童能够在这些经验中开始以较长的互动式对话来评估自己正在做的事、别人正在做的事，以及为什么。

孤独症谱系障碍儿童通常只能了解事情的表面，无法解读动机和一些微妙的内在意思。通过涉及各种情绪（包括失落、失望及愤怒等）的对话和象征游戏，儿童从表面思考、非黑即白的思考者转变成更高层次的思考者。比如，如果要跟儿童探讨忌妒的程度，可以跟她一起扮演迪士尼卡通片的故事，帮她理解每个人的行为背后都有复杂且多元的原因。

不管在家里还是在学校，教导儿童的目标并不是告诉他动机是什么，而是让他们学会推理，找出答案。他们可以扮演剧情当中的两方角色，练习换位思考的能力："好，如果你是英国人，当殖民地宣布独立时你会有什么感觉？"我们必须随时加深剧情。为了激发儿童的动机，应该持续安排一些对他们有意义的事情，同时不要为他们安排所有的事情，而是和他们一起探索他们可以自己学习的方式。

物理环境

在孤独症谱系障碍儿童参与的每一个教室里，都应该安排一个能够便于实施想象游戏的区域，里面放着娃娃、卡车及汽车等玩具。这个区域要有足够多的玩具让儿童能依照自己的兴趣来挑选喜欢的东西，不过不要放太多以免让儿童过度负荷。此外也应该安排一个区域，方便儿童增强各种信息加工能力和其他技能。教室里也要准备一个可以提供练习粗大动作的活动区域，让儿童掌握平衡感和协调能力、左右统合，以及按顺序排列许多动作的能力。这个区域可以放平衡木、摇摇船、大型的球，以及设置障碍通道的道具。另外再找一块地方让儿童可以坐下来画图、穿珠子或使用剪刀，从而练习精细动作技能。还要有一个强调视觉—空间信息加工技能的区域，可以让儿童练习不同的视觉模式，寻找被藏起来的东西，用积木堆叠出不同的形状。这个区域可以跟练习粗大动作的区域整合在一起。视觉思考的活动可以安排在靠近桌子的一个特殊架子上，儿童在那里跟某个同伴或成人互相模仿对方用积木堆叠出来的形状。同样，可以将这些活动结合在一起，也可以用许多不同的方式组合这个学习环境，例如，假扮游戏区域也很适合用来学习听觉信息加工能力和语言技能。

当然，也应该安排一个可以练习感觉调节能力的区域，帮助每个儿童发展其独特的能力。比如，放一些会发出声音的玩具，儿童可以用它们练习调节声音的大小（当然不要调得太大声了）。同时也可以放一些不同材质的东西，让触觉敏感的儿童可以通过假扮游戏，尝试碰触各种不同的质地并谈论他们的感觉（娃娃喜欢或不喜欢哪种质感）。在练习身体接触的按压动作时，照顾者也可以拿一只大的泰迪熊去挠孩子的痒或拥抱他。或放置一个让儿童在上面跳跃的小型跳床或弹簧垫，或一个可以促进前庭输入的秋千。对于渴求感觉刺激或对感觉信息反应过低的儿童，可以安排一小时让他们练习这些能促进前庭输入的活动，比如，荡秋千、跳跃、用泰迪熊按压等，绝对能让他们获益。

儿童在教室里不断变换区域，不仅可以学习不同的技能，创造性地使用想法的行为也得到了鼓励。例如，儿童穿越障碍通道时，可以假扮自己是蝙蝠侠或体操选手。他可以选择要从哪一端开始，甚至可以帮着一起设置障碍通道。也可安排两个儿童一队，合作穿越障碍通道，跟别的团队比赛谁快。如果目标清楚，大部分有经验的老师都有很多的方法用来布置一个具有以上各种特点的教室。

一天的行程规划

如何将上述这些原则转化成教学课程呢？由于孤独症儿童及其他有特殊需求的儿童的信息加工方式与普通儿童不同，因此，理论上，一天当中应该有三分之一的时间安排一对一或小组学习，以加强信息加工能力：听觉信息加工能力（包括理解抽象语言资料），视觉—空间信息加工及思考能力（知道身体位于空间中的位置，如何联结身体与空间中的不同物体，掌握时间和空间），动作计划和排序以及感觉调节能力（一般的课程，如舞蹈、运动、美术、戏剧等，也可综合到这些培养基础能力的方案当中）。应该先弄清楚儿童目前的发展水平，然后再确定一个能力范围内可以实现的目标。

这些课程应以大约20分钟递增的方式呈现，如有必要，一天当中可以反复进行。比如，20分钟用于训练基础能力的地板时光，20分钟用于口语技巧，20分钟专注于视觉—空间信息加工能力，20分钟用于调节性感觉信息加工能力。

另外三分之一的时间用来直接训练更高层次的思考能力。第十章提过，训练这项能力必须先围绕儿童熟悉的议题，比如家庭剧情、兄弟姐妹间的竞争或同伴议题，创设一个具有高情绪氛围的环境，以教授多种原因、比较程度及反省式思考的技能。

最后三分之一的时间则着重培养以思考为基础的学业能力上，也就是本章前面提到的，可以加强儿童思考能力的学校任务。进行的方式可以是一对一、小组或大团体方式（比如全班一起讨论一本书）。孤独症谱系障碍儿童在大团体里绝对需要老师和助理的帮助才能充分参与。现在很多学校都配有特殊教育教师，一天当中他们有部分时间陪伴儿童，不管是在教室内还是在教室外，而且常常持续数年时间。因此，即使其他老师或助理有变动，儿童还是可以拥有一个稳定的关系，随时在旁支持他，并注重学习中的发展部分。此外，正如本章一开头提到的那个女孩，我们必须根据儿童的思考层次来决定她适合就读的年级。要决定儿童适合哪个年级，必须看一看他已达到哪个思维层次，还有他能将这个技能运用到哪些范围？能应用到数学及科学中吗？可以应用到与同伴互动及跟父母的谈话中吗？可以用在积极和消极的感受上吗？

在儿童开始展示与别人持续进行双向示意及互动的能力时，就可以决定安排他就读于特教班、融合班还是有助理帮助的普通班级。许多父母在极力为儿童安排一个合适的方案时，却面临学校体系的种种限制及要求，特别是只有学校的治疗师愿意提供帮助，难免感到挫折及沮丧。如果社区内的公立学校只提供非常结构化的安置环境，而不是合适的教育环境，帮助儿童与同伴进行自发性的互动，那么家长就可以考虑采取在家教育的方式。可以安排每天有别的儿童来跟自己的小孩游戏，寻找社区内适合儿童的活动，比如舞蹈、运动、美工及戏剧等。除了与同龄人的游戏时间外，儿童在社会团体中还可以使用很多其他方式跟别人互动，而这些都可以成为家庭教育计划的一部分。

当然，有些家庭会选择私立学校，他们也希望能找到我们描述的这种方案，坚持和毅力往往能帮助许多家庭获得自己期待的教育方案。不过如果无法选择私立学校或进行在家教育，他们可以跟教育行政主管协商，让儿童半天在学校参与团体活动，半天在家进行一对一的学习。请努力争取自己想要的，记住这是儿童每天要接受的教育，因此绝对不要为了得到几个钟头的治疗，而换来不太理想的学校安置环境。最好为儿童提供适合他的日常治疗方案。不要忘了，体制本身也是拥有权力来影响一些事情的。如果政策制定者及行政当局能听取老师和家长关于学校对特殊需要儿童的教育方式必须改变的建议，那么就有改变的可能。这需要靠基层组织的倡导运动来推动。

一天的行程规划

针对还未掌握六项基础发展能力的儿童，所规划的一天行程（一天当中，包括户外时间，可以重复进行下面的流程）：

* 地板时光——20分钟

* 语言技能——20分钟

* 视觉—空间信息加工能力——20分钟

* 调节性感觉信息加工能力——20分钟

当儿童的功能性情绪发展、语言及视觉—空间能力达到5岁水平时（比如可以参与多重原因思考并使用想法），就让儿童学习以思考为基础的学业能力，包括阅读、数学、口语及书写表达，以及内容领域。

第五部 克服难以应对的症状

第二十二章 背诵式语言和仿说

个性活泼、有着黑眼睛的6岁的约书亚被诊断有孤独症。他善于背诵语言。除了接受地板时光取向的家庭和学校方案之外，他还要在语言治疗师的帮助下克服语言表达的问题，并在动作计划和感觉障碍方面接受作业治疗师的帮助。他的父母注意到，约书亚感到焦虑时，就会使用许多背诵的语言。他可以一整天都不跟别人相处，只是不停地念从书本或电视节目中学来的话语。父母很担心这个新状况，不知该如何处理。

对于习惯使用背诵式语言和喜欢仿说听到的话，而不是有意义地使用语言的儿童，我们该怎么帮助他们？在处理这样的行为以及这个部分将提到的其他问题时，我们主张将它们视为可用来增强与人相处、思考及沟通等基础能力的机会。我们需要问自己："这种行为说明儿童在达到健康发展的过程中，缺失了哪些部分或哪些步骤呢？"

正如先前我们强调的，将重点放在重要的基础能力而不是有问题的症状部分，确实能更有效地解决问题，而且效果也更持久。这就像帮助一个走路老是跌倒的人一样，如果我们扶着他，他就不会跌倒。但如果我们加强他的腿部肌肉及协调能力，那么他不但不再容易跌倒，同时将能奔跑、跳舞、跳跃和走路。

若儿童只是在重复书中读到的内容、听到的故事、从电视或收音机节目中听来的事情，或只是仿说而不是以有意义的方式回应父母的话，我们可以从两个方面来解读这些行为。从积极的一面来讲，我们看到他们确实能记住听到的内容，这显示他们具有记忆声音和词语的专长（或他们只是根据看到的内容，自己讲给自己听）。然而这些行为也揭示出他们缺少的部分——他们还无法使用这些记忆的词语，或者以创造性和逻辑性思考的方式运用这些词语。换言之，他们不会使用这些词语来论述，只会仿说而已。

关键在于愿望

在我们治疗过的孤独症谱系障碍儿童中，大部分都有学会使用这些词语进行论述的潜在能力。至于方法，第一步则是提供互动机会，要求儿童超越只是仿说或运用记忆力这个水平。这可以从两个层次来谈。如果儿童只会仿说或背诵式语言，你首先要回答下面两个问题：

1. 他展现出的友好、愉悦和亲密的程度如何？他的这种参与能力可以维持多久？
2. 他可以参与一段持续的双向情绪示意过程吗？

之前几章提到，如果儿童还不能有一段持续较长时间的愉快亲密关系，且不能参与一段以情绪示意为主体的持续互动过程，我们就必须多花一些精力培养这些基础能力，否则我们就难以帮助儿童克服只会以刻板和僵化的方式使用语言的困难。以上谈到的这两种能力，最难学习的是参与一段持续的双向情绪示意能力。

同时，我们也可以帮助儿童培养富有创造性和逻辑性地运用语言的能力。如果儿童已经发展到这个水平，我们不必停止语言能力甚至学业技能的训练，可以同时培养这些能力，但必须采用多维度的思维方式。正如我们在第八章所介绍的那样，有时也要用嬉戏式干扰法，让互动能继续进行。

让我们先讨论"仿说"这件事。你问儿童："甜心，你想要出去吗？"小汤米重复你的话："甜心，你想要出去吗？"你再问："甜心，出去吗？"儿童也说："甜心，出去吗？"我们想将这种鹦鹉学舌式的对话转换为一种有意义的对话。你可以带汤米走到门口，让他看到有些小孩在外面玩。你知道他很想出去，但无法将自己的意思表达出来。你可以说："来，我们一起看一看。"希望他看到外面的景象会增加想要出去的动机。接着你站到他和门的中间，问他："你想要妈咪帮你出去吗？"

这个时候，如果他只是重复"妈咪出去"，你可以用更简单的方式问他："出去玩？"接着打开门，让他知道"出去"和"玩"指什么，然后牵起他的手说："还是要留在这里？"或许他仿说："出去或留在这里。"你可以用身体语言示范"出去"和"留在这里"，并在"出去"上投入更强烈的情绪。经过三四次尝试之后，儿童通常就能"上钩"并只仿说自己想做的事——

"出去"或"出去玩"。如果第一天他没有做到，请继续尝试，或许第二天他就能做到。

当然，你不希望给儿童太大挫折而让他发脾气，但你应该要增强某种情绪或欲望，让儿童对自己仿说的字句产生依恋的感觉，知道自己可以获得想要的东西，可能是一个零食、玩他喜欢的玩具卡车或到外面去。这么做时，你要放慢自己说话的速度，并且强调（以强烈的情绪）儿童动机较强的那部分语句，通过增加儿童欲望的强度，打破仿说的模式。

有时，我们会使用非常结构化的学习技巧，比如，给他们看一张图片，让他们记住图片中东西的名称，无形中又鼓励了仿说或背诵行为，因为这部分记忆与儿童的情绪无关。我们曾解释过，儿童学习语言的方式通常是将某个词语与自己的情绪经验（无论是积极或消极）联结在一起，比如，通过"拥抱"及"抚慰"的经验学习"爱"这个词语，吃苹果酱让他们学会"吃"这个字，当他们要出去时就学会"出去玩"这个短句。如果他们只靠记忆学习语言，我们都需要帮助他们将自己的愿望与词语联结在一起。因为我们用这种方式教他，或因为他们擅长记忆却无法了解词语的意义，以至于喜欢这种学习方式。我们可以在具有强烈情绪的情境中帮助他们学会使用词语，比如，快要出去了或就快要拿到苹果，然后让儿童做出选择。你可以将他比较想要的答案放在前面，不受欢迎或好笑的答案放在后面，这样儿童就不能只是仿说最后听到的语句，他必须确实在头脑里比较这两个不同的答案，然后说出自己真正喜欢的答案。

词语的意义要先于语法

不必担忧儿童措辞拙劣，重要的是他使用的词语能够表达意思，而不是一味背诵。如果你问她"你想出去玩还是想留在这里睡觉？"，儿童或许回答"玩出去"，这算是不错的答案了，因为这句话已经传达出意向及意义。不要纠正儿童的话，或要求她在这个时候说出正确的名词、代名词、动词等。只要注意"意义"的部分，回答"太棒了！走，我们玩出去！"，采用儿童所用的词句，因为它确实具有意义。一旦儿童"上钩"了，开始有意义地使用语言（一个大进步），最终她会根据你的正确用语正确地运用它。

对于习惯使用背诵式语言和仿说的儿童，纠正他的语法是最糟糕的一件事。（如果你曾经这么做过，请停止并保证自己不再犯同样错误。）你不必在意他现在是否用对词性，这是以后的事。你可能会认为："如果我现在不纠正他的语法，他就会学会这种错误的方式，以后就更难纠正了。"我慎重地建议你先不必考虑这一点。你的目标值得重视，但此时就重视语法部分，实在太急了。这有点像儿童还在学二加二时，你却烦恼着"我孩子还不会计算"。

第一个目标是先吸引儿童能有意义地使用词语，先不必管她用词粗劣与否。如果我们很努力地要她使用正确的语句或搞清楚词性的关系，那就等于又回到结构化、背诵的学习方式了！你可以教儿童记住一个语句，"妈咪，您真漂亮。您可以带我出去玩吗？"或"奶奶，我很高兴看见您。我可以亲您一下吗？"，你可能觉得很骄傲，可能让奶奶开怀大笑，不过儿童可能根本不知道自己说了什么。我们的目标是让儿童能够有意义地交换肢体动作（例如，面部表情、点头、用手指、出示东西）、词语和句子。

等到儿童能有意义地使用语言时，就可以教他正确的语法了。例如，儿童可能搞不清"我"和"你"，他把"妈咪，我要出去"说成"妈咪，你出去"。这时我们可以玩"谁先"的游戏，将困惑的自己表演出来。你可以回答："好，我要出去。"然后就真的走出去。"不，不是妈咪！"你再问："好，那么谁要出去？"用手指着儿童，再指指自己。儿童指指自己。接着你可以站在他后面提示他："我要出去！我！"接着他可能就说出："我要出去！"你赶快回以："好，我们走吧！"下一次，他可能还会犯同样的错误，你必须再重复上述的整个程序。让他指着自己，同时学习"我"这个词语。当儿童有很强的动机想要出去时，他就会想要学习正确的词语，自然也就会认识到这个慢半拍的人就是"我"！

同样方式也可用于其他的语法，你可以提供互动机会来澄清每一则语法。一旦儿童可以使用词语进行10分钟有意义的对话（无论使用的词语或语法多么不恰当，只要不是背诵的语句就可以），那么接下来就可以开始专注于语法了。所以，请不要抢跑，要有耐心，循序渐进，打好基础，正确的语法自然就会出现。

对许多儿童来说，这些能力都是自然产生的，你根本不必刻意去关注语法。儿童的互动性越高，能交换的肢体动作、词语及句子越多，那么他们就越有可能自然学到正确的语法。我们提出的语言习得理论认为，通过与外部世界相处的方式，儿童学习语法的微妙之处。举个简单的例子，儿童想要一块较大的蛋糕，因此开始学习"较大"这个形容词。首先她必须知道有大块和小块的蛋糕，并能明确自己要什么。接着，要在这么多蛋糕中做决定，选择大块还是小块蛋糕（早在她会使用"蛋糕""大"或"小"等词语之前，就可以学到这些能力）。然后，她必须有吃大块蛋糕和小块蛋糕的经验，以及投入在大块蛋糕和小块蛋糕上的不同情绪感受，从而自然而然地学会了这个形容词。通过这些方式，大多数儿童都能开始自动自发地学会运用正确的语法。不过，如果我们真的需要强调语法，那么请试着提供一些必须选出正确语法的经验，让儿童必须挑选出"较大—较小"的东西，或做出"我—你"的选择。

背诵式语言及压力

　　有些儿童，就像本章开头提到的男孩约书亚，虽然能够友好地与人相处，也具有不错的语言能力，但是一碰到压力就容易出现背诵式语言。为了让自己能够抽身并重新调整自己，他们以自我刺激的方式使用背诵式语言（下一章会介绍自我刺激行为）。只要儿童的固有模式发生改变，比如，开始出现比平常更多的背诵式语言，我们就必须立即做两件事。第一，必须回到地板时光的基础，推动各发展阶段的进展，从平稳的调节和有节奏的活动开始，让儿童能重新参与，回到互动式沟通及共享式问题解决，然后再回到以互动方式使用语言的能力。

　　同时，我们还须减少让儿童情绪过度负荷或有压力的因素。以约书亚的案例来说，为处理他的听力问题，再引入一个新方案，虽然目标看似合理，压力还是太大，他失去的可能会多过得到的。碰到这些个案，我们希望能转变工作取向，给儿童休息的机会（慢慢减少活动，避免突然的转变），但同时培养基础能力，直到儿童能回到原来的基础线。换句话说，如果孤独症谱系障碍儿童的基础能力出现退化，你必须回头重新培养这些能力。千万不要因为强调儿童的其他功能而放弃基础能力。等到儿童回到原来的基础线，你才可以重新引入该项活动——之前他花三分之一或四分之一的时间从事的活动——然后看看他的忍受力有多好。如果他的忍受力不错，可以再花更多的时间（或许是二分之一或三分之二的时间）从事这项活动。不过，当第一个压力迹象出现时，必须先退后一个阶段。通常，假如你能及时发现儿童出现过度负荷，那就不会有任何差错。你了解孩子的能力，能以适合他的速度提供新的活动，但请先退一步帮助他掌握这个新要求，然后以更缓慢的方式帮助他获得更好的自我调节能力。

充实语言

有些儿童能够正确运用语言，但采用的方式却极为狭隘、刻板且反复。他们会说8~10个句子，比如"要饼干"或"出去"，但却无法扩展或充实所使用的词语。这时你还是得退回一步问自己："儿童是否能参与一段持续的肢体动作互动过程？"如果答案是肯定的，再进一步了解内容是否丰富。换言之，这些互动只是来来回回滚球，重复同样的动作，还是你跟儿童可以一个活动接着一个活动进行下去？儿童可以交换许多不同的面部表情和声音吗？你们一起散步或在家玩假扮游戏时，她是否能自在地牵起你的手，指给你看一些东西？

我们在第八章曾提到，要扩展儿童的语言能力，必须先开始拓展他的情绪经验及范围。无论是去远足、动物园、海边、乡下的集市还是超市等任何地方，你必须按照地板时光的原则，跟随儿童的带领。尽量用玩具或填充娃娃来进行假扮游戏。如果儿童不喜欢玩具，你们可以用一些戏服、道具，模拟书中或电视节目的人物，玩假扮游戏。为了鼓励儿童，你必须找出他确实喜欢做的事情。他喜欢什么？吃东西？跑步？动来动去？先从你们平常在家做的事开始，用娃娃或填充动物娃娃来模拟所做的事，尽力诱导儿童参与假扮游戏，也就是充实他的情绪经验。

如果儿童还未准备好参与这样的假扮游戏，那么就先充实他的感觉经验，也就是丰富他看、听、闻、触碰及尝的东西种类。如果儿童有一定的语言能力，你也可以同时告诉他这些东西的名称，并围绕你所做的事展开一点点的对话。你可以指导儿童，并加上一点点的激励，不过得确定这个过程应该是相互且能持续的。你必须尽量让儿童能进入假扮游戏，因为这种形式可以激发创造力和想象力，最终将能扩展并丰富他的语言表达。

如果儿童只会说"妈咪，要饼干"，还无法以更完整的方式表达，你可以运用他想要的动机，帮他说出更详尽的内容，而不只是重复他要的东西的名称。举一个例子，你可以慢一点给儿童回应。你拿东西给他之前，可以先说："好棒！你要哪一种饼干？大块的还是小块的？"用手比画大小的尺寸，或者让他选择要巧克力还是燕麦饼干。他可能不了解这些话语的意思，所以你可以指给他看，告诉他："这是巧克力饼干，那是燕麦饼干，你要哪一种？巧克力的，还是燕麦的饼干？"他的答案可能吓你一跳："两个都要！"然后抓起来，拔腿就跑。不过如果他能说出你不知道他会的词语,那就更惊人了!

你不应该让儿童只是通过反复行为,就能得到想要的东西,因此你必须装笨,避免陷在他的反复游戏当中。你可以像个顽童以嬉戏的方式挑衅他,不断用新奇好玩的方式对他提出要求,让对话能够持续。试着从简单的单一循环对话延展到五个循环的对话。如果你觉得自己的想象力不够丰富,无法激发儿童使用更丰富的语言或假扮游戏,那么你可以先退后一步,好好观察。儿童绝对会给你线索,让你发现出他喜欢些什么,对什么最有兴趣。因此,一定要留心观察。

第二十三章 自我刺激、渴望感觉刺激、过于活跃及逃避行为

3岁6个月的金，精力充沛，有一双明亮的眼睛和一头卷发，嘴里总是发出一些含糊不清的声音；她还不会使用语言，也不会用声音与别人互动。金的父母尝试按照地板时光的原则与她一起玩，不过很难让金参与，尤其在她兴奋的时候。金不会玩，但老是抓起妈妈的头发，放到鼻子下闻或嘴巴里尝。父母想知道如何改善这个行为，并且让她更能参与。

对于喜欢自我刺激、渴望感觉刺激、活动过度，并因此常常逃避的孩子，我们该怎么帮助他们呢？这个模式一般有以下特点，例如，孩子3岁时常会不断变化手中的玩具，迅速地玩一个换一个，只是碰一下，马上就换下一个，动作迅速。期间她有时也会以自我刺激的方式跳跃或挥动双手。一旦我们接近她，想要跟她说话或要求她参与，她可能就转身跑到房间的另一端。我们越想接近她，她就变得越好动，有时甚至以近乎疯狂的速度挥动自己的手或腿，以致心烦气躁。大部分父母自然觉得很难帮助这样的儿童提升到更高的发展阶段。

制作能力分析图

正如第十一章提到的，帮助这类儿童进步的第一个原则，就是确定其神经系统的独特运作模式。如果杰瑞渴望感觉刺激，那么哪些身体感觉刺激是他渴望的？或许他想要的是跳跃、挥舞手臂和触摸各种不同材质的玩具。他也可能渴望有力的按压，喜欢撞到东西的感觉，或者喜欢身体荡来荡去的感觉和玩坐飞机的游戏。

除了考虑儿童渴望感觉刺激，接下来，还要考虑他可能会对什么感觉刺激反应过度，比如，高频的声音、深沉的马达声、明亮的光线或运动。这类儿童若因刺激太多而过度负荷（比如处在嘈杂的环境中），可能会陷入渴望感觉刺激的模式，而不是变得小心谨慎或退却。如果我们对他跑来跑去的举动感到生气而大声斥责，那么可能会雪上加霜，增加他的负荷。

我们还必须考虑儿童神经系统的另一个部分——视觉—空间的信息加工能力，也就是他在移动时，是否能准确地确定出自己在空间中的位置并做出适当的调整？他是漫无目地从一件事跳到另一件事，还是他在跳跃或奔跑时能考虑到整个房间的空间摆设并进行有系统地探索？他是不断碰撞房内的东西，还是有技巧地在房内行走？

接着，还有动作计划及排序能力。儿童会怎样有技巧地拿起玩具或某个东西？他是无法做到，动作显得笨拙，且东西老是掉到地上，还是偶尔可以排出两三个动作顺序，拿起东西，探索一番，把它放到某个容器内或从容器中取出来？

儿童能在多大程度上理解你的肢体动作或说的话？比如，非常好动且渴求感觉刺激的儿童，当她比较安静时，你念故事给她听，她可能会记住整本故事书的内容。不过也有一些儿童的听觉记忆非常差，需要特别对待。儿童喜欢跟你维持多亲近的身体接触和亲密感？她喜欢偶尔地偎依着你，或一直都比较喜欢打打闹闹，爬到你身上，还是喜欢身体悬在半空中荡来荡去的感觉？或者，她喜欢独处吗？

加入儿童的活动

就像第十一章提到的，你需要做一张表格，详细列出儿童喜欢的事情和敏感的事情。完成这项工作后，接下来要面临的更加艰巨的任务是：我们如何帮助一个逃避互动的儿童，让他能够冷静下来，放慢速度并开始提升发展阶段？对于喜欢坐着做事的照顾者来说，第一个步骤颇具有挑战性，你不得不增加自己的活动量以配合儿童，并且跟他以同样的节奏在房间里晃来晃去。在接受语言治疗时，某个儿童一直在治疗室里漫无目的地跳来跳去。我们建议治疗师就跟他一起跳。她跟着跳之后，儿童给了她一个开心的笑容，突然之间他们开始有了互动，治疗师迈三步，小男孩也跟着迈了三步……只有当治疗师能够配合儿童的节奏，跟他之间展开一场小小的舞蹈游戏时，他们之间才可能互动。

所以你可以首先尝试的事情之一，就是模仿儿童正在做的事，呈现出两人一组的状态：两只袋鼠在房内跳跃，两个芭蕾舞者或两个超人从这里飞到那里。有些儿童开始感到好奇——他现在有了一个共犯搭档——此时，我们与孩子之间就有了共享式注意及联结。通过动作来沟通，其实是人类发展的一个基础能力。我们知道其实舞蹈从人类的生命早期就出现了。

当你跟儿童互动时，帮他做他想做的任何事。如果他喜欢跳跃以及被别人举起来，你可以伸出手臂让他攀住你的手跳。在某次治疗中，当一个小男孩显得非常退缩并在房里到处乱跑，爸爸便跟着他跑，并伸出手臂让儿童攀住。接着爸爸来回摇荡他的身体，开始玩坐飞机的游戏。儿童通过肢体动作，表示速度要快一点或慢一点，上升或下降。他也开始会发出一些声音，用"啊，啊"代表"上升（up）"，或用"嗒、嗒"代表"下降（down）"。这个以前还不会开口的儿童，现在却可以使用肢体动作，并且开始使用某些词语。

因此，为了与儿童建立关系，必须加入儿童正在做的活动。接着可以利用各种肢体动作，这样为了得到想要的东西，儿童就必须展现有目标的肢体动作，他们必须采取有目标的示意并开始学习使用某些词语。很多渴望感觉刺激的儿童能够使用单字或短句，而且可以告诉你，她要上去或下来，要停止或继续前进。

对于逃避型儿童，每当你想加入他们时，他们就会习惯性地逃走。针对这类儿童，可以采用"移动的篱笆"游戏。请记住一件事，其实所有的儿童都喜欢参与别人，并与人互动。神经系统方面的障碍通常使他们不知该如何参与或互动。面对渴望感觉刺激的儿童，最不适当的处理方式就是限制身体活动，这个策略常常造成他们情绪失控而大发脾气，这时你就不得不同时面临双重困境。采用"移动的篱笆"策略时，你跟着儿童在房里走动，试着用手臂套住他，但不要碰到他的身体，就像把手臂当作呼啦圈一样（如果你的手臂不够长，也可以用真的呼啦圈代替）。当儿童走到房间的某个角落，或靠近墙壁时，就更容易做到，只要用手臂拦住他就可以，因为这时墙壁也可以成为一部分的篱笆。

这时候，儿童处在一个密闭的小空间，你并没有碰到她的身体，如果她想冲出这个小牢笼就必须碰到你的身体。有些儿童真的喜欢待在这个封闭的空间，大空间会令他们过度负荷，而小空间能让他们比较自在。他们可能会转过身子，开始微笑，增加与你的连接。另外有些儿童则想要冲出牢笼，从而可以继续在房间闲逛。他们可能会猛然弯下身子，或想要跨越你的手臂。碰到这种情况时，如果你要求孩子做出有目标的肢体动作或声音，那么极有可能会诱使儿童做出类似将手臂举高的有目标的肢体动作，或发出类似"上""下"或"打开"的声音。你也可以用大型的娃娃或填充娃娃作为一部分篱笆，"泰迪熊先生说你必须说出神奇的话，才能从我的手臂下逃出去"。

另外还有一个很有效的策略：让儿童站在平台上，比如宽大的平衡木或长椅上。这种站在高处的方法，可帮助一些儿童更加专注且展现有目标的举动。高过地面的感觉常能满足渴望感觉刺激的儿童的需求，因而促进代偿模式，使儿童更能集中精力、有条理且专心。

同样，你也可以在屋里装设秋千。座位四周设置安全围垫，以防儿童不小心跌下来。荡秋千可以让儿童体会身体在空间的移动，这个做法主要是配合秋千的移动，你也跟着儿童动——儿童前后移动时，你也配合摆动自己的头。有了一定的节奏，加上一些比较协调的动作，儿童就比较可能与你互动，跟你交换肢体动作及声音。

至于那些因受到自己动作干扰而无法说话的儿童（即使他们已能任意使用一些词语），我们可以牵起他们的手，配合我们发出的声音的节拍前后移动。这个方法能帮助他们调节动作并减缓速度，开始使用已经掌握的词语，并同时学习新的词语。其他儿童可以通过摩擦背部，紧紧相拥的有力按压动作，或有节奏的韵律活动和节拍器的节拍获得帮助。（如果儿童已经会说话并能遵从指示，那么互动式的节拍器也能帮助他。这种电脑化的节拍器可以回应儿童是否能配合拍子，不过需要儿童有合作能力并能遵从简单指示。有研究指出，这个工具有助于培养注意力、排序能力，以及自我调节和自行组合的基础能力。）此外，也可以让某些儿童穿上厚重的背心，因为这样可以给他们提供很多感觉刺激的输入，他们就不需要太频繁地移动，而照顾者也会感觉比较轻松。

这些策略所依据的论点，就在于利用儿童对感觉刺激的渴望，带领他们进入共同注意，让他们更愿意参与，如果可能的话，展现出双向的肢体动作互动以及某些问题解决能力。如果我们能利用儿童的动作来产生互动，彼此越能持续交换肢体动作和语言，儿童就越能调节自己。因此，培养调节能力（这是掌握情绪发展更高级能力所必要的条件）的关键就是帮助儿童以互动而非自我刺激或孤立的方式使用动作。

其他自我刺激行为

除了上述一些情形，儿童还可能出现的自我刺激行为包括：盯着电风扇看，靠着别人的身体或在地板上不断移动自己的身体，发出重复的声音（比如舌头发出咔嚓声等）。通常，自我刺激行为对儿童来说都有特别的目的，其中一个目的是制造出身体的感觉，用来调整自己或获得愉悦感。这种包括视觉、触觉、嗅觉或动作模式等的感觉信息能产生生理上的反馈，而这是儿童处在某种特别时刻非常重视的感觉。

现在进一步讨论，我们该如何帮助儿童找到更有意义的事情做，让他能更有条理、更愉悦并且更满足？我的一位儿童发展启蒙老师卢瑞亚[①]曾说过一段发人深省的话："如果你要孩子放弃某件东西，你必须先给他一件更好的东西。"为了做到这一点，你必须先了解儿童从你要他放弃的这个活动或东西中能得到什么。

假设一个孩子发出一些声音，干扰到教室内的其他学生，其实他这么做是在寻求嘴巴里的感觉以找到协调、愉悦及满足的感觉。为了了解儿童从这个行为中寻求到了什么，你可以仔细观察并给出最合理的猜测。当然，如果儿童已经会说话，你可以问他；如果你用一种支持性的、不妄加评论的态度进行询问，应该能得到想要的答案。你可以这么说："嘿，这似乎蛮好玩的，你常常这么做一定有很好的理由。"已经会说话的儿童可能会告诉你，这么做感觉很好或他正在模仿某个卡通人物。至于那些不属于孤独症谱系障碍，但有调节、学习或冲动控制问题的许多孩子确实会做出许多这类事情，并且可以跟你讨论。他们或许会说"这样我的嘴巴就会产生不错的感觉，这种感觉让我可以专注"或"这么做让我不会打瞌睡"。我也曾听出现怪异行为的某些成年人说过："做这件事让我觉得精力充沛，也让我有充满希望的感觉。"

许多成年人也都有一些自己喜欢的自我刺激活动，无论是谈话时习惯挠挠头、扭摆脚尖，还是不安地抖动双腿或不停转笔，都是一些让身体维持在最佳感觉状态的小诀窍。我们还会努力遮掩这些动作或尽量不要做得太明显，有些人的掩饰手法非常高明。社会性不敏感或察觉力较差的儿童，通常会以相当明显的方式表现自我刺激行为，甚至会干扰到别人。我们应该理解他们。

[①] 原注：卢瑞亚（Reginald Lourie，1908—1988），美国儿童精神医学先驱。

一个还不会讲话的儿童无法告诉我们他为何做出某种特别的行为，因而我们必须观察何时他的这种行为出现得较多，何时出现得较少。例如，如果我们带他参加一个好玩的游戏，他发出咔嚓声音的次数比其他时段多还是少？ 通常如果我们跟儿童有不错的互动时，他们的自我刺激行为应该就会减少。独处、感觉刺激过度负荷、外在环境对他的要求过多或缺乏目标以及不投入时，自我刺激行为就会增加。对于每个儿童，多做或少做这些自我刺激行为，都有各自特别的情境。

在观察时我们要推论这些行为对儿童有什么意义，她是因为外界没有任何刺激，而想通过感觉信息来填补身体的需求，还是感到过度负荷或有压力时，用来调节自己的一种方式？ 如果你不能马上找到答案，不要放弃，要有耐心，继续观察一阵。如有必要，也可请别的家长、兄弟姐妹或其他照顾者帮忙。如果儿童在学校也出现这种行为，可请老师帮助观察。

一旦你知道儿童行为的成因或对此有了假设，就可以提供更好的方式让儿童获得相同的感觉刺激。比如，一个不断扭嘴巴的儿童，你可以给他一个口琴或小笛子，一个折成圆形、造型有趣的吸管也有利于练习口腔动作，或跟他一起玩在桌子上吹乒乓球的游戏，看谁吹得远（这个活动需要儿童有较强的意向、较有条理且不能太漫无目标）。试着找一些需要大量使用口部动作的游戏和活动。如果儿童已能发出很多声音且可以模仿，你可以根据他发的声音，"tch tch tch tch / bop bop bop bop bop / boop boop boop boop boop"，试着用不同的节奏编出有互动性的短歌。

主要原则是为儿童提供新的经验来获得跟自我刺激行为相似的感觉刺激，同时又能将调节、参与及互动能力提升到更高的发展阶段。以调节能力为目的时，要先从基本的感觉经验开始。第一阶段从感觉刺激开始，但试着改变其形态，以扩展儿童原先的感觉输入内容。如果儿童会发出声音，鼓励他发出不同的声音。或者你可以让他咀嚼不同的东西，闻不同气味，触摸不同材质的东西。

同时我们也需要帮助儿童以更具互动性的方式运用这些基本的感觉经验。当然也是先从共享式活动开始，一边让自己的声音配合他的节拍，一边跟他一起做有节奏的动作。如果儿童喜欢触摸东西，我们可以提供不同材质的东西，一边与儿童一起移动，一边跟着他触摸这些东西。如果儿童喜欢看旋转的东西，我们可以把东西从左边移到右边，从后面移到前面，一起以有规律的方式注视这个旋转物体。

当儿童在东西上或与我们一起做的活动中投入情绪时，我们就能进展到有目标的互动，比如，利用小游戏来交换声音。儿童说"goo"，我们回以"ga"，儿童说"咔嗒，咔嗒"，我们就回以"咔嗒，咔嗒，咔嗒，咔嗒"。接下来，便可以根据相同的自我刺激活动，依序产生许多沟通循环并制造出待解决的问题。比如，儿童喜欢碰触东西，我们可以玩一个小游戏：在垫子上放上许多物品，让她闭上眼睛伸手去摸，找出一个摸起来最舒服的东西。我的同事罗斯·怀特建议过一种游戏，可以产生让儿童觉得很有趣的结果。比如，如果儿童反复触摸一扇光滑的窗户，他每触摸一次，你就跟着发出一个"啾啾"的声音；或者孩子转一次圈，你也跟着转一次，看看是否能引起他的注意。

在本章开头提到的金的案例中，问题解决的关键在于利用她对妈妈头发的兴趣，激发出更多的互动和假扮游戏。例如，可以买一顶不贵的假发，喷一点香水在假发上。当妈妈把假发戴在头上时，如果小女孩变得兴奋，可以跟她玩一个游戏，问她："你想要我的头发吗？你想要我的头发吗？"然后"躲到"房间的某个角落。这时小女孩必须找到妈妈，等她找到了，妈妈可以问她："你要什么？你要妈咪的头发吗？发，发，头发？"儿童可能会说"发，发"或发出"f"的音，这时沟通就开始了，语言也初步发展了。如果儿童尝试说"发"或"头发"，妈妈可以弯下身让儿童拉着头发，将假发拉掉。此时妈妈可以说："哦，你拿到我的头发了！"通过这种方法，我们把一个困扰的行为转变成动机和互动，利用儿童触摸头发的欲望来促进发展，同时又满足了她的需求。

我们通过这种方式逐渐提升儿童的发展阶段。如果幸运的话，甚至可以产生与自我刺激行为有关的象征游戏，比如让娃娃跟着儿童一起盯着并讨论电风扇或发出好玩的声音。接着，如果儿童有进步，我们可以跟他讨论参与这些活动的感觉。

另一个干预原则是为儿童主动参与一些能带来更多感觉刺激的活动提供机会。提供一套固定的感觉动作练习活动，让儿童每天有三四次机会练习，每次15~20分钟。可以为协调能力比较好的大孩子安排各种运动、舞蹈、走障碍通道、玩游戏或只是吹泡泡或玩手指画。换句话说，安排一些儿童可以主动进行并能从中体验到愉悦的活动，这些活动同时也是社会认可的、有组织的活动。

最后一个步骤则是帮助老师及其他照顾者理解儿童的自我刺激行为，减少会让儿童过度负荷的压力事件或孤立状态,并且尽量避免让他过于频繁地独处。(对于还不大会讲话和互动的儿童,大部分时间都需要成人的陪伴。如果你要准备餐点或上厕所而必须让他独处,一次最多不宜超过 10 分钟。)如果儿童在学校里出现过度负荷,我们可以教他如何以更符合社会期待的方式取代自我刺激行为,以达到相同的目标,比如,让他咀嚼一些无糖口香糖,或者可以去保健室或房内的其他角落。

反复行为——固执性

我们可以从儿童为获得感觉经验而采取的自我刺激行为中寻找线索,找到该如何帮助她的方法。之所以出现反复而固执的行为,关键就在于这些动作活动产生了愉快的感觉。自我刺激行为和固执性之间的关联或重叠就在于这些动作活动(比如,排列玩具或开关房门等)具有感觉的要素。儿童喜欢自己用手反复做出相同动作之后产生的感觉。如果儿童反复开关门,形成一种有规律的动作模式,也会产生视觉的要素。所以,应该试着找出这样的反复行为给孩子带来了什么。它给儿童提供了有序的感觉,减轻压力,还是填补了时间的空白以避免无聊或孤独?请仔细了解每个要素——感觉、动作和情绪——带给儿童什么样的好处。

对已经有语言能力或虽然不会说话却能识别视觉符号的儿童,固执活动或许也具有象征的要素(比如,成人玩填字游戏,也可算是一种自我刺激、反复的活动,不过具有高度象征意义,所以被社会接纳)。我们通过观察儿童,还可以发现其他的要素。接下来我们遵循工作原则,回到基准线,跟儿童一起做同样的动作,比如,将玩具车排成一列。等到儿童喜欢跟我们一起时,就可以让活动变得更有互动性,比如,一前一后传递玩具车。当进入共享式问题解决阶段时,我们可以尽量让情况变得复杂些,比如,必须找出指定的那辆车或找到适当的排列位置。或者也可以采用比较的方式,比如,以圆圈的方式排列玩具车,促使儿童摇头表示"不对",然后跟他协商该放哪里。接着也可以安排象征活动,将小娃娃们放进某些玩具车里。如果我们可以做到这个层次,而且孩子已经会说话,就可以跟他一起讨论:"哪种排列方式比较好?是排放同一颜色还是不同颜色的玩具车呢?"通过讨论及协商,可以促进情绪、参与、创造力及逻辑性等能力的发展。

同时，我们也可以自行安排儿童喜欢的动作活动。她是不是比较喜欢精密的动作活动，而不喜欢涉及平衡及协调的活动或比较难预测的动作（比如丢球及接球）？渐渐地，我们可以安排一天三四次好玩的动作及感觉活动练习，以扩展儿童的动作能力，从而延伸孩子的平衡感，左右协调能力，以及以非重复的方式排列动作顺序的各项能力。

总而言之，无论是应对自我刺激行为还是固执活动，我们都得找出它对儿童的意义，并且利用这个发现来帮助儿童攀登从调节力到象征式活动这一段发展阶梯，同时扩展神经系统的使用范围。每个人的神经系统都存在不同程度的差异，针对孤独症谱系障碍儿童或其他特殊需要儿童，治疗的关键在于利用这种差异来提升儿童所有感觉的发展，并能够进展到越来越高的层次。如果我们能记住这个原则，不断地进行调节，就能利用儿童的天生兴趣（无论看来多么不寻常）为他争取最佳的利益。

第二十四章 自理和应对新挑战

卡森的父母已经花了一年时间训练4岁的有轻度孤独症的儿子如厕。除了喜欢按马桶冲水之外，这个有着一双蓝眼睛的温和男孩，一直抗拒坐在大马桶上。他可以用一些肢体动作和简短句子与人沟通，但父母仍然无法跟他讨论为什么必须用马桶而不是包着尿布。他们不知该如何训练儿童接受马桶。

对于孤独症谱系障碍儿童来说，应对新的挑战不是件容易的事（其实对所有的儿童而言都是如此）。尤其是身体功能（比如，吃没吃过的东西，使用马桶，自己穿脱衣服），孤独症谱系障碍儿童和其他发展障碍儿童往往很难掌握，因为他们通常无法完全掌控自己的身体。他们可能有动作计划问题，对味道或感觉刺激反应过度，他们也可能因为缺乏掌控的感觉，而害怕跟自己身体有关的一些活动。

本章将提出一些基本原则，这些基本原则不仅帮助儿童应对新挑战及获取新经验，同时也能（配合我们的整体方法）培养他们与人相处、沟通及思考的基本能力。请记住这些小步骤可以带来大进步，因为他们能由此建立扎实的基础能力。

第一个原则是必须让儿童感觉平静、愿意合作且采用问题解决的模式，这样才能帮助他们应对新的挑战。相同的道理，如果成人感觉过度负荷，且觉得有人强迫我们做一些不想做的事，我们还能解决问题或获得新经验吗？答案绝对是否定的。相反，在我们感到冷静、愿意合作且持肯定态度时，如果有人伸出援手，我们一定更愿意跟他合作以达到新的目标。因此我们必须消除或降低可能与新活动有关的焦虑感。儿童可能会认为这是爸爸妈妈要他做的事，但基于多种原因，他可能感觉还没准备好去做，从而并不想去做，或者害怕去做。也许他只是不知道该如何做。所以，第一个目标就是降低儿童的害怕及焦虑，将之转化为一种愉快的经验（而不是一项无趣的工作）。这些基本的身体功能，比如，如厕训练都可以变成愉快且积极的新经验。

为了达到这个目的，你必须确保每天都有足够的时间进行地板时光，帮助儿童不仅能自我肯定且目标明确，而且趋于平静并具备调节能力，同时还能参与一段持续的问题解决式的互动过程。如果儿童可以使用想法和词语，在他遇到实际状况之前，你可以用口语描述并演练这些新状况。如果儿童已经能将不同的想法联结在一起，并能回答五个 W 的问题①，你可以帮他理解为什么要学习这个新要求，为什么一定要使用马桶（这样他就可以穿大男孩的酷裤子），或为什么要多吃东西（这样他才能更强壮）。你也可以在假扮游戏和口头讨论中提出："跟爸爸或妈妈一样，这是一件多么棒的事啊！"试着用比较平常的方式来强化你提出来的理由，儿童才能将所做的事与自己的身体联系在一起，并了解要这样做的理由以及在哪里做。

新的食物和用餐行为

所有的新状况都具有一个共同的目标，就是要看到孩子能自行解决问题。如果她只吃某几种特殊食物而拒绝吃其他东西，并且只要你放了新的食物在她盘子里，就会被她搞得一团乱，那就干脆让她吃想吃的东西，只要合乎健康原则，而且准备起来不费事，那就无所谓。已经会说话的孩子或许会告诉你他喜欢某种食物的原因。当孩子能自行进食时，就说明你已经消除了新状况中的干扰因素，这种状况也就不会演变成权力斗争了。那时你就能理解儿童自行进食以及吃自己喜欢的食物的积极感受，同时也会理解她要接受新食物的困难：或许感觉吓人，或许吃在嘴巴里的感觉很不好，或许感觉痒痒的（无论儿童接触什么，都会产生这样的感觉）。接着再进行合作式的问题解决，将新挑战分成好几个小步骤，最终学会应对这个新挑战。

儿童的状况会影响进程。比如，你可以隔两天或三天加一点新的食物在儿童喜欢的食物里，就像把磨碎的青菜混入汉堡肉或土豆泥里面。每次只加一点点，下一周或几天之后再加多一点，或换另一种味道的食物。你必须依据儿童的感觉反应方式、信息加工方式、动作计划以及动作协调的类型来采取步骤。他可以依序做出多种动作来尝试解决问题吗？他可以拿稳汤匙或叉子吗？他可以夹

---

① 译注：五个 W 的问题是以"What（什么）""When（什么时候）""Where（哪里）""Who（谁）""Why（为什么）"为开头的问题。因这几个单词的开头字母都是"W"，简称"五个 W 的问题"。

起食物并放到嘴巴里吗？他需要你的帮助吗？

你也必须考虑儿童对新食物的味道及口感会有什么反应。儿童对触觉、嗅觉及味觉刺激越敏感，让他们接触新食物的速度就应该越慢。如果儿童不是那么敏感，而只是容易对新的东西产生恐惧，那么或许你可以大胆尝试更大的步骤。

如果问题不在于新的味道，而在于孩子易分心的特质和渴望新的感觉刺激，那么吃饭就可能变成一个大挑战。碰到这种情况，你必须将喂食融入行动取向的游戏当中。比如，一架飞机（其实是叉子）正要起飞，孩子张开嘴巴并注视着它，这时另一架飞机要降落了，你问："飞机要降落在什么地方？降落到你的嘴巴里！"或许这样的动作游戏并不是你所期待的（你希望孩子能够安静地坐在餐桌旁游戏），不过经过许多小步骤后，等孩子学会调节自己的活动量，就能安静地坐在餐桌前，跟家人一起进食。

DIR模式的原则之一就是设定限制。大多数儿童都需要清楚的期待、指引和设限；设限不是一种惩罚，而是必须跟正向结果相结合。比如，如果儿童坐在餐桌前不愿尝试新的食物，但只要他愿意试一点点，就可以奖励他离开座位玩一个新玩具，或睡觉前多听一个故事。所以"设定限制"通常会再加上一个奖励。当你要他尝试新东西，才能得到想要的东西时，他或许会因此感到生气，不过只要你保持坚定而冷静的态度，要求他尝试一下，或许他就会合作。但如果你们陷入权力斗争，那么你可能就会落败，只好再等待下一个时机了。（只要你设定一个新的限制或要求孩子多努力尝试新的事物，你就一定要增加地板时光的时间，对此将在下一章进行更深入的讨论。）

提供多种感觉模式，让孩子能够习惯不同口感的食物也是一个不错的策略。尽管我们并不鼓励孩子玩弄食物，但如果孩子对味觉或嗅觉刺激反应过度，难以尝试新食物时，不妨让他先玩玩食物。让食物成为他的一部分，就像婴儿常做的那样。最后他总会慢慢变得爱整洁且负责任。不过，先让他通过手指和嗅觉来熟悉这些新食物，这样他才会比较乐意去试吃这些新东西。

你也可以尝试添加一些特别的策略或神奇的"子弹"，比如，为了鼓励孩子接受新的味道，有时可以稍微用力按压他们的嘴巴或尝试不同的口腔动作练习。一位有经验的言语病理学家或作业治疗师都很熟悉各种口腔动作能力及感觉活动，他们可以指导你使用各种技巧帮助儿童接受口部的各种感觉，比如，口部按摩或尝试某些有特殊味觉和嗅觉的食物。通常在处理这部分问题时，家长都需要接受专业人员的帮助。

总而言之，如果难以引入新的食物，那么不妨先利用地板时光帮助儿童尽可能发展，然后再通过问题解决式互动，鼓励儿童在面对一般状况和挑选食物时，都能自我肯定并且负责任。不仅理解儿童获得掌控权的愉悦感受，也要理解他们尝试新食物的心情。详细准备这些程序，包括预先的假扮，接着再以清楚的期待及设限的态度（包括正向的酬赏）来尝试新事物。你设定的限制越多，态度越坚定，就应采用越多的地板时光，这样才能维持孩子的合作态度。孩子有了取悦你的愿望，才能促使他进展到尝试新事物的层面。

在碰到特殊状况时，某些孤独症谱系障碍儿童会拒绝任何食物。比如，有些儿童虽然在家会吃东西，到了学校却完全不进食。如果儿童在某个场所不肯吃东西，通常就意味着她从这个场所隐匿起来或自我封闭。这个场所的助理、老师或家长必须试着从最基本的层次开始跟儿童互动，比如，获得她的注意力、跟她建立有趣而愉快的关系以及进行一段持续的沟通过程。请记住一件事：吃东西牵涉到嘴部肌肉的运用，某些儿童可能无法做到这一点。因此在她开始吃之前，应该帮助她提高参与的动机。如果她对学校的环境感到过度负荷而不肯吃东西，就必须安排全天都接受一对一的互动，否则她可能会退缩，比如不吃东西或不参与任何一种活动。适合孤独症谱系障碍儿童就读的理想学校，应该能依据每个儿童的特点，制订合适的教育方案（请参考第二十一章）。

如厕训练

如厕训练可以遵循跟尝试新食物一样的基本原则。通常我们会建议等到儿童能回答"为什么"的问题时，再积极进行如厕训练。因为他们只有在具备此能力后，才能真正理解做这些事的原因，以及做这些事所带来的正向结果，比如，能穿上跟爸爸一样的酷裤子。对于孤独症谱系障碍儿童而言，比如本章开头提到的卡森，应该晚一些才开始如厕训练，因为特殊需要儿童通常在四五岁时（或更晚）才能学会回答"为什么"的问句。有些学校向家长施加压力，要求他们训练儿童如厕，但有些儿童的语言和智力发展都还未达到该有的程度。碰到这种情形，家长必须坚持立场，抵抗来自学校的压力，避免让儿童过度负荷。

不过，对于某些孤独症谱系障碍儿童（特别是那些视觉—空间学习能力优于语言能力的儿童），如果你示范如何使用马桶，且让他们知道用马桶的好处，或许也可以早一点训练他们如厕。关键在于以轻松、冷静、有趣且循序渐进的方式进行训练。如果你已经成功地执行了基本的地板时光练习，儿童也变得具有互动性、冷静、能调节自己且快乐，那么你就能逐渐引入新的经验，在帮助儿童习惯使用马桶的同时，也能变得更具有目标且愿意参与。

如果儿童一直都对浴室感到害怕，你可以先带他参观浴室，在那里玩一下。你可以在浴室里放一个玩具马桶让孩子用；他可以同时摆弄真马桶和玩具马桶，学着喜欢浴室；放音乐或做一些韵律活动，让孩子在浴室时能够放松心情。或者，第一步可以把小马桶放在他房里或摆着电视机的客厅里，试着让他坐在马桶上。为了让过程能够保持平稳，状况良好且令人愉悦，采取的第一个步骤应该尽量微小。

必须让儿童采取主动，有操控权并能掌握相关的配备。不管儿童的语言能力如何，如果她感到无法控制或出现过度负荷的恐惧，那么如厕训练就难以进行。因此一开始我们必须让她居于操控的地位，并且能自己做决定，比如要先用哪一个马桶。让儿童有决定权并有操控的感觉至关重要。过去一些心理学理论强调"如厕训练的方式影响一个人未来操控性格的养成"，这样的论点虽然已经不再得到大家的全力支持，不过还是有几分道理。如果儿童过早受到惊吓或陷入与自己身体有关的权力争夺，稍大之后容易产生想要操控每一件事的内心需求，而且不容易信任别人。因此在训练如厕的过程中，应该要让儿童有做决定的权利。

同时也要了解儿童的个体差异，他是否对臀部的碰触非常敏感，因此坐在马桶上会让他不自在，感觉痛苦或觉得冰冷？他对包着尿布的熟悉感和挤压感感到舒适吗？你可以套一个马桶垫，让他觉得温暖些。另外有些儿童由于对声音比较敏感，因而害怕冲马桶的声音而不敢进浴室。碰到这种状况，你可以等他离开浴室后再冲水，或让他先玩玩马桶，由他操控冲水拉杆，慢慢习惯水的声音。有些儿童则害怕冲水的过程，会说话的较大儿童常会提到害怕自己被冲进马桶里，或身体的某个部位掉进去。有些现实感不好的儿童，会害怕自己身体的某部分突然跑出来，然后消失在这水漩涡中。因此你必须先了解儿童焦虑的缘由，再从操作层面来减轻他的焦虑感。

对于过度敏感的儿童，我们有必要建立一套循序渐进的程序或仪式。不过有时以仪式化、可预测的例行方式做事，也可能招致相反的结果。过于强调固定的形态，往往使儿童不愿尝试新的方式获得想要的东西。互动经验可以帮助儿童更有弹性，因此你可以通过帮助儿童做他想做的事，来提供更多的互动机会。如果过度敏感的儿童害怕马桶，一开始可以先让她包着尿布坐在儿童用的小马桶上，这或许会让她感到自在一些。只要让她习惯了包着尿布坐在马桶上排便或小便，接下来，你就可以逐渐松开尿布，让尿布掉到马桶里，最后完全可以拿掉尿布。

对于动作计划或动作排序能力有问题的儿童，学会使用马桶更是一个大挑战。他们无法依序做出两或三个步骤的事情。脱下裤子，坐在马桶上，放松身体，排出屎尿，这一连串的动作对他们来说非常困难，他们常常感到不知所措。碰到这种状况，你必须以非常缓慢的步骤来帮助儿童。将四个步骤的行动再细分成好几个只含一个步骤的动作，态度要尽量缓和，有时也可以通过一些放松心情的音乐或轻松的对话让儿童了解自己该做什么。

对于某些平衡感和协调能力有问题的儿童，双腿悬空坐在成人的马桶上，身体摇晃的感觉会让他们感到害怕。他们害怕摔到地上或掉进马桶里。使用适合儿童的小马桶或有个成人陪在旁边并牵着他的手，可以给他安全感，从而让他放心学习这个新技能。有时握住儿童的手并做有规律的摆动，也能帮助他们学习放松括约肌。

如果儿童有严重的动作计划和排序能力的问题，父母则需要找一位受过完整训练的好的作业治疗师，帮助识别儿童独特的感觉调节障碍。治疗师可设法解决儿童姿势不稳定的问题——就平衡感及协调性而言，儿童的实际感受是怎样的——以及促进儿童在放松括约肌和依序排列多个行动步骤上能力的发展。甚至在还未开始如厕训练之前，治疗师就可帮助家长增强儿童的这些能力。

另一方面，对感觉刺激反应过低的儿童由于对感觉信息的敏感性不够，常无法感觉自己要大小便，所以时常直接解在尿布或裤子里。因此帮助他们辨识想要大小便的感觉非常重要。你可以安排几天的时间，让儿童喝下很多水，然后频繁检查他是否需要解一点点尿、适量、解完或毫无尿意？有时孩子自己也想不明白，当你问他时，他并不想要尿，可没过一会，却忽然喊着："妈咪，我快要尿了！"这时你不要生气，也不必认为儿童故意要为难你，只要告诉他："哇，有时尿尿真的会偷偷跑来！"然后带他到卫生间里。以支持的态度来帮助儿童，他会越来越善于识别想要尿尿的感觉。你也可以同时帮助一个反应过低的儿童更有能力辨别所有的感觉刺激——疲倦、饥饿、快乐或悲伤的感觉是怎样的。你越能尊重他描述自己身体状态的方式，当他想大小便时，就越能了解到自己身体的实际感觉。

前面提过，一旦孩子开始学会回答"为什么"的问句时，她就开始了解因果关系：如果我拉一下抽水马桶的拉杆，就会出现很大的声音；如果我脱掉尿布，尿就会滴到地板上；如果我坐在这里，大小便就会掉进小马桶里。孩子明白了这一点，你就可以跟她讨论，帮助她掌握这个新经验。由于孩子这时已经具有一定程度的语言能力，或许她会告诉你她比较喜欢坐在有卡通图案的儿童专用马桶上，而不喜欢成人的马桶，或者她想自己冲水或不想冲水。或许她会抗拒，但你可以跟她商量："只要你先试着解一点点，我们就到后院玩水。"

此外，因为孩子已经会玩假扮游戏了，在如厕训练时，你可以为她准备一些木偶、动物娃娃或士兵等玩具（无论是直接或间接方式）。你甚至可以让小木偶假装上厕所，然后真去冲水，孩子都会喜欢玩这样的游戏。在带入这个新经验时，你需要注意进行地板时光时也要加入与这个新经验相关的主题。孩子生命中的任何一个重要部分，都会出现在她的游戏当中。

或许你会看到游戏中有关操控或攻击之类的议题。例如，有个男孩总是喜欢玩潜水艇（隐藏在水面下）游戏。在治疗单元里，我跟他一起玩，鼓励他表达出自己对潜水艇互斗的内心感受。他对这个主题感到越来越自在，突然之间，潜水艇变成一艘战舰，甲板上陈列着枪炮和火箭发射器。同时，他也开始比较适应坐在马桶上小便，到浴室的动作公开了他对自己攻击企图的焦虑感，而这原本就像潜水艇一样藏在内心里，如今却显现出来，就像战舰一样。我们绝不会在假扮游戏中直接谈到如厕训练或马桶的相关议题，他越来越适应自我肯定，与如厕训练相关的权力斗争自然就减少了。他不再那么抗拒，也较能自我肯定，愿意让别人知道他的需求，并能与父母一起协商事情。

某些优秀的个案经验是让孩子不包尿布到处走动，并安排一个他把各处弄脏也不要紧的房间，同时父母拿着马桶跟在孩子后面。只要孩子出现任何想大小便的举动，父母就把他的小马桶递过去。几天后，有些父母反映说孩子认识到自己要大小便时可以使用小马桶。当然也有些父母觉得完全无效，或无法忍受提着马桶跟在孩子后面的感觉。

天气好的时候，可以让孩子不包尿布在外面玩，把马桶放在外面，看孩子在想要大小便时是否会使用这个马桶。如果你降低在这种情境中的焦虑，并提供一些容易成功的机会，孩子或许会感觉："哇，或许我做得到。"待在外面也可以让你不必担心地板会被孩子弄脏，难以清理干净。

无论用哪一种方法，重点是让孩子能保持冷静并合作，你再帮助他能够自我肯定（在本案例中，指的是可以掌控自己在浴室里的经验），之后，再逐渐鼓励他尝试更多的新经验。只要你不给孩子太大压力而形成权力斗争，你一定会有所得。采用这些方法将有助于孩子掌握全面的发展能力。

我们希望这些方法能带给孩子愉快和成就感，而不是害怕的感觉，因而即使需要花很长时间也在所不惜。请记住：许多孩子出现羞耻感和负面自尊感的最大原因是存在"我无法控制自己"的感觉。一个孩子最初的羞耻感和尴尬感大都来自进食、如厕训练或追求基本需求的经验，而有些很棒的经验（比如，学习绑鞋带、看书或跳舞）则源自能掌控自己身体的感觉。"吃及上厕所"这两件事是最基本且必要的身体功能，因此我们要尽量让他们有愉快的、能掌控的经验。

穿脱衣服

很多父母抱怨，孩子不愿配合他们穿衣服或对要穿的衣服过分挑剔。孩子不肯穿袜子或根本不想穿衣服，而父母早上为了让孩子赶上校车或自己要赶着上班，只好强迫孩子穿上衣服，因此整个早上就充斥着哭叫、斥责的权力争斗气氛，这对每个人都是噩梦，而孤独症谱系障碍儿童的反应会更激烈。

在教孩子类似穿衣服的新技能时，应该先进行地板时光，直到孩子感到快乐并愿意合作，这样照顾者也会感到开心。接着，必须考虑孩子的个体差异，孩子不愿穿衣服，是否对触觉刺激比较敏感？只能接受某些质地的衣物？或只喜欢紧身衣物，因为它们更能带给他用力包裹的感觉？或因为视觉的敏感性，只喜欢某些固定的颜色？

请记住：处于惊恐状态的孩子绝对不可能跟别人合作。所以，如果你早上的时间过于仓促，那么就注定要失败了。最好选在有充裕时间的下午或傍晚时分（只要孩子处在最佳的情绪状态都可以），跟孩子一起商讨并做选择。你可以告诉孩子："来，我们来挑选明天要穿的衣服。"然后在房间里摊开所有要让孩子挑选的衣物。你也必须以循序渐进的方式帮助孩子练习穿脱衣服的能力。可以先从娃娃的假扮游戏开始或让孩子帮你打扮，这样孩子就能练习做出选择和操控的能力。两人能够一起合作进行假扮游戏，帮娃娃穿衣服，看看它喜欢什么衣服以及穿上后有何种感觉。然后以很小的步骤鼓励孩子采取主导。如果第一天他能穿上一只袜子或衬衫的一边袖子，就已经很棒了！问问他："我可以帮你穿另一边吗？"在帮他时，可以听从他的指挥，请尽量慢慢来。如果孩子要上学或你赶着上班，不妨早一点叫他起床，免得时间太赶了。

当努力让孩子学习新技能时，无论是尝试新食物、训练如厕、穿脱衣服，还是做其他任何事情，我们都需要牢记一件重要的事——一定要避免引起权力斗争。孩子是她自己身体的主人，如果她的身体能够投入，那么她就一定是赢家。你不能强迫她做任何你想要求她做的事。所以，如果你碰到挫折，要先冷静，从一数到十，深呼吸放松下来。然后回到最基本的原则：先从孩子喜欢的事开始，帮助孩子养成冷静、合作、愿意解决问题的态度，然后再慢慢引入新的经验。请记住：你必须成为值得孩子信任的好搭档。

第二十五章 行为问题

5岁的泰勒被诊断为有广泛性发育障碍和孤独症谱系障碍，他一直都很温和乖巧。不过妹妹出生以后，泰勒变得很具攻击性。妹妹还在学步期时，泰勒就经常打她、推她或踢她，惹妹妹哭似乎给他带来很大的乐趣，即使父母带着兄妹两人一起进行地板时光，也会出现这些行为。父母很想知道该如何处理这个问题。

所有的父母都希望自己的孩子个性温和，具有同理心，自制力较强。同时希望孩子能自我肯定，具有创造力、好奇心和领袖气质，或至少能善于应对身边的各项挑战。但是许多父母却要面对喜怒无常、易于悲伤或忧郁，或有太多负面行为的孩子，他们甚至打、推、咬同伴。如果孤独症谱系障碍儿童或其他特殊需要儿童出现这些问题，常常就更难处理了，因为这些孩子往往无法顺利表达自己的内心感受（无论是用语言还是其他方式）。在这种状况下，不管是孩子还是父母，都会很受挫。

我们该如何帮助这些孤独症谱系障碍儿童学会控制心情和攻击行为，把自己调整成一个温和的、能关怀别人的个体？一个最重要的原则是必须避免只强调改变这些行为。孩子的问题常迫使父母只想制订一个完整的方案来约束冲动、攻击、喜怒无常或闹别扭的行为。但如果我们只想改变孩子的行为，却不帮助他们建立健康行为的基础，结果一定无法令人满意。虽然我们能减少这些不好的行为，但就像冲破堤坝的洪水，孩子还会出现别的不好行为。孩子虽然停止推挤，却会转而去咬人，或从攻击转为悲伤。

双重方法

帮助孩子克服负向行为的同时，也必须教导他们学会尊重、共情并解读别人的信号（这样他们才会知道什么时候可以表现得更加自我肯定，什么时候要更小心翼翼）。虽然可以通过奖赏好行为、利用诱因来设定限制并给予指导，不过却没有给孩子基本的建议，让他们知道如何赢得这些奖赏，或如何应对一个复杂的社交情境。因此，必须为孩子提供许多机会练习情绪示意的能力。如果我们通过奖赏和设定限制的方法处理问题行为，同时又能让孩子有机会练习这种能力，那么就可以帮助孩子培养沟通、思考以及用正确方式与人相处的基础能力。这是一个高标准的要求，漏掉其中任何一项，都不算完成任务。

为了能同时达到这两个目标，我们必须先了解普通儿童是如何学习调节自己的行为和情绪的。当然，孤独症谱系障碍儿童或有信息加工问题的儿童也能学会这些基本技能。每个儿童的生理状态和神经系统运作模式决定了他们的学习路径。

通常儿童通过互动关系来调节自己的情绪和行为。婴儿能展露出全面且极端的模式：他们会表现出兴奋、哭泣，甚至一点攻击和冲动。通常在5～10个月之间，婴儿出现较多的互动。他们开始解读父母或其他照顾者的面部表情并交换情绪信号：妈妈笑，婴儿跟着笑；妈妈皱眉头，婴儿也跟着皱眉头。

9个月大时，这种互动变得更加复杂。孩子开始会生气，并发出"呢呢呢"的生气声音，表示他肚子饿了，要吃东西。爸爸看到了，为避免孩子情绪升级而大发脾气，就会以一种非常和缓的口气说："哦，我的小宝贝生气了。"婴儿的声音很快从"呢呢呢"转成"啊啊啊"，他带着开心的笑容伸手去拿食物，而爸爸也回应他一个笑容，两个人就开始来回交换信号。

14个月大时，当幼儿朝着某个方向一会儿爬，一会儿蹒跚走时，他可能想去找一个被藏起来的东西，妈妈告诉他"不行，不行"，小孩开始发出"呢呢呢"的声音，似乎要发脾气。妈妈以一种和缓的声音问他："给你这个好吗？"然后给他一个替代物。这时孩子可能通过点头或发出不同的声音和动作，与妈妈进行协商。大多数情况下，孩子会自我调节。他不会发脾气，因为自己能够表达内心的欲望，而妈妈也会回复他："我可以给你一样东西，让你感觉好一点，你还可以拥有其他东西。"即使父母只能在不提供其他替代物的情况下设定限制，使用温和的语气也能起到反调节的作用。

当婴儿生气、具有攻击性或受到过度刺激时，我们可以"向下调节"，用和缓的声调、面部表情及肢体动作来安抚他。这种安抚可以作为互动节奏的一部分，让孩子学习调节激动的情绪。相反，当婴儿看起来悲伤沮丧，又有一点内向呆板，缺少活力，也没有明显笑容时，我们可以"向上调节"，振奋他的精神，拉他参与微笑游戏。我们可以使用声音、不同的触碰方式或不同的动作，来玩这个游戏。

对孤独症谱系障碍儿童或有相关信息加工问题的儿童来说，这是一个难上加难的过程。例如，一个渴望感觉刺激的孩子到处摸东西、碰撞东西或希望参与每一件事，但他可能对疼痛毫无感觉。他们在不小心跌倒时，可能不会有太大的反应，爬起来继续到处走动，准备再去碰撞下一个物品或人。当一个孩子的神经系统渴望感觉刺激时（很多孩子天生具有这种模式，不过也有些孩子是在学习爬行及走路时才发展出这种模式），由于他的精力非常旺盛，自我调节也会变得更加困难。

父母必须帮助孩子学会克制，同时引导她参与有建设性且充满活力的互动。孩子可能无法回应那些不易引起注意的方式，因此当孩子碰到灯罩时，你必须大声说"哦，不可以！宝宝，不要，不要，不要！"并且用手指着，就好像街角的警察正在指挥交通。孩子可能会大声发出"呢呢呢呢呢，呢呢呢呢呢，呢呢呢呢呢"的声音，表示抗议，不过你仍然需要通过声调和肢体动作提供一个有建设性的互动模式。或许你可以准备一个装满大颗豆子的麻袋，让孩子跳进去，或一个压扁的软性玩具，让孩子跟你一起丢掷。无论使用的是什么，你都必须以一种协调的方式，采取双向互动的节奏进行。

渴望感觉刺激的孩子长大一些后，你可以跟她玩改变互动速度及大小声的游戏，通过随时调节声音和动作的强度，帮助儿童学会调节自己。孩子通过这种方式，尽全力学习，就能学到完善的调节能力及自我肯定。她可能还有一点喜欢冒险，不过已经能稍微控制自己的行为了。

有些孩子容易因太多噪声或触碰，或来自其他小孩的碰撞或轻触而过度负荷。孩子过度负荷时，容易出现推挤、咬人、大声尖叫或大发脾气的情况。碰到这种案例，我们也可以遵循上述原则，不过采用不同的方式，也就是我们要做更多的安抚和调节动作，让孩子采用适当的替代方式表达自己过度负荷的感受。等到孩子会说话，我们就可帮助他使用语言。不过在这之前，我们应该鼓励他运用类似"用手指"这样的肢体动作指出困扰他的是什么。

在正常的发展过程中，掌握这个情绪示意系统有助于儿童以建设性的方式使用象征和词语，如果儿童无法建立这个示意系统，他可能就会停留在婴儿时期"全有或全无"的反应模式上，带着具有鲜明对比性的情绪和行为。通常需要较长时间，孤独症谱系障碍儿童才能学会表达性的示意能力。除了对感觉刺激反应过度或反应过低以外，这些儿童还会有动作计划或排序的问题，由于他们只能做一些简单的顺序动作——微笑、点头、手指指示，所以无法学会情绪示意。有听觉—信息加工或语言问题的儿童无法听到很多声音，也就很难发出不同的声音，这最终将会干扰早期示意系统的形成。如果儿童受到生理状态影响而难以学习，就需要为他们提供更多早期示意系统的练习机会。在学习示意和调节能力时，儿童也在学习如何调整自己的行为。

危险和攻击行为

3岁以上的儿童如果有严重的发展迟缓问题，行为出现攻击性或暴力倾向，或情绪非常悲伤，有必要立即采取措施。首先应该了解孩子的发展水平：她在日常的互动中是否使用语言？是否具有参与能力且能通过肢体动作与人沟通（包括动作、身体姿势、面部表情、改变声调等）？能否以有规律的方式跟你依序进行 50~60 个沟通循环？ 大约 95% 的情况下，我们发现有冲动控制问题的儿童都无法完全掌握这个阶段，即使已经有说话能力、抽象思考能力且在某些科目表现很好的孩子也不例外。儿童只在某种程度上掌握了前一阶段，虽然也能进入目前阶段，但由于未能完全掌握前一阶段，可能会留下很多冲动控制和情绪调节的问题。请参考第七章提到的多种巩固方法。

设定限制

如果儿童出现攻击或冲动行为，你必须同时设定限制，目标是帮助他学会遵守规则并确保自己的安全。有时成人会生气或立下非常严格的规矩，为了让儿童服从，甚至采用约束和强制方法，例如，用皮带把孤独症谱系障碍儿童绑在椅子上或绑着他走向浴室。儿童出现危险行为（与不服从行为对照），应该根据其发展水平（而不是他的实际年龄），给予坚定但温和的限制。正如我们应该给每个孩子最少受限制的环境一样，我们也应该使用最少受限制并且适合孩子发展水平的技巧，教每个孩子学会控制自己的行为以及敏锐地察觉到别人的需求。

最后，我们希望让儿童学会自己设定限制，了解什么正确，什么不正确，并尊重别人的需求。孩子怎样才能认识到在足球场上可以推挤，但在教室里不能推挤？孩子通过持续的沟通过程解读照顾者的情绪和信号，从而学习成人所设定的限制。例如，如果你像交警一样举起双手喊"停止！"，即使孩子还不了解"停止"这个词语，也能学习辨认手势的意思。或者，如果你只是大声说"哼噢！"或"哼，哼哼！"，孩子可能会理解你话中的信息或信号，并且知道你制止他的是什么事。请牢记，不要以严厉的肢体动作警告儿童，否则一旦他害怕了，就可能火上加油，他往往就会以攻击行为做出回应。

教孤独症谱系障碍儿童学习认识"限制"，关键是必须用对他们有意义的方式来教。如果她对触觉或声音刺激过度敏感或容易过度负荷，那么她需要的是具有安抚性且温和的限制。比如"隔离法"，我们坐在她旁边，用一种抚慰而非生气的语气跟她说话。对一个渴望感觉刺激且行为粗暴的孩子，你需要给她更坚定的"隔离"处置和必要的身体约束。她必须知道你的底线并了解触犯底线（比如，打人、伤人或破坏东西）的后果。你不需要限制微不足道的事情（比如，大声说话或以不恰当的方式玩玩具），因为那样就太过度操控孩子了。

对有语言问题的孩子，你必须非常清楚地解释因何而设定限制并帮助孩子回应。一定要跟孩子对话，以便让他理解正在发生的一切。如果孩子还不会说话，你可以给他看相关图片；如果他还不会用象征图片，你也可以用肢体动作，指给他看打破了什么，或妈妈被打到的地方，然后摇着头说"不可以，不可以"，这样孩子才能理解为什么要有限制。孩子慢慢学会成为一个有目标的前语言沟通者后，回应限制就会成为这种目标明确的沟通的一部分。

在根据儿童的个体差异来设定相应的限制时，针对其出现的危险或攻击行为，我们建立了一套八个阶段的设定限制程序。

1. 提高你的情绪强度和音量以吸引儿童的注意。
2. 同时加上设定限制的肢体动作，比如，举高手臂表示"停止"或"站住"，或摇头说"不可以！"。
3. 如果需要的话，可以利用一些技巧性的支持，抓着孩子的手或用力按压身体，让他能够专注并抑制住自己的行动。
4. 尝试用其他能满足他身体冲动的东西吸引他。如果他想挤压某个东西，比如小汽车，不如给他一个橡皮球。如果他想打你，让他拿一根塑胶棒敲打沙发。

5. 如果这些措施都无法抑制孩子的冲动，你可以给予身体的约束。如前面所述，用最少的限制来约束他的麻烦行为。比如，从后面紧紧抱住孩子，以温和但坚定的态度给予感觉支持，帮助他调整自己或握住他的手以有规律的方式摆动。这么做时，你必须相当了解孩子，知道他什么时候会伸手抓、打或咬人。你可以很快从步骤一进展到步骤四，或许只需短短5秒钟，然后再约束他（有必要的话），直到他能放松下来。不过有些孩子在身体受到约束时，只会更加活跃。碰到这类孩子，你要跟他保持身体的距离，用声音鼓励他冷静下来。或者你可以给他一个能放松自己的空间，听一些可以静下心来的音乐或玩自己喜欢的玩具，借此来转移他的注意力。步骤五主要就是根据孩子的个体需求，为他创设出一个平稳、受约束的环境。接受过感统培训的作业治疗师特别适合参与这个步骤。

6. 孩子平静后，你可以跟他讨论这个状况。主要原则是"不要火上加油！"。所以，当孩子正在生气或出现攻击行为时，不要跟他说他正在做错的事情，这样只会让他更受不了。等到他平静下来，如果他会说话，则跟他讨论："发生什么事了？为什么你这么做？"确保自己能从孩子的角度理解整个状况，然后跟他一起解决问题："下一次如何不用打而用讲来处理这个状况呢？"

7. 接下来想出一个合适的处罚方法。比如，如果孩子打破东西或打人（这触犯了你的底线），你可以处罚他，特别是孩子不止一次犯同样的错误时。第一次犯错时你可以说："好，他还不太了解。"然后停在步骤六。不过如果以前也发生过同样的行为，就必须给予处罚，比如，不准看某个喜欢的电视节目或吃某个点心。你也可以要他将打破的东西清理掉并多做一些额外的打扫，以弥补他造成的损失或伤害。当然也可以给予"隔离"，让孩子中断正在做的事，安静地跟你坐在房里，不过尽量不要把他孤立起来。尤其是孤独症谱系障碍儿童正需要学习与人相处，孤立他就等于阻碍了他的发展。将孤独症谱系障碍儿童关在自己房里其实是非常糟糕的处罚方式，通常只要求他安静地跟你坐在房里或中断他的活动就足够了。此外也要避免剥夺对他发展有益的活动，比如与同伴一起玩的游戏约会。每个家庭认为的最好处罚方法各不相同。其实什么方法并不重要，只要父母或其他成人照顾者达成一致即可，因为大人之间的失和往往会让孩子感到焦虑。还有，处罚方法不能让孩子感到很突然！家庭立下的规矩应该要事先协商，比如，关于不准打人、咬人、推人及打破东西等内容。如果孩子已识字，可以把行为规范写在纸上并贴在冰箱门上。如果孩子还不会说话，可以同时用图片和肢体动作将处罚的内容呈现出来，并加上口头警告"不可以"。等孩子冷静后你可以告诉他："宝贝，我知道你并不喜欢这样，但你已经破坏规矩了，根据我们以前讨论的，你觉得应该怎样处理才适合？"这样，孩子也能预期自己可能会受到怎样的处罚。你可以成为一个"好警察"，即使你也不喜欢处罚。不过如果孩子触犯底线，你就不得不这么做。就长远而言，这会让他们感到安全。学校里的处罚不同于家里，老师和助理也应该在处罚的方法上达成一致。

8．接下来的目标是帮助孩子加强双向沟通能力，特别是肢体动作的沟通，以避免动用前面七个步骤。比如，孩子可以学习做出生气的表情，举起拳头，学着说"我生气了！"，从而代替打人的行为。如果孩子破坏规矩，你可以先培养他的责任感，用较小步骤和较少指责的方式教他认识规则。找机会让孩子做一些类似捡玩具的工作。或许如果你捡起三件玩具，他捡起剩下一件玩具，他就可以做自己想做的事；下一次他捡两样你也捡两样；然后他捡三样，你只需要捡一样；最后他把四样都捡起来。通过肢体的互动或语言（如果孩子有语言，就对他说"来吧，让我们把所有的积木放回盒子里！"），慢慢让孩子学会负责任。也可以用游戏的方式持续跟他互动，建立游戏的规则（"黄色的先开始！"），让孩子逐渐学会遵守提示和规则。在这种半结构化或问题解决式的游戏中，也可以融入许多规则游戏、找宝藏游戏等（这些游戏需要孩子能够遵守你的指引及提示）。孩子想做危险或不恰当的行为时，地板时光也可以提供机会安排设定限制的互动。只要出现好行为，就奖励得分或星星，以换取某些特权。这种奖赏方式能帮助理解这种奖励机制的孩子学会遵守规则和限制。

帮儿童学习自我调节和共情

在训练儿童时，我们应该尽量察觉并反省自己的情绪，保持轻松而愉悦的心情，依据孩子的感觉反应模式、动作计划能力、语言及听觉信息加工技能、理解事物的能力等，为他们提供合适的互动模式。与孤独症谱系障碍儿童互动时要特别注意声调。当我们想跟孩子持续一段较长的沟通时，很容易出现尖锐又绝望的声调，而不是使用强制且精力充沛的声音，而这种声音往往不需要用很高的音量。尖锐的单调声音虽然大声并能暂时吸引孩子的注意，但并不能使她投入进来。相反，声音中应该带着感情，强烈且活泼，但又很柔和。

一个能自我调节的人能以适当的行为回应外在环境。在体育场上可以横冲直撞，在教堂里就必须安静；在家里是一个样子，到刚认识的朋友家应该是另一个样子。第九章提过，为了认识环境并获取线索，你必须与环境持续互动。为了认识这个世界并了解规则，你必须不断调整自己，最好的方法就是沟通。无论父母采用何种特殊的干预技巧，重要的是让孤独症谱系障碍儿童能参与一段持续的情绪示意互动过程，这样的孩子才能获得现实感。

共情和关怀的前提是能察觉到别人的情绪，而想要察觉别人情绪的唯一方法就是解读他们的信号。想要拥有良好的自我肯定能力，你必须能察觉外在环境给了你什么信息，什么时候可以大声说话，什么时候要特别小心、安静。此外还要能解读别人的情绪提示。为了帮助儿童跟同伴建立良好的关系，你必须先评估他喜欢做什么以及不喜欢做什么。儿童无法解读别人的情绪信号，往往会让他在同伴游戏中出现很多攻击行为。

如果儿童出现攻击行为，比如本章开始提到的泰勒的行为，老是伤害别人，那说明他还没有学到你想教给他的价值观，比如要善待他人且让他人感到开心。孩子有自己的信念和行为的理由。碰到这种情况，家长或照顾者也应该观察家庭的气氛，评估家庭环境中的共情和友好的程度。孩子如果喜欢看到别人不高兴或哀伤，这说明需要帮助他处理与"依赖"和"友好"等主题相关的情绪信号，比如抚慰、拥抱、挑逗的眼神。这时必须探讨儿童能否从家庭中获得温柔情感的部分，以及是否每天都拥有许多友好的互动经验。

有时，一个已经会发出情绪信号、能够与人协商且能进行自我调节的孩子在遭遇新的挫折或挑战（比如，弟妹出生）时，可能会退步到前互动阶段。这时，可以通过一对一的地板时光，多多练习如何处理这个状况。父母或家长可以创设出类似孩子所体验过的真实受挫情节，帮他恢复已经掌握的基本能力。比如，爸爸藏起孩子喜欢的某个玩具，并告诉他："轮到我了，我不能再让你玩了！"等到孩子有一点烦躁，挫折感开始增强时，父母试着安抚他并与他展开互动，告诉他："好，我们来看看，你可以玩这个吗？"在孩子开始粗暴撞人或打人之前，试着延展他的协商能力。这个过程要缓慢且温和，而且绝对要依据孩子的个体差异。如果孩子面对的是弟妹出生的问题，父母也可以用娃娃来扮演带来麻烦的弟妹，然后再带入真正的弟妹，刚开始几分钟真人及娃娃都参与进来，然后再逐渐增加真人的参与时间。

同样，我们的方法强调通过设定限制和后果以及给予奖赏解决亟待解决的问题，同时也注重通过安抚性、调节性的互动方式培养情绪示意的基本能力。父母可以参与，也可以请兄弟姐妹、老师或关心孩子的治疗师参与。这个方法不仅适用于只有行为问题但没有语言、学习或沟通问题的儿童，也适用于孤独症谱系障碍儿童或学习障碍儿童。

抗 拒

有时问题并不在于攻击，而是在于儿童的反抗心理。他对每件事的态度都是"不要，不要，不要！"。我们希望这只是出现在正常发展的某个时期（大约2岁左右），意味着这时孩子开始有了自我的意识。我们必须根据孩子的沟通能力，真心接受他的"不要"，并找出"不要"的真正含义，这样才能进一步跟他互动。我们需要找出"不要"的背后理由，例如，他不想吃意大利面，因为他确实很想吃热狗。通常如果孩子常说"不要"，代表他需要有更多自己做决定的机会。他需要有表决权，"不要"就是他的表决。有没有机会跟他协商，或能否给他几个项目让他选择，才是我们要处理的问题。在 DIR 疗法中，我们只会为某些必要的议题作战，我们不想操控孩子所做的每件事，而且我们很欢迎孩子有自己的观点。所以请挑选真正需要作战的"不要"事件！

有时你也可以用嬉戏的方式处理孩子的抗拒，或转换成一种问题解决式的状况："如果每件事都'不要'，那么我们可以做什么呢？"把它当作一个机会，跟孩子辩论或展开一段较长的对话来了解主要理由。给孩子机会让他告诉你为什么他不想做某件事，接下来你先同理他的想法，然后以安抚的语气告诉他："亲爱的，我们现在必须做这件事。"如果孩子在某个特定场合中感到焦虑，或一向容易紧张，那么他们可能不会喜欢出乎意料的情况，操控倾向也会更严重并利用"不要"来处理自己的焦虑。如果他不得不面对这样的状况，你可以采用嬉戏的方式："是的，先生！是的，将军！"给他很多支持并耐心诱导他。

你也可以给他一个奖品，因为他是最棒的"不要"先生，或全世界最会说"我不会做"的人。对孩子来说，没有一件事比得过"最棒"，即使是最棒的"不要"或"我不会"。你用一种有趣的方式让孩子知道自己正在做什么（"你是全世界最好的'不要'家伙！"），如果他能理解，场面就会缓和下来，把一场充满敌意的权力斗争转换成温馨且有趣的游戏。气氛转变后，你可以再跟他多玩一些游戏。如果他喜欢吃巧克力饼干，你可以跟他说："嘿，你想不想吃巧克力饼干？要或不要？不过别忘记你是'不要'先生，你只能回答'不要'哦！"那么他就会陷入左右为难的境地，这时你就可以偷笑了。重要的是你要以安抚的温暖态度，并通过很多互动来对付孩子的抗拒。

"问题"即"机会"

我们可以将问题行为视为培养优势的机会，不仅要问该如何改变孩子的问题行为，还要看是否能补足孩子的某些基本发展能力，这样他就不会继续使用不好的行为方式。比如，孩子遇到环境转换就会发脾气，因为他还没有足够的弹性来应对环境的快速变化。一般情况下，如果孩子无法应对环境转换，就无法持续双向的肢体动作互动过程，导致与人相处的方式只是零碎的。由于无法利用肢体动作持续处理这个转换状况，孩子就会发脾气（我们将在第二十七章中对发脾气或情绪失控进行进一步讨论）。如果是这样的情况，我们建议多利用地板时光来建立持续的互动，帮助孩子以肢体动作表达自己的需求，学会预期并慢慢熟悉转换的状况（"等等，我需要时间来适应房内的嘈杂声"）。如果他能掌握遗漏的基础能力，就更有能力应对改变，也就不用总发脾气了。

第二十六章 应对各种情绪感受

6岁的塔拉被诊断为阿斯伯格综合征，无法应对自己的负面情绪。如果她自己或她关心的人哭了，她特别容易发脾气，而且即使自己受伤了也常忍住不哭。她无法忍受看到电影或故事中的主角出现不愉快的事，这让她感到生气而不是难过。父母不知该如何帮助塔拉应对悲伤情绪。

我们该如何帮助孤独症谱系障碍儿童察觉到自己的情绪感受，并学习以建设性且有益的方式应对这些情绪，特别是一些强烈的情绪呢？其实有很多方法可以帮助一个人更熟悉自己的情绪感受，有能力标记、识别并讨论这些感受，最重要的是能用这些感受作为社交互动（解读并回应别人的感受）的工具，避免因为实际表现出这些感受（特别是消极的情绪，比如愤怒、哀伤、沮丧、忧虑和害怕等）而难以承受。对于孤独症谱系障碍儿童，应对这些强烈的情绪感受更是一项巨大挑战，他们需要学习一些建设性的应对方式。

观察孤独症谱系障碍儿童，我们发现一些2岁左右的孩子想要亲近你时，只会爬到你身上抱住你，不像有些孩子会挑逗你，向你露出笑容，发出一些可爱的声音逗你。有些两三岁的孩子生气时就只会咬人或伸手打人，而有些则会以严厉的语气或手势动作表示自己生气了。他们会用手势指出自己想要的东西，也会做出表示生气的动作说明自己现在就要得到它。你可以跟他们协商，告诉他们必须再等一会儿。

这种用示意方式表达内心感受的能力是应对情绪感受的第一步，但要注意表达的方式不应过于极端，如咬人、打人或自我沉迷及退缩等方式。一旦我们能帮助孩子掌控第一个阶段，她就可以进入理解并应对这些情绪感受的第二个阶段——使用词语、象征或在游戏中以假扮的方式呈现出这些感受。例如，娃娃可以彼此打架或拥抱，妈妈娃娃可以问婴儿娃娃"你为什么生气？"或"你想要什么？"。这时孩子就有较高层次的情绪表达方式及应对方式。如果孩子因为另一个小孩生气，她可以拿某个娃娃打另一个娃娃来发泄怒气。

愤 怒

许多父母担心，如果他们跟孩子一起将攻击的情绪感受表演出来，这种假扮的剧情会鼓励孩子更有攻击性。如果这样认为的话，那就大错特错。如果你不能帮孩子用想象的方式或语言来表达这种感受，他就只好用实际行动表现出来。愤怒或害怕，同爱、好奇或其他温暖的感受一样，会一直存在，是个人生活当中的一部分。如果孩子能将这些感受转换成想法，他就不必用行动表现出来或压抑这些感受，从而导致紧张、焦虑和冲动。

因此，通过游戏表达某种情绪，尤其是强烈的消极感受，绝对会对孩子有益。不过一个只会反复打娃娃、扯娃娃的腿，或用它来破坏东西的孩子，跟一个会编出娃娃因为被抢走玩具而生气这样故事情节的孩子，两者之间确实存在不同。孩子如果只会殴打或扯坏娃娃，就不会玩假扮游戏，他只会利用娃娃直接表达愤怒情绪，这跟他打别人或摔盘子的行为没有差别。这个孩子仍然会以"全有或全无"的模式处理事情。

要表演一场有攻击性的戏剧可能意味着要编造剧情：有人抢了孩子的玩具，孩子生气了，不过不久两人言归于好；或是妈妈娃娃没空理会婴儿娃娃，小宝宝生气了，接着有别的事情发生了。真正的想象游戏需要编出既有深度又细致的故事情节。因此，如果孩子只会反复表现某种感觉，就要帮助他说出主角做这些事的理由，以增加剧情的深度和复杂性。

你并不需要编造很好的剧情。如果孩子演出两个士兵正在打仗或两个老师争辩的情节，你不需要改变这个内容，只需要增添更多的情节，问他"他们为什么争吵？"以及"接下来会发生什么事？"。如果你能以共情的方式做到这些，孩子最后一定能表达出生气以外的情绪感受，比如友好、爱或合作等。如果你只想改变剧情，说道"难道他们不应该对彼此好一点？"或"我们一起来修娃娃断掉的腿"，那么就变成是你而不是孩子在掌控剧情的发展。真正的假扮游戏应是你跟随孩子的引领，帮助她加深和丰富剧情，最后达到情绪的平衡和更多的情绪表达。

我们帮助孩子在假扮游戏中尝试表现攻击性行为，并逐渐感到自在，这样才能形成良好的自我肯定态度。同时我们也希望能促进儿童妥善调节和约束攻击行为的个性发展。如果孩子的娃娃因你的娃娃而生气，想用皮带打它的鼻子，你就问他："你为什么要打我？我对你做了什么？"如果孩子开始撞击娃娃，或出现身体攻击，你就必须减缓所有的动作，尽量保持柔和而安抚的声音；如果这个攻击主题还在继续，那么请你将情绪基调变得更加具有调节性。

孩子学会假扮游戏并知道回答"为什么"的问句后，你就可以开始一些与现实生活相关的对话，帮孩子探索并标识出情绪感受。你可以问他"你喜欢跟约翰尼一起玩吗"或"当玛莉抢走你的玩具时，你会有怎样的感觉"。如果孩子回答他感到快乐或生气，你可以继续发问："哇，你觉得生气时会做什么？"在描述自己的感受以及会做些什么时，孩子就已经开始学会将自己的情绪感受与紧随其后的行为联结在一起。你只需要关注孩子日常的生活与出现的感受和行为，就能帮他发展出表达及应对情绪感受的能力。我们常常低估了一些闲聊内容（这种对话可能出现在车子里、浴缸里、晚餐时间等）的价值。如果你能关心孩子的生活，只要你不操控整个谈话内容或问与学业相关的事实性问题，他们就会很喜欢这样的对话。

较高的情绪表达和应对能力需要超越"基于事实的对话"的能力。我们可以跟孩子玩"想一想明天"的游戏，帮助孩子预测明天可能会发生的事，以及可能出现的情绪感受。通过这种方式，孩子为即将发生的事做好准备，所以事情发生后也不会感到太惊讶。对于无法处理某些情绪感受的孩子来说，这是一个很好的技巧。因为他们很容易在学校感到难过或出现攻击行为，或因为太兴奋而抢在别的孩子之前大声回答问题，或者做出推挤撞击别人的举动。

跟孩子玩这个游戏时，我们可以扩展以现实为基础的对话，问她："哇，我们一起想想明天会发生什么事，你可以告诉我明天可能发生哪些不错或你会喜欢的事呢？"让孩子描述一些让她高兴的事，然后再问她："等一下或明天会不会出现一些困难的或你不希望发生的事？"孩子也许会说，希望哥哥不要欺负她，或老师不要考试，或教室里不要那么吵闹。

如果她想不出来，你可以提示她，比如"你昨天告诉我在加餐时间老师给你的食物太少，你觉得还会发生同样的事吗？"或"昨天你告诉我运动场有个孩子不让你玩他的球"等，主要目标在于帮助孩子能预测出一种具有挑战性的情境。一旦你能找到某件事，而且孩子也能给出更多的描述（即使在你的帮助之下也无妨），那么不妨看看她是否能清楚地描绘出整个情景。有时孩子需要闭上眼睛才能想象，有时也能睁开眼睛想象。有些孩子喜欢用蜡笔、铅笔或圆珠笔画出来，也有些孩子会用行动表演出来。无论用什么方式，我们要帮孩子能清楚地描述在某种情境中的感觉。看看你是否能帮助她学会描写自己的内心感受并能以有深度又细致的方式描述自己的内心世界。

因此，如果孩子说"我刚才疯了"，你可以问他："那种疯了是一种什么样的感觉呢？"跟孩子用同样的词语，不要随意把它变成"生气"或者其他词语。问他："疯了的时候，你心里的感觉是什么样的呢？""我就是疯了！""每个人发疯的方式都不一样，试着再说说看，你是什么样子？"最后孩子可能会说"我感觉肌肉紧绷"，"我觉得自己想打人"，"我胃痛"或"我觉得自己快要爆炸了"。描述的内容越丰富，孩子学会用来描述自己感受（无论是生气、爱或害怕）的词语越多，就越能了解自己的情绪感受。有些孩子只能用带有动作的词语来描述自己的感受，比如"我想打人"；有些孩子用自己的特性来描述感受"我就是非常、非常、非常生气。我就是觉得生气，快疯掉了！"；还有些孩子会提到跟感受相关的后果或场面。不必担心孩子如何描述自己的感受，只要帮助他能将自己的感受描述得更丰富即可。

同时也要帮助孩子描述他认为跟此事有关的其他人会有什么想法。当他跟别的孩子争着用电脑时，你可以问他："你们两个吵架时，你觉得莎拉有什么感觉？"从这点开始引导孩子理解别人，或者孩子提到妈妈让他生气的某种情况，在他讲完自己的感受之后，你可以问他："你希望妈妈专心陪你，可是她也需要陪你弟弟，你觉得妈妈会有怎样的感受呢？"不用告诉他妈妈的真正感受，只要询问孩子的想法。你也可以用"苏格拉底式的反问法"，比如，"这是你唯一想到的妈妈可能会有的情绪感受吗？有没有其他可能呢？"。

等到孩子会描述自己的感受及别人的可能感受之后，再问问他，当这些情绪升级时，他通常会怎么做或有哪些与这些情绪感受相关的典型行为。孩子可能说他会推人、撞人、跑开、躲在自己房里等。接着可以引导孩子探索他会有这样反应的原因：因为他不想与人起冲突，只好逃走；因为他"不希望别人得到最好的我"，所以动手推人或撞人。

接下来，继续探讨孩子碰到这种状况或产生这种情绪时，还可能怎么做。有其他的选择吗？还可以用什么办法应对这些情绪感受呢？你不必让孩子承诺他会采用这些方法，我们也不希望听到孩子模仿一个恰到好处的说词。我们听过太多孩子说"我知道应该说出来，而不是动手打人"，不过这只是别人教他们讲的话，他们并没有完全认同这样的说辞，第二天还是会动手打别的孩子。孩子常会对我们说"约翰尼在运动场打我，我知道自己应该走开"，不过脸上却露出不怀好意的笑容。我们会回应他："你看起来似乎认为这并不是最好的做法。"孩子可能会告诉你："没错，如果我这么做，别人就会取笑我，说我是胆小鬼，所以我绝对不会这么做。但爸爸妈妈想要我这么说，所以我就这么说了。"如果碰到这样的情况，你应该帮孩子开动脑筋，想想其他可能行之有效的方法。

如果孩子想不出其他的好方法，你可以再问问："你还可以做什么？一定还有别的方法让你不会惹上麻烦或逼你必须离开。"持续进行头脑风暴式的活动，直到孩子想出行之有效的办法，这时你要说"这个主意听起来不错"。当再次遇到同样的情境时，孩子可能不会首先就实践她所提出的办法，不过存在采用这种方法的可能性。如果孩子很难成功做到，你必须尽量花时间跟她讨论，让她能了解自己的感受和惯用的行为，并且可以想出其他可能的方法，当她尝试其中一种比较好的方法而不是以她惯用的方式予以回应时，你应该给予积极的结果。

如果问题不在于攻击行为，而是需要更好的策略应对害怕、焦虑或悲伤等情绪，那么新行为本身就会带给孩子奖赏的效果。例如，如果孩子碰到其他孩子时会害怕且感到焦虑，那么可以帮他找一些能够玩在一起且不会让他害怕的同伴，或者在学校里找一位具有激励能力的老师或帮助者。此外，帮孩子找到一些自我安抚的方法。同样，针对悲伤情绪，你可以帮孩子识别出哪些事会引发悲伤情绪，找出一些可以让他感觉好些的步骤。也许当父母没有太多时间陪他时，他会感到难过，那么他该怎样让父母知道他希望他们能够多陪陪他呢？或许他可以用稍微强硬的方式，让他们愿意将视线由电脑屏幕或报纸移到他身上。所有的孩子都希望父母能够察觉到他们的难过心情，需要他们多给他安慰，不过孩子应该学习坚持且勇于表达自己。如果在儿童坚持表达自己的感受时，父母能给予回应，那么他就会确实感觉自己可以应对难过的情绪，也就不会感到那么无助。

"想一想明天"这个游戏以情绪调节能力为基础，将这些情绪表演出来，并以非常实际的方式展开讨论，它不只是教孩子如何应对情绪感受，同时也帮助他发展语言、认知和社交技巧，以及运用更健康的方式与家人和同伴互动的能力。显然，若有严重语言及关系问题的孩子能做到以下每个步骤，包括从学习使用情绪示意能力与人互动，到运用假扮游戏，到合乎现实状况的对话，到会玩"想一想明天"的游戏，那就表明孩子有了很大的进步。孩子应对及表达情绪感受的能力越来越好之后，整个过程就具有自我强化的效果。这些进展不会很快出现，通常要花很多年的时间，不过这却是我们一向鼓励的发展方向。

还不会说话的孩子可以利用图片或象征，学习表达情绪感受。许多电脑器材或沟通辅助策略都可以用来促进孩子表达情绪感受的能力。有一点要特别注意，使用这些工具时，不能只追求"全有或全无"的答案。问孩子以下问题："你有多饿？多难过？多兴奋？"鼓励她描述自身情绪感受的程度。不要让这个活动只在正式的练习时间或场合中进行；帮助孩子利用图片、象征符号或电子仪器等工具，表达她心中真实的感受，而且就像使用语言一样便利。

孩子做到这一点后，你便可以运用自己的情绪表达方式，如声调、面部表情以及身体姿势，帮助她通过自己的情绪表达方式（使用可以说出词汇的电子设备也无所谓），表达出自己情绪的特质。有听力障碍的人可以使用手语来传达许多情绪内涵。例如，"我感到很烦"的手势，可以用轻柔的方式代表只有一点烦，用力地比画代表非常烦躁。同样，如果孩子使用沟通辅具，你要用生动活泼的回应来鼓励他尽力表达自己的感受。

焦 虑

对于某些孤独症谱系障碍儿童，特别是对感觉刺激过度反应的儿童，他们的问题主要在于容易感到焦虑、害怕，且始终认为会有什么不好的事发生。他们常因自己的感觉而过度负荷，而且对自己的情绪有很强的反应。他们需要获得肯定，以尝试调整过度负荷的感觉。

一开始，我们希望帮助这类儿童通过自我疗法（比如，放松肌肉、深呼吸及在心中描绘出平静的影像）来保持冷静和稳定的调节状态。当然，具有安抚作用的家庭环境也是至关重要的。孩子越感到焦虑害怕，父母和环境就越要具有安抚性。如果孩子已经会说话，我们可以询问他的意见："明天做些什么才能让你过得比较愉快，不那么害怕？"这个做法主要就是跟他协商一个令他安心的节奏。同时由于这些孩子都注重细枝末节，不善于大图像思考，"想一想明天"的游戏对发展大图像思考能力非常有益。

此外，容易忧虑的儿童也常常对生活中具有侵略性的方面感到很不舒服，他们害怕出现愤怒的情绪。通过和他们谈论引起心烦或不安的情境，鼓励他们对这些情绪感到自在一些，并且减轻害怕的感觉。如果老师处罚孩子，但孩子认为老师不公平，你可以问他："哇，你的感觉是什么？我知道你绝对不会这么做，假如你是世界之王，你会怎么做才能得到老师的公平对待？"孩子（特别是已经会说话的孩子）将能理解这种幻想式谈话与实际计划行动之间的不同，从而在面对自己的愤怒情绪时会更自如。

害怕自己的情绪感受

像本章开头提到的塔拉一样，很多孤独症谱系障碍儿童和其他发展障碍儿童都会害怕感受自己的情绪，比如难过的心情。因为这些感受会让他们难以承受，进而导致他们情绪失控并因此感到难为情。碰到这种状况，我们希望孩子能学习接受自己的情绪。当我们保持参与、安抚和接纳的态度时，孩子就能学会放松地面对自己的感受。接下来再鼓励孩子通过假扮游戏及对话，详细描述自己的感受。如果孩子说："哦，我不想哭。"你可以问他："你不想？当你不想哭时，这会是一种什么样的感觉？当你的身体想哭，而你却制止它哭，这一定很难！"换句话说，也就是同理孩子克制自己感觉的心情，帮助他学会描述自己面对冲突时的感觉。在这个过程中，你必须不断地调节并安抚孩子，同时保持情绪上的接触。

面对焦虑的孩子，下一个关键步骤是帮助他能更接受自己的坚持。很多孩子若表示自己不想哭或不想难过，其实是他们还不能自在地接受生活中具有坚持性的一面（其中包括应对攻击及愤怒）。我们希望孩子能以一种建设性的方式参与，提出他自己的想法，并且鼓励他能坚持："哇，我们该怎么帮你能让你感觉好一些呢？"

同时，在假扮游戏时，要找机会帮孩子表达并应对愤怒及攻击的情绪。有发展障碍的孩子可能特别害怕攻击的情绪，因为如果他们有动作障碍，可能就害怕无法控制自己的愤怒，或者如果他们有语言障碍，就担心无法顺利表达出想说的话。即使是对哭泣或表达情绪的害怕，也都显示出他们担心自己的愤怒情绪会失去控制。因此我们可以鼓励孩子用娃娃将愤怒的情绪表演出来，如果他指出娃娃生气了，很好，那就可以问他娃娃想做些什么。此外，也要留意你与他之间是如何互动的：如果他能更坚持自己的意见，你是想要压制他还是继续称赞他很不错？或者你很乐意跟他有一些争辩吗，这样他才能坚定地表达自己的意见？虽然我们不希望孩子用一些不好的字眼或不尊重别人，但是我们希望他能以一种健康的方式来自信地表达自己的强烈感觉或想法。要给他更多的机会来练习调节自己的坚持度。

情绪范围及情绪平衡

情绪范围和情绪平衡，是发展健康功能的两个重要能力，不过两者很难同时获得。我们提到某个孩子或成人是健康的，通常指的是他们能展现各种不同的情绪，能控制及调节这些情绪，并在失去平衡时能重新组合，也就是说这些人处于"平衡状态"。我们应该怎样促进并支持孤独症谱系障碍儿童的情绪范围和情绪平衡能力呢？

第一个原则是照顾者应该接受儿童从婴儿最早期就出现的所有情绪。换句话说，不要任意假定哪些情绪是好的，哪些是不好的，因为这样会造成先入为主的限制。如果照顾者认为孩子绝对不能表达自己的意见或生气，只能顺从和乖巧，那么培养出来的孩子可能会随时表现出冲动、生气或显得被动且小心翼翼。同样，如果照顾者认为孩子不应该哭泣或害怕，孩子就只会变得更害怕且焦虑，而且更不可能很好地应对自己的害怕情绪。如果照顾者认为孩子不该老是要求别人或依赖别人，那么重要的亲密感觉就会被压抑，孩子可能变得更依赖且对别人要求更多，或者只好否定自己的需要，出现假独立的状态，而不是真正的自立。

因此，我们需要接纳所有的情绪。如果你有一个两三岁的孩子，正在尝试坚持自己的想法或要求，那么你就好好享受与孩子的这种坚持进行互动。如果孩子指着架子上的玩具，坚持自己爬到桌子上去拿，你不需要直接把她抱下来，告诉她"不可以"，而是应该问她"我该怎么帮你？"。与她互动，鼓励她通过肢体动作告诉你她想要被抱起来。然后抱起她，帮她拿到想要的东西。通过这种方式，孩子的坚持就是一个安全的、与人合作的举动，而不再是一个你必须制止的反抗行为。关键在于接纳她的情绪，然后自己也参与到这种情绪当中，并就此情绪跟孩子互动。

第二个原则是提供结构和指引，这样孩子才不会对自己的情绪感到难以承受。我们希望不是通过过度刺激或威吓的方式，而是以一种协调中带有限制的方式参与到孩子的情绪当中。再来说说刚才那个想要爬上桌子自己拿到玩具的孩子，我们帮助她以一种安全可靠的方式做这些动作。如果孩子想做的事超过其能力范围且具有危险性，我们就必须设定一些限制，哪怕这意味着会让孩子暂时受挫。

如果孩子想要拥抱，你就抱住他，并跟他交换一些令人感觉温暖的话和肢体动作。如果他还想抱抱，并越来越难缠，想要你将所有的注意力都放在他身上，而此时你又必须准备晚餐，那么你可以把他放在工作台上，这样当你做饭时他也能靠近你，你在空闲时可以亲亲他。这样在获得相同的愉快亲密感上你找到两全其美的做法，既让孩子可以接近你，同时针对他的充沛精力也要设定一些限制。他能通过这种方式交换情绪信号（以后则交换肢体动作及词语，许多孤独症谱系障碍儿童虽然会说话，同时还是需要用肢体动作来互动。因此，也不应舍弃肢体动作的交换，并将其视为参与和调节所有情绪的一部分能力），学习好的调节能力。

另外还有一个原则，就是了解儿童及你自己的特质。比如，对感觉刺激过度反应的孩子常会害怕太大、严厉的声音或太粗暴的行为；一些反应过低的孩子则渴望各种感觉经验，但可能在经历悲伤时，却又伴着攻击的感受，因此常会失去控制力。面对那些因对感觉反应过度而一直小心翼翼的孩子时，你必须帮助她以一种安全的方式逐渐扩展坚持的范围。她可能不想马上玩很耗力气的球类游戏，那么你可以先跟她玩比较温和的拍手游戏，几个月之后，这个游戏可能就演变成小型的腕力比赛了。同样道理，一个爱吵闹捣蛋的孩子在面对亲密关系时，可能难以放松且感到不自在。你可以先牵着她的手一起跑步，然后再转换到比较安静的节奏性活动，最后两个人可以一起躺在地板上，互相帮对方搓背。所以，我们必须根据每个儿童的个体差异，找到适当的方式，让她有机会尝试所有的情绪。

同时，你也必须留意自己的特点。或许你的感觉信息加工能力一切正常，不过情绪组合部分可能因成长经验而出现障碍。有些照顾者能自在地表达友好及亲密的情感，却无法表达"难看"的情绪（比如愤怒）；还有一些照顾者面对温柔的情绪及"被需要"时，常常手足无措，所以习惯跟别人大声争辩或玩一些粗犷的游戏。问问自己：你能接受哪些情绪？哪些情绪会困扰到你？通常在提升发展阶段的过程中，父母跟孩子可以一起学习体会新的情绪。我们看过许多父母与自己的孩子在一起时，才在人生中第一次接触到很深刻的亲密关系及同理心，同时也是在孩子学习坚定地表达自己的情绪过程中，他们才对自我肯定有了更深刻的认识，并体会到自己也应该更加接纳这种情绪。

第二十七章 情绪失控和退化

从专业上讲，情绪失控是指一个人受到情绪的影响而完全脱轨的过程。我们该如何帮助一个坐在地上大声尖叫、撞头，打、咬父母或四处乱跑并失控大哭的孩子？尤其当他是一个孤独症谱系障碍孩子，因为语言能力有限，我们无法跟他好好讨论这个发作场面时，我们该怎么办？

更具挑战性的是，如何了解孩子为什么会出现退化行为，比先前更自我沉迷或更冲动、更难沟通？首先，我们来讨论一下情绪失控。

第一步

孩子处在情绪失控期时，我们主要的处理原则是"专心帮助孩子冷静下来"，看似很简单，却常常难以遵守。这时候并不适合对孩子讲道理，告诉他因为吃太多糖或抢了妹妹的玩具，他必须为这个状况负责。这也不是对他大吼大叫的时候。有时孩子的情绪失控会传染给父母，例如，父母试了几秒钟想要安抚孩子，可是因为才下班，又累又饿，心力交瘁，所以他们也跟着失控了。或者妈妈冲着儿子吼，爸爸看到妈妈只是在让问题变得更糟，也开始对妈妈大吼。家里的其他孩子看到家中每一个人都在大吼大叫，也吓坏了，开始大哭。这时我们就看到四个情绪失控的人！听来有些荒唐，却是常见的现象。所以尽量保证一次只能有一个人情绪失控。

当孩子情绪失控时，你只需要假定孩子无法听到你在说什么（因为这常常就是实际状况），无法理解你的话，而且也无法感觉到自己失控了。每个人情绪失控时，感觉都很糟糕。在孩子情绪失控时，我们千万不要处罚她或设定限制，这么做只会火上浇油。这并不是说在她咬了弟弟或打了你之后，仍然可以安然无事。我们是指必须等大家都冷静下来后再给予处罚或设定限制。绝对有很多时间可以讨论这件事,以及让孩子尝到后果,但绝对不是在情绪失控的时候。

还有一个常见的错误,就是忽视孩子的情绪失控问题。有些人认为这个做法可以避免强化孩子的情绪失控行为,但其实这是一种非常简单化且糟糕的策略。对许多孤独症谱系障碍儿童而言,最大的挑战是让他们参与更多的关系。要巩固孩子的信任感和亲密感,最好的方法是让他认识到你一直都在他身边,只要他感到过度负荷,你随时都会帮助他。所以在孩子情绪失控时,你不应该转过身,背对着他。与"向孩子保证,你永远爱他,他可以依赖你"这个目标相比,"浇熄孩子的怒火"这个目标就小多了。

"把孩子关在房里,告诉他当他生气时,你不想陪在他身边"这样的做法并不恰当!不过,在某些时候,安抚孩子的最好方法是减少感觉刺激的输入,并给他一点空间,比如,让他待在房间的另一端,这样他就不必看着你。我们必须依据孩子的个体差异找出帮助他冷静下来的好方法。有些孩子需要的是有规律的摇晃动作以及平静安抚的声音,其他孩子只需要你用平常的音调跟他们说话。即使他们不理解你说的话,你只需要冷静地重复说:"没关系,甜心,我们能平静下来。"给他一些空间也有助于让他平静下来。有些孩子需要你大部分时间保持安静,偶尔点个头,告诉他:"我知道这很难,我们先一起冷静下来。"

正如第二十五章提到的,孩子打人时,你可以从背后紧紧抱住他,以此来约束他的行动,并给予有力的按压,让他能安静下来,不至于伤害到自己或别人。孩子情绪失控时,要记住确保他的安全。不过随着孩子年龄的增长,这越来越难做到。七八岁的孩子已经长得很强壮了,进入青少年期的孩子更是强壮。(当学校老师碰到孩子情绪失控时,如果孩子长得粗壮且可能会出现攻击行为,而自己又不是身材高大的人,最好教室里能有个强壮的人可随时帮忙,以温柔且有力的方式应对孩子可能出现的攻击行为。这样的助手待在现场,会让大家感到安全。他可以是一位义工、助理或老师,而且接受过一些训练,知道如何应对这种状况。)

如果孩子因为被否定而生气,虽然在孩子发脾气之前我们可以采用协商、讨论及妥协的方式,但并不意味着直接屈服。相反,应该采用的应对方式是对他说:"我们先冷静下来,再继续讨论。"我们肯定畅所欲言的价值,不应该处罚任何哭泣、大吼大叫的行为，因为毕竟我们是在教孤独症谱系障碍儿童学习沟通和表达情绪。如果孩子想伤害自己、伤害别人或打破东西，他就已经触碰底线，那么针对这种行为就该进行处罚。不过最关键的是先帮孩子冷静下来。

等孩子冷静下来之后，再给予处罚，如剥夺他看电视或做某项活动的权利（对于孤独症谱系障碍儿童，剥夺的时间要尽量少），或要求他做一些额外的打扫工作，或任何你觉得合适的处罚。唯一绝对禁止的处罚方法是孤立他（请参考第二十五章有关设定限制和给予处罚的详细讨论）。

情绪失控前的征兆

有些父母说总是抓不到孩子情绪失控的原因。其实大部分孩子的情绪失控都是慢慢酝酿出来的，如果我们能抓到征兆，就能在爆发之前帮助孩子调节心情。这些征兆可能很微妙，比如收紧的下巴、眼神的异样、身体姿势或声调的改变。失控也可能发生在某个特殊情境中，比如，输掉比赛或玩具被拿走。

如果你看到孩子的情绪开始要失控，已经从 0 升高到 20，再升高到 30，而你知道到 60 时孩子就会过度负荷，那么你就要在第一个迹象出现时便着手干预。干预的方式是以一种和缓的声调提醒孩子将要发生的事："甜心，我看到你有一点生气。"或是将正在做的活动转变成比较缓和且有限制的活动。或者如果孩子想要赢得比赛，问他（如果他已经会说话）："你真的想赢吗？我们该怎么做才能让你赢？"让他知道你站在他那一边。如果孩子的逻辑能力还没有完全发展，你们可以根据真实游戏编造出一个想象游戏，只要清楚地说明游戏的新规则即可。如果孩子为了赢得比赛，一再更改规则，你可以用开玩笑的口气说："哦，我觉得我们并没有在玩'把球丢到球篮里'，我们玩的是'约翰尼每丢一次球就得一分，而我必须把球丢到球篮里才能得分'。"这样的表达会让孩子笑起来。同时，你既清楚说明了规则，又回应了孩子想赢的基本欲望。不必担心孩子不会该项游戏的真正玩法，重要的是他正在学习如何沟通，如何认识到自己的愿望，以及如何更具逻辑性。这些都是帮助他能适应现实和玩真正游戏的重要工具。

如果孩子还处在前语言阶段，你可以用肢体动作表示你知道她想做什么，并引导她做一个比较和缓且有限制的活动。如果孩子通过到处乱跑来过度刺激自己，你可以让她做比较缓慢、有节奏的动作，比如配合轻柔缓慢的音乐跳舞，或来回轻轻地丢球。

防止情绪失控

我们并不将发脾气或情绪失控行为视为孤独症谱系障碍儿童的一种坏行为或操控行为,而是把它们当作孩子真正感到无助的一种指标。孩子的感觉十分混乱,唯一能做的就是踢人、大叫或啜泣。而年幼的孩子往往无法掌控自己的生活。因此他们总是无法理解自己为什么不能做想做的事,或者为什么要做自己不想做的事。

对于一个还没有发展出适当的认知能力来了解为什么生活中有这么多"不行"的孩子,我们该如何帮助他?有一点很重要,你并不需要马上对孩子说"不行",即使最终答案还是"不行"。孩子发脾气常常是因为他知道自己将不能做想做的事。你知道你们不会去公园,你知道你不会给他糖果,你知道你不会让他太晚上床睡觉,但你可以给孩子机会去表决,而这个策略可以防止孩子因无助感而情绪失控。

让孩子有机会表达自己的幻想或愿望,而不用急着说"不行",除非有即时性的危险。了解孩子为什么想做这件事:"哦,你想去公园吗?你去那儿想做些什么呢?你会先去荡秋千还是玩滑梯呢?在公园里,你会见到谁呢?你想去公园吹泡泡或玩球吗?"仅仅是给孩子一个机会谈谈想做的事,也可以安抚孩子的情绪。如果你鼓励孩子有自己的想法并制订计划,她会觉得你了解她,且相信自己总会有机会到那儿("做完该做的事之后,就可以去公园")。因此,就比较能忍耐过去常会导致情绪失控的挫折感和延迟满足需求的状况。

如果孩子处在前语言阶段,通常比较有效的策略就是画出他想做的事。秋千架和滑梯的简笔画,伴随支持且安抚的声音,可以帮助孩子学会等待。如果他对不熟悉的新状况感到焦虑,画画也可以帮助他应对自己的焦虑情绪。

依照我们的 DIR/地板时光模式,跟其他的行为一样,应该将发脾气行为作为增强沟通及协商能力的基础。你不要老是说"不行",这句话只会阻断沟通,我们希望能帮助孩子掌握共享式问题解决能力。举一个例子:如果孩子想要开门出去,你不要马上说:"不可以,现在外面在下雨!"从而导致孩子发脾气,你可以问他:"你想开门出去吗?"如果孩子点头,你再说:"我们先从窗户看看,告诉我,你想去外面做什么?"你可以通过窗户指给孩子看,外面正在下雨。你可以打开窗户,把手伸出去,也要孩子伸出手,体会雨滴在身上的感觉,然后解释:"你看,现在下雨了,出去的话我们都会被淋湿。"你甚至可以让他出去站一分钟，让身体被雨淋湿一点。如果他还是坚持去外面打球，你可以给他一颗橡皮球在室内玩，告诉他："我们先玩这个，等一会儿再出去玩。"因此，你不必说"不要"，通过协商及妥协，也可以防止孩子情绪失控，有时这个方法也可能行不通。不过，如果长期坚持这种解决方法，最终可以改善孩子的沟通能力以及跟你一起解决问题的能力。

如果到了最后你不得不说"不行"，这时孩子可能已经有一点点失控，那么就让他发泄吧！孩子可能在10分钟之前就该失控的，而经过你完整交换信息之后，他的失控严重程度已经明显降低，因为孩子至少了解有人理解他。你知道他想要什么，你也已经尽力向他说明为什么他的愿望不能在此刻得到满足。

在孩子情绪失控后，你应该避免立即跟他讨论此事。如果孩子已经会说话，确实有必要事后再讨论这个事件，你可以说"哇，今天过得真糟糕！"或"我现在正想着今天早上发生了什么事？"。你可以重现这个事件，帮助孩子了解事情的经过，并讨论下次碰到同样事情时该怎样应对。

导致情绪失控及退化行为的可能原因

这个部分要同时讨论情绪失控和退化行为，因为它们具有相同的发生原因。我们需要采用系统化的观点探讨发生的原因。孩子因承受太多活动或各种身体和情绪的变化而面临冲突及过度刺激，是发生原因中比较明显的因素。

还有其他一些比较不明显的原因，比如，有些孩子对新装潢的地板或油漆中的某些化学物质非常敏感。成人在接触强烈的化学物质时，可能会感到头痛或有一点点烦躁，不过一个敏感的孩子可能就会出现较大的情绪负荷，甚至超出正常的范围。饮食及营养的改变也是一个可能因素，比如，孩子在连续几天参加好几个生日聚会时吃了很多含糖或含色素的食物。有些孩子对糖分非常敏感，或者更准确地说，葡萄糖大量进入血管，会改变肾上腺素的分泌量。家庭旅游时，孩子吃了太多快餐食品，也会因这类食物含太多防腐剂或其他化学物质而出现问题。环境的改变（较强的光线、邻近社区变得嘈杂）或季节的转变或过敏，也都会影响到孩子。你可以详细检查孩子的每一种感觉系统，看一看是否有任何改变的因素。

药物也会是一个因素。如果孩子服用抗生素，饮料里的糖分及化学物质也会引起失调的现象。有时疾病本身也会导致失调，如某种细菌或病毒或没有症状的链球菌感染（抽血可发现）。如果孩子出现情绪失控或退化行为的次数增多，又找不到明确原因，不妨重新做一些生化的相关检查。有些孩子的延长睡眠脑电图检查可以表明造成失调的原因。

此外，家庭动态的改变，无论是明显的意外因素（家人过世或新生婴儿），或一些微妙的因素（亲戚到家里做客，父母面临工作压力），都可能是原因之一。另一个常见的原因则是学校环境的改变，比如，学校上课时间延长，或某个同学经常欺凌孩子，或某个受欢迎的助理离职。孩子若容易因嘈杂声或视觉刺激而过度负荷，往往在白天或早些时候出现情绪失控，那么可能需要在助理的陪同下，每小时安排一次散步，让感觉系统有休息的时间。每小时安排15分钟的感觉活动，比如，跳跃或丢球，也可以促进孩子的调节能力。如果这些方法还不够，你可能需要让孩子缩短上学时间。当然，出现在家里的造成影响的化学物质也可能存在于学校环境中。

找出可能的原因就可以做好预防工作。重点就在于创设一个不会让孩子过度负荷的环境。父母可能会问："我的孩子不是应该学习各种不同的环境吗？"没错，这是最终的目标。等到孩子有能力使用肢体动作或语言沟通后，当环境中的刺激超过他能负荷的范围时，他就能够及时提醒父母或照顾者，这时就可以让他学习接触各种不同的环境了！等到他的语言能力再进一步发展，且有很好的回应能力，可以谈论自己的情绪感受及预测自己的可能反应，这时他就能够适应更具挑战性的环境。不过简单来说，我们还是需要尽量避免让敏感的孩子过度负荷。

除了找出并改变可能的原因之外，如果孩子经常情绪失控或出现退化行为，最重要的就是回到孩子的基础能力。孩子不只是感到过度负荷，也常会伴随失落的感觉。他的空间感（无法想象妈妈就在隔壁房间）、时间感（什么时候回到家）以及有条理的想法（只是一堆零散的想法，缺少逻辑性）可能都会减弱。孩子越觉得失落，就越容易焦虑，这样的模式会成为一种恶性循环。处理的重点是先从基本能力开始，重新建立孩子的安全感，也就是花更多时间练习冷静、有调节效果的互动，强调参与、双向的肢体动作沟通、问题解决取向的互动等等，直到孩子发挥最好的能力！因此，减少上学的时间，增加地板时光的次数，更密切地监测孩子与兄弟姐妹的互动或探索生物医学的因素，这些也都是必不可少的。处在压力下的孩子常常容易情绪失控且出现退化行为，在探讨出可能的成因之后，最明智的做法就是回到基础能力的训练。

第二十八章 培养社交技巧

威尔是一个10岁的阿斯伯格综合征男孩，个性开朗。他就读于普通班，功课表现一直不错，但交朋友的能力却不佳。尽管他能和父母一起参与地板时光，不过他更想要退缩到书本、录像带或电脑游戏的世界里。父母不想看到他孤单一人，想要帮他培养与同龄人交朋友的能力。

孤独症谱系障碍儿童和其他特殊需要儿童往往很难发展出更高级的社交技能。到了四、五、六年级，即使语言和学业能力都有明显的进步，许多孩子在社交方面仍然存在显著的困难。很多人认为这就是孤独症谱系障碍的特性，即使是高功能的儿童也有这个问题。不过，就像前面章节提到的，情况并非如此。在孤独症谱系障碍儿童当中，有一小群人可以发展出高级的社交技巧，懂得移情，能解读情绪信号，会与同伴协商，甚至能有很杰出的表现。

这样的事实告诉我们，改变对这些孩子的期待并非不可能。即使严重的神经问题会影响他们进步的速度，但他们仍能在友好、同情心、与别人建立亲密关系等重要领域取得进步。所以他们都能以更自然且更有意义的方式发展社交能力（虽然不一定达到实际年龄的水平）。按照我们提到的六个发展阶段和三个高级阶段，了解儿童在掌握每个指标时如何同时发展社交技能，将有助于系统探讨孤独症儿童的社交技能。

请记住：DIR疗法并非只强调建立某一特别行为，比如，注视别人面孔并说"你好"，或知道如何讲电话。相反，我们的重点是希望能按照普通孩子的发展方式来帮助这些特殊儿童掌握社交技巧。没有人会花时间去教一个普通孩子说"你好"，因为他能从自己的日常生活经验中学到这一点。他听过父母跟别人打招呼，他看到别人时会有温暖的感觉，他看别人似乎也带着这种友好的感觉说"你好"，或使用其他的社交问候方式。一个人感觉温暖和快乐时，自然会露出笑容，因此查理叔叔（跟他一起玩很有趣）来访时，2岁的本就会对他露出开心的笑容或给他一个大大的拥抱。如果他已经会说话，或许会跟着发出"哈"的音，接着他们就玩在一起了。这些行为通过互动性学习、模仿以及社交情境中的互惠式使用，自然就发生了。

在正常的发展状态下，情绪决定着行为，比如，一个拥抱或开心的笑容，接着，再伴着友好且有实在意义的表情说出类似"嗨"的字眼。因此，社会性健康发展的第一个原则是儿童必须由下而上地建立基础。他不可能一下子变成一个8岁的孩子，只要通过学习一些特殊行为，就能在运动场里同时与三个小孩协商，其中一个正在取笑他，另一个邀请他玩足球，最后一个则在对他做些挑衅的动作。他必须依据正常的发展顺序来学习事情。

不过，面对有孤独症谱系障碍或其他发展问题的孩子，我们必须以不同的方式建立学习模式，根据儿童神经系统状况采取适当的互动方式。我们要为孩子提供更多的练习，并营造提升情绪的状态，帮助孩子运用自己的情绪并将其与自己的行为联结在一起。等孩子进展到较高的发展水平之后，就能自动学到适当的行为。

注意力

无论是1个月大还是5岁的孩子，若想要看到别人的脸、动作及行为，或听别人说话的音调（以及学习适当的社交技能），她必须保持平稳的情绪及注意力，同时还能察觉自己身体的感觉。5岁的孩子若还未完全掌握这个阶段，针对她的基本处理原则与帮助婴儿的方法一样。在地板时光中，父母鼓励孩子看着他们，希望他们喜欢看到爸爸妈妈的脸并听到他们的声音。要做到这一点，必须从孩子的兴趣着手。孩子玩拼图时，妈妈藏了一块在手里，当孩子伸手要拿时会看到她微笑的脸，而此时他还不得不去注意妈妈把积木藏在哪一只手里。这时就出现了我的同事彼得所称的"共同注意"，也就是指同时注视玩具、父母以及当中所发生动作的能力。孩子会对妈妈产生兴趣，因为她是他正在做的事情当中的一部分。

参　与

要具有社会性就必须能参与，能自在地与别人相处并喜欢人的世界。通常先与照顾者进行互动。地板时光游戏也一样能建立这种愉快的互动，这时我们已经不只是单纯地关注如何鼓励孩子出现闪烁的眼神或露出开心的笑容。如果孩子正在玩士兵娃娃，你可以让这些士兵手舞足蹈地跳起舞来（类似这些让孩子开心的动作）。你试着成为她的开心果，或许可以用腿来充当一座山，让士兵们爬上来。根据她的个体特征，为她提供更多的声音线索或视觉线索。你必须成为她正在进行的活动的一部分，而不是干扰活动或争着获得她的注意。如果她只对电脑有兴趣，你可以跟她玩电脑游戏，让孩子觉得更好玩。

沟 通

等到孩子能够有目标地沟通，就可以开始以一般的方式建立社交技巧。我们已经在前面章节中讨论过如何帮助孩子进行一段持续的互动过程，你可以跟他们交换肢体动作及声音。就像父母会跟一个发展正常的 8 个月大孩子玩互相发出儿语的游戏，你也可以跟一个还不会说话的 5 岁孤独症孩子玩这个游戏。你应该不断地鼓励他的好奇心、兴趣及坚持，看看在他还没感到受挫或厌烦之前，能产生多少个沟通循环。这些互动既要令人感到愉快又要充满活力！

共享式问题解决

建立复杂的社会性协商能力的第一步就是发展共享式问题解决能力。在此阶段，我们希望产生互动，能协调孩子与目标满足感之间的平衡，比如，设置某种障碍通道，孩子不得不跟着你走过障碍，才能拿到想要的糖果。你必须同时注重非语言线索及语言部分，因为要掌握社会互动，必须能够解读情绪线索及信号。判断一个 8 岁孩子的举动是否符合社会要求，主要是看他有没有能力解读其他孩子发出的微妙信号，而不是看他知不知道某个玩笑什么时候会引起别人的反应，什么时候不会。

如果孩子还不能依序产生四五十个沟通循环（无论使用的是语言还是肢体动作），他就还没有能力掌握复杂的社会情况，因为这些状况需要能够解读各种情绪信号，比如面部表情、声音的音调、身体姿势等等。词语的意义就像是蛋糕上的糖衣。通常我们发现，语言能力还不错可是有社交问题的年龄较大的孩子，甚至一些从未被诊断为孤独症的孩子，也都无法完全掌握这个阶段的能力。他们无法以精巧而复杂的情绪及社会信号连续跟别人交换信息。所以这些孩子必须先跟父母一起玩，再延伸至同伴。我们要安排很多练习，来培养他们解读及回应别人信号的能力。

你是孩子生命中的第一个朋友及玩伴。跟孩子玩时，你要表现得像个孩子，这一点很重要。行为举止及说话方式都要跟孩子一样："嗨，不是，这是我的！你要什么？这不公平！"表现出孩子常有的激动情绪，运用孩子常用的社交语言（当你以父母的角色说话时，就转换成原来的口气）。通过这种方式，孩子就会觉得互动很好玩并认识到可以通过这样的方式表达自己的欲望和想法。

晚餐时，家人可以有几分钟时间不要交谈，看看是否能够使用肢体动作沟通。如果有人想要某个东西，他可以用手指向他想要的东西并让别人知道他要多少。只用手势而不交谈，可以帮助孩子注意观察其他人。

有创造性且能自发地运用各种想法

为了建立社交能力，孩子必须学习以特殊的方式使用想法。只是背诵想法或强记一些词句，最终只能适得其反。孩子面对的社交困难越多，我们就越需要通过更好玩的事和更多的自发性互动机会来影响她。有时可以用结构化的方式培养某些基础能力，比如，做一些口语动作来帮助孩子学会使用更多的声音，不过这只是一部分的练习而已。否则你就只是在强化一些孩子原本就会的能力，而无法培养孩子需要的新技能。无论孩子的年龄多大，都不能采取从上到下的方式学习社交技能。

假扮游戏是形成想法及发展语言能力的有力工具，而语言的发展也必须以孩子的需求和欲望为基础。正如前面提到的，孩子学到的许多语言词汇都是围绕如何帮助自己得到想要东西的相关议题。我们就是教孩子依据自己的情绪使用想法及语言，等到孩子开始以创造性的方式使用想法时，你便可以安排一周4次及以上的同伴游戏约会，照顾者必须在一旁加强两个孩子彼此间的游戏互动。这时，孩子不仅能解读另一个孩子的情绪和社会性肢体动作，而且开始有意义地使用词语："我的玩具，不要动！"虽然可能是负面或不礼貌的词语，却发自孩子内心，而且是在有意义地使用词语。如果他说"看这边"，然后把饼干藏到你转身过来的背后，那么就表示他这阶段的发展已经相当不错了。

稍后，他可以学习如何更有礼貌，才能顺利地加入游戏场的玩乐中，或长大成人后能周旋于鸡尾酒会中的不同宾客之中。不过他必须先能够有意义地使用语言，而不能用背诵的方式。如果跟同伴一起时，他开始使用背诵的语言，其他人就会知道他与众不同。只有能有意义地使用语言，才能说笑话，邀请别人到家里玩，和别人一起嘲笑某个卡通人物，玩游戏时才能说"不行，你要这么做"，以及会处理所有孩子都会碰到的被取笑的经验。

当孩子开始跟其他孩子一起玩时，父母充当协调者及玩伴是非常重要的。在跟其他孩子玩红灯—绿灯游戏时，你可以牵着孩子的手，让她尽可能久地参与游戏。有一个不错的方法，你可以跟孩子一起讨论下次的游戏日，问她："你喜欢做些什么事？"你可以跟她详细讨论，并画出许多小图画："哦，你要玩秋千吗？喜欢玩打开洒水器，然后跑着躲水的游戏吗？想要吃点心吗？"后来有没有做这些事并不重要，原则在于遵守自发的兴趣和流程。不过如果你难住了，或孩子好像没有参与，你可以带入孩子先前提到的想法。对游戏日的内容进行预测，也可以帮助孩子建立"朋友"的概念。即使孩子还在前语言阶段，他也可以具有这个朋友的视觉影像。你可以拍下孩子跟朋友玩的照片，汇集成一个小册子，孩子可以指出"这是我的朋友大卫"或"这是我在学校的朋友"。围绕照片中的内容展开互动，跟孩子讨论他喜欢跟朋友一起做什么，或下次他想玩什么。不仅让孩子展望下一次的游戏日，也给孩子机会回顾过去的经验。

有时父母会问，孩子在游戏日中是否一定总要轮流玩？轮流是一项很重要的社交技巧，很多游戏与这则技巧有关，不过如果你老是用轮流的方式来规范互动，可能就会减弱孩子的自发性以及表达自己内心感受的能力。因此，与其一直采用轮流方式（你可能永远得不到真正的互动），不如让孩子有协商的机会，比如学习交换（"嗨，你想要这个吗？那你将用什么来换它呢？"）。这样的经验能让孩子有机会站在其他孩子的立场。有时候，他们可能无法解决争执的场面。重要的是，当孩子们意见不一致，或他们不得不等待，或得不到自己想要的事物时，你必须给予支持。接着鼓励他们说出感受，并引导他们认识到不能看出朋友想要什么所产生的后果，以及不被朋友理解的感受。

专为年龄较大孩子设置的、练习有意义地使用语言能力的社交团体，应该专注于自然且自发的谈话，即使这样的谈话刚开始时显得笨拙或内容空洞也没关系。不断地纠正孩子的谈话绝对是一个错误的方式，应该让孩子能持续自由对话，并通过面部表情与别人互动，慢慢了解什么话能带给别人愉快感，什么话会让别人生气，怎么做会得到自己想要的反应。孩子从尝试错误的经验及别人的反应中，开始学习如何社会化自己的语言。

戏剧是一种很好的团体经验，本身就具有支持的效果，且容易引出情绪。你可以组建一个戏剧俱乐部，无论是一个正式的戏剧班还是只是在游戏时，几个孩子凑在一起创造或表演一个他们都熟悉的故事。这种做法很适合让孩子们一起分享象征式的想法。此外，强调肢体动作的游戏，看手势猜谜的游戏，也可以帮助孩子学会解读并回应社会信号。

用合乎逻辑的方式使用想法

等到孩子可以自发且有创造性地使用想法后，接着就会开始以逻辑性的方式使用想法，回答"为什么"的问句，并将不同的想法联结在一起。这时孩子可以对别的孩子说"来，任天堂比大富翁好玩，我们一起来玩任天堂"或"我们先玩这个，等一下再玩你建议的游戏"。孩子要达到这个阶段，必须先跟照顾者一起，然后在游戏日中跟同伴一起练习联结不同想法的能力。学习解读别人的想法，学习比较别人的想法跟你自己的想法以及学习争论各种想法，都属于社会协商能力的基础部分。比如，要想练习这部分能力，可以玩捉迷藏的游戏，三个孩子讨论要一起躲到哪里，你要想办法找到他们，不过他们必须协商如何合作，才不会被找到。

学习遵守规则也是社会技巧的一部分。要想让孩子学会遵守规则，还需要培养他们的逻辑思考能力及归属感。因此如果孩子想吃晚餐，他就必须帮忙准备餐具。你可以多多鼓励孩子做这类事情，因为这样才能真正参与到家庭真实生活经验中。然后他们才能慢慢了解，若要成为社会的一员，就必须遵守社会的规则。

更高层次的思考能力

第十章讨论的比较程度、对比及多种原因思考能力，都是应对"游戏场政治"（了解某个人在大社会网络当中的地位）所必不可少的能力。为了获得这个阶段的协商能力，儿童不仅要能够以创造性且自发的方式与别的孩子沟通并能解读他们的肢体动作，还要能够衡量自己在这个复杂大团体中的位置。上述各项能力是发展这个能力的基础，因此必须非常稳固。

最后，我们要谈到社交技巧中的高层次能力。根据内在标准思考或思考各种想法的能力，比如"我朋友要我欺负查理，但我认为这是不对的，因此我不会这么做，即使他们会找我麻烦，我也不屈服"，这样的能力一般出现在 10～12 岁之间。这种评估自身想法、感受及行为的能力，可以帮助孩子在较复杂的社会情境中与人协商，并反思她自己正在做的事。这个阶段也必须以上述所有能力为基础。

先前提到，如果我们能给孤独症谱系障碍儿童多种机会，让他们能以自发且自然的方式练习社交技巧，加上高昂的情绪，并且仔细调整以配合其个别的神经系统状况，那么总有些儿童可以掌握这些较高层次的能力。其他孩子虽然不能发展到最高层次，也能通过这个方案学到一些社交技巧。例如，他们可以学会变得友好，具有参与性，能够解读情绪信号，也能以自然及自发的方式与父母闹着玩。他们可能继续保有固执性以及某些"社交迟钝"的现象，不过其程度的高低取决于各自生理及神经系统障碍的个体差异。他们可能因为认知及语言的问题而发展受阻，不过仍能以友好、自发且愉快的方式继续发展。

附录 1　DIR 模式成效研究

200 名接受 DIR 疗法的孤独症谱系障碍儿童的治疗结果综述

在格林斯潘和维尔德博士 1997 年所做的研究中，我们系统地观察了在过去 8 年中接受咨询或者治疗的 200 名儿童的案例。这 200 名儿童各自有不同的障碍（见表格 A.1），都被其他两个或者三个评估团队确诊为孤独症谱系障碍。

这些孩子都接受了本书介绍的发展模式方法的治疗。回顾他们最初的诊断和他们在接受干预治疗后 2～8 年中取得的进步，我们把他们分成表格 A.2 中的不同小组。

取得"好到杰出"成绩的这组儿童的表现超过了现在对孤独症孩子的任何预测。经过 2 年以上的干预治疗，这些儿童变得友善，会互动，能用恰当的、有来有往的前语言动作与人愉快地相处；可以参与冗长的、有条理、有目的的问题解决过程，并且在各种有关社交、认知或者动作的任务中体现出共享式注意力；可以根据自己的目的和意愿，有创造性、有逻辑性地使用符号和语言，而不是生搬硬套；可以进步到更高水平的思考层面，包括使用推理和与他人产生共鸣。这个小组中的有些儿童表现出超前的学习能力，比他们的实际年龄超前 2～3 年。

他们全都掌握了基本能力，比如，实践验证，控制冲动，组织思路，调整情绪，区分自我感并能感受不同的情绪、思想及关系的能力。最终，他们不再有自我沉迷、逃避、自我刺激和僵化重复等症状。使用《儿童孤独症评定量表》（Childhood Autism Rating Scale, CARS）时，他们的评估结果转到了非孤独症的范围内，即使有些儿童还显示出听觉或者视觉空间的障碍（仍在不断取得进步），更多的儿童还在经受不同程度的精细动作或者粗大动作计划的挑战。

虽然第二组儿童的进步缓慢而渐进，但是他们在与人相处和用动作沟通方面还是取得了很大进展。他们可以长时间地进行有目的的互动，但是连续性不一定很强。他们具有共享式注意力并且能够解决问题，有一些语言并会使用短句，很多孩子可以回答"为什么"的问题。但是他们象征能力的发展还是存在很大问题。这些孩子也变得很热情友善，实际上他们最初的变化是他们的关联性和表达感情的能力。但是他们的抽象思维能力还不够成熟。有些孩子一开始遭遇到的神经系统挑战就比较大。像第一组的儿童一样，这组儿童不再显示出自我沉迷、逃避、自我刺激和僵化重复的症状。

第三组儿童取得的进步最小，他们的神经系统情况最复杂，包括癫痫等其他精神障碍。即使其中大多数能够用手势和简单的语言沟通交流，也一直存在注意力和动作排序的问题，并且仍有自我沉迷、逃避、自我刺激和僵化重复的症状。但是很多孩子在与别人友善相处方面取得了很大进步，他们的问题行为也在减少。最后这组中，有 8 名儿童能力摇摆不定或者逐渐丧失。

表格 A.1　200 名孤独症儿童的初始状况

功能发展因素	从轻度到重度儿童的百分数	功能发展因素的描述
目前功能、情绪和发展阶段	24	部分参与，会有意义地使用有限的象征（想法）
	40	部分参与，会有限地开展一段复杂的、问题解决方式的互动（这个小组中一半儿童只有简单的目的行为）
	31	部分参与，有目的的行为只是一闪而过
	5	无法形成有情感的参与
感觉调节	19	对感觉刺激敏感度过高
	39	对感觉刺激敏感度过低（11% 的儿童渴望感觉刺激）
	36	对感觉刺激存在混合反应
	6	无法分类
动作计划功能障碍和肌张力低	52	轻度到中度动作计划功能障碍
	48	重度动作计划功能障碍
	17	严重肌张力不足引起的动作计划功能障碍
视觉—空间加工障碍	22	相对强项（比如方向感良好）
	36	中度障碍
	42	中度到重度障碍
听觉加工和语言	45	轻度到中度障碍，间歇性地模仿声音和词语，有选择地使用一些语言
	55	中度到重度障碍，没有模仿和使用语言的能力

表格 A.2　地板时光干预治疗的效果

杰出	58%
中等	25%
继续存在问题	17%

由于这项研究中的儿童都来自于家长愿意积极配合的家庭，我们认为被试并不能够代表孤独症儿童的典型人群。但是我们可以根据观察，合理地认为一小群孤独症儿童可以取得巨大的进步。只有未来的临床研究能确定到底百分之多少的孤独症儿童属于这一小群。

我们观察到取得进步的儿童在进步方面存在特定的先后关系。首先，在接受干预治疗的前几个月，他们开始在与他人互动中表现出更多的感情和快乐。与人们对孤独症的固定印象相反，这些儿童看起来热切希望情感上的接触，问题是他们弄不明白如何做到。当父母帮助他们表达出要交往的愿望时，孩子们看起来很感激。当父母用开玩笑的方法扮演阻挡儿童的角色，促使儿童沟通时，即便非常逃避并自我沉迷的儿童也会主动与他们的父母建立联系。

总体上说，有83%的儿童，包括第三组的部分儿童，最开始在与人连接的广度和深度、情感的表达，尤其是快乐的表达方面也取得了进步。一旦他们学会参与，很多儿童的情感和动作会从简单发展到复杂，从而促使功能性的象征能力的出现。前象征的沟通能力总是出现在象征性阐述能力和语言表达能力之前，许多儿童经历过背诵台词的过渡阶段，然后他们的手势动作互动变得越来越有创造性。手势互动表现僵硬的儿童经常在语言使用方面也显得僵硬。灵活的非语言互动会促进语言运用的自然灵活。

当变得更加有象征性时，很多儿童会说个不停，好像他们很高兴拥有了新的能力。他们的想法一开始有些杂乱并且偶尔不合逻辑，照本宣科；随着时间的推移，超过一半的儿童学会创造性地、有逻辑地使用符号。大多数儿童表达自己的想法要比理解别人的想法快得多。最后，如果照顾者和治疗师能将注意力集中在双向快速的沟通上，儿童便能学会理解别人的想法和抽象的"为什么"。

取得"好到杰出"结果的儿童变得更加有逻辑性，可以进行自发的、以情感为驱动的、双向的象征沟通。这种能力可以帮助儿童区分自己的内心世界，促进逻辑思考、冲动控制能力和有条理的自我感。对很多儿童来说，这个过程分为两步：首先，他们要掌握分离式的"岛屿"逻辑对话；经过一段时间，他们学会连接并且扩大这些"岛屿"，开始出现凝聚的自我感和逻辑能力、功能性逻辑交换能力、双向思考、解决问题和与他人合作的能力。结果是他们的学习能力提高了，与同学的关系也改善了，当然，后者需要很多的练习。在适合的、不断变化且安全的学习环境中，第一组中的许多儿童表现出正常到优秀的学习技能，但是在过于结构化的学习环境中，他们则趋向于僵硬、具体并且机械。

这种在本书介绍的综合性 DIR / 地板时光干预治疗下取得的进步模式，具有以下一些要素：

1. 基于家庭的、适合儿童发展的互动和练习（地板时光），包括以下因素：
    A. 每天 8～10 节课，每节课 20～30 分钟的地板时光训练。
    B. 每天 5～8 次，每次不低于 15 分钟的半结构化的问题解决训练。
    C. 与合适的假扮游戏结合起来，每天进行空间、动作和感觉练习（每天 4 次以上，每次不低于 15 分钟），包括跑、跳、旋转、摇摆和深度挤压，知觉的动作挑战，训练视觉—空间加工和动作计划的游戏。
    D. 每周不低于 4 次的同伴游戏。
2. 每周一般不低于 3 次的语言治疗。
3. 以感觉统合为基础的作业治疗或者物理治疗，或者两者都有。每周一般不低于 2 次。
4. 每天的教育计划：为那些可以互动、会模仿动作语言、具有前语言问题解决能力的儿童提供一份可以在助教老师的帮助下完成的融合性或普通幼儿园教育计划；为没有前语言问题解决能力、不会模仿的儿童制订特殊教育计划，这份特殊教育计划着重培养参与、有意义的前语言互动和解决问题的能力，着重训练模仿动作、声音和语言。
5. 生物医学干预，包括帮助促进动作计划和排序、自我调节、集中精力、增进听觉加工和语言功能的药物。
6. 考虑营养、饮食以及针对提高身体处理能力的一些技术。

20 个个案的具体研究

作为以上研究的一部分，我们对取得最大进步的第一组儿童中的 20 名做了具体的研究，使用录像分析将他们与情感和智力都正常或超常的、没有任何问题的儿童进行了比较。我们还将这两组儿童跟另一组在与人相处以及沟通上存在长期问题的儿童进行了对比。

我们研究的这 20 名儿童的年龄介于 5～10 岁之间，全部从 2～4 岁就开始了干预治疗，治疗及后续的咨询持续了 2～8 年。现在这些儿童都在普通学校就读，喜欢交朋友，积极参加社区活动。其中很多儿童在学校标准的认知能力评估测试中，取得了优异的成绩。

使用《功能情绪评估量表》（Functional Emotional Assessment Scale, FEAS）和《文兰适应行为量表》（Vineland Adaptive Behavior Scales），我们很难区分那些没有任何障碍的普通儿童和这组 20 名最早被诊断为孤独症及相关障碍的儿童。《功能情绪评估量表》是一个被证实的可靠的临床评估量表，可用来分析婴儿或者儿童和照顾者之间的互动录像以测量情绪、社交和智力的功能发展。

《文兰适应行为量表》评估结果显示，在沟通方面，所有儿童都比实际年龄得分高，60% 的儿童测试出比实际年龄高出 1～2 年的成绩；在社交方面，90% 的儿童比实际年龄程度高出 2～3 年。考虑到大家普遍认为孤独症儿童即使在语言和认识方面取得进步，在社交方面也会一直存在障碍，这个结果就更加引人注意。在日常生活技能方面，儿童的分数比其他两方面要低些，动作计划的障碍会影响他们的日常生活自理技能，可见，他们在这方面遇到的挑战更大。

最后，在适应性行为的综合分数方面，即以上三方面的平均分数，除了一个案例因为儿童有很大的动作障碍以外，其他个案的得分都比实际年龄得分高。没有儿童显示不良的行为模式。总体来说，儿童接受治疗的时间越长，年龄越大，他取得的分数就越高于他的实际年龄。这表明随着儿童的成长，他们会继续取得进步。

在做 FEAS 评估时，我们对每组的每个儿童都进行了长达甚至超过 15 分钟的、与照顾者互动的录像。一位不知道儿童诊断历史的裁判使用 FEAS 对其功能情绪发展能力进行评估。像我们前面提到的，接受干预治疗的小组和正常对照小组并没有区别，但这两组都和有障碍的小组显示出很大的差别。表格 A.3 显示每组得分的细则，76 分代表最高分。

表格 A.3　FEAS 结果

	儿童数量	FEAS 平均分数 （76 为最佳百分比）	得分范围
地板时光干预小组	20	74.8	70～76
正常对照小组	14	74.9	65～76
继续存在严重障碍的小组	12	23.7	<20～40

FEAS 的临床评估结果非常重要，这些数据可靠地评估了细微的、高层次的性格功能（比如，亲密关系的质量、情绪的表达、相互性、创造力、想象力和抽象灵活的思考能力，还有解决问题和实践验证能力）。这些都是对孤独症和相关障碍儿童来说相对永久性的障碍。接受干预治疗的小组与正常的、没有任何发展障碍的小组得分相近，这个事实说明至少有一部分被诊断为孤独症的儿童可以发展出持久的、健康的情感、社交和适应性行为模式。

长期跟踪调查

做完上面提到的调研之后，我们又对 200 个案例中取得"好到杰出"表现小组中的 16 名儿童做了 10～15 年的跟踪调查（Greenspan & Wieder, 2005）。这个调查试图确定最初被诊断为孤独症谱系障碍的儿童在接受了最好的以发展为基础的方案后是否可以超越大家对高功能孤独症儿童的期望，学会互动，具有同理心、创造力和反省思维，并能继续进步。

在调查过程中，这些儿童（都是男孩）的年龄介于 12～17 岁之间。这个跟踪调查非常完善，除了包含传统意义上的认知和学业结果，还覆盖了情感、社交、感觉加工等因素。研究表明这组儿童具有很高的同理心，经常比同龄人更善解人意。其中一些人在音乐和写作，包括在诗歌方面展现出才华。他们当中的大多数是学校的好学生，在各门功课中脱颖而出；一些儿童学习成绩平平；少数儿童学业吃力，因为有执行能力和排序能力带来的学习障碍。作为一个小组，他们显示出在预期范围内的心理健康问题，经常依家庭情况而定（其中一些人在青少年时变得焦虑或抑郁）。然而，重要的是，他们在应对青春期的压力和家庭问题时，仍然能够在与人相处、沟通、反省思维等方面不断进步。对于这组儿童，在他们被诊断为孤独症的 10～15 年后，孤独症的主要症状已经消失。

在这项研究中,我们做了家长会谈,让家长完成了功能情绪发展问卷(functional emotional developmental questionnaire, FEDQ)。在这个问卷中,家长要评估孩子在发展中各个方面的表现。我们也根据家长提供的录像、家长与儿童的直接会谈或者电话传过来的录音等对孩子进行了评估。我们还采纳了学校的报告和智商测试结果(多数家长表示没有必要让孩子接受智商测试)。最后,为了保证评估的客观性,我们采用了《阿肯巴克量表》(Achenbach, 1991)和《儿童行为检查表》(CBCL)来评估儿童的技能和临床综合征。

如表 A.4 显示,所有儿童都接受了综合干预计划治疗,平均每人有过 8 种不同的干预治疗,接受治疗的年龄在 2~8 岁 6 个月之间,强化干预治疗时间是 2~5 年。所有儿童都曾接受过本书其中一位作者提供的 DIR/地板时光的咨询,也都在家里进行地板时光疗法。被调查的家庭说,他们连续 5 年平均每周做 9 个小时的地板时光训练(儿童长大后,时间逐步缩短)。当被问及哪种干预治疗最有效,家长回答在家里进行地板时光训练,孩子和治疗师一起进行地板时光训练,还有跟小朋友一起玩耍是最重要的。

表格 A.4　综合干预剖面图

	参与儿童的百分数
DIR 咨询	100
家中的地板时光	100
地板时光治疗	56
与小伙伴一起玩	75
言语和语言治疗	100
作业治疗	100
听觉统合治疗(AIT)/Tomatis	100
视觉—空间治疗	19
生物医学	38
认知/教育治疗	13/13
营养	44
饮食	13/25
学龄期用药	25
学龄期家庭治疗	13
青少年心理疗法	19
其他干预方法	19

表格 A.5　临床医生和家长对功能情绪发展水平的独立评估

	临床医生打出的平均分数*	家长打出的平均分数*
自我调节	6.7	6.7
关系	6.9	6.5
有目的的沟通	6.8	6.9
复杂的自我感	6.4	6.8
代表性思维	6.4	6.6
情感思维	6.4	6.4

* 评分范围 1～7，1 代表最低分，7 代表最高分

我们让家长用 FEDQ（Greenspan, 2002）来评估儿童的六项核心发展能力和三项高层次的抽象能力，问题都基于本书介绍的功能情感发展水平（Functional Emotional Developmental Levels, FEDL），目的是为评估儿童的情感、社交和智力水平。临床医生（作者和研究助手）使用类似的工具进行评估，他们对儿童各项核心能力的评估与家长的回答非常接近（参见表格 A.5）。临床医生（根据与儿童面谈）还评估了同理心水平（与同龄人或者兄弟姐妹比较）、创造力和其他技能，从而更全面地涵盖了儿童的能力。

家长也完成了《阿肯巴克量表》。94% 的儿童在社交能力方面处于正常范围；88% 的儿童在各种活动和学校能力中也表现正常。就临床综合征来说（焦虑、忧郁、逃避、叛逆或者攻击等症状），75% 的儿童表现正常。就别的问题来说，94% 的儿童可以集中精力。

关于处理能力，调研中的 200 名儿童最开始都有严重的动作或感觉加工问题，并存在动作计划障碍。在这次调查中，16 名儿童的家长说大多数的感觉反应困难不存在了；总的来说，88% 的儿童通过成长、治疗和各种活动解决了听觉、视觉、触觉和前庭觉敏感的问题。精细动作计划的困难在一定程度上显示出儿童在执行功能方面的困难。儿童经常不能很好地管理时间（这与排序能力有关），无法执行复杂的多步指令。但是他们很善于进行语言排序，或者组织阐明语言想法（正好和动作执行相反）。他们通常记忆力很好，60% 被描述成可以在大的层面思考，并可以长时间保持逻辑顺序。总的来说，我们看到情绪（情感因素）促进了排序能力和对细节的注意能力。

最后，在学业方面，家长汇报这组儿童在数学、科学和艺术方面都很有

天分，在学校兴趣广泛。在评估 9 名儿童的学校成绩册时，我们发现小组中 83% 的儿童取得了全 A 或者 B，有些还被评为优秀学生，就读于水平较高的班。

追踪研究表明这组儿童取得了很大进步，他们已经克服了核心症状和核心缺陷。他们变成了温和友善、喜欢与人相处、敏感的年轻人，有能力胜任各种活动。虽然和其他年轻人一样，对焦虑和抑郁等心理健康问题也不具有免疫力，但是他们身上不再显现孤独症的症状。他们的进步表明在早期进行综合的、强化的 DIR 干预是多么重要，也说明儿童取得的进步会一直持续到青少年阶段，并有可能延续到成年。

短期变化

除此以外，我们对接受 DIR／地板时光咨询（Greenspan & Wieder, 2005）的孤独症儿童进行了一项调查，观察他们的短期变化。在这个预备性研究中，我们研究了 10 个案例。

根据我们的临床观察，第一次咨询以后，儿童经常表现出参与和互动能力的提高（因为家长在学习怎样把孩子当前最高的能力展现出来），这个预备性研究中，我们的目标是证实一个假设——如果家长跟随孩子的带领，利用他们的自然情感兴趣来促进互动，那么很多孩子的表现会比平时更上一层楼。我们还想知道儿童是否能保持这种变化，并且能在几个月后的再测中显示出他们在此基础上取得的更大进步。

首先，在第一学期中，我们观察了（看录像带打分）家长接受 DIR／地板时光培训之前和之后以及孩子的功能情感发展能力的变化。一两年后，我们重新给他们的录像带打分，孩子和他们的照顾者都被评估。结果显示孩子和照顾者在第一学期前半段和接受培训后的下半段表现都有显著的改变。紧接着的第二学期表明这些变化都在朝积极的方向发展。

对 10 个个案的预备性研究结果说明，DIR/地板时光对改善孤独症孩子的机械性，锻炼他们与人相处、沟通、思考非常有效。研究还表明培训照顾者的重要性，教他们如何发掘出孩子的最高水平，这对制订合适的干预计划非常有必要。我们不久会在更大的范围内重复这项预备性研究。

支持 DIR 模式的研究概述[①]

正如我们在本书中所描述的，孤独症儿童一般在两个方面面临挑战：第一，与人相处、沟通和思考的基本基础；第二，重复行为、自我刺激和自我沉迷等症状。目前针对孤独症和其他沟通障碍儿童，以发展和人际关系为基础的模式，比如 DIR 模式，正在尝试帮助儿童同时掌握这两方面的能力。相反，以前的模式，比如行为模式，包括被广泛运用的 ABA 的回合式教学操作，则倾向于改变表面的行为和症状，没有足够重视潜在的个体差异或参与和思考所具有的基础作用。如本书第二十章所述，虽然早期报告显示行为模式对孤独症儿童的教育起到了积极的作用，但更具权威的研究表明在行为模式高度结构化方法下，孤独症儿童在学习方面略有进步，而在情绪和社交能力方面的进步非常微小（McEachin, Smith, and Lovaas 1993; Smith, Groen, Wynn, 2000; Smith, 2001; Shea, 2004）。

美国国家科学院报告

美国国家科学院的《孤独症儿童教育报告》（NAS, NRC, 2001）说明，有一些干预计划，如 DIR/地板时光和行为干预，是有研究支持的，但"某种特定的干预方法和儿童的进步之间的关系"（见第五页）并没有被证明，而且"对不同的综合治疗缺乏足够的比较"（见第八页）。报告的结论是儿童和家庭的不同需求决定了干预方案不同的效果。

NAS 的分析进一步表明了行为干预模式正在向跟随儿童兴趣与自然、自发的学习方式演变，并指出"研究表明在自然环境中学习类化的语言技能时，自然的方法比传统的回合式教学方法更有效"（Koegel, Camarata, Valdez-Merchaca & Koegel, 1998; McGee, Krantz & McClannahan, 1985）。

NAS 指出，现代的这些行为模式越来越接近以发展关系为基础的模式，即针对儿童和家庭的独特模式，以创造学习关系为目标，为发展儿童与人相处、沟通和思考的能力打下基础（这种基础在孤独症儿童中经常欠缺或者失调）。国家科学院提及了 10 个被证明有效的重合方案，其中有三种以发展、关系和家庭支持为基础，两种是高结构化的行为方案，四种兼容了自然的教学方法元素。正如前面提到的，其中一个方案有它独特的教育构架。分析中提到的以发展关

[①] 原注：本文内容根据斯坦利·格林斯潘医师的《孤独症谱系和其他发展学习障碍的综合发展路径：基于发展、个体差异和人际关系的模式》的部分内容改编，请参考 www.icdl.com。

系为基础的模式，就是本书描述的基于发展、个体差异和人际关系的 DIR/地板时光模式。

在研究 NAS 引用的不同的干预模式时，有必要审视一下观察和报道中提到的各种模式取得的进展。例如，行为干预往往关注结构化的、以分数为基础的测验以及表面症状的改变（比如，反复的言语和自我刺激的行为）。而以关系为基础的发展模式则趋向于关系、社交技巧和有意义的、自发性的语言运用和交流。DIR/地板时光方法的独到之处在于它不但被证明了在促进基本的社交、与人相处、互动和有意义的情感沟通方面有效，而且有一小组儿童达到的能力程度远远超过了传统认为的孤独症谱系障碍儿童所能够达到的水平，包括推理、高级同理心和享受与年龄相符的同伴友谊。

研究 DIR 模式的要素

教育学硕士伊丽莎白·察克里斯（Elizabeth Tsakiris）在《评估孤独症和相关障碍儿童干预方案的效果：拓宽视野并改变角度》（SIGC, 2000）一文中对 DIR 模式不同组成部分的研究性支持进行了综述。很多研究证实了组成 DIR/地板时光的不同要素的重要性，包括促进情感和认知发展的情感/社交互动关系。针对听觉加工和语言功能的干预也非常重要。针对动作计划、排序能力、执行能力、感觉调节和视觉—空间的加工能力的干预也很重要（重要性仅次于前面提到的两个方面）。

在一项有关新版贝利婴幼儿发展测量工具（含格林斯潘的社交—情感发展表）的最新研究中，研究者以 1 500 个婴幼儿为代表样本，实地发放了一份有关 DIR 情绪功能发展能力（Functional Emotional Developmental Capacities, FEDCs）的父母问卷，结果发现该问卷可以用来区分问题和障碍儿童与普通儿童。研究还证实了 DIR FEDCs 的年龄预测，表明早期的 FEDCs 阻碍了后期的发展，包括语言和象征性思维（详情请参考附录 B）。[要想获得更多信息及研究数据手册，可以参考美国心理学协会的哈考特评估工具（Harcout Assessment），网址是 www.harcout assessment.com]此外，通过最近对全国范围内的 15 000 个家庭的健康调查，美国联邦政府的国家健康数据使用了 DIR FEDC 中的问题，结果发现与上一次的健康调查（Simpson, Colpe & Greenspan, 2003）相比，处于危险状态的婴幼儿增加了 30% 以上（大多数儿童没有接受任何干预治疗）。

很多研究表明突出情感因素的教学互动比没有人情味的教学方法更加有效（Greenspan & Shankar, 2004）。

对以发展关系为基础的方法的其他研究

除了在本附录前面提到的一些研究，大量其他的基于关系的治疗模式也开始出现，他们或者是 DIR 模式的应用，或者采纳了与 DIR 同样的基础原理。这些方法都在治疗孤独症儿童方面取得了成果。以下列举几个近期的研究案例（本书只做简单概括介绍；详情请参照引证来源）。

密歇根 PLAY 项目。里奇·所罗门 (Rich Solomon) 医生在他的密歇根孤独症儿童的游戏和语言 (Play and Language for Autistic Youngsters, PLAY) 项目中分析了以社区为基础的 DIR/地板时光模式的运用。他发现这一组孤独症儿童在此模式中取得了情感、社交、认知和语言功能等方面的显著进步，并且证明了通过利用公共资金，DIR/地板时光模式可以以低成本的方式在社区内大范围推广（Solomon, Necheles, Ferch, and Bruckman 2006）。

PLAY 项目发源于密歇根州东南部，是一个州立的全方位孤独症早期训练和干预中心。PLAY 项目的家庭咨询（PLAY Project Home Consultation, PPHC）计划训练孤独症儿童的家长使用 DIR 模式。在此项目中，受过训练的家庭咨询师每个月用半天的时间去这些孩子家里，教授家长如何为他们的孤独症儿童提供密集的、一对一的、以游戏为基础的训练。项目费用由服务收费和基金会的补助共同承担。每个家庭每年的费用大概为 2 500～3 000 美元。培训家长时也会使用详细的培训手册。

共有 68 名儿童完成了 8～12 个月的训练计划。项目组织者也鼓励家长每周进行 15 个小时一对一的干预训练。干预前后项目组织者对儿童的行为变化和发展、家长的行为和满意程度做了以下测量和评估：

* 功能情绪评估量表（FEAS）
* 对六个基本情绪发展水平的临床评估
* 尽责程度（根据家长的工作日志）
* 客户满意度调查

功能情绪评估量表的分数表明，45.5% 的儿童在功能发展方面取得了好以及非常好的进展。最初，在孤独症程度和 FEAS 得分之间没有发现数据关系。

根据临床分析，52% 的儿童取得了非常大的临床进步，其中 14% 的儿童取得了大的进步。在 68 个家庭中，50 个家庭完成了满意度调查，其中 70% 对 PLAY 项目非常满意，10% 表示满意，还有 20% 表示比较满意，没有一个家庭表示不满意。

此项目看起来是一个在社区环境中培训家庭的、有效又省钱的方法。研究表明，很大一部分家长能与他们的孤独症孩子进行互惠式的、因情况而异的互动。事实上，在第一次通过录像带评估的时候，85% 的家长被评为具有适当的互动性。（虽然家长有自发性、很强的动机以及很好的互动能力，孩子们确实在孤独症谱系上表现出正常范围内的不同严重程度。）

凯斯西储大学的研究。来自凯斯西储大学（Case Western Resarve University）的曼德尔应用社会科学研究院的杰拉尔德·曼霍尼（Gerald Mahoney）博士和教育学硕士弗里达·佩拉莱斯（Frida Perales），对以发展关系为基础的治疗方法进行了一系列研究。他们的最新研究证明了以发展关系为基础的方法对包括孤独症在内的广泛性发育障碍（PDD）和发展障碍(DDS) 儿童的早期干预效果（Mahoney & Perales, 2005）。

研究对象包括 50 对妈妈和孩子的组合，孩子的年龄在 12～54 个月。每个广泛性发育障碍的孩子都有严重的感觉统合问题，沟通和认知发展也很欠缺。发展障碍的孩子在认知和交流方面有显著的延迟。一年的干预计划包括每周的个训课程，并且帮助妈妈们使用回应教学（responsive teaching, RT）和回应教学干预方式（RF Intervention）。家长报告平均每周花 15.1 个小时在家里使用这种方法。

两组儿童在认知、沟通和社会情感功能方面都取得了很大进步。但是测量数据表明，广泛性发育障碍小组比发展障碍小组的进步要大。此干预计划被证明对促进儿童的发展非常有效：整个小组在认知发展方面取得了 60% 以上的进步。除此以外，70% 和 80% 的儿童分别在表达性和接受性语言方面取得了进步。

科罗拉多大学模式。于 1981 年起源于科罗拉多大学的健康科学中心的另一种模式，被称为"游戏学校模式"。它不是建立在 DIR 模式的基础上，而是来自于相似的发展概念，同样也基于发展和关系框架的模式。1998 年，此中心把重点转移到家庭和幼儿园的融合环境上。一些研究表明此模式在情感、社交和认知发展方面取得了许多重要进展（Rogers & DiLalla, 1991; Rogers, Hall, Osaki, Reaven & Herbison, 2000）。

进一步的研究结果。 在纽约大学哈瑞斯研究中心（Harris Research Institute）的斯图尔特·尚克（Stuart Shanker）和菲尔（D. Phil）以及纽约市瑞贝卡学校（Rebecca School）的吉尔·蒂皮（Gil Tippy）博士的带领下，我们对DIR/地板时光干预模式进行了进一步研究。

哈瑞斯研究中心做了两个研究。

1. 研究对象分两个小组，每组30名儿童。研究对象都在接受DRI/地板时光的干预，年龄介于3～7岁。在接受治疗的头一年，第一组都表现出社交和情感方面的明显进步。干预前和干预一年后的脑电图对比显示，大脑用来处理情感的部位（比如，前扣带回和梭状回）显示出明显的好转。

第二组的研究还在进行中，但是已有迹象表明，他们的进步即便不如第一组，也与第一组相类似。在研究初始，研究人员给研究对象做了脑成像检查，结果表明，这些儿童的脑功能确实有异于普通儿童。在研究结束时，我们会再做脑成像来对比。

这些发现都是这项研究的成果，该项研究在未来还将得出更多明确的结果。

2. 哈瑞斯研究中心还做了一项追踪研究。在这个研究中共有两个小组，第一组（已经完成）由16名青少年（15～19岁）组成。其中5名被测者的脑成像显示了大脑处理情感的部位有了变化。研究中心还对另一组中的65名年轻人进行了深度研究。这组年轻人在小时候接受DIR/地板时光治疗期间都表现良好，现在已经不再接受任何治疗。他们在社交、情感、智力方面都很健康，与普通的同龄人相差无几，有些方面甚至超越了他们。他们非常具有同情心，有很多朋友，并且在普通学校表现良好。我们对同意做检查的研究对象做了脑成像测试，结果表明，他们大脑处理情感的部位跟普通同龄人没什么区别。这个发现非常重要，因为这表明孤独症人士的同一大脑功能区域会不断地变化。

瑞贝卡学校还对60名4～14岁的儿童进行了研究，他们都接受了1～2年的DIR/地板时光干预。这些儿童显示了在社交和情感方面的进步。

总之，目前的研究支持采用现代的、以发展关系为基础的模式来治疗孤独症儿童，通过提供带有情感意义的、以每个学生和家庭的发展特点为基础的学习式互动，着重培养或加强与人相处、沟通和思考的功能性发展能力。DIR/地板时光模式是一种分析方法，它能够让家长、老师和临床工作者共同制订一套完整的以发展为基础的方案。

附录2 孤独症如何发展：DIR 理论

导致孤独症的发展路径

孤独症和孤独症谱系障碍

根据我们对一系列婴幼儿及其家庭的观察（Greenspan, 1979, 1992, 2001; Greenspan & Shanker, 2004, 2006），符号的形成、语言和智力的发展都基于一系列早期的情感互动。如果儿童在早期没有掌握这些互动，这些能力就不会得到发展。与孤独症相关的生理因素会阻碍儿童参与这些互动。我们观察到，孤独症谱系障碍儿童没有完全掌握这些重要的早期互动（Greenspan et al., 1987; Greenspan, 1992; Greenspan & Wieder, 1998, 1999）。

因此我们设想，如果有干预计划能提供特殊机会来帮助儿童获得情感经验，就可以帮助这些（有特殊生理因素）缺乏重要的象征能力、语言和智力的儿童取得进步。这些特殊的机会应该符合儿童的特殊生理特点，并且要影响每个形成中的情感互动。如附录A所提到的，我们的研究显示，如果有合适的干预计划，大多数孤独症谱系障碍儿童都能取得进步，其中一小部分还可以发展出超出预期的能力（Greenspan & Wieder, 1997）。

在全世界范围内，我们面临着巨大的挑战。各种研究估计孤独症发病率为2‰～4‰，孤独症谱系障碍的发病率则更高些。美国疾病控制中心（CDC）做了大量的研究，把孤独症谱系障碍的发病率定到大约1/166（Bertrand et al. 2001）[1]。这些估计数字比10～15年前提高了不少。有些人认为高发病率体现了诊断水平的提高，还有些人认为孤独症和孤独症谱系障碍的发病率确实在急剧上升。

---

[1] 编注：2012年，CDC发布数据称孤独症谱系障碍的发病率已高达1/88。

多因素累积的风险模式

虽然许多人认为孤独症是一种与现在还未发现的基因模式有关的单一障碍，具有多种表现形式，但是目前的研究表明，孤独症是一种多路径累积的风险模式。很多研究支持孤独症有遗传因素。新的设想认为很可能有多种成因——每个成因都有不同的遗传模式和后来的风险因素及障碍。在这个模式下，不同的遗传因素和产前产后的发展过程，都会使儿童容易患有孤独症，或易受积累的产前或者产后问题影响，比如，传染病、有毒因素、自身免疫沉淀等。产后因素，比如经验上或者身体上的压力，也会促成孤独症和孤独症谱系障碍行为模式的形成。

我们区分了孤独症谱系障碍的主要特征和次要特征。主要特征包括无法用情感信号、手势和声音进行互动；无法持续这种互动直到能够解决社交问题，在形成有意义的、有感情的想法上存在困难；加工听觉、视觉和其他感觉输入信号的问题，在动作计划和排序上存在障碍。次要特征起源于主要特征，囊括了孤独症谱系障碍相关的问题，还有自我沉迷、固执和自我刺激等症状。

如果治疗不当，这些问题可能会恶化；但如果能用适当的、以儿童独特的发展特点为基础的方法进行干预治疗，它们就可以得到改善。关于孤独症谱系障碍的成因和治疗的研究，应该针对临床亚型的鉴定和分类，以便那些发现可以更恰当地被应用于特殊儿童。

孤独症的核心心理缺陷

孤独症的具体发展缺陷包括以下能力的欠缺：同理心和从他人视角看问题［心理理论，（Baron-Cohen, 1994）］；高层次的抽象思维，包括推理（Minshew & Goldstein, 1998）；共同注意力，包括社会性参照和解决问题（Mundy, Sigman & Kasari, 1990）；情感互动（Baranek, 1999; Dawson & Galpert, 1990）；功能性（实用性）的语言（Wetherby & Prizant, 1993）。神经心理学推荐的模式为孤独症的临床特点做出了解释，更详细地描述了有关孤独症发展的缺陷（Greenspan, 2001; Sperry, 1985; Baron-Cohen, 1989; Baron-Cohen, Leslie, Frith, 1985; Bowler, 1992; Dahlgren & Trillingsgaard, 1996; Dawson, Meltzoff, Ozonoff, 1997; Pennington & Ozonoff, 1996）。

---

① 原注：这部分主要总结了《第一个想法》(Greenspan & Shanker, 2004)中提到的孤独症发展的理论。

我们的临床工作和研究（Greenspan, 2001; Greenspan & Shanker, 2004; Greenspan & Shanker, 2006）表明，所有以上列出的缺陷都起源于早期能力（它们是继发性症状）。早期能力指的是婴儿把情感和意图与动作计划、排序、感觉联系起来，随后出现象征符号（Greenspan, 1979, 1989, 1997a）。无法形成这种连接直接导致了孤独症的核心心理缺陷。我们认为孤独症谱系障碍的生理差异首先表现为在上述方面的发展偏离正常轨迹，继而导致孤独症谱系障碍的主要特征和次要特征显现。

在9～18个月期间，儿童的连接能力变得更加明显，并开始发展出复杂的情感互动链。儿童必须有需要（情感），然后再用动作表达出需要，这种现象才会发生。这些因素共同作用，让儿童可以创造出有意义的、用于解决社交问题的互动模式。从另一方面来讲，没有愿望的动作会变得僵硬、无目的或者自我刺激；如果儿童不能把动作和愿望结合起来，他们便很难超越单一的动作模式。我们运用DIR方法，依据婴儿的独特生理特点制订了情感训练计划，教他们如何交换情感信息以及怎样与他人互动。这些训练提高了儿童的动作计划和有意义的行动能力。

把自身需要和有目的的行为连接在一起，使得儿童可以交换情感信息，这种交换一旦变得复杂，就引导出调节情感和动作、区分看法和行为及象征符号的能力，促进不同加工能力的融合和有意义地使用语言（缺乏这种连接，会出现重复使用象征符号、生硬地背诵台词、仿说的现象）。具有这种能力的儿童可以灵活地与他人互动，与自己的环境相处，从而实现联想式（而不是僵硬的）学习。

以情感为基础的互动、社会性的问题解决方式以及符号的有意义运用是以上提到的能力的基础，这些能力也区分了普通儿童和孤独症谱系障碍儿童。我们观察到有孤独症模式的婴幼儿，在从简单进步到复杂的参与和互动模式中无法取得有效的进步。我们在对附录A中提到的200名儿童进行评估时，发现三分之二的孤独症儿童在将感情与动作计划、排序和象征意义进行连接时存在独特的生理方面的信息加工问题。但是，在其他感觉加工方面的缺陷则表现得各有不同（比如，听觉、动作计划、视觉空间和感统调节）。

我们把情感、动作计划和排序与感觉经历（和其他信息加工能力）之间存在连接的假设称作"情感因素假说"。这个学说坚持认为儿童用情感来赋予行动意图，并为他的符号和语言提供意义。通过很多以情感为基础的问题解决式的互动，儿童可以发展出更高级的社交能力、情感和智力。

孤独症的早期根源

前面描述的婴儿前几个月出现的独特信息加工缺陷，常常会损坏儿童基本的情感和认知学习经历。当儿童长到12～24个月大的时候，她在这个重要年龄段表现出的有意义的互动沟通方面的缺陷会加重她的困难，致使孩子退缩且行为变得漫无目的或重复，或两种都有（无论家长多么优秀）。等到孩子接受专业帮助时，主要的生理因素缺陷就会变成动态过程的一部分。我们目前正致力于如何尽早发现问题，诊断有孤独症风险的儿童，对他们进行预防性的干预治疗。为此目的，我们进一步发展了情感和动作计划关系的理论。

感觉—情感—动作的关系

健康发展的婴儿用情感来连接感觉系统和动作系统（比如，看到并转过头来注视照顾者的笑脸，同时发出高兴的声音）。所有的感觉都具有身体的和情感的因素（Greenspan, 1997b; Greenspan & Shanker, 2004, 第二章）。感觉中的感情因素有无限的可能，使得人们可以用情感来解释、储存并且找回信息。把感觉和行为动作中的身体和情感因素联结起来的能力，使得逐渐长大的婴儿开始察觉并组织规律，比如，一看到妈妈就伸出手臂。这些有意义的独立单位渐渐发展成更大规模的、多步骤的一来一往的问题解决式的互动。在1～2岁之间，这种模式发展成自我意识，儿童把自己当作有目的的个体，并发展出"他人"的概念，最终儿童可以赋予象征符号意义，并形成高级的思考能力。

当生理的因素（或者严重的贫困和虐待）影响了感觉系统、情感和动作系统之间连接的形成，儿童的行为便不再与情感因素强烈挂钩。有这种缺陷的婴儿就会表现出漫无目的的行为，不能发起或者参与一来一往的沟通，而这种沟通对促进情感和智力的发展非常重要。我们发现孤独症谱系障碍儿童的感觉—情感—动作的连接都相对受损。

为了确保我们能诊断出有孤独症风险的婴儿，我们通过感觉、情感和动作关系的连接建立了"情感因素假说"的多重阶段。在每一个阶段，我们可以评估现有的、没有的和受损的感觉—情感—动作连接（参考本书第三章）。由于这种连接并不是完全受损，早期干预可以帮助这些有孤独症风险的儿童。根据儿童独特的动作和感觉加工特点，营造突出的、令人愉悦的情感氛围，可以帮助他们建立并巩固感觉、情感和动作之间的连接，从而引导出更有意义、有情感的行为，进一步促进双向信息沟通、自我感、象征符号功能和更高级的思考能力。这些经过调整的情感互动能帮助儿童使用他所有的感觉、动作和语言技能（比如，在有目的地解决问题时，同时看、听和运动）。为了达到协调的目的，这些情感互动必须符合儿童加工信息的特点（DIR/地板时光模式）。

怎样用情感转换和情感因素假说来解释模式识别、共同注意、想法解读、心理理论和高级象征思考[①]

进一步研究早期情感互动的每个阶段有着重要意义，我们可以借此观察为什么这些能力对健康的情绪和智力发展如此重要，却又是孤独症谱系障碍者所缺少的。

正如前面提到的，早期的情感互动阶段指的是婴儿期开始出现的有能力以一种越来越带有感情的方式经历感觉。当婴儿的照顾者可以提供逐步复杂的情感互动机会时，这个阶段就会出现。实质上，这些情感互动是婴儿体验到的一种独特的感觉，随着时间的推移，这种感觉会呈现出各种情感特质。这些情感模式会促成更广范围内的认知和社交过程。

在第一阶段中，婴儿开始建立感觉—情感—动作的连接（从出生到3个月）。愉悦地调整情感经历，伴随逐渐加强的动作控制，使得婴儿可以用动作做出反应，比如，高兴地伸出手去寻找喜欢的接触，躲避不喜欢的触摸。照这样，动作反应很快超越条件反射，而成为感觉—情感—动作模式的一部分。这就是说，情感充当了感觉和动作反应的中介物，把这两部分连接起来。感觉—情感—动作反应的基本单位通过婴儿和照顾者的互动，变得越来越坚固。

要建立这种连接，婴儿必须经历正面的、具有调节性的情感和情绪，照顾者也要根据婴儿特殊的生理特点来提供合适的互动。如果照顾者没能发现儿童的负面情绪，或没能对儿童的建议做出适当的反应，儿童可能会变得抑郁并且退缩，或者采取自卫行为，比如，厌恶地凝视，或者紧张地跑掉（Spitz, 1965;

[①] 原注：本文节选自格林斯潘和尚科2006年公开发表的文章。

Tronick，1989）。无论怎样，儿童识别社交沟通模式以及相互对视的能力是固有的。当然，为了促进这些能力的发展，照顾者必须加入多种微妙的情感行为，有令人安慰的，也有令人激动的，这些行为都要适合儿童独特的感觉倾向（Greenspan，1997p）。

在第二阶段的情感转换中，婴儿和照顾者发展出更加亲密的关系（2～5个月大），婴儿可以区分照顾者和其他人。正面愉悦的情感可以使儿童在同步的、有意义的互动中协调看、听、动。通过这些有情感的互动，她开始识别照顾者在声音和情感信号上的模式，区分能引发照顾者不同情感的兴趣点，以及认识到面部表情和声音所传达的情感意义。儿童参与并形成具有情绪意义的关系以及学习识别不同的情感模式，是他识别不同社交沟通模式以及对不同感知觉进行有意义分类的前提。

在第三阶段的情感转换中，婴儿开始掌握有意义的双向互动（4～10个月）。要促使此能力的发展，照顾者需要理解婴儿的情感信号并采取回应，还需要儿童理解并回应他人的情感信号。通过这些互动，儿童开始进行一来一回的情感信号沟通。不同的动作姿势，如面部表情、声音、手臂动作，都变成了信号示意的一部分，而这种信号示意功能现在正控制着较广泛的情感、感觉、有意义的动作和新出现的社交模式。到 8 个月大，这种互动中有很多已经可以连续发生。婴儿可以以一种综合的方式，用有意义的、富有感情的信号来协调中枢神经系统（CNS）的不同部分，从而发展高层次的认知、沟通和社交技能，比如，伸出手要求抱抱。

经过这些逐步复杂的互动——无尽的微笑、点头、友好的手势、夸张的动作等等，儿童已经跟照顾者一起经历了无数互动，已经学会解读并回应他人的社交感情信号，也学会了表达自己的社交感情信号。这些有意义的模式包括很多对感情信号的双向解读和回应，使得幼儿开始发展以家庭、社区和文化为特点的自己的社交模式、文化规范和规则。这种能力对后来我们称为"实用性语言"能力的形成，有着非常重要的作用。

在第四阶段的情感转换——共享式社交问题解决中，儿童学习持续地进行双向的、带有情感的沟通，从而和照顾者合作解决带有感情的、有意义的问题（9～18个月之间）。在这种复杂的互动中，婴儿对情感和社交信号的解读和回应的范围进一步扩大，从而奠定了自我意识、社交和文化规范形成的基础。

这个过程调动了所有感觉并囊括了模仿复杂社交互动所需要的持续的情感互动能力。例如，当爸爸下班回到家时，孩子穿上爸爸的鞋，看着爸爸以征得他的同意（共享式注意力），然后模仿爸爸走路的样子，来回溜达。当这个孩子将爸爸的行为和她自己的回应视作一种互动模式时，这些复杂的互动过程就构成了情感模式。没有掌握持续情感信号沟通的儿童，只能识别有限的视觉和声音模式。包括多重感觉、动作和社交互动在内的有意义的、带有感情的复杂认知模式是更强的共享式社交问题解决能力的组成部分。

这一长串的、经过系统调节的情感手势使儿童有能力认识到满足他们情感需求的各种模式。例如，他们学会如何寻求照顾者的帮助来获得他们够不到的东西，并且学会如何在共同解决问题（比如，包含多次共享式注意力的互动）时，通过使用语言和面部表情，形成和谐、持续的互动。他们认识到不同的手势和面部表情具有不同的含义以及某种面部表情、声音语调或在行为与个人情绪或意图之间存在联结。这种通过自我意识来识别自身模式，进而解读他人模式的能力，构成了领会意图或者心理理论的基础。

儿童的这种能力非常重要，因为他可以依照期待去行动，去了解什么时候能期待照顾者的不同的反应，或者懂得什么是喜爱、生气、尊敬和羞愧等。了解他人的想法、感情或理解他人的意图对于幼儿来说很重要。理解他人意图的能力并不是与生俱来的，而是通过模式识别、意图解读和共享式注意力而形成的，前提是掌握了前面提到的所有早期阶段的情感转换阶段；这些能力是功能情感发展的前三个阶段所产生的"下游效应"的结果，并在关键性的情感转换第四阶段中达到了一个更为复杂的状态。

了解这个加工过程的复杂化，使我们能够制订一些干预计划，比如，针对儿童的生理特点和弱项设计的 DIR 模式。DIR 可以帮助儿童掌握一些相关的能力，儿童可以在重要的早期情感转换和后来发展出的共享式注意力、心理理论和高层次的语言和象征式思考能力方面得到发展（Greenspan & Wieder, 1998）。

以上概述的理论是以超过 1 500 名儿童的样本作为依据，这些儿童的家长都执行过格林斯潘的社交情感发展测试（Greenspan, 2004）。情感转换早期阶段的掌握对于进入下一阶段非常重要，掌握第一到第四阶段是形成象征符号、实用语言、高层次思考（包括心理理论能力，比如同理心）、社交参照和共享式注意力（比如，相互的共享社交问题解决）的基础。（对于这项研究的描述，请参照新版贝利量表和手册 www.harcourtassessment.com; Greenspan &Shanker, 2006; Bayley, 2005）

这一系列数据支持在本附录中所介绍的模式，也为进一步探索被阻碍的早期情感互动对中枢神经系统发展的影响开启了大门。

引起孤独症的神经发育路径[①]

对孤独症发育路径的临床观察，有助于解释近来在对孤独症个体进行研究时所获得的神经学发现，并且有助于将主要因素从下游效应中分离出来。反过来，这些研究也为 DIR 模式和情感因素假说提供了支持。

在最后一部分，我们解释了为什么我们猜测孤独症谱系障碍的主要生理缺陷来源于以神经系统为基础的情感、感知觉和动作计划之间的连接受损。我们描述了第一阶段的情感组织怎样为后来的阶段打下基础，在这些阶段里，情感不断转换，感觉、情感和动作模式实现了更高水平的联结；我们也对第四阶段——协调的、互惠式的情感互动（或情感示意）——如何使幼儿能够创造具有情绪意义的模式并参与共享式社交问题解决进行了描述。反过来，这些过程都需要情感、语言、动作和视觉—空间模式的参与，由儿童的情感目标和互动来组织安排。

我们正在参与一场持续的研究，包括观看后来被诊断为孤独症谱系障碍婴儿的录像带。我们正在确认如果最初的情感、知觉和动作模式之间的连接比较脆弱，犹如在孤独症谱系障碍儿童身上所看到的那样，由于神经系统的障碍，随后几个阶段的发展，一直到第四阶段的共享式问题解决能力，都将无法获得发展，或者发展得不完全，或功能受损。我们最近分析了 2~5 岁孤独症谱系障碍儿童的录像带，结果发现这些儿童都有维持动作模式的困难，需要情感的支持。例如，他们的注意力很短且分散，既不能持久也不能受自己情感兴趣的控制。同样，他们愉快参与的能力也比较短且分散。当他们到了需要互惠式情感互动阶段的时候，也只能参与几个回合的互动，不能保持持续的互动模式；他们通常也缺乏主动性。后来被诊断为孤独症谱系障碍的儿童，在关键的第四阶段共享式社交问题解决方面，都表现出明显的缺陷。

[①] 原注：本文引自《引起孤独症神经发育路径的临床线索》（Clinical Clues to the Neurodevelopmental Pathways Leading to Autism,Stanley I. Greenspan, Stuart G. Shanker, D.Phil）

观察这些录像带后，我们发现，婴幼儿对这些重要的情感阶段的掌握程度，与他们的自我沉迷、重复、背诵台词和自我刺激等症状的严重程度是相辅相成的。明显的症状常常出现在第四阶段的后期。（参见表格 3.1 和 3.2）

近期对孤独症个体的神经系统的研究支持了这些临床观察。更重要的是，这些观察提供了解释一系列孤独症谱系障碍儿童问题的相关理论。

有关孤独症谱系障碍婴幼儿生理学发现的最新研究概述

玛莎·赫伯特（Martha Herbert）在玛格丽特·鲍曼（Margaret Bauman）的研究基础上指出孤独症谱系障碍个体大脑的不同区域不仅存在差异，而且在婴儿 9 个月大时，中枢神经系统（CNS），尤其额叶、小脑和周边部分的白质生长异常。这些部分的中枢神经系统往往是进行高级信息加工的部位。此外，他们大脑右半球的非语言部位也会显示出过多的白质，连接左右脑的路径也发展得不是很好。

埃里克·库尔谢纳（Eric Courchesne）的研究表明，孤独症谱系障碍个体出生时，头围一般较小，然后快速增大（Courchesne et al., 1994）。这个模式时快时慢，一直持续到 5 岁。到了青春期的中期，与正常发育的儿童相比，那些孤独症谱系障碍儿童头围偏小。露丝·卡珀（Ruth Carper）证明额叶部分生长最快。同时，额叶中功能性的神经元网络发育不良。

有学者发现，孤独症谱系障碍个体只使用某一部分的大脑，只会运用形状的特点来记忆字母，也就是说他们用感觉领域来处理概念问题（Just, Cherkassky, Keller, Minshew, 2004）。玛塞尔·贾斯特（Marcelle Just）根据这个现象和有关资料提出，孤独症谱系障碍个体的一个核心特点是大脑不同区域之间的沟通困难。他发现局部网络往往连接过密，远程网络则连接不够。

菲利普·泰特尔鲍姆（Philip Teitelbaum）在观察后来被诊断为有孤独症谱系障碍的婴儿的录像带后，得出结论：他们在安排基本动作计划顺序方面，比如打滚、坐直、爬和走方面存在障碍（Teitelbaum, 1999）。

卡洛斯·帕尔多·维拉米扎尔（Carlos Pardo-Villamizar）发现，在存在过多白质的大脑部位有发炎的现象。他还在一些孤独症谱系障碍儿童的脊髓液中发现了小胶质细胞（跟炎症有关的细胞）。

这些重要的发现说明，未来的研究方向是把中枢神经系统中连接大脑各个区域的路径作为一个紧密连接的整体，而不是独立的个体路径。但是目前还没有相关理论来解释这些研究成果，如过多的白质和不规则的头部发育模式。

导致孤独症谱系障碍的新的生理发现、情感转换和发展路径

我们一直介绍的这个模式一方面描述了以象征符号、语言和智力为特点的不同程度的情感转换，另一方面，作为一种假说，帮助我们理解孤独症的发展路径。根据情感因素假说，重要的生理缺陷出现在早期情感组织阶段，也就是感觉—情感—基本动作模式的连接相对失败。这些感觉—情感—动作的连接形成于婴儿早期，而且适当的与人类环境的互动使得婴儿有能力经历一系列情感转换，每次转换都包括对中枢神经系统不同部位进行更高水平的组织和连接。每次转换也都使用了中枢神经系统的不同区域，孤独症个体在这些区域的发展都有受损的表现。

举个例子，如果婴儿开始协调看和听（比如，顺着妈妈声音的方向望去），中枢神经系统中负责愉悦情感的部位与负责看和听，尤其是早期语言的部位开始一起合作。然后，当婴儿开始利用有目的的手部姿势、声音和大肌肉运动模式（比如，坐起来，转身，开始爬），进行来回的情感提示时，中枢神经系统的其他部位便在情感的引导下，得到了协调的运用。中枢神经系统中掌管情感、认知（包括对声音排序和空间关系的认知）、动作、平衡和协调的不同部位都开始一起工作。

像本附录第一部分描述的，如果最初的感觉—情感—动作连接不够强（像我们对孤独症谱系障碍儿童的假设），婴儿就无法充分参与需要中枢神经系统各部位同时运作的互动形态，因此也难以在更高水平上组织和连接中枢神经系统的各部位。在动态的环境中，生理的不同和经验的不同交织在一起。中枢神经系统的正常发展需要很多重要的经验。所以，我们观察了早期被报道的神经病学发现，其中有一些是下游效应的结果。

这个模式也包含了白质的增长和头部发展的不均衡模式。通常，中枢神经系统会依靠与人类环境互动时获得的适宜经验来发展和修整。然而，就像前面介绍的，婴儿的感觉—情感—动作连接决定了他能够与照顾者及周围环境进行有意义的互动。如果没有这些情感连接，儿童就不能理解周围环境，从而影响他们从周围的环境中学习（最终，以环境为基础的学习使人类能在不同的社交、文化和物理的环境中走向不同的发展方向）。当这个过程被因感觉—情感—动作连接不足而引起的缺陷打断时，神经系统的修复就不会发生，大脑也不会发展出适合健康生长的相互连接。

婴儿生来就拥有潜力，能形成各种中枢神经系统发展模式。如果缺乏适合环境的学习和调整，那么中枢神经系统最基础的、无所不能的连接能力就会导致一些区域过度增长，同时，另一些区域缺乏关键性的连接。大脑的每一个区域都在按照自己的方式发展，每个区域也都在以一种无组织、不协调和混乱的方式吸取信息。这便是我们在临床观察到的孤独症谱系障碍儿童的表现。

除了不规则的白质生长，第二重要的原因是头围发展不平衡的模式。最初的发展异常是因为缺乏修整。然后由于缺乏促进发展的人文环境互动和适合的关键脑容量发展，开始出现发展异常。研究结果表明，额叶发展尤其重要，因为额叶发展既依靠也能促进复杂且多重步骤的情感调节和问题解决（出现在关键的情感转换第四阶段中）。大脑出现炎症反应的部位，也是有白质增长的部位，这部位可能是次要的异常增长（或者从某种程度上说，最初的感觉—情感—动作的连接不足可能与炎症有部分关系）。

神经学研究的含义

前面描述的发展模式，建议发展神经生物学研究应该把其中一个关注重点集中在中枢神经系统中情感、感知觉认识和动作模式三者间形成的连接上。这些调查研究应该探索产前、产期和产后早期的中枢神经系统的发展状态。把重点放在早期潜在的缺陷，可以让我们有能力区分主要缺陷和下游效应的结果。

这一关注点也可能有助于研究影响继发性症状出现顺序的机制（当然，也必须意识到这些继发性症状可能是由于缺乏适宜的经验而导致的。更确切地说，适宜经验的缺乏多半是因核心缺陷及相应的环境反馈引发的）。致力于培养婴儿情感的干预治疗在运用多重感觉路径和相关动作反应的背景下，能以一种富有情感意义的、经过精心策划的方式，显著提高婴儿同时使用中枢神经系统不同部位的能力，从而形成相互连接的路径，而这正是年龄较大的孤独症谱系障碍个体所缺乏的。

附录3 与人相处和沟通的神经发育障碍*

引　言

与人相处和沟通的神经发育障碍（neurodevelopmental disorders of relating and communicating, NDRC）涉及儿童发展过程中许多方面的问题，比如，社交、语言、认知能力和感统及动作加工问题。这一类别中包括了早些时候关于多系统发育障碍（multisystem developmental disorders, MSDD）的概念，其特点在《婴儿期和童年早期》（Greenspan, 1992）和《诊断分类：0～3》（DC: 0～3, Diagnostic Classification Task Force, 1994）中有所描述。除此以外，还包括DSM-IV-R里面提到的广泛性发育迟缓（PDDs），也被称为孤独症谱系障碍（ASDs）。NDRC与早期概念最显著的区别是NDRC构架使得临床医师可以更加精确地把与人相处和沟通障碍进一步分类为社交、智力和情感功能以及相关的感觉—动作加工几方面。这有助于区分孤独症谱系障碍儿童，也有助于定义同一诊断的不同儿童之间的差异。这种区分对治疗计划和研究都很重要。

DC: 0～3和DSM-IV-R分别对MSDD和PDD做出了描述，为以后全面研究与人相处和沟通的神经发育障碍打下了基础。我们可以发现更多的婴幼儿个体差异，他们都很难与别人建立关系，前语言和语言沟通交流都存在困难，不能进行有创造性的、抽象的反省式思考。这些儿童一般都患有静态的脑病（无法改善的中枢神经障碍），这妨碍了核心能力的发展。患有这种疾病的儿童在与人相处、早期沟通和思考技能及最基本的感觉信息加工能力方面表现出广泛的差异（比如，有些对感觉刺激反应过激，有些则反应过低，有些有很强的视觉记忆，有些视觉记忆能力很弱）。所以我们认为，用一个广泛的概念框架来

---

* 原注：发展和学习障碍跨学科委员会（ICDL）的一个小组建立了一套与人相处和沟通的神经发育障碍的分类（Neurodevelopmental Disorders of Relating and Communicating, NDRC）。小组成员包括以斯坦利·格林斯潘和塞蕾娜·维尔德博士为代表的多名学者。

容纳全方位的个体差异是非常重要的。

当我们了解了这些个体差异时，我们发现了许多与这种障碍相关的生物学上的整体发展路径。例如，无法把情感和认知及动作计划连接起来的困难，以及随后产生的与人相处、交流和思考的困难，可能是由几个神经系统发展路径引起的，每一种路径都有其独特的遗传因素或构成成熟的变量。所以我们建议利用 NDRC 的广泛定义来促进研究、评估策略和临床干预计划的发展。

正如这个讨论所建议的，应该从发展性的生理—心理—社会学的角度来更加全面地理解 NDRC。把 DIR 模式运用到 NDRC 使我们能根据对发展路径（它们将深刻影响与人相处、沟通和思考能力）更完整的认识，来激活试图区分个体亚型的分类系统的发展。这些以个体的信息加工差异为特点的路径包括：

* 听觉加工和语言：我们接收、理解和表达信息的方式
* 动作计划和排序：我们如何按照想法和听到、看到的信息来行动
* 视觉—空间加工：理解并懂得我们看到的事物的能力
* 感觉调节：调节感觉的能力

基于我们对存在严重相处、沟通和思考障碍儿童的主要特征所做的观察，我们提议把 NDRC 分为四种类型。每种类型都有各具特征的亚类型，但是应牢记这几种类型和这些特征是一个连续的整体。我们看到当儿童开始接受干预治疗并取得进步后，他们会在同一种类型中移动或者从其中一种类型转变到另外一种。每种类型在后面都会得到详细的描述。这些描述并非面面俱到，它只是突出了关系和功能的主要特征及特质。

NDRC 的种类

第一类：早期受限制的象征符号

存在第一种类型障碍的儿童在共享式注意力、参与、开启双向且具有情感意义的沟通和共同解决社交问题等方面的能力都受到限制。在接受治疗前，他们难以持续进行友好的互动，只能与照顾者开启并结束 4～10 个沟通循环。这些儿童还经常表现出重复和某种程度的自我沉迷。在起初的评估中，他们使用一些不连贯的、死记硬背的象征符号，比如，命名图片或者重复背诵台词。但是儿童并没有显示出这个年龄应该具备的某些情感，并且不能同时利用象征符

号与其他核心发展能力参与所有进程。

一个综合性的干预方案（参考第二十章）强调连续性的情感互动，创造性地使用想法（参考第七章和第八章）以及提高动作计划、感觉调节和视觉—空间思考能力。我们经常会看到儿童迅速地从固执的自我沉迷转变为喜欢持续参与亲密的互动，并且可以活跃地思考。互动包括自发地使用语言，在双向解决问题的沟通层面保持互动循环以及创造并连接不同的想法。即使语言迟缓，儿童还是能够排列复杂的手势，并且用玩具来表达象征意义的思考。这些能力使他们可以发展出健康的同伴关系，并参与正常的活动（参考第九和第十章）。

最终，在合适的干预模式下，第一类型的儿童可以完全参与普通教育。通常在一段时间内，需要有一个助教帮助他应对感觉信息加工和相关的注意力问题。除此以外，由于学习技能和抽象思考能力建立在信息加工能力之上，有时候他们也需要借助适宜的教育干预方案来应对具体的学习障碍。

第二类：受限制的目的性的问题解决

第二类的儿童在最开始时（通常是2～4岁），第三和第四项核心发展能力受到严重的限制——难以开展有目的的、双向的前象征性沟通和社交问题解决互动。他们只能参与间歇性的互动，而不是2～5个连续的沟通循环。除了重复一些死记硬背的台词，他们很少会显示真正的象征性活动。起初，他们的参与具有整体性，并带有一定的感情色彩。他们经常在很多方面表现出中度的信息加工障碍。

这些儿童需要一个综合性的方案，强调改善相互的、有情感的互动，提高共享式问题解决能力和主动性，还有多重感觉和动作加工能力（参考第六章和第七章）。随着时间的推移，这些儿童可以学会真正友好地、愉快地参与。他们会逐步地、稳健地提高自身的目的性互动和共享式社交问题解决能力，学习发启并保持连续的、有情感的互动。这种连续沟通能力的缓慢发展，阻止了更强的象征能力的发展；这些能力也会持续提高，但是会把对书本和录像的模仿作为语言和想象游戏的基础。他们在情感上没有显示出与年龄相符的深度和广度，他们的抽象思维也很受限制，基本只关注现实生活中的需要。当儿童逐渐进步，获得新的能力以后，他们开始创造想法，甚至可以在不同的想法和局部兴趣之间架起桥梁。他们开始趋向于逐渐变得愿意参与，更快乐并容易沟通。

即便很多这种类型的儿童取得了持续的进步，还是有很多人不能与其他孩子一起参与普通教育的所有活动。他们可以受益于有老师支持的融合班或者综合教学计划，或者为有特殊需要儿童设置的、以语言发展为重点的班级，但是班里其他儿童都必须具有主动性并能说话。

第三类：间歇性参与，有目的性

这类儿童在一开始非常自我沉迷。他们参与他人活动的行为也是时断时续的。他们表现出有限的、有目的的双向沟通能力，这种能力经常是为了满足某种具体的需要，或者基本的感觉动作经历（比如，跳跃或者挠痒）。他们还可以模仿或者做出一些生硬的问题解决动作，但是经常表现为不能进行共享式社交问题解决，或者不能进行持续的、有情感的沟通。

多种重度的加工障碍，包括重度听觉加工和视觉—空间加工障碍，还有中度到重度的动作计划障碍，妨碍了有目的的连续沟通和问题解决的互动。在重视培养共享式注意力和有目的、有情感的互动的综合治疗方案下，如果互动中加入很多感觉加工和动作计划训练，使用手势，再加上恰当的象征性沟通，那么第三类儿童可以变得非常乐于参与愉快的关系和活动，但是他们持续进行友好互动的能力却进步缓慢。随着时间的推移，他们可以增加前象征的、有目的的、用于解决问题的行为。有时候，这些行为指的是为沟通基本的需要，使用词语、图画、符号或具有两三个步骤的动作或手势。能够理解日常生活中或常被用到的短语（往往辅之视觉或手势提示）是一个相对的优势。

这类儿童中有些存在严重的口部肌肉动作障碍，他们或者无法讲话，或者只能使用有限的语言。他们可能会学习用手势或者图画和心爱的玩具来沟通。有些存在严重动作计划障碍的儿童，当他们学会使用图画、别的象征符号系统或者学会打字时，他们对周围世界显示出超出人们想象的、非常超前的理解。如果治疗方案强调双向、有意义的沟通，他们会和其他几类儿童一样取得进步。

这类儿童需要非常个性化的教学方法，他们可以学会阅读，懂得视觉—空间概念。重点是要把他们放在鼓励社交活动、发展友谊和有意义沟通的教育计划之中。

第四类：无目标的，毫无意义的

这类儿童一开始就很被动并且自我沉迷，或者非常活跃，不停寻找感觉刺激。有些则会同时表现出这两种特征。除非参与感觉—动作运动，否则他们在共享式注意力和参与方面都有很严重的障碍。他们一般进步缓慢，表达性语言发展得非常困难。

在与第三类相似的综合性干预方案的帮助下，外加动作计划和运用多种情感进行沟通的训练，这类儿童可以学会友善地参与，并且用手势和游戏进行间歇性的活动，逐步学会解决问题的能力。

有些儿童可以有组织地排序，进行半结构性的游戏，学会一些生活自理技能，比如，穿衣和刷牙。很多儿童可以跟别人分享他们在有目的地运动身体时所获得的愉快经历，比如，滑冰、游泳、骑车或者踢球。我们可以用这些有目的的活动，来鼓励他们发展共享式注意力、参与和有目的地解决问题的能力。

这类儿童在所有的加工信息方面都有严重的挑战，其中许多人在动作计划和口部肌肉动作方面都存在很大困难，导致他们的进步参差不齐。他们面临的最大挑战是复杂的问题解决互动、语言表达和动作计划。他们有时进步，有时退步。退步的原因不明，有些时候看来是由于没有把周围环境改造得适合儿童加工信息的特征。

这类儿童需要着重于增强参与、发展早期双向沟通、一对一的强化教育方案。我们要研究视觉和动作路径——带有明显感情色彩的感觉经验——来帮助儿童集中精力，改进学习技能并取得进步。

每个 NDRC 亚型调节感觉加工的特点

每一个类别除了根据功能情感能力和发展能力分类以外，还应该按照感统调节加工特点来加以区分。为了研究的目的，这些特点可以被简化。比如，大多数有 NDRC 的儿童（包括孤独症儿童）都显示出语言和视觉—空间思考方面的不足，但是在听觉记忆和视觉—空间记忆能力方面却有很大的差别。在动作计划和感统协调方面也有很大不同。所以我们要着重强调发展路径的不同。表格 C.1 和 C.2 在这些方面总结了这几个亚型的不同调节性感觉加工特点。

表格 C.1　NDRC 临床意义上的亚型和相关的动作感觉信息加工概述

第一类：间歇性的注意和连接能力，相应的互动能力；在帮助下可以解决社交问题并且开始使用有意义的想法（在帮助下，儿童可以与人相处并且互动，甚至可以使用一些词语，但是不连贯也不稳定，不是这个年龄应该达到的水平）。

在根据这类儿童独特的动作和感觉加工特点制订的综合性学习方案中，他们会取得迅速的进步。

第二类：间歇性的注意和连接能力，可以进行几个来回的互动，对于解决社交问题只有短暂的应对能力，重复一些词语。

这类儿童一般会取得有条不紊的进步。

第三类：只能短时间集中精神；需要很多帮助，偶尔会有一些互动；没有能力重复语言或者使用想法，可能会鹦鹉学舌地背诵一些词语（而不是有意义地使用）。

尤其在友好地与人相处和学习更多的互动方面，这类儿童进步缓慢但是稳健。经过持之以恒的训练，他们往往能掌握一些词语和短句。

第四类：与第三类相似，但是特征是不具备一些能力。可能有不少神经系统障碍，比如，癫痫和明显的肌肉无力。

这类儿童进展非常慢，如果可以找到导致退步的原因，他们的进步就可以加速。

表格 C.2　动作和感觉信息加工概述

存在 NDRC 的儿童（其中包括孤独症儿童）根据感觉反应、加工和动作计划的不同模式，通常有着非常不同的生理特点。这些差异可能具有诊断或者预测价值。儿童的趋向可以被简单地分为以下几类（几乎所有被诊断存在 NDRC 的儿童都有语言和视觉—空间思考的困难）。列出的这些特点一般在不同儿童身上会有不同的表现。（请参照 ICDL 诊断手册来获取更全面的描述）。

感觉调节
- 对感觉刺激反应过度，比如，对声音或者触摸（捂住他的耳朵或者光线太强都会让他感到不舒服）反应过度
- 渴望感觉刺激（主动寻求触摸、声音和不同动作模式）
- 对感觉反应迟钝（需要非常有激情的声音或者触摸才能让他警觉起来，并加以关注）

动作计划和排序
- 动作计划和排序是相对的强项（进行多个步骤动作，比如，计划如何绕过障碍或者搭建一个复杂的积木）
- 动作计划和排序是相对的弱项（做一个步骤的动作都很困难，只是敲打积木或者做简单的一到两步的动作）

听觉记忆
- 听觉记忆相对较强（记得或者能重复很长的文章或来自书、电视、唱片中的内容）
- 听觉记忆相对较弱（很难记得简单的声音或者词语）

视觉记忆
- 视觉记忆相对较强（记得看到的东西，比如，书的封面、图画，还有词语）
- 视觉记忆相对较弱（很难记得简单的图画或者东西）

图书在版编目（CIP）数据

地板时光:如何帮助孤独症及相关障碍儿童沟通与思考 /(美) 斯坦利·格林斯潘 (Stanley I.Greenspan),(美) 塞蕾娜·维尔德 (Serena Wieder) 著；马凌冬译. -- 北京:华夏出版社, 2019.1（2024.5 重印）

书名原文：Engaging autism:using the floortime approach to help children relate, communicate, and think

ISBN 978-7-5080-9496-0

Ⅰ. ①地… Ⅱ. ①斯… ②塞… ③马… Ⅲ. ①孤独症－儿童教育－特殊教育 Ⅳ. ①G766

中国版本图书馆 CIP 数据核字(2018)第 112320 号

ENGAGING AUTISM
by Stanley I. Greenspan, M.D. and Serena Wieder, Ph.D.
Copyright © 2006 by Stanley I. Greenspan
Simplified Chinese translation copyright © 2019 by Huaxia Publishing House
This edition published by arrangement with Da Capo Press, an imprint of Perseus Books, LLC, a subsidiary of Hachette Book Group, Inc., New York, New York, USA.
All rights reserved.

©华夏出版社有限公司　未经许可，不得以任何方式使用本书全部及任何部分内容，违者必究。

北京市版权局著作权合同登记号：图字01-2012-8174号

地板时光：如何帮助孤独症及相关障碍儿童沟通与思考

作　　者	[美] 格林斯潘　　　[美] 维尔德
译　　者	马凌冬
审　　校	宋　玲　　冬　雪
责任编辑	薛永洁
出版发行	华夏出版社有限公司
经　　销	新华书店
印　　装	三河市少明印务有限公司
版　　次	2019 年 1 月北京第 1 版　2024 年 5 月北京第 11 次印刷
开　　本	710×1000　1/16 开
印　　张	20.75
字　　数	338 千字
定　　价	68.00 元

华夏出版社有限公司　地址：北京市东直门外香河园北里 4 号　邮编：100028
网址：www.hxph.com.cn　　电话：（010）64663331（转）
若发现本版图书有印装质量问题，请与我社营销中心联系调换。

书号	书名	作者	定价
	融合教育		
*0561	孤独症学生融合学校环境创设与教学规划	[美]Ron Leaf 等	68.00
*9228	融合学校问题行为解决手册	[美]Beth Aune	30.00
*9318	融合教室问题行为解决手册		36.00
*9319	日常生活问题行为解决手册		39.00
*9210	资源教室建设方案与课程指导	王红霞	59.00
*9211	教学相长：特殊教育需要学生与教师的故事		39.00
*9212	巡回指导的理论与实践		49.00
9201	你会爱上这个孩子的！：在融合环境中教育孤独症学生（第2版）	[美]Paula Kluth	98.00
*0013	融合教育学校教学与管理	彭霞光、杨希洁、冯雅静	49.00
0542	融合教育中自闭症学生常见问题与对策	上海市"基础教育阶段自闭症学生	49.00
9329	融合教育教材教法	吴淑美	59.00
9330	融合教育理论与实践		69.00
9497	孤独症谱系障碍学生课程融合（第2版）	[美]Gary Mesibov	59.00
8338	靠近另类学生：关系驱动型课堂实践	[美]Michael Marlow 等	36.00
*7809	特殊儿童随班就读师资培训用书	华国栋	49.00
8957	给他鲸鱼就好：巧用孤独症学生的兴趣和特长	[美]Paula Kluth	30.00
*0348	学校影子老师简明手册	[新加坡]廖越明 等	39.00
*8548	融合教育背景下特殊教育教师专业化培养	孙颖	88.00
*0078	遇见特殊需要学生：每位教师都应该知道的事		49.00
	生活技能		
*5222	学会自理：教会特殊需要儿童日常生活技能（第4版）	[美] Bruce L. Baker 等	88.00
*0130	孤独症和相关障碍儿童如厕训练指南（第2版）	[美]Maria Wheeler	49.00
*9463	发展性障碍儿童性教育教案集/配套练习册	[美] Glenn S. Quint 等	71.00
*9464	身体功能障碍儿童性教育教案集/配套练习册		103.00
*0512	孤独症谱系障碍儿童睡眠问题实用指南	[美]Terry Katz 等	59.00
*8987	特殊儿童安全技能发展指南	[美]Freda Briggs	42.00
*8743	智能障碍儿童性教育指南		68.00
*0206	迎接我的青春期：发育障碍男孩成长手册	[美]Terri Couwenhoven	29.00
*0205	迎接我的青春期：发育障碍女孩成长手册		29.00
*0363	孤独症谱系障碍儿童独立自主行为养成手册（第2版）	[美]Lynn E.McClannahan 等	49.00
	转衔|职场		
*0462	孤独症谱系障碍者未来安置探寻	肖扬	69.00
*0296	长大成人：孤独症谱系人士转衔指南	[加]Katharina Manassis	59.00
*0528	走进职场：阿斯伯格综合征人士求职和就业指南	[美]Gail Hawkins	69.00
*0299	职场潜规则：孤独症及相关障碍人士职场社交指南	[美]Brenda Smith Myles 等	49.00
*0301	我也可以工作！青少年自信沟通手册	[美]Kirt Manecke	39.00
*0380	了解你，理解我：阿斯伯格青少年和成人社会生活实用指南	[美]Nancy J. Patrick	59.00

编号	书名	作者	价格
	社交技能		
*0575	情绪四色区：18节自我调节和情绪控制能力培养课	[美]Leah M.Kuypers	88.00
*0463	孤独症及相关障碍儿童社会情绪课程	钟卜金、王德玉、黄丹	78.00
*9500	社交故事新编（十五周年增订纪念版）	[美]Carol Gray	59.00
*0151	相处的密码：写给孤独症孩子的家长、老师和医生的社交故事		28.00
*9941	社交行为和自我管理：给青少年和成人的5级量表	[美]Kari Dunn Buron 等	36.00
*9943	不要！不要！不要超过5！：青少年社交行为指南		28.00
*9942	神奇的5级量表：提高孩子的社交情绪能力（第2版）		48.00
*9944	焦虑，变小！变小！（第2版）		36.00
*9537	用火车学对话：提高对话技能的视觉策略	[美]Joel Shaul	36.00
*9538	用颜色学沟通：找到共同话题的视觉策略		42.00
*9539	用电脑学社交：提高社交技能的视觉策略		39.00
*0176	图说社交技能（儿童版）	[美]Jed E.Baker	88.00
*0175	图说社交技能（青少年及成人版）		88.00
*0204	社交技能培训实用手册：70节沟通和情绪管理训练课		68.00
*0150	看图学社交：帮助有社交问题的儿童掌握社交技能	徐磊 等	88.00
	与星同行		
*0428	我很特别，这其实很酷！	[英]Luke Jackson	39.00
*0302	孤独的高跟鞋：PUA、厌食症、孤独症和我	[美]Jennifer O'Toole	49.90
*0408	我心看世界（第5版）	[美]Temple Grandin 等	59.00
*7741	用图像思考：与孤独症共生		39.00
*9800	社交潜规则（第2版）：以孤独症视角解读社交奥秘		68.00
8573	孤独症大脑：对孤独症谱系的思考		39.00
*0109	红皮小怪：教会孩子管理愤怒情绪	[英]K.I.Al-Ghani 等	36.00
*0108	恐慌巨龙：教会孩子管理焦虑情绪		42.00
*0110	失望魔龙：教会孩子管理失望情绪		48.00
*9481	喵星人都有阿斯伯格综合征	[澳]Kathy Hoopmann	38.00
*9478	汪星人都有多动症		38.00
*9479	喳星人都有焦虑症		38.00
9002	我的孤独症朋友	[美]Beverly Bishop 等	30.00
*9000	多多的鲸鱼	[美]Paula Kluth 等	30.00
*9001	不一样也没关系	[美]Clay Morton 等	30.00
*9003	本色王子	[德]Silke Schnee 等	32.00
9004	看！我的条纹：爱上全部的自己	[美]Shaina Rudolph 等	36.00
*8514	男孩肖恩：走出孤独症	[美]Judy Barron 等	45.00
8297	虚构的孤独者：孤独症其人其事	[美]Douglas Biklen	49.00
9227	让我听见你的声音：一个家庭战胜孤独症的故事	[美]Catherine Maurice	39.00
8762	养育星儿四十年	[美]蔡张美铃、蔡逸周	36.00
*8512	蜗牛不放弃：中国孤独症群落生活故事	张雁	28.00
*9762	穿越孤独拥抱你		49.00

经典教材 | 学术专著

编号	书名	作者	价格
*0488	应用行为分析（第3版）	[美]John O. Cooper 等	498.00
*0470	特殊教育和融合教育中的评估（第13版）	[美]John Salvia 等	168.00
*0464	多重障碍学生教育：理论与方法	盛永进	69.00
9707	行为原理（第7版）	[美]Richard W. Malott 等	168.00
*0449	课程本位测量实践指南（第2版）	[美]Michelle K. Hosp 等	88.00
*9715	中国特殊教育发展报告（2014-2016）	杨希洁、冯雅静、彭霞光	59.00
*8202	特殊教育辞典（第3版）	朴永馨	59.00
0490	教育和社区环境中的单一被试设计	[美]Robert E.O'Neill 等	68.00
0127	教育研究中的单一被试设计	[美]Craig Kenndy	88.00
*8736	扩大和替代沟通（第4版）	[美]David R. Beukelman 等	168.00
9426	行为分析师执业伦理与规范（第3版）	[美]Jon S. Bailey 等	85.00
*8745	特殊儿童心理评估（第2版）	韦小满、蔡雅娟	58.00
0433	培智学校康复训练评估与教学	孙颖、陆莎、王善峰	88.00

新书预告

出版时间	书名	作者	估价
2024.04	这就是孤独症：事实、数据和道听途说	黎文生	49.80
2024.05	孤独症儿童沟通能力早期培养	[美]Phil Christie 等	58.00
2024.06	融合幼儿园教师实践指南	[日]永富大铺	49.00
2024.06	与他们相处的32个秘诀：和孤独症、多动症人士交往指	[日]岩濑利郎	59.00
2024.08	孤独症儿童家长辅导手册	[美]Sally J. Rogers 等	98.00
2024.08	孤独症儿童干预Jasper模式	[美]Connie Kasari	98.00
2024.08	孤独症儿童游戏和语言PLAY早期干预指南	[美]Richard Solomon	49.00
2024.08	融合教育实践指南：校长手册	[美]Julie Causton	58.00
2024.08	融合教育实践指南：教师手册		68.00
2024.08	融合教育实践指南：助理教师手册（第2版）		60.00
2024.08	孤独症儿童融合教育生态支持系统建设的理念与实践	王红霞	59.00
2024.09	特殊教育和行为科学中的单一被试设计	[美]David Gast	68.00
2024.10	沟通障碍导论（第7版）	[美]Robert E. Owens 等	198.00
2024.10	优秀行为分析师的25项基本技能	[美]Jon S. Bailey 等	68.00

标*书籍均有电子书

关注我，看新书！

微信公众平台：HX_SEED（华夏特教）

微店客服：13121907126

天猫官网：hxcbs.tmall.com

意见、投稿：hx_seed@hxph.com.cn

联系地址：北京市东直门外香河园北里4号

华夏特教系列丛书

书号	书名	作者	定价
	孤独症入门		
*0137	孤独症谱系障碍：家长及专业人员指南	[英]Lorna Wing	59.00
*9879	阿斯伯格综合征完全指南	[英]Tony Attwood	78.00
*9081	孤独症和相关沟通障碍儿童治疗与教育	[美]Gary B. Mesibov	49.00
*0157	影子老师实战指南	[日]吉野智富美	49.00
*0014	早期密集训练实战图解	[日]藤坂龙司 等	49.00
*0116	成人安置机构 ABA 实战指南	[日]村本净司	49.00
*0510	家庭干预实战指南	[日]上村裕章 等	49.00
*0119	孤独症育儿百科：1001 个教学养育妙招（第 2 版）	[美]Ellen Notbohm	88.00
*0107	孤独症孩子希望你知道的十件事（第 3 版）		49.00
*9202	应用行为分析入门手册（第 2 版）	[美]Albert J. Kearney	39.00
*0356	应用行为分析和儿童行为管理（第 2 版）	郭延庆	88.00
	教养宝典		
*0149	孤独症儿童关键反应教学法（CPRT）	[美]Aubyn C. Stahmer 等	59.80
*0461	孤独症儿童早期干预准备行为训练指导	朱璟、邓晓蕾等	49.00
9991	做看听说（第 2 版）：孤独症谱系障碍人士社交和沟通能力	[美]Kathleen Ann Quill 等	98.00
*0511	孤独症谱系障碍儿童关键反应训练掌中宝	[美]Robert Koegel 等	49.00
9852	孤独症儿童行为管理策略及行为治疗课程	[美]Ron Leaf 等	68.00
*0468	孤独症人士社交技能评估与训练课程	[美]Mitchell Taubman 等	68.00
*9496	地板时光：如何帮助孤独症及相关障碍儿童沟通与思考	[美]Stanley I. Greensp 等	68.00
*9348	特殊需要儿童的地板时光：如何促进儿童的智力和情绪发展		69.00
*9964	语言行为方法：如何教育孤独症及相关障碍儿童	[美]Mary Barbera 等	49.00
*0419	逆风起航：新手家长养育指南	[美]Mary Barbera	78.00
9678	解决问题行为的视觉策略	[美]Linda A. Hodgdon	68.00
9681	促进沟通技能的视觉策略		59.00
*8607	孤独症儿童早期干预丹佛模式（ESDM）	[美]Sally J.Rogers 等	78.00
*9489	孤独症儿童的行为教学	刘昊	49.00
*8958	孤独症儿童游戏与想象力（第 2 版）	[美]Pamela Wolfberg	59.00
*0293	孤独症儿童同伴游戏干预指南：以整合性游戏团体模式促进		88.00
9324	功能性行为评估及干预实用手册（第 3 版）	[美]Robert E. O'Neill 等	49.00
*0170	孤独症谱系障碍儿童视频示范实用指南	[美]Sarah Murray 等	49.00
*0177	孤独症谱系障碍儿童焦虑管理实用指南	[美]Christopher Lynch	49.00
8936	发育障碍儿童诊断与训练指导	[日]柚木馥、白崎研司	28.00
*0005	结构化教学的应用	于丹	69.00
*0402	孤独症及注意障碍人士执行功能提高手册	[美]Adel Najdowski	48.00
*0167	功能分析应用指南：从业人员培训指导手册	[美]James T. Chok 等	68.00
9203	行为导图：改善孤独症谱系或相关障碍人士行为的视觉支持	[美]Amy Buie 等	28.00
*0675	聪明却拖拉的孩子：如何帮孩子提高效率	[美]Ellen Braaten 等	49.00
*0653	聪明却冷漠的孩子：如何激发孩子的动机		49.00